"十三五"普通高等教育应用型规划教材·会计与财务系列

税法

第5版

主　编◎梁文涛

副主编◎苏　杉　张清亮

LAW OF TAX

中国人民大学出版社

·北京·

图书在版编目（CIP）数据

税法/梁文涛主编. --5 版. --北京：中国人民大学出版社，2020.8
"十三五"普通高等教育应用型规划教材. 会计与财务系列
ISBN 978-7-300-28435-4

Ⅰ.①税… Ⅱ.①梁… Ⅲ.①税法-中国-高等学校-教材 Ⅳ.①D922.22

中国版本图书馆 CIP 数据核字（2020）第 138996 号

"十三五"普通高等教育应用型规划教材·会计与财务系列

税法（第 5 版）

主　编　梁文涛

副主编　苏　杉　张清亮

Shuifa

出版发行	中国人民大学出版社			
社　址	北京中关村大街 31 号		**邮政编码**	100080
电　话	010 - 62511242（总编室）		010 - 62511770（质管部）	
	010 - 82501766（邮购部）		010 - 62514148（门市部）	
	010 - 62515195（发行公司）		010 - 62515275（盗版举报）	
网　址	http://www.crup.com.cn			
经　销	新华书店			
印　刷	北京昌联印刷有限公司		**版　次**	2017 年 1 月第 1 版
规　格	185 mm×260 mm　16 开本			2020 年 8 月第 5 版
印　张	26.25 插页 1		**印　次**	2020 年 12 月第 3 次印刷
字　数	568 000		**定　价**	55.00 元

前　言

"税法"是应用型院校财经专业的一门专业核心课。"税法"服务于会计专业人才培养目标，培养具有一定企业涉税法律知识、涉税岗位能力强的应用型人才。本课程坚持"理实一体，学做合一"，以涉税岗位能力的培养为主线，直接为培养学生从事财税工作应具备的基本知识、基本技能和核算操作能力服务。

《税法》（第 5 版）将配备《〈税法（第 5 版）〉习题集》。同时，"税法"课程的后续课程为"税务会计""纳税筹划"，读者也可以继续选用本教材作者在中国人民大学出版社出版的《税务会计》（第 3 版）和《纳税筹划》（第 5 版）教材。

本教材包括税法认知、增值税法、消费税法、企业所得税法、个人所得税法、其他税种税法（上）、其他税种税法（下）、税务行政法制共八章。为培养高端应用型涉税岗位人才，本教材从"工作引例""情境引例""工作实例""理论答疑""实务答疑"等方面对涉税实例进行分析与操作，主要讲授企业实际工作所必需的各税种的认知、计算、征收管理、涉税疑难解答等，突出税法的实用性和应用性，让学生在学习税法理论知识的同时，提升税法的实践和应用能力。

本教材在借鉴大量优秀前期成果的基础上，结合作者对税法的理论与实践的认识，具有以下特色。

一、案例经典、丰富，实用性和应用性强

作者从多年归纳整理的 500 多个经典涉税疑难问题和案例中，选取 200 多个有代表性的涉税疑难问题和案例，通过"情境引例""理论答疑""实务答疑""工作实例"等方式融入本教材中。通过对这 200 多个涉税疑难问题和案例的解答及分析，让学生较快地把握税法的精髓和思想。

二、编写体例、形式和内容适合应用型人才培养特点

本教材每章开头设置"能力目标"，让学生首先明确本章的学习目标；在每章具体学习之前设置税收格言和"工作引例"，在每节具体学习之前设置"情境引例"，激发学生的学习兴趣；在税法理论知识的讲授过程中，融入"理论答疑"，在税法实务知识的

讲授过程中，融入"实务答疑"，实现理实一体，与此同时设置"点拨指导""特别提示""归纳总结""知识链接"等模块，并从"工作实例""工作要求""工作实施"三个方面对涉税实例进行分析与操作，让学生体验案例学习的趣味，再次激发学生的学习兴趣；每章的最后设置"技能训练""实战演练"，并配备单独的《〈税法（第5版）〉习题集》，让学生通过训练和实战，进一步理解和掌握所学知识。

三、严格按照新税法编写，体现最新的营改增、深化增值税改革有关政策（含13%和9%的增值税新税率）和个人所得税法等内容

本教材是在自2016年5月1日起全面推开营业税改征增值税（简称营改增）试点的背景下，根据截稿之日的最新税法编写。在本套教材以后加印、修订或再版时，将根据最新税法及时修正和完善，同时在PPT等教学资源中体现。本次再版根据自2021年9月1日起施行的《中华人民共和国城市维护建设税法》、自2021年9月1日起施行的《中华人民共和国契税法》、自2020年9月1日起施行的《中华人民共和国资源税法》、自2019年9月1日起施行的《中华人民共和国耕地占用税法》、自2019年7月1日起施行的《中华人民共和国车辆购置税法》、自2019年4月1日起我国实行的深化增值税改革有关政策（含13%和9%的增值税新税率），以及自2019年1月1日起正式施行的新修订的《中华人民共和国个人所得税法》、新修订的《中华人民共和国个人所得税法实施条例》、《个人所得税专项附加扣除暂行办法》等新税收政策进行编写。本书根据截稿之日（2020年11月15日）的最新税法修订。

四、教学资源丰富

本套教材给任课教师提供教学PPT课件、教学大纲、技能训练、实战演练的参考答案等电子资源。任课教师可通过中国人民大学出版社网站索取上述课程资源。

五、提供最新法律法规库链接

本教材提供最新法律法规库链接，读者可以通过法律法规库查询各个税种的最新法律法规文件。具体可登录 http://www.chinatax.gov.cn/chinatax/n810341/n810825 或者扫描以下二维码（注：通过电脑登录可以按照税种查询最新法律法规文件）。

本教材的出版得到了中国人民大学出版社相关工作人员的大力支持与帮助，在此表示特别的感谢；本教材在撰写过程中，参考借鉴了大量本学科相关著作、教材与论文，在此向其作者表示由衷的感谢。由于作者水平有限，以及会计、税收等领域法律、法规、政策不断修订变化，本教材定会存在不当之处，读者在实际运用时应当以最新的法

律、法规、政策为准。同时，竭诚欢迎广大读者批评指正。若有意见、建议或指正，请发送至邮箱：nashuichouhua@126.com。本教材任课教师 QQ 群号码是：498267290（仅供任课教师加入，加入时请说明本人的单位、姓名）。

本教材由梁文涛担任主编，苏杉、张清亮担任副主编。

本教材可以作为应用型院校的教材，也可以作为各种财税培训机构的培训教材，还适合企业董事长、经理、财务主管、税务经理、会计人员、税务人员、律师、注册会计师、税务师、会计师、管理会计师、纳税筹划师等各类关心财税的人士阅读。

目 录

关注公众号
回复"教材更新"
获取本书更新内容

世界上只有两件事是不可避免的，那就是税收和死亡。

——本杰明·富兰克林

第 1 章

税法认知

 能力目标

(1) 能识记税收的含义与特征、税法的含义与特征。

(2) 能明确税法的原则、税收的分类、税法的构成要素、税收法律关系。

(3) 能办理税务登记，能进行发票管理。

(4) 能区分税收立法和税收执法，能区分纳税申报与税款征纳。

工作引例

全额累进税率和超额累进税率的运用

假定张三、李四、王五、赵六四人的本年①全年应纳税所得额分别为 36 000 元、36 001 元、660 000 元、660 001 元。全额累进税率表（按年）和超额累进税率表（按年）分别如表 1-1 和表 1-2 所示。

表 1-1　全额累进税率表（按年）

级数	全年应纳税所得额	税率（%）
1	不超过 36 000 元的	3
2	超过 36 000 元至 144 000 元的	10
3	超过 144 000 元至 300 000 元的	20
4	超过 300 000 元至 420 000 元的	25

---

① 若没有特殊说明，本书中的本年均指 2020 年。

续表

级数	全年应纳税所得额	税率（%）
5	超过 420 000 元至 660 000 元的	30
6	超过 660 000 元至 960 000 元的	35
7	超过 960 000 元的	45

表 1-2　超额累进税率表（按年）

级数	全年应纳税所得额	税率（%）	速算扣除数
1	不超过 36 000 元的	3	0
2	超过 36 000 元至 144 000 元的部分	10	2 520
3	超过 144 000 元至 300 000 元的部分	20	16 920
4	超过 300 000 元至 420 000 元的部分	25	31 920
5	超过 420 000 元至 660 000 元的部分	30	52 920
6	超过 660 000 元至 960 000 元的部分	35	85 920
7	超过 960 000 元的部分	45	181 920

工作要求

（1）若采用全额累进税率，分别计算张三、李四、王五、赵六这四个人的应纳税额。

（2）若采用超额累进税率，分别计算张三、李四、王五、赵六这四个人的应纳税额。

（3）通过比较全额累进税率和超额累进税率的特点来说明哪一种更为合理。

工作引例解析　见本章第 2 节。

第 1 节　税收的内涵和分类

情境引例

小王说："自 2019 年起，居民个人的综合所得，以每一纳税年度的收入额减除费用 6 万元及专项扣除、专项附加扣除和依法确定的其他扣除后的余额，为应纳税所得额。这样，我公司绝大多数人就不需要缴纳个人所得税了。不过，大部分人并不知道日常生活中买条牛仔裤、坐次出租车、吃顿饭、加箱油、买包烟、买瓶酒、买盒高档化妆品分别缴了多少税。"

你认为小王上述关于"买条牛仔裤、坐次出租车、吃顿饭、加箱油、买包烟、买瓶酒、买盒高档化妆品分别缴了多少税"的说法正确吗？

一、税收的含义与特征

(一) 税收的含义

税收是国家为行使其职能、满足社会公共需要，凭借公共权力，按照法律所规定的标准和程序，参与国民收入分配，强制、无偿且固定地取得财政收入的一种方式。对税收的含义可以从以下四个方面理解：

(1) 国家征税的目的是满足社会成员获得公共产品的需要。

(2) 国家征税凭借的是公共权力（政治权力）。税收征收的主体只能是代表社会全体成员行使公共权力的政府，其他任何社会组织或个人是无权征税的。与公共权力相对应的必然是政府管理社会和为民众提供公共产品的义务。

(3) 税收是国家筹集财政收入的主要方式。我国税收收入占国家财政收入的90%以上。

(4) 税收必须借助法律形式进行。法是税收的存在形式，税收之所以必须采用法的形式，是由税收和法的本质与特性决定的。

【特别提示】税收不仅是经济领域的问题，还是政治领域、社会领域的大问题。

(二) 税收的特征

税收的特征包括以下三个方面：

(1) 强制性。税收的强制性是指国家凭借其公共权力以法律的形式对税收征纳双方的权利（权力）与义务进行制约，既不是由纳税主体按照个人意志自愿缴纳，也不是按照征税主体的意愿随意征税，而是按照法律进行征税。

【点拨指导】国家征税是凭借政治权力，而不是凭借财产所有权。

(2) 无偿性。税收的无偿性是指国家征税以后，税款一律纳入国家财政预算，由财政统一分配，而不直接向具体的纳税人返还或支付报酬。税收的无偿性是对个体（具体）纳税人而言的，其享有的公共利益与其缴纳的税款并非一一对等，但就纳税人的整体而言则是对等的，政府使用税款的目的是向社会全体成员包括具体纳税人提供社会需要的公共产品和公共服务。因此，税收的无偿性表现为个体的无偿性、整体的有偿性。

【点拨指导】无偿性决定了税收是筹集财政收入的主要手段。

(3) 固定性。税收的固定性是指国家征税预先规定了统一的征税标准，包括纳税人、征税对象、税率、纳税期限、纳税地点等。这些标准一经确定，在一定时间内是相对稳定的。

二、税收的分类

(一) 按征税对象性质分类

按征税对象性质，税收可分为流转税、所得税、资源税、财产税、行为税、特定目的税六种。

1. 流转税

流转税又称商品和劳务税，是指以商品、劳务或服务买卖的流转额为征税对象征收的各种税，包括增值税、消费税、关税等。这些税种是在生产、流通或服务领域，按照纳税人取得的销售收入或营业收入等流转额征收，其特点是与商品生产、流通、消费有密切关系。流转税对保证国家及时、稳定、可靠地取得财政收入有着重要的作用。同时，它对调节生产、消费也有一定的作用。因此，流转税一直是我国的主体税种。

【点拨指导】 流转税类的特点是：以应税货物、劳务、服务、无形资产或者不动产的流转额为计税依据，在生产经营及销售环节征收，其征税数额（税收负担）不受成本费用变化的影响，而对价格变化较为敏感。

2. 所得税

所得税是指以所得额为征税对象征收的各种税，主要包括企业所得税、个人所得税等，其中所得额一般情况下是指全部收入减去为取得收入耗费的各项成本费用后的余额。所得税按照纳税人负担能力（即所得额）的大小和有无来确定税收负担，实行"所得多的多征，所得少的少征，无所得的不征"的原则。因此，它对调节国民收入分配、缩小纳税人之间的收入差距有着特殊的作用。在我国，随着经济的发展、企业和个人收入的增加，所得税已成为近年来收入增长较快的一类税种。

【点拨指导】 所得税类的特点是：征税对象不是一般收入，而是总收入减除准予扣除项目后的余额，即应纳税所得额，其征税数额（税负）受成本、费用、利润高低的影响较大。

3. 资源税

资源税是指以各种应税自然资源为征税对象征收的各种税，包括资源税、土地增值税和城镇土地使用税等。资源税不仅可以取得资源消耗的补偿基金，保护国有资源的合理开发利用，而且可以调节资源级差收入，以利于企业在平等的基础上开展竞争。

【特别提示】 资源税类和资源税种是两个概念。资源税类除了资源税以外，还包括土地增值税、城镇土地使用税等其他税种。另外，资源税类的征税对象不仅包括自然资源，还包括某些社会资源。

【点拨指导】 资源税类的特点是：税负高低与资源级差收益水平关系密切，征税范围的选择比较灵活。

4. 财产税

财产税是指以纳税人拥有或支配的财产为征税对象征收的各种税，如房产税、车船税等。财产税除了为国家取得财政收入以外，对提高财产的利用效果、限制财产不必要的占有有一定作用。

【点拨指导】 财产税类的特点是：财产税的征税数额（税负）与财产价值、数量关系密切，体现调节财富、合理分配等原则。

5. 行为税

行为税是指以纳税人发生的某种行为为征税对象征收的各种税，如印花税、契税、船舶吨税等。行为税或是为了对某些特定行为进行限制、调节，使微观活动符合宏观经济的要求。

【点拨指导】 行为税类的特点是：征税的选择性较为明显，税种较多，具有较强的时效性。

6. 特定目的税

特定目的税是指为了达到某种特定目的，对特定对象和特定行为征收的一种税，包括车辆购置税、耕地占用税、城市维护建设税、烟叶税、环境保护税等。

（二）按计税依据分类

按计税依据，税收可分为从价税、从量税和复合税三种。

1. 从价税

从价税是以征税对象的价值量（收入、价格、金额等）为标准，按一定比例税率计征的税种，如增值税、个人所得税、房产税等。一般而言，由于从价税的税额直接或间接与商品销售收入挂钩，因此可以随商品价格的变化而变化，适用范围很广。

2. 从量税

从量税是以征税对象的一定数量单位（重量、件数、容积、面积、长度等）为标准，采用固定单位税额征收的税种，如车船税、城镇土地使用税等。从量税的税额不随商品价格增减而变动，单位商品税负固定。由于通货膨胀等因素的影响，税负实际上处于下降的趋势，因此从量税不能大范围使用。

3. 复合税

复合税是从价税和从量税的结合，既按照征税对象的价格又以其数量为标准计征的税种，如卷烟、白酒的消费税。

（三）按税收与价格的关系分类

按税收与价格的关系，税收可分为价内税和价外税两种。

1. 价内税

价内税就是税金包含在商品价格中，作为价格构成部分的税种，如消费税。消费税的计税依据为含消费税的价格。价内税有利于国家通过对税负的调整，直接调节生产和消费，但容易造成价格的扭曲。

2. 价外税

价外税是指税金不包含在商品价格之中，价税分列的税种，如增值税。增值税的计税价格为不含增值税的价格，买方在购买商品或服务时，除需要支付约定的价款（不含增值税价款）外，还需要支付按规定的税率计算出来的税款，这二者是分开记载的。价外税与企业的成本核算和利润、价格没有直接联系，能更好地反映企业的经营成果，不致因征税而影响公平竞争。同时，不干扰价格对市场供求状况的正确反映，因此更适应市场经济的要求。

（四）按税收收入的归属分类

按税收收入的归属，税收可分为中央税、地方税和中央地方共享税三种。

1. 中央税

中央税是指收入归中央政府支配使用的税种，如消费税、关税等。

2. 地方税

地方税是指收入归地方政府支配使用的税种，如城镇土地使用税、耕地占用税等。

3. 中央地方共享税

中央地方共享税是指收入由中央政府和地方政府按一定比例分享的税种，如增值税，中央分享50%，地方分享50%。

（五）按税收负担能否转嫁分类

按税收负担能否转嫁，税收可分为直接税和间接税两种。

1. 直接税

直接税是指纳税义务人就是税收的实际负担人（负税人），纳税人不能或不便于把税收负担转嫁给他人的税种，如企业所得税、个人所得税、车辆购置税等。直接税的纳税人不仅在表面上有纳税义务，实际上也是税收承担者，即纳税人与负税人一致。

2. 间接税

间接税是指纳税义务人不是税收的实际负担人（负税人），纳税义务人能够通过销售产品或提供劳务来把税收负担转嫁给他人的税种，如关税、消费税、增值税等。间接税的纳税人虽然表面上负有纳税义务，但实际上已将需要缴纳的税款加于所销售商品的价格上而由消费者负担或用其他方式转嫁给他人，即纳税人与负税人不一致。

【点拨指导】我国目前是以间接税和直接税为双主体的税制结构。

【情境引例解析】

从专业角度讲，买条牛仔裤、坐次出租车、吃顿饭、加箱油、买包烟、买瓶酒、买盒高档化妆品等缴税的说法是错误的。

增值税、消费税均为间接税，间接税的纳税人虽然表面上负有纳税义务，但实际上已将需要缴纳的税款加于所销售商品的价格上而由消费者负担或用其他方式转嫁给他人，即纳税人与负税人不一致。这样，以买条牛仔裤为例，卖方作为纳税义务人（纳税人）负有缴纳销售牛仔裤的增值税的纳税义务，实际上也是由卖方向税务机关缴纳了增值税，而消费者作为负税人通过购买牛仔裤只是承担了这部分税收，并没有纳税义务，更不用实际到税务机关缴税。

同理，坐次出租车、吃顿饭实际上也是由消费者承担了增值税；加箱油、买包烟、买瓶酒、买盒高档化妆品实际上是由消费者承担了增值税和消费税。消费者为负税人，而非纳税人。

第2节　税法的内涵和构成要素

提高个人所得税起征点政策有效落地

在给企业减税的同时，给个人减税也备受关注。2018年8月31日，第十三届全国人民代表大会常务委员会第五次会议通过了《关于修改〈中华人民共和国个人所得税法〉的决定》，此次修法除了将基本减除费用（起征点）提高到 5 000 元/月（6 万元/年）外，还扩大了低档税率级距，同时新增了多项专项附加扣除。提高起征点以及新税率表提前从 2018 年 10 月 1 日起实施，让很多人实实在在感到钱袋子变重了。[①]

你认为上述关于起征点的说法正确吗？

一、税法的含义与特征

（一）税法的含义

税法是指有权的国家机关制定的有关调整税收分配过程中形成的权利义务关系的法律规范的总和。对税法的含义可以从以下三个方面理解：

（1）有权的国家机关是指国家最高权力机关，在我国即为全国人民代表大会及其常务委员会。同时，在一定的法律框架下，地方立法机关往往拥有一定的税收立法权。另外，国家最高权力机关还可以授权行政机关制定某些税法，获得授权的行政机关也是制定税法的主体之一。

（2）税法的调整对象是税收分配过程中形成的权利义务关系。从经济学角度讲，税收分配关系是国家参与社会剩余产品分配所形成的一种经济利益关系，包括国家与纳税人之间的税收利益分配关系和各级政府之间的税收利益分配关系两个方面，其分配的实质是经济利益的改变。这种经济利益改变是借助法的形式规定国家与纳税人可以怎样行为、应当怎样行为和不得怎样行为，即通过权利义务来实现的。如果说实现税收分配是目标，从法律上设定税收权利义务则是实现目标的手段。设定权利义务是法律规范所提供的行为模式的唯一内容，税法调整的只能是税收权利义务关系，而不能直接为税收分配关系。税务机关与纳税人之间的权利义务关系是税法调整对象的核心，它具有不对等性，既存在于实体税法中，也存在于程序税法与诉讼税法中。

【理论答疑】税法调整对象和税收调整对象一样吗？

答：两者是不一样的。税法调整的是税收分配过程中形成的权利义务关系，而税收调整的是税收分配关系。

（3）税法的范围有广义与狭义之分。广义的税法是各种税收法律规范形式的总和，从立法层次上划分，包括由全国人民代表大会正式立法制定的税收法律、由国务院制定的税收法规或由省级人民代表大会制定的地方性税收法规、由有规章制定权的单位制定的税务部门规章。狭义的税法仅指国家最高权力机关正式立法的税收法律。

（二）税法的特征

税法的特征包括以下三点：

（1）从立法过程看，税法属于制定法，而不属于习惯法。现代国家的税法都是经过

---

① 曾金华. 深化增值税改革、提高个税"起征点"等政策有效落地. [2018-10-30]. http://www.ctax.org.cn/mtbd/201810/t20181030_1081876.shtml.

一定的立法程序制定的，即税法是由国家制定而不是由习惯法或司法判例认可的。

（2）从法律性质看，税法属于义务性法规，而不属于授权性法规。义务性法规是相对授权性法规而言的，是指直接要求人们从事或不从事某种行为的法规，即直接规定人们某种义务的法规。税法是直接规定人们从事或不从事某种行为的法规，具有强制性。

【点拨指导】 税法的强制性力度仅次于刑法；从税法的角度看，纳税人以尽义务为主；税法并非没有规定纳税人的权利，但权利从总体上看不是纳税人的实体性权利，而是纳税人的程序性权利。

（3）从内容看，税法属于综合法，而不属于单一法。税法是由实体法、程序法、争讼法等构成的综合法律体系，其内容涉及课税的基本原则、征纳双方的权利义务、税收管理规则、法律责任、解决税务争议的法律规范等。从目前世界各国的实际情况看，其结构大致有宪法加税收法典、宪法加税收基本法和税收单行法律法规、宪法加税收单行法律法规等不同的类型。

【特别提示】 我国的税法结构：宪法加税收单行法律法规。我国目前还没有税收基本法。

【点拨指导】 税法的核心要义：兼顾和平衡纳税人的权利，在保障国家税收收入稳步增长的同时，也保证对纳税人权利的有效保护。

【理论答疑】 税收与税法的关系是怎样的？

答：税收与税法密不可分，税法是税收的法律表现形式，税收则是税法所确定的具体内容。有税必有法，无法不成税。

从二者的联系上看，二者是辩证统一、互为因果关系的。具体来说，税收与税法都是以国家为前提，与财政收入密切相关；国家对税收的需要决定了税法的存在，而税法的存在决定了税收的分配关系。税法是税收内容的具体规范和权利保障；税收是税法的执行结果，同时又是衡量税法科学性、合理性的重要标准。

从二者的区别上看，税收属于经济基础范畴，税法则属于上层建筑范畴。

二、税法的构成要素

税法的构成要素又称课税要素，是指各种单行税法具有的共同的基本要素的总称。这一概念有以下基本含义：一是税法的构成要素既包括实体性的，也包括程序性的；二是税法的构成要素是所有完善的单行税法都共同具备的，仅为某一税法所单独具有而非普遍性的内容，不是税法的构成要素，如扣缴义务人。税法的构成要素包括总则、纳税义务人、征税对象、税目、税率、纳税期限、减税免税、纳税环节、纳税地点、罚则、附则等项目。

（一）总则
总则主要包括税法的立法意图、立法依据、适用原则等。

（二）纳税义务人
纳税义务人又称纳税人、纳税主体，是指依法直接负有纳税义务的法人、自然人及其他组织。根据各具体税收法律关系不同，各具体税法调整对象不同，其纳税主体也有所不同。

在前面直接税与间接税的知识点中已经提到，纳税人应当与负税人加以区别，纳税人即依法缴纳税款的人，负税人即税收的实际负担者。税法只规定纳税人，不规定负税人。二者有时相同，有时不同，如个人所得税的纳税人与负税人是相同的，而增值税的纳税人与负税人就不一定相同。

【点拨指导】纳税人不等于负税人，负税人是最终负担税款的单位和个人。在实际经济生活中，有的税收由纳税人自己负担，纳税人本身就是负税人，如个人所得税、企业所得税等；有的税收虽然由纳税人缴纳，但实际上是由别人负担的，如增值税、消费税等。

【特别提示】纳税人与负税人不一致的原因：价格与价值背离，引起税负转移或者税负转嫁。

【知识链接】与纳税人有关的概念。

（1）负税人：实际负担税款的单位或个人。

（2）代扣代缴义务人：有义务从持有的纳税人收入中扣除其应纳税款并代为缴纳的单位或个人。如支付给个人工资、薪金所得的企业为个人所得税的代扣代缴义务人。

（3）代收代缴义务人：有义务通过与纳税人的经济交往而向纳税人收取应纳税款并代为缴纳的单位。如委托加工应税消费品的受托方为消费税的代收代缴义务人。

（4）代征代缴义务人：受税务机关委托而向纳税人代征税款的单位或个人。

（5）纳税单位：纳税人的有效集合。

（三）征税对象

征税对象又叫课税对象、征税客体，指税法规定对什么征税，是征纳税双方权利义务共同指向的客体或标的物，是区别一种税与另一种税的重要标志。例如，企业所得税的征税对象为所得额；车船税的征税对象为车辆、船舶。

征税对象按其性质不同，可划分为流转额、所得额、资源、财产、行为五大类，因此也将税收分为相应的五大类，即流转税、所得税、资源税、财产税和行为税。

与征税对象相关的两个基本概念是税基和税目。其中，税基又称计税依据，是计算征税对象应纳税款的直接数量依据，它解决对征税对象课税的计算问题，是对课税对象的量的规定。课税对象和计税依据有时是一致的，有时是不一致的。例如，企业所得税的计税依据和课税对象均为所得额；车船税的计税依据为辆数、整备质量吨位数、净吨位数或者艇身长度，而其课税对象为应税车辆和船舶。

【点拨指导】课税对象与计税依据的关系。课税对象是指征税的目的物，计税依据则是在目的物已经确定的前提下，对目的物据以计算税款的依据或标准；课税对象是从质的方面对征税所作的规定，计税依据则是从量的方面对征税所作的规定，是课税对象量的表现。

（四）税目

税目是各个税种所规定的具体征税项目，反映征税的具体范围，是对课税对象质的界定。税目体现征税的广度。有些税种课税对象比较复杂，需要设置税目，例如我国的消费税设置了烟、酒、高档化妆品等 15 个税目。但并非所有的税种都必须设置税目（这一点和税法的构成要素的基本含义并不矛盾），例如我国的企业所得税就不需要设置税目。

（五）税率

税率是税额与计税金额之间的比例，是计算税额的尺度。税率的高低直接关系到国家的财政收入和纳税人的负担。税率体现征税的深度。税率的形式如表 1－3 所示。

表 1－3　税率的形式

税率类别		具体形式	应用的税种
比例税率		单一比例税率；差别比例税率；幅度比例税率。	增值税、城市维护建设税、企业所得税等。
定额税率		按征税对象的一定计量单位规定固定的税额。	资源税、城镇土地使用税、车船税等。
累进税率	全额累进税率	以课税对象的全部数额为基础计征税款的累进税率。	我国目前没有采用。
	超额累进税率	把征税对象按数额大小分成若干等级，每一等级规定一个税率，税率依次提高，将纳税人的征税对象依所属等级同时适用几个税率分别计算，再将计算结果相加后得出应纳税款。	综合所得个人所得税、经营所得个人所得税。
	全率累进税率	按课税对象的相对额划分若干级距，每个级距规定的税率随课税对象相对额的增大而提高，纳税人的全部课税对象都按与课税对象相对额所对应的税率计算纳税的税率制度。	我国目前没有采用。
	超率累进税率	以征税对象数额的相对率划分若干级距，分别规定相应的差别税率，相对率每超过一个级距，对超过的部分就按高一级的税率计算征税。	土地增值税。

【工作引例解析】

（1）如果按照全额累进税率计算税额，则

张三应纳税额＝36 000×3％＝1 080(元)

李四应纳税额＝36 001×10％＝3 600.1(元)

王五应纳税额＝660 000×30％＝198 000(元)

赵六应纳税额＝660 001×35％＝231 000.35(元)

由此可以发现，李四比张三应纳税所得额增加 1 元，税额却增加 2 520.1 元（3 600.1－1 080）；赵六比王五应纳税所得额增加 1 元，税额却增加 33 000.35 元（231 000.35－198 000），税负变化极不合理。

（2）如果按照超额累进税率计算税额，则

张三应纳税额＝36 000×3％＝1 080（元）

李四应纳税额＝36 000×3％＋1×10％＝1 080.1（元）

或　李四应纳税额＝36 001×10％－2 520＝1 080.1（元）

王五应纳税额＝36 000×3％＋（144 000－36 000）×10％＋（300 000－144 000）×20％
　　　　　　　＋（420 000－300 000）×25％＋（660 000－420 000）×30％
　　　　　　　＝145 080（元）

或　王五应纳税额＝660 000×30％－52 920＝145 080（元）

赵六应纳税额＝36 000×3％＋（144 000－36 000）×10％＋（300 000－144 000）×20％
　　　　　　　＋（420 000－300 000）×25％＋（660 000－420 000）×30％
　　　　　　　＋（660 001－660 000）×35％＝145 080.35（元）

或　赵六应纳税额＝660 001×35％－85 920＝145 080.35（元）

由此可以发现，李四比张三全年应纳税所得额增加 1 元，税额只增加 0.1 元（1 080.1－1 080）；赵六比王五应纳税所得额增加 1 元，税额只增加 0.35 元（145 080.35－145 080），税负变化合理。

因此，超额累进税率的特点是：（1）计算方法比较复杂，征税对象越大、等级越多，计算就越复杂。（2）累进幅度比较缓和，税收负担较为合理。特别是征税对象级次分界上下，只就超过部分按高一级税率计算，一般不会发生增加的税额超过增加的收入金额的不合理现象，有利于鼓励纳税人增产增收。（3）边际税率和平均税率不一致，税收负担透明度差。在实际工作中，为了解决超额累进税率计算税款这一比较复杂的问题，可以采取"速算扣除法"。

全额累进税率的特点是：（1）对具体纳税人来说，在应税所得额确定以后，相当于按照比例税率计征，计算方法简单。（2）税收负担不合理。特别是在累进分界点上税负呈跳跃式递增，不尽合理，甚至会出现增加的税额超过增加的收入金额的现象，不利于鼓励纳税人增产增收。

总之，相对于全额累进税率来说，超额累进税率更为合理。

（六）纳税期限

理解纳税义务发生时间、纳税期限和纳税申报期限（或纳税申报与税款缴纳期限）三个相关概念，对于纳税人能否准确计算应纳税款，能否保证应纳税款的及时足额上缴等问题至关重要。

1. 纳税义务发生时间、纳税期限和纳税申报期限的含义

纳税义务发生时间是指纳税人具有纳税义务的起始时间，是一个时间点（某天）。《中华人民共和国增值税暂行条例》规定，采取预收货款方式销售货物的，纳税义务发生时间为货物发出的当天。例如，纳税人销售一批货物收到预收货款的日期是 2019 年 2 月 20 日，发出货物的日期是 2019 年 3 月 10 日，则其纳税义务发生的时间是 2019 年

3月10日，而不是2019年2月20日。

纳税期限是指纳税人按照税法规定缴纳税款的期限，有按年纳税、按期纳税和按次纳税之分，一般为一个时间段。《增值税暂行条例》规定，增值税的纳税期限为1日、3日、5日、10日、15日、1个月或者1个季度。

纳税申报期限是指纳税人在纳税期限期满以后向税务机关进行申报并缴纳税款的时间，一般为一个时间段。《增值税暂行条例》规定，纳税人以1个月或者1个季度为一个纳税期的，自期满之日起15日内申报纳税。例如，如果增值税纳税人的纳税义务发生时间为2019年9月10日，纳税期限为1个月，则其纳税申报期限为2019年10月1—24日（因2019年10月1—7日国庆节放假7天，因此2019年10月的纳税申报期限顺延至2019年10月24日）。

【理论答疑】纳税申报期限和税款缴纳期限一样吗？纳税申报的当天必须同时缴纳税款吗？

答：由于纳税人需要在纳税申报期限内同时缴纳税款，因此纳税申报期限和税款缴纳期限是一样的。只要纳税人的银行对公账户的基本户有足够的余额，纳税人在进行纳税申报后马上就从账户里扣款上缴了，也就是说，纳税申报和缴纳税款是同一天；纳税人的银行对公账户的基本户没有余额或者余额不足时，才会出现当天纳税申报，第二天或之后才能缴纳税款的情况。

2. 纳税义务发生时间、纳税期限和纳税申报期限的关系

纳税人要保证及时足额纳税，除了掌握应纳税款的计算方法外，还要理清纳税义务发生时间、纳税期限和纳税申报期限三者之间的关系。首先根据税法确定不同税种的纳税期限，是按年纳税、按期纳税还是按次纳税；其次确定每笔业务的纳税义务发生时间是否属于该纳税期限；最后根据纳税义务发生时间属于该纳税期限的业务计算应纳税款，在纳税期满后的纳税申报期限内申报并缴纳税款。

【点拨指导】《国家税务总局办公厅关于明确2020年度申报纳税期限的通知》（税总办函〔2019〕449号）规定，根据《中华人民共和国税收征收管理法实施细则》第一百零九条和《国务院办公厅关于2020年部分节假日安排的通知》（国办发明电〔2019〕16号）规定，现将实行每月或者每季度期满后15日内申报纳税的各税种2020年度具体申报纳税期限明确如下，请遵照执行，并及时告知纳税人。

(1) 1月、6月、7月、9月、12月申报纳税期限分别截至当月15日。

(2) 2月15日为星期六，2月申报纳税期限顺延至2月17日。

(3) 3月15日为星期日，3月申报纳税期限顺延至3月16日。

(4) 4月4日至6日放假3天，4月申报纳税期限顺延至4月20日。

(5) 5月1日至5日放假5天，5月申报纳税期限顺延至5月22日。

(6) 8月15日为星期六，8月申报纳税期限顺延至8月17日。

(7) 10月1日至8日放假8天，10月申报纳税期限顺延至10月23日。

(8) 11月15日为星期日，11月申报纳税期限顺延至11月16日。

另外，各地遇特殊情况需要调整申报纳税期限的，应当提前上报国家税务总局网络安全和信息化领导小组办公室备案。

【工作实例1-1】　以增值税为例，甲商业企业为增值税一般纳税人，对外销售摩托车，不含税单价统一为 10 000 元，适用的增值税税率为 13%。税务机关规定甲企业的增值税以 1 个月为纳税期限。2020 年 5 月发生以下业务：

（1）5 月 5 日，采用直接收款方式销售摩托车 20 辆。

（2）5 月 8 日，采用赊销方式销售摩托车 60 辆，合同约定 5 月 27 日收款。

（3）5 月 16 日，购进 100 辆摩托车取得增值税专用发票注明单价 7 000 元，该增值税专用发票于 5 月 30 日通过认证。

（4）5 月 25 日，采用预收货款方式销售摩托车 30 辆，货款已经收到。

（5）5 月 27 日，收到 5 月 8 日所售 50 辆摩托车货款，其余 10 辆尚未收到货款。

（6）5 月 29 日，发出 5 月 25 日预收货款的摩托车 10 辆，其余 20 辆 6 月 5 日发货。

【工作要求】计算回答下列问题：

（1）确定 2020 年 5 月纳税义务的纳税期限。

（2）确定 2020 年 5 月每笔业务的纳税义务发生时间。

（3）确定 2020 年 5 月纳税义务的纳税申报期限。

【工作实施】首先，确定纳税期限为 2020 年 5 月这一个月的时间段。

其次，确定每笔业务的纳税义务发生时间：

（1）直接收款方式销售 20 辆摩托车的纳税义务发生时间是收到销售款的当天，即 5 月 5 日。

（2）赊销方式销售 60 辆摩托车的纳税义务发生时间是合同约定收款日期的当天（虽然在合同约定收款日期的当天 5 月 27 日有 10 辆摩托车尚未收到货款），即 5 月 27 日。

（3）预收货款方式销售摩托车的纳税义务发生时间是货物发出的当天，即 5 月 29 日发出的 10 辆摩托车在 5 月 29 日发生纳税义务（发出这 10 辆摩托车的当天 5 月 29 日，为销售这 10 辆摩托车的纳税义务发生时间），6 月 5 日发出的 20 辆摩托车在 6 月 5 日发生纳税义务（发出这 20 辆摩托车的当天 6 月 5 日，为销售这 20 辆摩托车的纳税义务发生时间）。

因此，5 月销售的 110 辆摩托车只有 90 辆在 5 月发生纳税义务，剩余的 20 辆在 6 月发生纳税义务。另外，5 月购进的 100 辆摩托车由于取得增值税专用发票，并于当月通过认证，因此其进项税额应在 5 月从销项税额中全部抵扣。

$$5 月应纳增值税 = 销项税额 - 进项税额$$
$$= (20 + 60 + 10) \times 10\,000 \times 13\% - 100 \times 7\,000 \times 13\%$$
$$= 26\,000（元）$$

2020 年 5 月发生的纳税义务的纳税申报期限为 2020 年 6 月 1—15 日，也就是说纳税人应当于 2020 年 6 月 1—15 日内完成 2020 年 5 月发生的纳税义务的纳税申报并缴纳税款

26 000 元。

（七）减税免税

减税免税是对某些纳税人或征税对象的鼓励或照顾措施。减税是对应纳税额少征一部分税款，而免税是对应纳税额全部免征税款。减税免税是税率的重要补充，其最大优点在于把税法的普遍性与特殊性、统一性与灵活性结合起来，可以对不同类型的纳税人和征税对象实行不同层次的减免，有利于全面地、因地制宜地贯彻国家的社会经济政策。减税免税可以分为税基式减免、税率式减免和税额式减免三种形式。

1. 税基式减免

税基式减免是通过直接缩小计税依据的方式来实现的减税免税。其涉及的概念包括起征点、免征额、项目扣除以及跨期结转等。

起征点是指征税对象达到一定数额开始征税的起点，对征税对象数额未达到起征点的不征税，达到起征点的按全部数额征税。免征额是在征税对象的全部数额中免予征税的数额，对免征额的部分不征税，仅对超过免征额的部分征税。项目扣除则是指在征税对象中扣除一定项目的数额，以其余额作为依据计算税额。跨期结转是指将以前纳税年度的经营亏损从本纳税年度经营利润中扣除。

【点拨指导】享受免征额的纳税人要比享受同额起征点的纳税人税负轻。起征点只能照顾一部分纳税人，免征额则可以照顾适用范围内的所有纳税人。

【特别提示】自 2011 年 11 月 1 日起，增值税按期限纳税的起征点为月销售额 5 000～20 000 元，按次纳税的起征点为每次（日）销售额 300～500 元。增值税起征点的适用范围限于个人。

【点拨指导】自 2019 年 1 月 1 日起，非居民个人的工资、薪金所得，以每月收入额减除费用 5 000 元后的余额为应纳税所得额。这里的减除费用额 5 000 元就是免征额。

【情境引例解析】

起征点和免征额不一样。假设起征点和免征额每年都为 60 000 元（每月都为 5 000 元），且不考虑其他扣除项目，应该如何纳税呢？若实际年所得额为 50 000 元，则无论是按照起征点的规定还是免征额的规定，都不用纳税。若实际年所得额为 70 000 元，情况就不一样了。按照免征额的规定，国家只能对超过部分 10 000 元（70 000－60 000）征税；而按照起征点的规定，国家必须对所有金额 70 000 元征税。我国个人所得税中综合所得的征税模式，显然是按照 10 000 元而不是 70 000 元的模式，因此，媒体上对个人所得税中综合所得普遍采用起征点的说法是错误的，实际上应为免征额。

2. 税率式减免

税率式减免即通过直接降低税率的方式实现的减税免税。其涉及的概念包括重新确定税率、选用其他税率、零税率。

3. 税额式减免

税额式减免即通过直接减少应纳税额的方式实现的减税免税。其涉及的概念包括全部免征、减半征收、核定减免率以及另定减征额等。

【点拨指导】减免税分为核准类减免税和备案类减免税。核准类减免税是指法律、法规规定应由税务机关核准的减免税项目；备案类减免税是指不需要税务机关核准的减免税项目。纳税人享受核准类减免税，应当提交核准材料，提出申请，经依法具有批准权限的税务机关按规定核准确认后执行。未按规定申请或虽申请但未经有批准权限的税务机关核准确认的，纳税人不得享受减免税。纳税人享受备案类减免税，应当具备相应的减免税资质，并履行规定的备案手续。备案类减免税要求纳税人在首次享受减免税的申报阶段在纳税申报表中附列或附送材料进行备案，也可以要求纳税人在申报征期后的其他规定期限内提交报备资料进行备案。

（八）纳税环节

纳税环节是指税法规定的征税对象在从生产到消费的流转过程中应当缴纳税款的环节。不同税种的纳税环节有可能分布在生产、批发、零售、进出口、收入取得、费用支出等各个环节。

【点拨指导】纳税环节一般分为两类，即一次课征制和多次课征制。一次课征制是指同一税种在商品流转的全过程中只在某一环节课征的制度，比如我国的消费税（卷烟、超豪华小汽车消费税除外）；多次课征制是同一税种在商品流转的多个环节都课征的制度，比如我国的增值税。

（九）纳税地点

纳税地点是指根据各个税种纳税对象的纳税环节和有利于对税款的源泉进行控制而规定的纳税人（包括代征代缴、代扣代缴、代收代缴义务人）的具体纳税地点。

【点拨指导】税法规定的纳税地点主要有机构所在地、经济活动发生地、财产所在地、报关地等。

（十）罚则

罚则又称法律责任，是对违反税法的行为采取的处罚措施。

（十一）附则

附则主要包括两项内容：一是规定此项税法的解释权；二是规定税法的生效时间。

第 3 节 税收的原则

情境引例

财税〔2015〕60 号文规定："一、将卷烟批发环节从价税税率由 5% 提高至 11%，并按 0.005 元/支加征从量税。二、纳税人兼营卷烟批发和零售业务的，应当分别核算批发和零售环节的销售额、销售数量；未分别核算批发和零售环节销售额、销售数量的，按照全部销售额、销售数量计征批发环节消费税。三、本通知自 2015 年 5 月 10 日起执行。此前有关文件规定与本通知相抵触的，以本通知为准。"其中的最后一条体现的是什么税法原则？

税法原则是构成税收法律规范的基本要素之一，是调整税收关系的法律规范的抽象和概括，是贯穿税收立法、执法、司法等全过程的具有普遍指导意义的法律准则。税法原则可以分为税法的基本原则和税法的适用原则两个层次。

一、税法的基本原则

税法基本原则是一定社会经济关系在税收法制中的体现，是国家税收法治的理论基础。税法的基本原则可以概括为税收法律主义、税收公平主义、税收合作信赖主义与实质课税原则。

（一）税收法律主义

税收法律主义也称税收法定性原则，是指税法主体的权利义务必须由法律加以规定；税法的各个构成要素必须且只能由法律予以明确规定；征纳主体的权力（利）义务只以法律规定为依据，没有法律依据，任何主体不得征税或减免税收。税收法律主义的要求是双向的：一方面，要求纳税人必须依法纳税；另一方面，课税只能在法律的授权下进行，超越法律规定的课征是违法和无效的。税收法律主义可以概括为课税要素法定、课税要素明确和依法稽征三个具体原则。

（二）税收公平主义

税收公平主义是指税收负担必须根据纳税人的负担能力分配，负担能力相等，税负相同；负担能力不等，税负不同。当纳税人的负担能力相等时，以其获得收入的能力为确定负担能力的基本标准，当收入指标不完备时，财产或消费水平可作为补充指标；当纳税人的负担能力不等时，应当根据其从政府活动中期望得到的利益大小缴税或使社会牺牲最小。

税收公平主义既包括法律上的税收公平与经济上的税收公平，也包括实体上的税收公平与程序上的税收公平。

【点拨指导】《中华人民共和国个人所得税法》中对劳务报酬所得畸高的，实行加成征收的规定，对所得高的提高税负，量能课征，体现了税法基本原则中的税收公平主义。

（三）税收合作信赖主义

税收合作信赖主义也称公众信任原则，是指征纳双方的关系是相互信赖、相互合作的，而不是对抗的。

一方面，纳税人应按照税务机关的决定及时缴纳税款，税务机关有责任向纳税人提供完整的税收信息资料，征纳双方应建立起密切的税收信息联系和沟通渠道。税务机关用行政处罚手段强制征税也是基于双方的合作关系，目的是提醒纳税人与税务机关合作自觉纳税。另一方面，没有充足的依据，税务机关不能对纳税人是否依法纳税有所怀疑，纳税人有权要求税务机关予以信任。纳税人也应信赖税务机关的决定是公正和准确的，税务机关作出的行政解释和事先裁定可以作为纳税人缴税的根据，当这种解释或裁定存在错误时，纳税人并不承担法律责任，纳税人因此而少缴的税款也不必缴纳滞纳金。

税收合作信赖主义与税收法律主义存在一定的冲突，因此，许多国家的税法在适用这一原则时都作了一定的限制。

（四）实质课税原则

实质课税原则是指应当依据纳税人真实负担能力决定其税负，不能仅考核其表面是否符合课税要件。之所以提出这一原则，是因为纳税人是否满足课税要件，其外在形式与内在真实之间往往会因一些客观因素或纳税人的刻意伪装而产生差异。例如，纳税人借转让定价而减少计税所得，税务机关有权重新估定计税价格，而不是纳税人申报的计税价格。实质课税原则有利于防止纳税人避税与偷税，增强税法适用的公正性。

二、税法的适用原则

税法的适用原则是指税务行政机关和司法机关运用税收法律规范解决具体问题所必须遵循的准则。其作用在于在使法律规定具体化的过程中，提供方向性的指导，判定税法之间的相互关系，合理解决法律纠纷，保障法律顺利实现，以达到税法认可的各项税收政策目标，维护税收征纳双方的合法权益。税法适用原则并不违背税法基本原则，而且在一定程度上体现了税法基本原则。但是与税法基本原则相比，税法适用原则含有更多的法律技术性准则，更具体化。

税法的适用原则主要包括：法律优位原则，法律不溯及既往原则，新法优于旧法原则，特别法优于普通法原则，实体从旧、程序从新原则，程序优于实体原则。

（一）法律优位原则

法律优位原则也称行政立法不得抵触法律原则，其基本含义是法律的效力高于行政法规的效力。具体来说，税收法律的效力高于税收行政法规的效力，税收行政法规的效力高于税收行政规章的效力。

【点拨指导】当效力低的税法与效力高的税法发生冲突时，效力低的税法即是无效的。

【特别提示】法律优位原则在税法中的作用主要体现在处理不同等级税法的关系上。

【归纳总结】法律效力比较：法律＞法规＞规章。

（二）法律不溯及既往原则

法律不溯及既往原则是绝大多数国家所遵循的法律程序技术原则，是指一部新法实施后，对新法实施之前人们的行为不得适用新法，而只能沿用旧法。法律不溯及既往原则有利于维护税法的稳定性和可预测性，使纳税人能在知道纳税结果的前提下作出相应的经济决策，能更好地发挥税收的调节作用。但是，在某些特殊情况下，税法对这一原则的适用也有例外。某些国家在处理税法的溯及力问题时，坚持"有利溯及"原则，即对税法中溯及既往的规定，对纳税人有利的，予以承认；对纳税人不利的，则不予承认。

【点拨指导】某纳税人 2016 年 5 月 1 日之前是营业税纳税人，全面营改增之后为增值税纳税人，该纳税人自查发现 2016 年 3 月有一笔经营收入需补税，按税法规定应向主管税务机关补缴营业税。

（三）新法优于旧法原则

新法优于旧法原则也称后法优于先法原则，是指新法、旧法对同一事项有不同规定时，新法的效力优于旧法。新法优于旧法原则有利于避免因法律修订带来新法、旧法对同一事项有不同的规定而给法律适用带来的混乱，为法律的更新与完善提供法律适用上的保障。新法优于旧法原则在税法中普遍适用，但是当新税法与旧税法处于普通法与特别法的关系时，可以例外。

【情境引例解析】"本通知自 2015 年 5 月 10 日起执行。此前有关文件规定与本通知相抵触的，以本通知为准"是新法优于旧法原则的体现。

（四）特别法优于普通法原则

特别法优于普通法原则是指对同一事项两部法律分别有一般规定和特别规定时，特别规定的效力高于一般规定的效力。当对某些税收问题需要作出特殊规定，但是又不便于普遍修订税法时，即可以通过特别法的形式予以规范。凡是特别法中作出规定的，即排斥普通法的适用。不过这种排斥仅就特别法中的具体规定而言，并不是说随着特别法的出现，原有的居于普通法地位的税法即告废止。

【特别提示】特别法优于普通法原则打破了税法效力等级（法律优位原则）的限制，即居于特别法地位的级别较低的税法，其效力可以高于作为普通法的级别较高的税法。

（五）实体从旧、程序从新原则

实体从旧、程序从新原则是指实体税法不具备溯及力，而程序性税法在特定条件下具备一定的溯及力。实体从旧、程序从新原则包括两方面的内容：一是有关税收权利义务的产生、变更和灭失的税收实体法，如在应税行为或事实发生后有所变动，除非法律有特别规定，否则对该行为或事实应适用其发生当时的税法规定，即遵循法律不溯及既往原则。二是对于新法公布实施以前发生的税收债务，税务机关在适用征税程序或履行税收债务时，则不问税收债权债务发生的时期，征管程序上一律适用新法，即遵循新法优于旧法原则。

【点拨指导】税收实体法和税收程序法功能作用不同。税收实体法针对具体税种，是税法的核心部分；税收程序法针对税收管理，是税法体系的基本组成部分。

【特别提示】实体从旧原则同法律不溯及既往原则：税收实体法只从新的规定开始的时段实施，不溯及以往发生的业务，以往发生的业务还是按照旧的规定执行。

【点拨指导】程序从新原则举例：2001 年 5 月 1 日起实施的《中华人民共和国税收征收管理法》规定，从事生产、经营的纳税人应当按照国家有关规定，持税务登记证件，在银行或者其他金融机构开立基本存款账户和其他存款账户，并将其全部账号向税务机关报告。按照程序从新原则，不论是 2001 年 5 月 1 日以后设立的新企业还是以前设立的继续生产、经营的老企业，不论是企业 2001 年 5 月 1 日以后开设的银行账号还是以前开设沿用下来的银行账号，只要是现存的经营用的银行账号都要向税务机关报告。

（六）程序优于实体原则

程序优于实体原则是关于税收争讼法的原则，是指在诉讼发生时税收程序法优于税收实体法适用。即纳税人通过税务行政复议或税务行政诉讼寻求法律保护的前提条件之一，是必须事先履行税务行政执法机关认定的纳税义务，而不管这项纳税义务实际上是否完全发生。否则，税务行政复议机关或司法机关对纳税人的申诉不予受理。程序优于实体原则的作用在于确保国家课税权的实现，不因争议的发生而影响税款的及时、足额入库。

【点拨指导】某纳税人与税务机关产生了纳税争议，准备申请税务行政复议。必须在纳税人缴纳有争议的税款后，税务行政复议机关才能受理纳税人的复议申请。这体现了程序优于实体原则。

第 4 节　税收法律关系

情境引例

甲市税务局稽查局于本年 3 月 2 日派出两名税务稽查人员对我公司进行税收检查，稽查人员在出示了各自的检查证后即要展开检查。我公司以稽查人员未出示税务检查通知书为由拒绝检查，以此维护自己的权益。请问我公司的做法正确吗？

一、税收法律关系的含义

税收法律关系是指税法所确认和调整的、国家与纳税人之间在税收分配过程中形成的权利义务关系。税收法律关系包括：国家与纳税人之间的税收宪法性法律关系，征税机关与纳税主体之间的税收征纳关系，相关国家机关之间的税收权限划分法律关系，国际税收权益分配法律关系，税收救济法律关系等。税收法律关系是法律关系的一种具体形式，具有法律关系的一般特征。

二、税收法律关系的构成

税收法律关系在总体上与其他法律关系一样，都是由税收法律关系的主体、客体和内容三方面构成的，但在这三方面的内涵上，税收法律关系又具有一定的特殊性。

（一）税收法律关系的主体

法律关系的主体是指法律关系的参加者。税收法律关系的主体指税收法律关系中享有权利和承担义务的当事人。在我国，税收法律关系的主体包括征纳双方，即征税主体和纳税主体。

1. 征税主体

征税主体是指代表国家行使征税职责的国家行政机关，包括国家各级税务机关、海关。征税主体享有国家权力的同时意味着必须依法行使，具有职权与职责相对等的结果，体现了职、权、责的统一性。

2. 纳税主体

纳税主体是指履行纳税义务的人，包括法人、自然人和其他组织，在华的外国企业、组织、外籍人、无国籍人，以及在华虽然没有机构、场所但有来源于中国境内所得的外国企业或组织。这种对税收法律关系中权利主体中纳税主体的确定，在我国采取的是属地兼属人的原则。

【点拨指导】征税主体和纳税主体的法律地位相等，但权利义务不对等。

【特别提示】我国的法人主要有四种：机关法人、事业法人、企业法人、社团法人。

（二）税收法律关系的客体

税收法律关系的客体是指税收法律关系主体的权利、义务所共同指向的对象，也就是征税对象。例如，所得税法律关系的客体就是生产经营所得和其他所得，财产税法律关系的客体就是财产，流转税法律关系的客体就是货物销售收入或劳务收入。税收法律关系的客体也是国家利用税收杠杆调整和控制的目标，国家在一定时期根据经济形势发展的需要，通过扩大或缩小征税范围调整征税对象，以达到限制或鼓励国民经济中某些行业发展的目的。

（三）税收法律关系的内容

税收法律关系的内容就是主体享有的权利和应承担的义务，这是税收法律关系中最实质的东西，也是税法的灵魂。它规定权利主体可以有什么行为，不可以有什么行为，若违反了这些规定，须承担相应的法律责任。

1. 征税主体的权利和义务

以征税主体中的税务机关为例，根据现行《税收征收管理法》，可以将税务机关的职权与职责归纳如下：

（1）税务机关的权利（力）。

1）税务管理权。包括有权办理税务登记、审核纳税申报、管理有关发票事宜等。

2）税收征收权。这是税务机关最基本的权力，包括有权依法征收税款和在法定权限范围内依法自行确定税收征管方式或时间、地点等。

3）税收检查权。包括有权对纳税人的财务会计核算、发票使用和其他纳税情况、纳税人的应税商品和货物或其他财产进行查验登记等。

4）税务违法处理权。包括有权对违反税法的纳税人采取行政强制措施，以及对情节严重、触犯刑律的，移送有权机关依法追究其刑事责任。

5）税收行政立法权。被授权的税务机关有权在授权范围内依照一定程序制定税收行政规章及其他规范性文件，作出行政解释等。

6）代位权和撤销权。为了保证税务机关及时、足额追回由于债务关系造成的过去难以征收的税款，《税收征收管理法》赋予税务机关可以在特定情况下依法行使代位权和撤销权的权力。

（2）税务机关的义务。

1）税务机关不得违反法律、行政法规的规定开征、停征、多征或少征税款，或擅自决定税收优惠。

2）税务机关应当将征收的税款和罚款、滞纳金按时足额并依照预算级次入库，不得截留和挪用。

3）税务机关应当依照法定程序征税，依法确定有关税收征收管理的事项。

4）税务机关应当依法办理减税、免税等税收优惠，对纳税人的咨询、请求和申诉作出答复处理或报请上级机关处理。

5）税务机关对纳税人的经营状况负有保密义务。

6）税务机关应当按照规定付给扣缴义务人代扣、代收税款的手续费，且不得强行要求非扣缴义务人代扣、代收税款。

7）税务机关应当严格按照法定程序实施和解除税收保全措施，如因税务机关的原因致使纳税人的合法权益遭受损失的，税务机关应当依法承担赔偿责任。

8）税务机关要广泛宣传税收法律、行政法规，普及纳税知识，无偿提供纳税咨询服务。

9）税务机关的工作人员在征收税款和查处税收违法案件时，与纳税人、扣缴义务人或者税收违法案件有利害关系的，应当回避。

2. 纳税主体的权利和义务

根据《税收征收管理法》及相关法律法规的规定，纳税人的权利与义务可以归纳如下：

（1）纳税人的权利。

1）知情权。纳税人有权向税务机关或税务人员了解国家税收法律、行政法规的规定，以及与纳税程序有关的情况。

2）保密权。纳税人及扣缴义务人有权要求税务机关或税务人员为纳税人或扣缴义务人的情况保密。

【特别提示】要保密的是纳税人、扣缴义务人的商业秘密及个人隐私。纳税人、扣缴义务人的税收违法行为不属于保密范围。

3）税收监督权。纳税人或扣缴义务人对税务机关或税务人员违反税收法律、行政法规的行为，如税务人员索贿受贿、徇私舞弊、玩忽职守，不征或者少征应征税款，滥用职权多征税款或者故意刁难等，可以进行检举和控告。同时，纳税人或扣缴义务人对其他纳税人的税收违法行为也有权进行检举。

4）纳税申报方式选择权。纳税人或扣缴义务人可以直接到税务机关的办税服务厅办理纳税申报或者报送代扣代缴、代收代缴税款报告表，也可以按照规定采取邮寄、数据电文或者其他方式办理上述申报、报送事项。但采取邮寄或数据电文方式办理上述申报、报送事项的，需经纳税人或扣缴义务人的主管税务机关批准。

5）申请延期申报权。纳税人或扣缴义务人如不能按期办理纳税申报或者报送代扣代缴、代收代缴税款报告表，应当在规定的期限内向税务机关或税务人员提出书面延期申请，经核准，可在核准的期限内办理。经核准延期办理前述规定的申报、报送事项的，应当在税法规定的纳税期内按照上期实际缴纳的税额或者税务机关核定的税额预缴税款，并在核准的延期内办理税款结算。

6）申请延期缴纳税款权。如纳税人或扣缴义务人有特殊困难，不能按期缴纳税款，经省、自治区、直辖市税务局批准，可以延期缴纳税款，但是最长不得超过3个月。计划单列市税务局可以参照省级税务机关的批准权限，审批纳税人或扣缴义务人的延期缴纳税款申请。

7）申请退还多缴税款权。对纳税人或扣缴义务人超过应纳税额缴纳的税款，税务机关发现后，将自发现之日起10日内办理退还手续；纳税人或扣缴义务人自结算缴纳税款之日起3年内发现的，可以向税务机关要求退还多缴的税款并加算银行同期存款利息。

8）依法享受税收优惠权。纳税人或扣缴义务人可以依照法律、行政法规的规定书面申请减税、免税。减税、免税的申请须经法律、行政法规规定的减税、免税审查批准机关审批。减税、免税期满，应当自期满次日起恢复纳税。减税、免税条件发生变化的，应当自发生变化之日起15日内向税务机关报告；不再符合减税、免税条件的，应当依法履行纳税义务。

9）委托税务代理权。纳税人或扣缴义务人有权就以下事项委托税务代理人代为办理：办理、变更或者注销税务登记，除增值税专用发票外的发票领购手续，纳税申报或扣缴税款报告，税款缴纳和申请退税，制作涉税文书，审查纳税情况，建账建制，办理财务或税务咨询，申请税务行政复议，提请税务行政诉讼等。

10）陈述权与申辩权。纳税人或扣缴义务人对税务机关作出的决定，享有陈述权、申辩权。如果纳税人或扣缴义务人有充分的证据证明自己的行为合法，税务机关不得对纳税人或扣缴义务人实施行政处罚；即使纳税人或扣缴义务人的陈述或申辩不充分、不合理，税务机关也会向纳税人或扣缴义务人解释实施行政处罚的原因。税务机关不会因纳税人或扣缴义务人的申辩而加重处罚。

11）对未出示税务检查证和税务检查通知书的拒绝检查权。税务机关派出的人员进行税务检查时，应当向纳税人或扣缴义务人出示税务检查证和税务检查通知书；对未出示税务检查证和税务检查通知书的，纳税人或扣缴义务人有权拒绝检查。

【情境引例解析】

税务检查证是税务检查人员进行税务检查的法定专用公务凭证，主要内容包括持证人姓名、照片、工作单位、检查范围、检查职责、发证机关、证号、税务检查证专用章、有效期限和发证时间。

税务检查通知书是实施检查的税务机关开具给被查纳税人的告知书，载明了检查时间、检查人员的姓名和证号、检查所属期间、实施检查的税务机关名称及文书号等，并盖有签发税务机关的公章。

税务检查人员必须按税务检查证或税务检查通知书载明的检查范围和期限，行使税务检查权。如果税务人员未出示税务检查证和税务检查通知书，纳税人可以拒绝提供账簿、凭证等涉税资料，并可以向税务机关进行检举。因此，你公司的做法是正确的。

12）税收法律救济权。纳税人或扣缴义务人对税务机关作出的决定，依法享有申请行政复议、提起行政诉讼、请求国家赔偿等权利。

13）依法要求听证的权利。对纳税人或扣缴义务人作出一定金额以上罚款的行政处罚之前，税务机关会向纳税人或扣缴义务人送达"税务行政处罚事项告知书"，告知纳税人或扣缴义务人已经查明的违法事实、证据、行政处罚的法律依据和拟给予的行政处罚。对此，纳税人或扣缴义务人有权要求举行听证。税务机关将应纳税人或扣缴义务人的要求组织听证。

14）索取有关税收凭证的权利。税务机关征收税款时，必须给纳税人或扣缴义务人开具完税凭证。扣缴义务人代扣、代收税款时，纳税人要求扣缴义务人开具代扣、代收税款凭证时，扣缴义务人应当开具。税务机关扣押商品、货物或者其他财产时，必须开付收据；查封商品、货物或者其他财产时，必须开付清单。

（2）纳税人的义务。

1）依法进行税务登记的义务。在领取"一照一码"营业执照后，企业无须再到质监、社保、统计等部门办理任何手续，但应在领取执照后 15 日内，将其财务、会计制度或处理办法报送主管税务机关备案，并向税务机关报告企业全部存款账号。

2）依法设置、保管账簿和有关资料，以及依法开具、使用、取得和保管发票的义务。纳税人或扣缴义务人应当按照有关法律、行政法规和国务院财政、税务主管部门的规定设置账簿，根据合法、有效凭证记账，进行核算；从事生产、经营的，必须按照国务院财政、税务主管部门规定的保管期限保管账簿、记账凭证、完税凭证及其他有关资料；账簿、记账凭证、完税凭证及其他有关资料不得伪造、变造或者擅自损毁。纳税人或扣缴义务人在购销商品、提供或者接受经营服务以及从事其他经营活动中，应当依法开具、使用、取得和保管发票。

3）财务会计制度和会计核算软件备案的义务。纳税人或扣缴义务人的财务、会计制度或者财务、会计处理办法和会计核算软件，应当报送税务机关备案。纳税人或扣缴义务人的财务、会计制度或者财务、会计处理办法与国务院或者国务院财政、税务主管部门有关税收的规定抵触的，应依照国务院或者国务院财政、税务主管部门有关税收的规定计算应纳税款、代扣代缴和代收代缴税款。

4）按照规定安装、使用税控装置的义务。国家根据税收征收管理的需要，积极推广使用税控装置。纳税人或扣缴义务人应当按照规定安装、使用税控装置，不得损毁或者擅自改动税控装置。如纳税人或扣缴义务人未按规定安装、使用税控装置，损毁或者擅自改动税控装置，税务机关应责令限期改正，并可根据情节轻重处以规定数额内的罚款。

5）按时、如实申报的义务。纳税人必须依照法律、行政法规规定或者税务机关依照法律、行政法规的规定确定的申报期限、申报内容如实办理纳税申报，报送纳税申报表、财务会计报表以及税务机关根据实际需要要求纳税人或扣缴义务人报送的其他纳税资料。

纳税人或扣缴义务人即使在纳税期限内没有应纳税款，也应当按照规定办理纳税申报。享受减税、免税待遇的，在减税、免税期间应当按照规定办理纳税申报。

6）按时缴纳税款的义务。纳税人或扣缴义务人应当按照法律、行政法规规定或者税务机关依照法律、行政法规的规定确定的期限，缴纳或者解缴税款。

未按照规定期限缴纳税款或者未按照规定期限解缴税款的，税务机关除责令限期缴纳外，从滞纳税款之日起，按日加收滞纳税款万分之五的滞纳金。

7）代扣、代收税款的义务。如纳税人或扣缴义务人按照法律、行政法规规定负有代扣代缴、代收代缴税款义务，必须依照法律、行政法规的规定履行代扣、代收税款的义务。纳税人或扣缴义务人依法履行代扣、代收税款义务时，纳税人不得拒绝。纳税人拒绝的，应当及时报告税务机关处理。

8）接受依法检查的义务。纳税人有接受税务机关依法进行税务检查的义务，应主动配合税务机关按法定程序进行的税务检查，如实向税务机关反映自己的生产经营情况和执行财务制度情况，并按有关规定提供报表和资料，不得隐瞒和弄虚作假，不能阻挠、刁难税务机关的检查和监督。

9）及时提供信息的义务。纳税人除通过税务登记和纳税申报向税务机关提供与纳税有关的信息外，还应及时提供其他信息。有歇业、经营情况变化、遭受各种灾害等特殊情况的，应及时向税务机关说明，以便税务机关依法妥善处理。

10）报告其他涉税信息的义务。为了保障国家税收能够及时、足额征收入库，税法还规定了纳税人有义务向税务机关报告某些涉税信息。例如，有报告全部账号的义务。如纳税人从事生产、经营，应当按照国家有关规定，持税务登记证件，在银行或者其他金融机构开立基本存款账户和其他存款账户，并自开立基本存款账户或者其他存款账户之日起15日内，向税务机关的主管机关书面报告全部账号；发生变化的，应当自变化之日起15日内，向税务机关的主管机关书面报告。

三、税收法律关系的产生、变更与消灭

（一）税收法律关系的产生

税收法律关系的产生是指在税收法律关系主体之间形成权利义务关系。由于税法属

于义务性法规，税收法律关系的产生应以引起纳税义务成立的法律事实为基础和标志。而纳税义务产生的标志应当是纳税主体进行的应当课税的行为，如销售货物、取得应税收入等，不应当是征税主体或其他主体的行为。

（二）税收法律关系的变更

税收法律关系的变更是指由于某一法律事实的发生，税收法律关系的主体、内容和客体发生变化。引起税收法律关系变更的原因是多方面的，归纳起来，主要有以下几点：（1）纳税人自身的组织状况发生变化；（2）纳税人的经营或财产情况发生变化；（3）税务机关组织结构或管理方式发生变化；（4）税法修订或调整；（5）因不可抗力造成破坏。

（三）税收法律关系的消灭

税收法律关系的消灭是指某一法律关系终止，即其主体间权利义务关系终止。税收法律关系消灭的原因主要有以下几个方面：（1）纳税人履行纳税义务；（2）纳税义务因超过期限而消灭；（3）纳税义务免除；（4）某些税法废止；（5）纳税主体消失。

第5节　税收立法与执法

情境引例

如何理解《增值税暂行条例》为全国人民代表大会及其常务委员会授权立法？

一、税收立法

（一）税收立法的概念

税收立法是指国家机关依照其职权范围，通过一定程序制定（包括修改和废止）税收法律规范的活动，即特定的国家机关就税收问题所进行的立法活动。税收立法可以分为广义的税收立法和狭义的税收立法。广义的税收立法指国家机关依据法定权限和程序，制定、修改、废止税收法律规范的活动；狭义的税收立法则是指国家最高权力机关制定税收法律规范的活动。税收立法通常采用广义的含义。

（二）税收立法权及立法机关

1．税收立法权

税收立法权是指特定的国家机关依法所行使的，通过制定、修订、废止税收法律规范，调整一定税收法律关系的综合性权力体系。在我国，划分税收立法权的直接法律依据主要是《中华人民共和国宪法》与《中华人民共和国立法法》。

2．税收立法机关及立法形式

各有权机关根据国家立法体制制定的一系列税收法律、法规、规章和规范性文件，构成了我国的税收法律体系。税收立法机关及立法形式和举例如表1-4所示。

表1-4 税收立法机关及立法形式和举例

分类	立法机关	形式	举例
税收法律或税收准法律	全国人民代表大会及其常务委员会——正式立法	法律	《中华人民共和国企业所得税法》《中华人民共和国个人所得税法》《中华人民共和国车船税法》《中华人民共和国税收征收管理法》
	全国人民代表大会及其常务委员会——授权国务院立法（税收准法律）	暂行条例	《中华人民共和国增值税暂行条例》《中华人民共和国消费税暂行条例》等
税收法规	国务院——税收行政法规	条例、暂行条例、实施细则	《中华人民共和国税收征收管理法实施细则》《中华人民共和国房产税暂行条例》等
	地方人民代表大会（目前只有海南省以及民族自治区）——税收地方法规		—
税收规章	财政部、国家税务总局、海关总署——税收部门规章	办法、规则、规定	《中华人民共和国增值税暂行条例实施细则》《税收代理试行办法》等
	省级地方政府——税收地方规章		《中华人民共和国房产税暂行条例实施细则》等

【情境引例解析】

全国性税种可先由国务院以"条例"或"暂行条例"的形式发布实施，再行修订并条件成熟后，由全国人民代表大会及其常务委员会正式立法。全国人民代表大会及其常务委员会授权国务院立法（例如《增值税暂行条例》）具有国家法律的性质和地位，属于准法律，其法律效力高于行政法规，为待条件成熟上升为法律做好准备，在立法程序上还需报全国人民代表大会常务委员会备案。

（三）税收立法、修订和废止程序

税收立法程序是指有权的机关在制定、认可、修改、补充、废止等税收立法活动中必须遵循的法定步骤和方法。目前我国税收立法程序主要包括以下几个阶段。

1. 提议阶段

无论是税法的制定，还是税法的修改、补充和废止，一般由国务院授权其税务主管部门（财政部或国家税务总局）负责立法的调查研究等准备工作，并提出立法方案或税法草案，上报国务院。

2. 审议阶段

税收行政法规由国务院负责审议。税收法律在经国务院审议通过后，以议案的形式提交全国人民代表大会常务委员会的有关工作部门，在广泛征求意见并做修改后，提交全国人民代表大会或其常务委员会审议通过。

3. 通过和公布阶段

税收行政法规由国务院审议通过后，以国务院总理名义发布实施；税收法律在全国人民代表大会或其常务委员会开会期间，先听取国务院关于制定税法议案的说明，经过讨论，以简单多数的方式通过后，以国家主席名义发布实施。

二、税收执法

(一) 税收执法的含义

税收执法又称税收行政执法，存在广义和狭义两种理解。广义的税收执法是指国家税务行政主管机关执行税收法律法规的行为，既包括具体行政行为，也包括抽象行政行为以及行政机关的内部管理行为。狭义的税收执法专指国家税收机关依照法定的职权和程序将税法的一般法律规范适用于税务行政相对人或事件，调整具体税收关系的实施税法的活动。通常意义上，税收执法是指狭义的税收执法。

(二) 税收执法权

税收执法权包括税款征收管理权、税务检查权、税务稽查权、税务行政复议裁决权及其他税收执法权（税务行政处罚权）。

1. 税款征收管理权

(1) 税务机构设置。中央政府设立国家税务总局（正部级），省及省以下税务机构设立税务局。

【特别提示】2018 年 3 月 17 日发布的《国务院机构改革方案》规定：改革国税、地税征管体制。将省级和省级以下国税、地税机构合并，具体承担所辖区域内各项税收、非税收入征管等职责。国税、地税机构合并后，实行以国家税务总局为主与省（自治区、直辖市）人民政府双重领导管理体制。

2018 年 6 月 15 日，按照党中央、国务院关于国税、地税征管体制改革的决策部署，在前期做好统一思想、顶层设计、动员部署等工作的基础上，全国各省（自治区、直辖市）级以及计划单列市国税局、地税局合并且统一挂牌，标志着国税、地税征管体制改革迈出阶段性关键一步。此次省级新税务局挂牌后，在 2018 年 7 月底前，市、县级税务局逐级分步完成集中办公、新机构挂牌等改革事项。

海关总署及下属机构负责关税、船舶吨税征管和受托征收进出口增值税和消费税等税收。

(2) 税收征管范围的划分。

1) 税务局主要负责下列税种及非税收入等的征收和管理：增值税（进口环节增值税除外）、消费税（进口环节消费税除外）、城市维护建设税、教育费附加、地方教育附加、企业所得税、个人所得税、车辆购置税、印花税、资源税、城镇土地使用税、土地增值税、房产税、车船税、契税、环境保护税、出口产品退税（增值税、消费税）、非税收入和社会保险费等。

2) 海关主要负责下列税种的征收和管理：关税、船舶吨税、进口环节增值税和消费税。

（3）我国中央政府与地方政府税收收入的划分。根据国务院关于实行分税制财政管理体制的规定，我国的税收收入分为中央政府固定收入、地方政府固定收入和中央政府与地方政府共享收入。

1）中央政府固定收入包括消费税（含进口环节海关代征的部分）、车辆购置税、关税、海关代征的进口环节增值税、储蓄存款利息所得的个人所得税等。

2）地方政府固定收入包括城镇土地使用税、耕地占用税、土地增值税、房产税、车船税、契税、环境保护税。

3）中央政府与地方政府共享收入主要包括：

①增值税（不含进口环节由海关代征的部分）：中央政府分享50%，地方政府分享50%。

②企业所得税：中国铁路总公司（原铁道部）、各银行总行及海洋石油企业缴纳的部分归中央政府，其余部分中央政府与地方政府按60%与40%的比例分享。

③个人所得税：除储蓄存款利息所得的个人所得税外，其余部分的分享比例与企业所得税相同。

④资源税：海洋石油企业缴纳的部分归中央政府，其余部分归地方政府。

⑤城市维护建设税：中国铁路总公司（原铁道部）、各银行总行、各保险总公司集中缴纳的部分归中央政府，其余部分归地方政府。

⑥印花税：证券交易印花税收入归中央政府，其他印花税收入归地方政府。

2. 税务检查权

税务检查是税务机关依据国家的税收法律法规对纳税人等管理相对人履行法定义务的情况进行审查、监督的执法活动。有效的税务检查可以抑制不法纳税人的侥幸心理，提高税法的威慑力，减少税收违法犯罪行为，保障国家收入，维护税收公平与合法纳税人的合法利益。税务检查包括两类：

（1）税务机关为取得确定税额所需资料，证实纳税人纳税申报的真实性与准确性而进行的经常性检查，其依据是税法赋予税务机关的强制行政检查权。

（2）为打击税收违法犯罪而进行的特别调查，可以分为行政性调查和刑事调查两个阶段。行政性调查属于税务检查权范围之内，从原则上讲，纳税人有违反税法的刑事犯罪嫌疑的情况下，即调查的刑事性质确定后，案件应开始适用刑事调查程序。

3. 税务稽查权

税务稽查是税务机关依法对纳税人、扣缴义务人履行纳税义务和扣缴义务情况所进行的税务检查和处理工作的总称。税务稽查权是税收执法权的一个重要组成部分，也是整个国家行政监督体系中一种特殊的监督权行使形式。

根据相关法律的规定，税务稽查的基本任务是：依照国家税收法律法规，查处税收违法行为，保障税收收入，维护税收秩序，促进依法纳税，保证税法的实施。税务稽查必须以事实为根据，以税收法律、法规、规章为准绳，依靠人民群众，加强与司法机关及其他有关部门的联系和配合。各级税务机关设立的税务稽查机构，按照各自的税收管辖范围行使税务稽查职能。

4. 税务行政复议裁决权

税务行政复议裁决权的行使是税收执法权的有机组成部分，该权力的实现对保障和监督税务机关依法行使税收执法权，防止和纠正违法或者不当的具体税务行政行为，保护纳税人和其他有关当事人的合法权益，发挥着积极作用。根据《中华人民共和国行政复议法》《税收征收管理法》和其他有关规定，为防止和纠正税务机关违法或者不当的具体行政行为，保护纳税人及其他当事人的合法权益，保障和监督税务机关依法行使职权，纳税人及其他当事人认为税务机关的具体行政行为侵犯其合法权益的，可依法向税务行政复议机关申请行政复议；税务行政复议机关受理行政复议申请，作出行政复议决定。税务行政复议机关是指依法受理行政复议申请，对具体行政行为进行审查并作出行政复议决定的税务机关。

税务行政复议裁决权行使过程中，税务行政复议机关中负责税收法制工作的机构具体办理行政复议事项，履行下列职责：（1）受理行政复议申请；（2）向有关组织和人员调查取证，查阅文件和资料；（3）审查申请行政复议的具体行政行为是否合法与适当，拟定行政复议决定；（4）处理或者转送对《税务行政复议规则》第九条所列有关规定的审查申请；（5）对被申请人违反《行政复议法》及《税务行政复议规则》规定的行为，依照规定的权限和程序提出处理建议；（6）办理因不服行政复议决定提起行政诉讼的应诉事项；（7）对下级税务机关的行政复议工作进行检查和监督；（8）办理行政复议案件的赔偿事项；（9）办理行政复议、诉讼、赔偿等案件的统计、报告和归档工作。

行政复议活动应当遵循合法、公正、公开、及时、便民的原则。纳税人及其他当事人对行政复议决定不服的，可以依照《中华人民共和国行政诉讼法》的规定向人民法院提起行政诉讼。

5. 其他税收执法权

除上述税收执法权的几个方面外，根据法律规定，税务机关还享有其他相关税收执法权，主要有税务行政处罚权等。

税务行政处罚权是指税务机关依法对纳税主体违反税法尚未构成犯罪，但应承担相应法律责任的行为实施制裁措施的权力。税务行政处罚是行政处罚的基本组成部分，税务行政处罚权的行使对于保障国家税收利益、督促纳税人依法纳税有重要作用。税务行政处罚权的法律依据是《中华人民共和国行政处罚法》和《税收征收管理法》等法律法规。根据《税收征收管理法》的相关规定，税务行政处罚的种类应当有警告（责令限期改正）、罚款、停止出口退税权、没收违法所得、收缴发票或者停止发售发票、提请吊销营业执照、通知出境管理机关阻止出境等。

第6节 税务登记与发票管理

 情境引例

张某和李某于本年1月成立了一家有限责任公司，并于本年1月20日领取了"一照一码"营业执照，在领取"一照一码"营业执照后，没有再到税务机关办理任何手续。张某和李某认为：反正我们的公司规模不大，况且国家目前不是已经在全国全面推行"多证合一、一照一码"登记改革了吗？因此无须再到税务机关办理任何手续。请问张某和李某的说法对吗？

一、税务登记

（一）税务登记的认知

税务登记是税务机关依据税法规定对纳税人的生产经营活动进行登记管理的一项基本制度。企业，企业在外地设立的分支机构和从事生产、经营的场所，个体工商户和从事生产、经营的事业单位，均应当按照《税收征收管理法》《税收征收管理法实施细则》《税务登记管理办法》的规定办理税务登记。

税务登记①的基本类型有设立税务登记、变更税务登记、注销税务登记、停业复业登记、跨区域涉税事项报验管理等。

根据《国家税务总局关于落实"三证合一"登记制度改革的通知》（税总函〔2015〕482号）的规定，根据有关工作部署，从2015年10月1日起在全国全面推行"三证合一、一照一码"登记改革。

【点拨指导】"三证"是指原先由工商部门核发的工商营业执照、质监部门核发的组织机构代码证、税务部门核发的税务登记证。

根据《国务院办公厅关于加快推进"五证合一、一照一码"登记制度改革的通知》（国办发〔2016〕53号）、《工商总局等五部门关于贯彻落实〈国务院办公厅关于加快推进"五证合一"登记制度改革的通知〉的通知》（工商企注字〔2016〕150号），从2016年10月1日起在全国范围推行"五证合一、一照一码"登记改革。

【点拨指导】"五证"是指原先由工商部门核发的工商营业执照、质监部门核发的组织机构代码证、税务部门核发的税务登记证、社保部门核发的社会保险登记证、统计部门核发的统计登记证。

---

① 由于现已将"外出经营活动税收管理"更名为"跨区域涉税事项报验管理"，广义的税务登记还包括跨区域涉税事项报验管理。

2017 年 4 月，国务院常务会议审议通过《关于加快推进"多证合一"改革的指导意见》。2017 年 4 月 28 日，国家工商行政管理总局（现为国家市场监督管理总局）表示，要求 2017 年 10 月底前，在全国全面推行"多证合一"。"多证合一、一照一码"登记制度改革即在全面实施企业、农民专业合作社工商营业执照、组织机构代码证、税务登记证、社会保险登记证、统计登记证"五证合一、一照一码"登记制度改革和个体工商户工商营业执照、税务登记证"两证整合"的基础上，将涉及企业、个体工商户和农民专业合作社（以下统称企业）登记、备案等有关事项和各类证照进一步整合到营业执照上，实现"多证合一、一照一码"，使"一照一码"营业执照成为企业唯一"身份证"，使统一社会信用代码成为企业唯一身份代码，实现企业"一照一码"走天下。

（二）"一照一码"营业执照申请核发

"一照一码"营业执照申请核发的具体办理流程如图 1-1 所示。

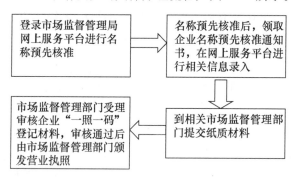

图 1-1　"一照一码"营业执照办理流程

（三）设立税务登记

1. 办理设立税务登记的时间要求

在领取"一照一码"营业执照后，企业无须再到质监、社保、统计等部门办理任何手续，但应在领取营业执照后 15 日内，将其财务、会计制度或处理办法报送主管税务机关备案，并向税务机关报告企业全部存款账号。

【特别提示】自 2020 年 3 月 1 日起，从事生产、经营的个人应办而未办营业执照，但发生纳税义务的，可以按规定申请办理临时税务登记。

【情境引例解析】

张某和李某的说法是错误的。因为在领取"一照一码"营业执照后，企业无须再到质监、社保、统计等部门办理任何手续，但应在领取营业执照后 15 日内，将其财务、会计制度或处理办法报送主管税务机关备案，并向税务机关报告企业全部存款账号。

2. 办理设立税务登记的程序

根据国家"一照一码"登记制度改革的规定，企业领取由市场监督管理部门核发加载法人和其他组织统一社会信用代码的"一照一码"营业执照后，不再领取税务登记证。企业在领取营业执照的同时，相关信息已通过市场监督管理部门共享到税务部门。但纳税人应在领取营业执照后 15 日内，去税务部门完成信息确认。在税务部门完成信息确认后，纳税人凭加载统一社会信用代码的营业执照即可代替税务登记证的使用。

（1）纳税人去税务部门完成信息确认时，应提供"一照一码"营业执照原件和公章。其他需要提供的有关证件、资料，由省、自治区、直辖市税务机关确定。

（2）纳税人填报"税务登记表"。纳税人领取并填报"税务登记表"。

【特别提示】"一照一码"登记之后，"税务登记表"一般是由税务机关直接打印出来，纳税人在上面填写经办人姓名、公司法人名称，盖上公章即可。

（四）变更税务登记

变更税务登记是指纳税人办理设立税务登记（"一照一码"登记之后为领取"一照一码"营业执照）后，因登记内容发生变化，需要对原有登记内容进行更改，而向主管税务机关申报办理的税务登记。办理变更登记的程序如下：

（1）纳税人提出书面申请报告，并提供证件、资料。纳税人已在市场监督管理机关办理变更登记的，应自市场监督管理机关办理变更登记之日起30日内，持下列证件、资料到主管税务机关申报办理变更税务登记。

1）"一照一码"营业执照原件及其复印件；

2）纳税人变更登记内容的有关证明文件原件及其复印件；

3）公章；

4）其他有关资料。

纳税人按照规定不需要在市场监督管理机关办理变更登记，或者其变更登记的内容与工商登记内容无关的，应当自税务登记内容实际发生变化之日起30日内，或自有关机关批准或者宣布变更之日起30日内，持下列证件到主管税务机关申报办理变更税务登记。

1）纳税人变更登记内容的有关证明文件原件及其复印件；

2）公章；

3）其他有关资料。

（2）纳税人领取并填写"变更税务登记表"。纳税人填写完相关内容后，在相关位置盖上单位公章并在经办人签章、法定代表人（负责人）签章处签上相关人员姓名，然后将"变更税务登记表"交至税务登记窗口。

【实务答疑】已领取"一照一码"新证的企业，发生生产经营地址、财务负责人、核算方式三项信息变更，应向市场监督管理部门申请还是向主管税务机关申请？

答：办理"一照一码"登记的企业，生产经营地、财务负责人、核算方式由企业登记机关在新设时采集。在税务管理过程中，上述信息发生变化的，由企业向主管税务机关，即各区税务局申请变更。除上述三项信息外，企业在登记机关新设时采集的信息发生变更，均由企业向登记机关（市场监督管理机关）申请变更。

（五）停业复业登记

停业复业登记是指实行定期定额征收方式的纳税人，因自身经营的需要暂停经营或恢复经营而向主管税务机关申请办理的税务登记手续。

实行定期定额征收方式的个体工商户需要停业的，应当在停业前向税务机关申报办理停业登记。

【特别提示】纳税人的停业期限不得超过 1 年。

1. 停业登记程序

纳税人在申报办理停业登记时，应如实填写"停业申请登记表"，说明停业理由、停业期限、停业前的纳税情况和发票的领、用、存情况，并结清应纳税款、滞纳金、罚款。税务机关应收存其发票领购簿、未使用完的发票和其他税务证件。

【特别提示】纳税人在停业期间发生纳税义务的，应当按照税收法律、行政法规的规定申报缴纳税款。

2. 复业登记程序

纳税人应当于恢复生产经营之前，向税务机关申报办理复业登记，如实填写"停、复业报告书"，领回并启用发票领购簿及其停业前领购的发票。

纳税人停业期满不能及时恢复生产经营的，应当在停业期满前到税务机关办理延长停业登记，并如实填写"停、复业报告书"。

（六）注销税务登记

注销税务登记是指纳税人由于出现法定情形终止纳税义务时，向原主管税务机关申请办理的取消税务登记的手续。办理注销税务登记的，该当事人不再接受原主管税务机关的管理。

纳税人发生解散、破产、撤销以及依法终止纳税义务情形的，应当在向市场监督管理机关或者其他机关办理注销登记前，持有关证件和资料向原主管税务机关申报办理注销税务登记。

按照规定不需要在市场监督管理机关或者其他机关办理注销登记的，应当在有关部门批准或宣告注销之日起 15 日内，持有关证件向原主管税务机关申报办理注销税务登记。

纳税人被市场监督管理机关吊销营业执照或者被其他机关予以撤销登记的，应当自营业执照被吊销或者被撤销登记之日起 15 日内，持有关证件向原主管税务机关申报办理注销税务登记。

纳税人因住所、经营地点变动，涉及改变主管税务机关的，应当在向市场监督管理机关或者其他机关申请办理变更、注销登记前，或者住所、经营地点变动前，持有关证件和资料，向原主管税务机关申报办理注销税务登记，并自注销税务登记之日起 30 日内到迁达地重新注册登记。

境外企业在中国境内承包建筑、安装、装配、勘探工程和提供劳务的，应当在项目完工、离开中国前 15 日内，持有关证件和资料，向原主管税务机关申报办理注销税务登记。

办理注销税务登记的程序如下：

（1）纳税人提出书面申请报告，并提供下列证件、资料：

1）主管部门或董事会（职代会）的决议及其他有关证明文件；

2）营业执照被吊销的应提交市场监督管理部门发放的吊销决定；

3）"清税申报表"（适用于已实行"一照一码"登记模式的纳税人办理注销登记）或"注销税务登记申请审批表"（适用于过渡期间未换发"一照一码"营业执照的纳税人办理注销登记）；

4）分支机构的注销税务登记通知书（涉外企业提供）；

5）未使用的发票、发票领购簿；

6）税务机关要求提供的其他有关证件和资料。

（2）已实行"一照一码"登记模式的纳税人办理注销登记，须先向税务主管机关申报清税，填写"清税申报表"。纳税人填写完相关内容后，在相关位置盖上单位公章并在经办人签章、法定代表人（负责人）签章处签上相关人员姓名，然后将"清税申报表"交至税务登记窗口。受理税务机关根据清税结果向纳税人统一出具"清税证明"。

过渡期间未换发"一照一码"营业执照的纳税人申请注销，需要领取并填写"注销税务登记申请审批表"。纳税人填写完相关内容后，在相关位置盖上单位公章并在经办人签章、法定代表人（负责人）签章处签上相关人员姓名，然后将"注销税务登记申请审批表"交至税务登记窗口。

（3）纳税人办理注销税务登记前，应向税务机关提交相关证明文件和资料，结清应纳税款、多退（免）税款、滞纳金和罚款，缴销发票及相关税务证件，经税务机关核准后，办理注销税务登记手续。

（七）跨区域涉税事项报验管理

根据《国家税务总局关于创新跨区域涉税事项报验管理制度的通知》（税总发〔2017〕103号），就创新跨区域涉税事项报验管理制度、优化办理流程等有关事项归纳如下。

1. 外出经营活动税收管理的更名与创新

（1）将"外出经营活动税收管理"更名为"跨区域涉税事项报验管理"。外出经营活动税收管理作为现行税收征管的一项基本制度，是《税收征收管理法实施细则》和《增值税暂行条例》规定的法定事项，也是落实现行财政分配体制、解决跨区域经营纳税人的税收收入及征管职责在机构所在地与经营地之间划分问题的管理方式，对维持税收属地入库原则、防止漏征漏管和重复征收具有重要作用。按照该项制度的管理实质，将其更名为"跨区域涉税事项报验管理"。

（2）纳税人跨区域经营前不再开具相关证明，改为填报"跨区域涉税事项报告表"。纳税人跨省（自治区、直辖市和计划单列市）临时从事生产经营活动的，不再开具"外出经营活动税收管理证明"，改向机构所在地的税务机关填报"跨区域涉税事项报告表"。纳税人在省（自治区、直辖市和计划单列市）内跨县（市）临时从事生产经营活动的，是否实施跨区域涉税事项报验管理由各省（自治区、直辖市和计划单列市）税务机关自行确定。

（3）取消跨区域涉税事项报验管理的固定有效期。税务机关不再按照 180 天设置报验管理的固定有效期，改按跨区域经营合同执行期限作为有效期限。合同延期的，纳税人可向经营地或机构所在地的税务机关办理报验管理有效期限延期手续。

（4）实行跨区域涉税事项报验管理信息电子化。跨区域报验管理事项的报告、报验、延期、反馈等信息，通过信息系统在机构所在地和经营地的税务机关之间传递，均要实时共享相关信息。

2. 跨区域涉税事项报告、报验及反馈

（1）"跨区域涉税事项报告表"填报。具备网上办税条件的，纳税人可通过网上办税系统，自主填报"跨区域涉税事项报告表"。不具备网上办税条件的，纳税人向主管税务机关（办税服务厅）填报"跨区域涉税事项报告表"，并出示加载统一社会信用代码的营业执照副本（未换照的出示税务登记证副本），或加盖纳税人公章的副本复印件（以下统称税务登记证件）；已实行实名办税的纳税人只需填报"跨区域涉税事项报告表"。

（2）跨区域涉税事项报验。跨区域涉税事项由纳税人首次在经营地办理涉税事宜时，向经营地的税务机关报验。纳税人报验跨区域涉税事项时，应当出示税务登记证件。

（3）跨区域涉税事项信息反馈。纳税人跨区域经营活动结束后，应当结清经营地的税务机关的应纳税款以及其他涉税事项，向经营地的税务机关填报"经营地涉税事项反馈表"。

经营地的税务机关核对"经营地涉税事项反馈表"后，应当及时将相关信息反馈给机构所在地的税务机关。纳税人不需要另行向机构所在地的税务机关反馈。

（4）跨区域涉税事项反馈信息的处理。机构所在地的税务机关要设置专岗，负责接收经营地的税务机关反馈信息，及时以适当方式告知纳税人，并适时对纳税人已抵减税款、在经营地已预缴税款和应预缴税款进行分析、比对，发现疑点的，及时推送至风险管理部门或者稽查部门组织应对。

二、发票管理

（一）发票的领购

发票是指在购销商品、提供或者接受服务以及从事其他经营活动中，开具、收取的收付款凭证。发票是确定经济收支行为发生的证明文件，是财务收支的法定凭证和会计核算的原始凭证，也是税务稽查的重要依据。国务院税务主管部门统一负责全国的发票管理工作。省、自治区、直辖市税务局依据各自的职责，共同做好本行政区域内的发票管理工作。财政、审计、市场监督管理、公安等有关部门在各自的职责范围内，配合税务机关做好发票管理工作。发票的种类、联次、内容以及使用范围由国务院税务主管部门规定。发票一般分为增值税专用发票和其他发票。

增值税专用发票由国务院税务主管部门确定的企业印制；其他发票按照国务院税务

主管部门的规定，由省、自治区、直辖市税务机关确定的企业印制。禁止私自印制、伪造、变造发票。

需要领购发票的单位和个人，应当持税务登记证件（"一照一码"登记之后为"一照一码"营业执照副本）、经办人身份证明、按照国务院税务主管部门规定式样制作的发票专用章的印模，向主管税务机关办理发票领购手续。主管税务机关根据领购单位和个人的经营范围和规模，确认领购发票的种类、数量以及领购方式，在5个工作日内发给发票领购簿。单位和个人领购发票时，应当按照税务机关的规定报告发票使用情况，税务机关应当按照规定进行查验。

【点拨指导】依法办理税务登记的单位和个人首次领购发票时，同银行签订委托银行代扣税款协议，送交税务主管部门后，向主管税务机关申请领购发票。申请领购发票的单位和个人应当提出购票申请，提供"一照一码"营业执照副本、经办人身份证明或者其他有关证明，以及发票专用章的印模，经主管税务机关审核后发给发票领购簿。领购发票的单位和个人凭发票领购簿核准的种类、数量及购票方式，向主管税务机关领购发票。

需要临时使用发票的单位和个人，可以凭购销商品、提供或者接受服务以及从事其他经营活动的书面证明、经办人身份证明，直接向经营地税务机关申请代开发票。依照税收法律、行政法规规定应当缴纳税款的，税务机关应当先征收税款，再开具发票。税务机关根据发票管理的需要，可以按照国务院税务主管部门的规定委托其他单位代开发票。禁止非法代开发票。

临时到本省、自治区、直辖市从事经营活动的单位或者个人，应当凭所在地税务机关的证明，向经营地税务机关申请领购经营地的发票。临时在本省、自治区、直辖市以内跨市、县从事经营活动领购发票的办法，由省、自治区、直辖市税务机关规定。

税务机关对外省、自治区、直辖市来本辖区从事临时经营活动的单位和个人申请领购发票的，可以要求其提供保证人或者根据所领购发票的票面限额及数量缴纳不超过1万元的保证金，以限期缴销发票。按期缴销发票的，解除保证人的担保义务或者退还保证金；未按期缴销发票的，由保证人或者以保证金承担法律责任。

【特别提示】税务机关收取保证金应当开具资金往来结算票据。

1. 增值税普通发票、增值税专用发票领购簿的申请、核发和首次领购

首次申请领购增值税普通发票、增值税专用发票的纳税人应当凭税务登记证副本（"一照一码"登记之后为"一照一码"营业执照副本）到主管税务机关领取并填写"最高开票限额申请表""税务行政许可申请表"，同时提交如下材料：金税盘及报税盘、经办人身份证明（居民身份证或护照）、发票专用章的印模及主管税务机关要求报送的其他材料。

主管税务机关发票管理环节对上述资料审核无误后，将核批的发票名称、种类、购票数量、购票方式（包括批量供应、验旧供新、交旧供新）等填在发票领购簿上，同时对发票领购簿号码进行登记。然后，纳税人可以首次领购发票。

【特别提示】增值税一般纳税人申请增值税专用发票最高开票限额不超过 10 万元的，主管税务机关不需要事前进行实地查验。

2. 增值税普通发票、增值税专用发票的非首次领购

非首次领购增值税普通发票、增值税专用发票时，纳税人需报送金税盘和报税盘、税务登记证副本原件（"一照一码"登记之后为"一照一码"营业执照副本原件）、发票领购簿及经办人身份证明、正常开具的最后一份发票记账联（若最后一份发票已作废，则需携带作废发票的全部联次以及正常开具的最后一份发票记账联）、税务部门规定的其他材料。然后，纳税人可以领购发票。

（二）发票的开具和保管

销售商品、提供服务以及从事其他经营活动的单位和个人，对外发生经营业务收取款项，收款方应当向付款方开具发票；特殊情况下，由付款方向收款方开具发票。

发票的开具和保管应注意以下问题：

（1）所有单位和从事生产、经营活动的个人购买商品、接受服务以及从事其他经营活动支付款项，应当向收款方取得发票。取得发票时，不得要求变更品名和金额。

（2）不符合规定的发票，不得作为财务报销凭证，任何单位和个人有权拒收。

（3）开具发票应当按照规定的时限、顺序、栏目，全部联次一次性如实开具，并加盖发票专用章。具体来说，单位和个人在开具发票时，必须做到按照号码顺序填开，填写项目齐全，内容真实，字迹清楚，全部联次一次打印，内容完全一致，并在发票联和抵扣联加盖发票专用章。任何单位和个人不得有下列虚开发票行为：1）为他人、为自己开具与实际经营业务情况不符的发票；2）让他人为自己开具与实际经营业务情况不符的发票；3）介绍他人开具与实际经营业务情况不符的发票。

【特别提示】自 2011 年 2 月 1 日修订实施的《中华人民共和国发票管理办法》第二十二条规定："开具发票应当按照规定的时限、顺序、栏目，全部联次一次性如实开具，并加盖发票专用章。"由此可知，根据最新规定，发票上只能加盖发票专用章，不能加盖财务专用章。

（4）安装税控装置的单位和个人，应当按照规定使用税控装置开具发票，并按期向主管税务机关报送开具发票的数据。使用非税控电子器具开具发票的，应当将非税控电子器具使用的软件程序说明资料报主管税务机关备案，并按照规定保存、报送开具发票的数据。

（5）任何单位和个人应当按照发票管理规定使用发票，不得有下列行为：

1）转借、转让、介绍他人转让发票、发票监制章和发票防伪专用品；

2）知道或者应当知道是私自印制、伪造、变造、非法取得或者废止的发票而受让、开具、存放、携带、邮寄、运输；

3）扩大发票使用范围；

4）以其他凭证代替发票使用。

税务机关应当提供查询发票真伪的便捷渠道。

（6）除国务院税务主管部门规定的特殊情形外，发票限于领购单位和个人在本省、自治区、直辖市内开具。省、自治区、直辖市税务机关可以规定跨市、县开具发票的办法。

（7）除国务院税务主管部门规定的特殊情形外，任何单位和个人未经批准，不得跨规定的使用区域携带、邮寄、运输空白发票。禁止携带、邮寄或者运输空白发票出入境。

（8）开具发票的单位和个人应当建立发票使用登记制度，设置发票登记簿，并定期向主管税务机关报告发票使用情况。

（9）开具发票的单位和个人应当在办理变更或者注销税务登记的同时，办理发票和发票领购簿的变更、缴销手续。

（10）开具发票的单位和个人应当按照税务机关的规定存放和保管发票，不得擅自损毁。已经开具的发票存根联和发票登记簿，应当保存5年。保存期满，报经税务机关查验后销毁。

（11）自2017年7月1日起，购买方为企业的，索取增值税普通发票时，应向销售方提供纳税人识别号或统一社会信用代码；销售方为其开具增值税普通发票时，应在"购买方纳税人识别号"栏填写购买方的纳税人识别号或统一社会信用代码。不符合规定的发票，不得作为税收凭证。企业包括公司、非公司制企业法人、企业分支机构、个人独资企业、合伙企业和其他企业。

（12）销售方开具增值税发票时，发票内容应按照实际销售情况如实开具，不得根据购买方要求填开与实际交易不符的内容。销售方开具发票时，通过销售平台系统与增值税发票税控系统后台对接，导入相关信息开票的，系统导入的开票数据内容应与实际交易相符，如不相符应及时修改完善销售平台系统。

（13）国家税务总局编写了《商品和服务税收分类与编码》，并在新系统中增加了编码相关功能。

【特别提示】纳税人应当及时完成增值税发票税控开票软件升级和自身业务系统调整，并按照更新后的《商品和服务税收分类编码表》开具增值税发票。

【特别提示】2016年1月1日起，全国范围使用增值税电子发票系统开具增值税电子普通发票。增值税电子普通发票的开票方和受票方需要纸质发票的，可以自行打印增值税电子普通发票的版式文件，其法律效力、基本用途、基本使用规定等与税务机关监制的增值税普通发票相同。

【点拨指导】对违反发票管理法规的行为，任何单位和个人可以举报。税务机关应当为检举人保密，并酌情给予奖励。

【特别提示】发票应当使用中文印制。民族自治地方的发票，可以加印当地一种通用的民族文字。有实际需要的，也可以同时使用中外两种文字印制。

【实务答疑】我公司在某商场设立销售专柜，由商场统一收款，请问开具发票时是以商场的名义开具还是以我公司的名义开具？

答：根据《发票管理办法》的规定，销售商品、提供服务以及从事其他经营活动的单位和个人，对外发生经营业务收取款项，收款方应向付款方开具发票。考虑经营实质内容，商场统一收款，因此由商场开具发票。

【实务答疑】取得国外的发票如何入账？是否需要到税务部门登记备案？

答：根据《发票管理办法》的规定，单位和个人从中国境外取得的与纳税有关的发票或者凭证，税务机关在纳税审查时有疑义的，可以要求其提供境外公证机构或者注册会计师的确认证明，经税务机关审核认可后，方可作为记账核算的凭证。

因此，取得境外凭证可以列支，但税务机关审查时需要由本公司提供确认证明。

第 7 节　纳税申报与税款征纳

我公司从事免税项目，但未办理纳税申报。后来税务机关上门查出该问题，对我公司进行了处罚。请问税务机关的做法正确吗？

一、纳税申报

（一）纳税申报的认知

1. 纳税申报的含义

纳税申报是指纳税人依照税法规定，定期就计算缴纳税款的有关事项向税务机关提交书面报告的法定手续。纳税申报是确定纳税人是否履行纳税义务，界定法律责任的主要依据。

2. 纳税申报的主体

凡是按照国家法律、行政法规的规定负有纳税义务的纳税人或代征人、扣缴义务人（含享受减免税的纳税人），无论本期有无应纳、应缴税款，都必须按税法规定的期限如实向主管税务机关办理纳税申报。

纳税人应指派专门办税人员持办税员证办理纳税申报。纳税人必须如实填报纳税申报表，并加盖单位公章，同时按照税务机关的要求提供有关纳税申报资料，纳税人应对其申报内容承担完全的法律责任。

3. 纳税人需要报送的纳税资料

纳税人必须依照法律、行政法规规定的期限或者税务机关依照法律、行政法规的规定确定的申报期限、申报内容如实办理纳税申报，报送纳税申报表、财务会计报表以及税务机关根据实际需要要求纳税人报送的其他纳税资料。其他纳税资料具体包括：

（1）财务会计报表及其他说明材料；

（2）与纳税有关的合同、协议书及凭证；

（3）税控装置的电子报税资料；

（4）外出经营活动税收管理证明和异地完税凭证；

（5）境内或者境外公证机构出具的有关证明文件；

（6）税务机关规定应当报送的其他有关证件、资料。

（二）纳税申报方式

目前我国纳税申报方式主要有直接申报、数据电文申报、委托申报、邮寄申报、银行网点申报等。

1. 直接申报

直接申报是指纳税人直接到税务机关的办税服务厅进行纳税申报。

2. 数据电文申报

数据电文申报是指以税务机关确定的电话语音、电子数据交换和网络传输等电子方式进行纳税申报。这种方式运用了新的电子信息技术，代表着纳税申报方式的发展方向，使用范围逐渐扩大。

【特别提示】纳税人、扣缴义务人采取数据电文方式办理纳税申报的，其申报日期以税务机关计算机网络系统收到该数据电文的时间为准，与数据电文相对应的纸质申报资料的报送期限由税务机关确定。

3. 委托申报

委托申报是指纳税人委托中介机构（如税务师事务所、会计代理记账公司等）代为纳税申报。

4. 邮寄申报

邮寄申报是指纳税人使用统一规定的纳税申报特快专递专用信封，通过邮政部门邮寄纳税申报表的方式。

【特别提示】邮寄申报以寄出的邮戳日期为实际申报日期。

5. 银行网点申报

银行网点申报是在税银联网的基础上，主管税务机关委托指定银行受理纳税申报和代征税款。增值税小规模纳税人则同税务机关指定银行签订委托代缴税款协议，开设缴税账户，并在规定的申报缴税期限内，到开户的缴税银行网点进行申报纳税，或委托银行按照税务机关核定的应纳税额直接划缴入库的一种申报纳税方式。

6. 简易申报与简并征期

对实行定期定额方式缴纳税款的纳税人，可以实行简易申报、简并征期等申报纳税方式。这里所称的简易申报，是指实行定期定额缴纳税款的纳税人在法律、行政法规规定的期限内或者税务机关依照法律、行政法规的规定确定的期限内缴纳税款的，税务机关可以视同申报。简并征期则是指实行定期定额缴纳税款的纳税人，经税务机关批准，可以采取将纳税期限合并为按季、按半年、按一年的方式缴纳税款，具体期限由省级税务机关根据具体情况确定。

（三）纳税申报的具体要求

（1）纳税人、扣缴义务人，不论当期是否发生纳税义务，除经税务机关批准外，均应当按照规定办理纳税申报或者报送代扣代缴、代收代缴税款报告表。

（2）纳税人享受减税、免税待遇的，在减税、免税期间应当按照规定办理纳税申报。

【情境引例解析】

税务机关的做法是正确的。因为《税收征收管理法实施细则》第三十二条规定，纳税人享受减税、免税待遇的，在减税、免税期间应当按照规定办理纳税申报。《税收征收管理法》第六十二条规定，纳税人未按照规定的期限办理纳税申报和报送纳税资料的，或者扣缴义务人未按照规定的期限向税务机关报送代扣代缴、代收代缴税款报告表和有关资料的，由税务机关责令限期改正，可以处二千元以下的罚款；情节严重的，可以处二千元以上一万元以下的罚款。

（3）纳税人、扣缴义务人按照规定的期限办理纳税申报或者报送代扣代缴、代收代缴税款报告表确有困难、需要延期的，应当在规定的期限内向税务机关提出书面延期申请，经税务机关核准，在核准的期限内办理。

纳税人、扣缴义务人因不可抗力，不能按期办理纳税申报或者报送代扣代缴、代收代缴税款报告表的，可以延期办理。但是，应当在不可抗力情形消除后立即向税务机关报告。税务机关应当查明事实，予以批准。

经核准延期办理以上规定的申报、报送事项的，应当在纳税期内按照上期实际缴纳的税额或者税务机关核定的税额预缴税款，并在核准的延期内办理税款结算。

【特别提示】延期申报不等于延期纳税。延期申报需要预缴税款，并在核准的延期内办理纳税结算。

（4）纳税人和扣缴义务人在有效期间，没有取得应税收入或所得，没有应缴税款发生，或者已办理税务登记但未开始经营或开业期间没有经营收入的纳税人，除已办理停业审批手续的以外，必须按规定的纳税申报期间进行零申报。纳税人进行零申报，应在申报期间向主管税务机关正常报送纳税申报表及有关资料，并在纳税申报表上注明"零"或"无收入"字样。

（四）非正常户的认定与解除

自2020年3月1日起，关于非正常户的认定与解除的规定如下：

（1）已办理税务登记的纳税人未按照规定的期限进行纳税申报，税务机关依法责令其限期改正。纳税人逾期不改正的，税务机关可以按照《税收征收管理法》第七十二条规定处理。

【特别提示】《税收征收管理法》第七十二条规定，从事生产、经营的纳税人、扣缴义务人有本法规定的税收违法行为，拒不接受税务机关处理的，税务机关可以收缴其发票或者停止向其发售发票。

纳税人负有纳税申报义务，但连续三个月所有税种均未进行纳税申报的，税收征管系统自动将其认定为非正常户，并停止其发票领用簿和发票的使用。

（2）对欠税的非正常户，税务机关依照《税收征收管理法》及其实施细则的规定追征税款及滞纳金。

（3）已认定为非正常户的纳税人，就其逾期未申报行为接受处罚、缴纳罚款，并补办纳税申报的，税收征管系统自动解除非正常状态，无需纳税人专门申请解除。

二、税款的征收与缴纳

（一）税款征收的认知

税款征收是指税务机关依照税收法律、法规的规定，将纳税人依法应当缴纳的税款组织入库的一系列活动的总称。

（二）税款征收方式

税款征收方式是指税务机关根据各税种的不同特点和纳税人的具体情况而确定的计算、征收税款的形式和方法。目前我国实行的税款征收方式有以下七种。

1. 查账征收

查账征收是指税务机关根据纳税人会计账簿等财务核算资料，依照税法规定计算、征收税款的方式，适用于财务制度健全、核算严格规范、纳税意识较强的纳税人。

2. 查定征收

查定征收是指税务机关根据纳税人从业人数、生产设备、耗用原材料、经营成本、平均利润率等因素，查定核实其应纳税所得额，据以征收税款的方式，一般适用于经营规模较小、实行简易记账或会计核算不健全的纳税人。

3. 查验征收

查验征收是指税务机关对纳税人的应税商品通过查验数量，按照市场同类产品的平均价格，计算其收入并据以征收税款的方式，一般适用于纳税人财务制度不健全，生产经营不固定、零星分散、流动性大的税源。

4. 定期定额征收

定期定额征收是指税务机关根据纳税人自报和一定的审核评议程序，核定其一定时期应税收入和应纳税额，并按月或季度征收税款的方式，一般适用于生产经营规模小、不能准确计算销售额和所得额的小规模纳税人或个体工商户。

5. 代收、代扣代缴

代收、代扣代缴是指税务机关按照税法规定，对负有代收代缴、代扣代缴税款义务的单位和个人，在其向纳税人收取或支付交易款项的同时，依法从交易款项中扣收纳税人应纳税款并按规定期限和缴库办法申报解缴的税款征收方式，适用于有代收代缴、代扣代缴税款义务的单位和个人。

6. 委托代征

委托代征是指税务机关依法委托有关单位和个人，代其向纳税人征收税款的方式，主要适用于零星、分散、流动性大的税款征收，如集贸市场税收、车船税等。

7. 其他征收方式

其他征收方式包括利用网络申报、用 IC 卡纳税申报等方式。

(三) 税款缴纳程序

1. 正常缴纳税款

(1) 纳税人直接申报缴纳税款。纳税人根据税务机关的规定，可分别采取"预储划转""现金缴税""支票缴款"的缴库方式。

1)"预储划转"缴库方式的程序。纳税人在办税服务厅内所设的银行专柜开设"税款预储"账户，在自行计算出应缴税款后，先将应纳税款转入"税款预储"账户，然后持纳税申报表到办税服务厅办理申报缴税手续，由税务机关开具缴款书或完税证明并通知银行将其应纳税款直接从其"税款预储"账户划转国库。

2)"现金缴税"缴库方式的程序。现金缴税有两种情况：一是纳税人持现金到办税服务厅申报缴税，税务机关填开缴款书或完税证明交给纳税人，纳税人持现金和缴款凭证到办税服务厅内银行专柜办理缴款；二是纳税人持现金向税务机关缴税，税务机关收款后当即开具完税证明，现金于当日由税务机关汇总缴入国库。

3)"支票缴款"缴库方式的程序。纳税人持纳税申报表和应付税款等额支票向税务机关申报缴税，税务机关审核无误当即填开完税证明交给纳税人，支票由税务机关当日集中送交国库办理缴款。

(2) 纳税人采用网上数据电文等方式申报缴纳税款。实行网上申报、电话语音和银行批量扣缴申报的纳税人办理申报纳税的程序如下：

1) 纳税人在建立银税网络的银行网点开设税款结算账户，用于授权银行扣缴应纳税款，纳税人应保证在税务机关规定的纳税期之前在税款结算账户中存足不低于当月应纳税额的存款（也可一次存足数月应纳税额的存款）。

2) 纳税人在税务机关规定的申报纳税期限内通过使用申报纳税客户端软件（网上申报方式）、拨打 12366 电话（电话申报方式）进行申报纳税。纳税人申报成功后，由税务机关通知银行及时扣缴税款并开具税收完税证明。

3) 纳税人申报后若需取得完税证明的，可在申报纳税后 6 个月内持税务登记证副本到开设税款结算账户的银行网点领取。纳税人未按照规定期限缴纳税款的、扣缴义务人未按照规定期限解缴税款的，税务机关除责令其限期缴纳外，从滞纳税款之日起，按日加收滞纳税款 0.5‰的滞纳金。

加收滞纳金的起止时间为法律、行政法规规定的或者税务机关依照法律、行政法规的规定确定的税款缴纳期限届满次日起至纳税人、扣缴义务人实际缴纳或者解缴税款之日止。

【特别提示】自 2020 年 3 月 1 日起，对纳税人、扣缴义务人、纳税担保人应缴纳的欠税及滞纳金不再要求同时缴纳，可以先行缴纳欠税，再依法缴纳滞纳金。

【工作实例1-2】 甲企业为增值税一般纳税人，本年 5 月生产经营增值税应纳税额为 10 000 元（以一个月为一个纳税期限），该企业于 6 月 21 日实际缴纳税款（本年 6 月纳税申报期限截至当月 15 日）。

【工作要求】 计算甲企业因延期纳税而应缴纳的税收滞纳金。

【工作实施】 按照增值税纳税期限和结算缴款期限，该企业应于本年 6 月 15 日前缴纳税款，该企业滞纳 6 天，则

$$应纳滞纳金 = 10\,000 \times 0.5\text{‰} \times 6 = 30(元)$$

2. 延期缴纳税款

纳税人或扣缴义务人必须按法律、法规规定的期限缴纳税款，但有特殊困难不能按期缴纳税款的，按照《税收征收管理法》的规定，可以申请延期缴纳税款。

纳税人申请延期缴纳税款应符合下列条件之一，并提供相应的证明材料：

（1）水、火、风、雹、海潮、地震等自然灾害的灾情报告；

（2）可供纳税的现金、支票以及其他财产遭受查封、冻结、偷盗、抢劫等意外事故，有法院或公安机关出具的执行通告或事故证明；

（3）国家经济政策调整的依据；

（4）货款拖欠情况说明及所有银行账号的银行对账单、资产负债表。

纳税人延期缴纳税款申报的具体操作程序为：

（1）向主管税务机关填报"延期缴纳税款申请审批表"进行书面申请；

（2）主管税务机关审核无误后，必须经省（自治区、直辖市）税务局批准方可延期缴纳税款。

【特别提示】 延期期限最长不能超过 3 个月，且同一笔税款不得滚动审批。

【特别提示】 批准延期免予加收滞纳金。

技能训练

甲公司本年 7 月的应纳增值税税额为 30 000 元（以一个月为一个纳税期限），该公司于本年 8 月 27 日实际缴纳税款（本年 8 月 15 日为星期六，8 月申报纳税期限顺延至 8 月 17 日）。要求：计算甲公司因延期纳税而应缴纳的税收滞纳金。

实战演练

假设某国计算纳税人所得税时采用超额累进税率，该国对超额累进税率的规定如下：所得额在 1 000 元及以下时，税率为 10%；超过 1 000 元至 3 500 元时，税率为 20%；超过 3 500 元至 10 000 元时，税率为 30%；超过 10 000 元时，税率为 35%。假设纳税人所得额分别是 500 元、1 000 元、2 000 元、5 000 元、10 000 元、15 000 元。

任务要求：

分别计算其应纳税额。

避税可能合法，但却不道德。

——劳德·邓宁

第2章

增值税法

能力目标

（1）能判定增值税一般纳税人和小规模纳税人的标准，会判断哪些业务应当征收增值税，会选择增值税适用税率，能充分运用增值税优惠政策，会使用增值税专用发票。

（2）能根据相关业务资料计算一般计税方法下增值税销项税额、进项税额、进项税额转出额和应纳税额，简易计税方法下增值税应纳税额，进口货物增值税应纳税额。

（3）能合理选择和运用增值税出口货物或者劳务退（免）税政策、出口服务或者无形资产退（免）税政策，能根据相关业务资料运用免抵退税办法和先征后退（免退税）办法计算增值税应退税额。

（4）能确定增值税的纳税义务发生时间、纳税期限和纳税地点。

工作引例

一、增值税的计算

甲企业为增值税一般纳税人，本年6月发生以下业务：

（1）购进纪念品，取得增值税专用发票上注明增值税4 000元，将其全部用于集体福利。

（2）从某增值税小规模纳税人处购进原材料，取得增值税普通发票；支付运输企业（增值税一般纳税人）不含税运输费16 000元，取得增值税专用发票。

（3）销售汽车装饰物品，取得不含税收入20 000元；提供汽车修理劳务取得不含税收入12 000元；出租汽车取得不含税租金收入6 200元。

（4）当月将本企业使用过的2008年购入的一台机器设备销售，该机器设备购入时不得抵扣且未抵扣进项税额，取得含税销售收入20 600元，甲企业未放弃减税。

（5）因管理不善丢失一批本年5月购入的原材料（已抵扣进项税额），账面成本为5 600元。

上述增值税专用发票均已通过认证。

工作要求

（1）计算甲企业当月可以抵扣的增值税进项税额。

（2）计算甲企业当月的增值税销项税额。

（3）计算甲企业当月的增值税应纳税额。

工作引例解析　见本章第2节。

二、营业税改征增值税的计算

甲公司为试点一般纳税人，主营货物批发零售，兼营国际货运代理和运输服务。本年4月应缴未缴增值税10万元。甲公司本年5月发生以下业务：

（1）10日，上缴上月应缴未缴的增值税10万元。

（2）12日，国内采购货物一批，取得增值税专用发票1张，本月通过认证。增值税专用发票上注明金额20万元、增值税税额2.6万元，通过银行支付了上述款项。

（3）13日，进口货物一批，取得海关出具的海关进口增值税专用缴款书3张，注明金额共计10万元、增值税税额共计1.3万元。

（4）15日，销售货物一批，开具增值税专用发票1张，注明金额130万元、增值税税额16.9万元，款项已经收妥（假设不考虑成本结转）。

（5）20日，购进货物改变用途，将货物30万元（购买价）用于发放职工福利，该批货物进项税额为3.9万元，已于上月抵扣。

（6）21日，提供联运运输服务，共取得收入109万元，并开具增值税专用发票，注明运输费用100万元、增值税税额9万元。同时支付给联运方运费54.5万元（含税），并取得增值税专用发票。

（7）24日，提供国际货运代理服务，甲公司放弃国际货运代理服务的免税权，取得应税服务收入并开具增值税专用发票，注明销售额150万元、增值税税额9万元。为取得该收入，支付给一般纳税人代理公司代理费用60万元、增值税税额3.6万元，取得增值税专用发票1张；支付给小规模纳税人装卸费用30.9万元，取得增值税专用发票1张；支付给小规模纳税人货物运输公司运费10万元，取得增值税普通发票1张。

（8）26日，购进销售货物的设备4台，价值30万元，款项已经支付，获得增值税专用发票1张，其中增值税合计3.9万元。

工作要求

计算甲公司上述业务的增值税销项税额、进项税额和应纳税额。

工作引例解析　见本章第2节。

第 1 节　增值税的认知

情境引例

　　我公司是一家物业公司，请问收取的停车费和电梯里面广告位的出租费用应按什么征税？

一、增值税纳税人的确定

　　增值税是指对在我国境内销售货物，提供加工修理修配劳务（也可以称为"销售加工修理修配劳务"，"加工修理修配劳务"简称"劳务"），销售服务、无形资产或者不动产[①]，进口货物的企业单位和个人，就其销售货物、劳务、服务、无形资产或者不动产的增值额和进口货物金额为计税依据而课征的一种流转税。因此，在中华人民共和国境内销售货物、劳务、服务、无形资产或者不动产，以及进口货物的单位和个人，为增值税的纳税义务人。[②]

　　具体来说，在境内销售货物、提供加工修理修配劳务是指销售货物的起运地或者所在地在境内，提供的应税劳务发生在境内。

　　在境内销售服务、无形资产或者不动产是指：（1）服务（租赁不动产除外）或者无形资产（自然资源使用权除外）的销售方或者购买方在境内；（2）所销售或者租赁的不动产在境内；（3）所销售自然资源使用权的自然资源在境内；（4）财政部和国家税务总局规定的其他情形。

　　【特别提示】下列情形不属于在境内销售服务或者无形资产：（1）境外单位或者个人向境内单位或者个人销售完全在境外发生的服务；（2）境外单位或者个人向境内单位或者个人销售完全在境外使用的无形资产；（3）境外单位或者个人出租完全在境外使用的有形动产；（4）境外单位或者个人为出境的函件、包裹在境外提供的邮政服务、收派服务；（5）境外单位或者个人向境内单位或者个人提供的工程施工地点在境外的建筑服务、工程监理服务；（6）境外单位或者个人向境内单位或者个人提供的工程、矿产资源在境外的工程勘察勘探服务；（7）境外单位或者个人向境内单位或者个人提供的会议展览地点在境外的会议展览服务；（8）财政部和国家税务总局规定的

---

　　① 销售货物，提供加工修理修配劳务，销售服务、无形资产或者不动产，简称"销售货物、加工修理修配劳务、服务、无形资产或者不动产"或者"销售货物、劳务、服务、无形资产或者不动产"。

　　② 根据学习的需要，本教材将增值税纳税人分为原增值税纳税人和营改增试点纳税人两大类。原增值税纳税人主要涉税行为包括销售货物、提供加工修理修配劳务以及进口货物。营改增试点纳税人主要涉税行为包括销售服务、无形资产或者不动产。

其他情形。

【点拨指导】英国的甲公司向我国境内的乙公司出租一台机器设备，但该设备被乙公司安排在其在法国的分公司丙使用，甲公司从乙公司取得租金收入不属于在我国境内销售服务或者无形资产，不征增值税。也就是说，乙公司无须代扣代缴甲公司的增值税。

【理论答疑】如何判断境内税务机关对营改增业务是否具有税收管辖权？

答：《财政部 国家税务总局关于全面推开营业税改征增值税试点的通知》附件1《营业税改征增值税试点实施办法》第一条规定：在中华人民共和国境内（以下称境内）销售服务、无形资产或者不动产（以下称应税行为）的单位和个人，为增值税纳税人。这一规定可以解释为：境内税务机关对境内发生的营改增业务具有税收管辖权。根据《营业税改征增值税试点实施办法》第十二条、第十三条的规定，针对不同营改增项目，判断境内税务机关对营改增业务是否具有税收管辖权的条件不同，具体分为以下三类：

（1）销售服务。除不动产租赁外，只要销售方位于境内，无论购买方在境内还是境外，也无论服务发生于境内还是境外，境内税务机关均具有税收管辖权；如果销售方位于境外而购买方位于境内，则境内税务机关对发生于境内的服务和不完全发生于境外的服务具有税收管辖权。对于境外单位或者个人向境外单位或者个人销售服务，境内税务机关不具有税收管辖权。

（2）销售无形资产。销售无形资产的判断条件与销售服务相似，但是销售自然资源使用权有区别：只要所销售的自然资源使用权的自然资源在境内，无论销售方或购买方是否为境内单位或者个人，均属于在境内销售自然资源使用权。

（3）销售和租赁不动产。不动产租赁实际属于销售服务范畴，但是因为标的指向不动产，因此判断税收管辖权的条件与其他销售服务不同，而与销售不动产相同，即无论销售方、购买方位于境内还是境外，只要标的不动产位于境内，境内税务机关即具有税收管辖权。

单位是指企业、行政单位、事业单位、军事单位、社会团体及其他单位；个人是指个体工商户和其他个人。

对于销售货物、提供加工修理修配劳务或者进口货物的行为，单位租赁或者承包给其他单位或者个人经营的，以承租人或者承包人为纳税人。

对于销售服务、无形资产或者不动产的行为，单位以承包、承租、挂靠方式经营的，承包人、承租人、挂靠人（以下统称承包人）以发包人、出租人、被挂靠人（以下统称发包人）名义对外经营并由发包人承担相关法律责任的，以该发包人为纳税人，否则，以承包人为纳税人。

【特别提示】2017年7月1日（含）以后，资管产品运营过程中发生的增值税应税行为，以资管产品管理人为增值税纳税人。

建筑企业与发包方签订建筑合同后，以内部授权或者三方协议等方式，授权集团内其他纳税人（以下称第三方）为发包方提供建筑服务，并由第三方直接与发包方结算工程款的，由第三方缴纳增值税并向发包方开具增值税专用发票。与发包方签订建筑合同的建筑企业则不缴纳增值税。发包方可凭实际提供建筑服务的纳税人开具的增值税专用发票抵扣进项税额。

境外的单位或者个人在境内提供加工修理修配劳务，在境内未设有经营机构的，以其境内代理人为增值税扣缴义务人；在境内没有代理人的，以购买方为增值税扣缴义务人。

境外单位或者个人在境内销售服务、无形资产或者不动产，在境内未设有经营机构的，以购买方为增值税扣缴义务人。财政部和国家税务总局另有规定的除外。

【特别提示】增值税纳税人分为小规模纳税人和一般纳税人两类，并实行不同的征收和管理方式。

(一) 小规模纳税人和一般纳税人的标准

1. 小规模纳税人的标准

小规模纳税人是指年应征增值税销售额（简称年应税销售额，指销售货物、劳务、服务、无形资产、不动产年应征增值税销售额之和）在规定标准以下，并且会计核算不健全，不能按规定报送有关税务资料的增值税纳税人。

【理论答疑】什么是会计核算不健全？

答：会计核算不健全是指不能够按照国家统一会计制度的规定设置账簿，也不能够根据合法、有效凭证核算增值税的销项税额、进项税额和应纳税额。

(1) 自 2018 年 5 月 1 日起，增值税小规模纳税人标准统一为年应税销售额 500 万元及以下。

(2) 年应税销售额超过小规模纳税人标准的其他个人（指自然人）按小规模纳税人纳税（不属于一般纳税人）。

(3) 对于原增值税纳税人，超过小规模纳税人标准的非企业性单位、不经常发生应税行为的企业，可选择按小规模纳税人纳税；对于营改增试点纳税人，年应税销售额超过小规模纳税人标准但不经常发生应税行为的单位和个体工商户，可选择按照小规模纳税人纳税。

【特别提示】纳税人年应税销售额超过财政部、国家税务总局规定标准，且符合有关政策规定，选择按小规模纳税人纳税的，应当向主管税务机关提交书面说明。

【点拨指导】个体工商户以外的其他个人年应税销售额超过规定标准的，不需要向主管税务机关提交书面说明。

2. 一般纳税人的标准

自 2018 年 5 月 1 日起，增值税纳税人（简称纳税人），年应税销售额超过财政部、国家税务总局规定的小规模纳税人标准（自 2018 年 5 月 1 日起，小规模纳税人标准为年应税销售额 500 万元及以下）的，除税法另有规定外，应当向其机构所在地主管税务机关办理一般纳税人登记。其中年应税销售额是指纳税人在连续不超过 12 个月或 4 个季度的经营期内累计应征增值税销售额，包括纳税申报销售额、稽查查补销售额、纳税评估调整销售额。纳税申报销售额是指纳税人自行申报的全部应征增值税销售额，其中包括免税销售额和税务机关代开发票销售额。稽查查补销售额和纳税评估调整销售额计入查补税款申报当月（或当季）的销售额，不计入税款所属期销售额。经营期是指在纳税人存续期内的连续经营期间，含未取得销售收入的月份（或季度）。

销售服务、无形资产或者不动产（简称应税行为）有扣除项目的纳税人，其应税行为年应税销售额按未扣除之前的销售额计算。纳税人偶然发生的销售无形资产、转让不动产的销售额，不计入应税行为年应税销售额。

年应税销售额未超过规定标准的纳税人，会计核算健全，能够提供准确税务资料的，可以向主管税务机关办理一般纳税人登记。会计核算健全是指能够按照国家统一的会计制度规定设置账簿，根据合法、有效凭证进行核算。

【特别提示】自2015年4月1日起，增值税一般纳税人资格实行登记制，登记事项由增值税纳税人向其主管税务机关办理。

【点拨指导】在增值税一般纳税人资格登记制下，除财政部、国家税务总局另有规定外，纳税人可根据需要自行选择当月1日或次月1日作为一般纳税人资格生效之日，按照增值税一般计税方法计算应纳税额，并按照规定领用增值税专用发票。

【点拨指导】根据《国家税务总局关于统一小规模纳税人标准等若干增值税问题的公告》（国家税务总局公告2018年第18号）的规定，自2018年5月1日起，《国家税务总局关于增值税一般纳税人登记管理若干事项的公告》（国家税务总局公告2018年第6号）第七条废止。即自2018年5月1日起，以下条款废止："纳税人兼有销售货物、提供加工修理修配劳务（以下称'应税货物及劳务'）和销售服务、无形资产、不动产（以下称'应税行为'）的，应税货物及劳务销售额与应税行为销售额分别计算，分别适用增值税一般纳税人登记标准，其中有一项销售额超过规定标准，就应当按照规定办理增值税一般纳税人登记相关手续。"也就是说，自2018年5月1日起，纳税人销售货物、提供加工修理修配劳务和销售服务、无形资产、不动产的年应征增值税销售额之和一旦超过500万元，就应当登记为增值税一般纳税人。

【实务答疑】我公司年应税销售额未超过小规模纳税人标准，请问是否可以办理增值税一般纳税人登记？

答：年应税销售额未超过财政部、国家税务总局规定的小规模纳税人标准的纳税人，若能够按照国家统一的会计制度规定设置账簿，根据合法、有效凭证核算，能够提供准确税务资料，则可以向其机构所在地主管税务机关办理一般纳税人登记。

（二）小规模纳税人和一般纳税人的征税管理

小规模纳税人实行简易计税方法，不得抵扣进项税额。

符合增值税一般纳税人条件的纳税人应当向主管税务机关办理登记，以取得法定资格；未办理一般纳税人登记手续的，应按销售额依照增值税税率计算应纳税额，不得抵扣进项税额，也不得使用增值税专用发票。经税务机关审核登记的一般纳税人，可按规定领购和使用增值税专用发票，按《增值税暂行条例》规定计算缴纳增值税。

【特别提示】除国家税务总局另有规定外，纳税人一经登记为一般纳税人后，不得再转为小规模纳税人。

【特别提示】一般纳税人符合以下条件的，在 2020 年 12 月 31 日前，可选择转登记为小规模纳税人：转登记日前连续 12 个月（以 1 个月为一个纳税期）或者连续 4 个季度（以 1 个季度为一个纳税期）累计销售额未超过 500 万元。

自 2020 年 2 月 1 日起，增值税小规模纳税人（其他个人除外）发生增值税应税行为，需要开具增值税专用发票的，可以自愿使用增值税发票管理系统自行开具。选择自行开具增值税专用发票的小规模纳税人，税务机关不再为其代开增值税专用发票。

【理论答疑】一般纳税人与小规模纳税人选择供货商的纳税人身份时，需要注意什么问题（假设一般纳税人的增值税税率为 13%，小规模纳税人的征收率为 3%）？

答：一般纳税人从其他一般纳税人购货，若取得税率为 13% 的增值税普通发票，则进项税额不得抵扣；若取得税率为 13% 的增值税专用发票且符合抵扣条件，则进项税额可以抵扣，但同时又应当注意此进项税额实际上先由购买方承担了，然后再抵扣。一般纳税人从小规模纳税人购货，若取得增值税普通发票，则进项税额不得抵扣；若取得税率为 3% 的增值税专用发票且符合抵扣条件，则进项税额可以抵扣。因此，一般纳税人选择供货商的纳税人身份时，不能仅仅考虑购货价格，还应考虑进项税额可否抵扣。

小规模纳税人从其他小规模纳税人购货，可取得税率为 3% 的增值税普通发票或者增值税专用发票；小规模纳税人从一般纳税人购货，可取得税率为 13% 的增值税普通发票或者增值税专用发票。小规模纳税人不管从何处购货，进项税额都不允许抵扣。因此，小规模纳税人选择供货商的纳税人身份时，主要应当考虑购货价格。

二、增值税征税范围的确定

（一）征税范围的一般规定

1. 销售或进口货物

销售货物是指有偿转让货物的所有权。货物是指有形动产，包括电力、热力、气体在内。有偿是指从购买方取得货币、货物或者其他经济利益。

进口货物是指申报进入中国海关境内的货物。只要是报关进口的应税货物，均属于增值税的征税范围，除享受免税政策外，在进口环节缴纳增值税。

【点拨指导】以货物为例，一般情况下增值税的"销售"，必须符合两个条件：第一，货物的所有权转移；第二，是有偿的转移。

【特别提示】国际进出口通行规则：以货物为例，对进口货物征收增值税，对出口货物退（免）增值税。

2. 提供加工修理修配劳务

加工是指接受来料承做货物，加工后的货物所有权仍属于委托方的业务，即通常所说的委托加工业务。委托加工业务是指由委托方提供原料及主要材料，受托方按照委托方的要求制造货物并收取加工费的业务。修理修配是指受托方对损伤和丧失功能的货物进行修复，使其恢复原状和功能的业务。提供加工修理修配劳务都是指有偿提供加工修理修配劳务。单位或个体经营者聘用的员工为本单位或雇主提供加工修理修配劳务则不包括在内。有偿是指取得货币、货物或其他经济利益。

【知识链接】 加工修理修配的对象限于有形动产，对不动产的是修缮行为，属于建筑服务。

3. 销售服务、无形资产或者不动产

销售服务、无形资产或者不动产，是指有偿提供服务、有偿转让无形资产或者不动产，但属于下列非经营活动的情形除外：

（1）行政单位收取的同时满足以下条件的政府性基金或者行政事业性收费：1）由国务院或者财政部批准设立的政府性基金，由国务院或者省级人民政府及其财政、价格主管部门批准设立的行政事业性收费；2）收取时开具省级以上（含省级）财政部门监（印）制的财政票据；3）所收款项全额上缴财政。

（2）单位或者个体工商户聘用的员工为本单位或者雇主提供取得工资的服务。

（3）单位或者个体工商户为聘用的员工提供的服务。

（4）财政部和国家税务总局规定的其他情形。

同样，有偿是指取得货币、货物或者其他经济利益。

【特别提示】 增值税的征税范围已经包含生产、流通、服务领域。

（二）征税范围的具体规定

1. 销售服务

销售服务是指提供交通运输服务、邮政服务、电信服务、建筑服务、金融服务、现代服务、生活服务。

（1）交通运输服务。交通运输服务是指利用运输工具将货物或者旅客送达目的地，使其空间位置得以转移的业务活动，包括陆路运输服务、水路运输服务、航空运输服务和管道运输服务。

1）陆路运输服务。陆路运输服务是指通过陆路（地上或者地下）运送货物或者旅客的运输业务活动，包括铁路运输服务和其他陆路运输服务。出租车公司向使用本公司自有出租车的出租车司机收取的管理费用，按照陆路运输服务缴纳增值税。

2）水路运输服务。水路运输服务是指通过江、河、湖、川等天然、人工水道或者海洋航道运送货物或者旅客的运输业务活动。水路运输的程租、期租业务，属于水路运输服务。程租业务是指运输企业为租船人完成某一特定航次的运输任务并收取租赁费的业务；期租业务是指运输企业将配备有操作人员的船舶租赁给他人使用一定期限，承租期内听候承租方调遣，不论是否经营，均按天向承租方收取租赁费，发生的固定费用均由船东负担的业务。

3）航空运输服务。航空运输服务是指通过空中航线运送货物或者旅客的运输业务活动。航空运输的湿租业务属于航空运输服务。湿租业务是指航空运输企业将配备有机组人员的飞机租赁给他人使用一定期限，承租期内听候承租方调遣，不论是否经营，均按一定标准向承租方收取租赁费，发生的固定费用均由承租方承担的业务。

【特别提示】 航天运输服务按照航空运输服务缴纳增值税。航天运输服务是指利用

火箭等载体将卫星、空间探测器等空间飞行器发射到空间轨道的业务活动。

【知识链接】远洋运输的程租、期租业务属于水路运输服务；航空运输的湿租业务属于航空运输服务。

远洋运输的光租业务、航空运输的干租业务属于现代服务中的租赁服务。

【点拨指导】通过实质重于形式原则来区分：程租、期租、湿租是连人（司机等）带交通工具一起出租，实质上是提供运输服务；干租、光租是只出租交通工具不带人（司机等），实质上是提供租赁服务。

4）管道运输服务。管道运输服务是指通过管道设施输送气体、液体、固体物质的运输业务活动。

【点拨指导】运输工具舱位承包和舱位互换业务适用税目如下：

（1）在运输工具舱位承包业务中，发包方以其向承包方收取的全部价款和价外费用为销售额，按照"交通运输服务"缴纳增值税；承包方以其向托运人收取的全部价款和价外费用为销售额，按照"交通运输服务"缴纳增值税。

运输工具舱位承包业务，是指承包方以承运人身份与托运人签订运输服务合同，收取运费并承担承运人责任，然后以承包他人运输工具舱位的方式，委托发包方实际完成相关运输服务的经营活动。

（2）在运输工具舱位互换业务中，互换运输工具舱位的双方均以各自换出运输工具舱位确认的全部价款和价外费用为销售额，按照"交通运输服务"缴纳增值税。

运输工具舱位互换业务，是指纳税人之间签订运输协议，在各自以承运人身份承揽的运输业务中，互相利用对方交通运输工具的舱位完成相关运输服务的经营活动。

（2）邮政服务。邮政服务是指中国邮政集团公司及其所属邮政企业提供邮件寄递、邮政汇兑和机要通信等邮政基本服务的业务活动，包括邮政普遍服务、邮政特殊服务和其他邮政服务。

1）邮政普遍服务。邮政普遍服务是指函件、包裹等邮件寄递，以及邮票发行、报刊发行和邮政汇兑等业务活动。

2）邮政特殊服务。邮政特殊服务是指义务兵平常信函、机要通信、盲人读物和革命烈士遗物的寄递等业务活动。

3）其他邮政服务。其他邮政服务是指邮册等邮品销售、邮政代理等业务活动。

【知识链接】邮政储蓄业务按照金融服务缴纳增值税。

（3）电信服务。电信服务是指利用有线、无线的电磁系统或者光电系统等各种通信网络资源，提供语音通话服务，传送、发射、接收或者应用图像、短信等电子数据和信息的业务活动，包括基础电信服务和增值电信服务。

1）基础电信服务。基础电信服务是指利用固网、移动网、卫星、互联网，提供语音通话服务的业务活动，以及出租或者出售带宽、波长等网络元素的业务活动。

2）增值电信服务。增值电信服务是指利用固网、移动网、卫星、互联网、有线电视网络，提供短信和彩信服务、电子数据和信息的传输及应用服务、互联网接入服务等业务活动。

【特别提示】卫星电视信号落地转接服务，按照增值电信服务缴纳增值税。

（4）建筑服务。建筑服务是指各类建筑物、构筑物及其附属设施的建造、修缮、装饰，线路、管道、设备、设施等的安装以及其他工程作业的业务活动，包括工程服务、安装服务、修缮服务、装饰服务和其他建筑服务。物业服务企业为业主提供的装修服务，按照建筑服务缴纳增值税。纳税人将建筑施工设备出租给他人使用并配备操作人员的，按照建筑服务缴纳增值税。

1）工程服务。工程服务是指新建、改建各种建筑物、构筑物的工程作业，包括与建筑物相连的各种设备或者支柱、操作平台的安装或装设工程作业，以及各种窑炉和金属结构工程作业。

2）安装服务。安装服务是指生产设备、动力设备、起重设备、运输设备、传动设备、医疗实验设备以及其他各种设备、设施的装配、安置工程作业，包括与被安装设备相连的工作台、梯子、栏杆的装设工程作业，以及被安装设备的绝缘、防腐、保温、油漆等工程作业。

【理论答疑】固定电话、有线电视、宽带、水、电、燃气、暖气等经营者向用户收取的安装费、初装费、开户费、扩容费按何种服务缴纳增值税？

答：按照《财政部 国家税务总局关于全面推开营业税改征增值税试点的通知》的规定，固定电话、有线电视、宽带、水、电、燃气、暖气等经营者向用户收取的安装费、初装费、开户费、扩容费以及类似收费，按照安装服务缴纳增值税。

3）修缮服务。修缮服务是指对建筑物、构筑物进行修补、加固、养护、改善，使之恢复原来的使用价值或者延长其使用期限的工程作业。

【知识链接】有形动产修理属于加工修理修配劳务；建筑物、构筑物的修补、加固、养护、改善属于建筑服务中的修缮服务。

4）装饰服务。装饰服务是指对建筑物、构筑物进行修饰装修，使之美观或者具有特定用途的工程作业。

5）其他建筑服务。其他建筑服务是指上述工程作业之外的各种工程作业服务。

【知识链接】疏浚属于其他建筑服务，但航道疏浚属于物流辅助服务。

（5）金融服务。金融服务是指经营金融保险的业务活动，包括贷款服务、直接收费金融服务、保险服务和金融商品转让。

1）贷款服务。贷款是指将资金贷与他人使用而取得利息收入的业务活动。各种占用、拆借资金取得的收入，包括金融商品持有期间（含到期）利息（保本收益、报酬、资金占用费、补偿金等）收入、信用卡透支利息收入、买入返售金融商品利息收入、融资融券收取的利息收入，以及融资性售后回租、押汇、罚息、票据贴现、转贷等业务取得的利息及利息性质的收入，按照贷款服务缴纳增值税。融资性售后回租是指承租方以融资为目的，将资产出售给从事融资性售后回租业务的企业后，从事融资性售后回租业务的企业将该资产出租给承租方的业务活动。

【知识链接】融资性售后回租属于金融服务中的贷款服务；融资租赁属于现代服务中的租赁服务。此外，融资租赁仍可进一步分为动产融资租赁和不动产融资租赁，前者适用 13% 的税率，后者适用 9% 的税率。

【特别提示】以货币资金投资收取的固定利润或者保底利润，按照贷款服务缴纳增值税。

2）直接收费金融服务。直接收费金融服务是指为货币资金融通及其他金融业务提供相关服务并且收取费用的业务活动，包括提供货币兑换、账户管理、电子银行、信用卡、信用证、财务担保、资产管理、信托管理、基金管理、金融交易场所（平台）管理、资金结算、资金清算、金融支付等服务。

3）保险服务。保险服务是指投保人根据合同约定，向保险人支付保险费，保险人对于合同约定的可能发生的事故因其发生所造成的财产损失承担赔偿保险金责任，或者当被保险人死亡、伤残、疾病及达到合同约定的年龄、期限等条件时承担给付保险金责任的商业保险行为，包括人身保险服务和财产保险服务。

4）金融商品转让。金融商品转让是指转让外汇、有价证券、非货物期货和其他金融商品所有权的业务活动。其他金融商品转让包括基金、信托、理财产品等各类资产管理产品和各种金融衍生品的转让。

（6）现代服务。现代服务是指围绕制造业、文化产业、现代物流产业等提供技术性、知识性服务的业务活动，包括研发和技术服务、信息技术服务、文化创意服务、物流辅助服务、租赁服务、鉴证咨询服务、广播影视服务、商务辅助服务和其他现代服务。

1）研发和技术服务。研发和技术服务包括研发服务、合同能源管理服务、工程勘察勘探服务、专业技术服务。

【特别提示】纳税人受托对垃圾、污泥、污水、废气等废弃物进行专业化处理，即运用填埋、焚烧、净化、制肥等方式，对废弃物进行减量化、资源化和无害化处理处置，按照以下规定适用增值税税率：

（1）采取填埋、焚烧等方式进行专业化处理后未产生货物的，受托方属于提供"现代服务"中的"专业技术服务"，其收取的处理费用适用 6% 的增值税税率。

（2）专业化处理后产生货物，且货物归属委托方的，受托方属于提供"加工劳务"，其收取的处理费用适用 13% 的增值税税率。

（3）专业化处理后产生货物，且货物归属受托方的，受托方属于提供"专业技术服务"，其收取的处理费用适用 6% 的增值税税率。受托方将产生的货物用于销售时，适用货物的增值税税率。

2）信息技术服务。信息技术服务是指利用计算机、通信网络等技术对信息进行生产、收集、处理、加工、存储、运输、检索和利用，并提供信息服务的业务活动，包括软件服务、电路设计及测试服务、信息系统服务、业务流程管理服务和信息系统增值服务。

3）文化创意服务。文化创意服务包括设计服务、知识产权服务、广告服务和会议展览服务。宾馆、旅馆、旅社、度假村和其他经营性住宿场所提供会议场地及配套服务的活动，按照会议展览服务缴纳增值税。

4）物流辅助服务。物流辅助服务包括航空服务、港口码头服务、货运客运场站服务、打捞救助服务、装卸搬运服务、仓储服务和收派服务。

【特别提示】货运客运场站服务中的车辆停放服务属于不动产租赁服务。

5）租赁服务。租赁服务包括融资租赁服务和经营租赁服务。水路运输的光租业务、航空运输的干租业务，属于经营租赁。光租业务是指运输企业将船舶在约定的时间内出租给他人使用，不配备操作人员，不承担运输过程中发生的各项费用，只收取固定租赁费的业务活动。干租业务是指航空运输企业将飞机在约定的时间内出租给他人使用，不配备机组人员，不承担运输过程中发生的各项费用，只收取固定租赁费的业务活动。

【知识链接】有形动产融资租赁、不动产融资租赁，按照现代服务中的租赁服务缴纳增值税。但融资性售后回租服务属于贷款服务，应按照金融服务缴纳增值税。

【情境引例解析】

车辆停放服务、道路通行服务（包括过路费、过桥费、过闸费等）等按照不动产经营租赁服务缴纳增值税。将建筑物、构筑物等不动产或者飞机、车辆等有形动产的广告位出租给其他单位或者个人用于发布广告的，按照经营租赁服务缴纳增值税。所以，均属于现代服务中的租赁服务。

6）鉴证咨询服务。鉴证咨询服务包括认证服务、鉴证服务和咨询服务。

7）广播影视服务。广播影视服务包括广播影视节目（作品）的制作服务、发行服务和播映（含放映）服务。

8）商务辅助服务。商务辅助服务包括企业管理服务、经纪代理服务、人力资源服务、安全保护服务。纳税人提供武装守护押运服务，按照安全保护服务缴纳增值税。

9）其他现代服务。其他现代服务是指除研发和技术服务、信息技术服务、文化创意服务、物流辅助服务、租赁服务、鉴证咨询服务、广播影视服务和商务辅助服务以外的现代服务。纳税人对安装运行后的电梯提供的维护保养服务，按照其他现代服务缴纳增值税。纳税人提供植物养护服务，按照其他生活服务缴纳增值税。

（7）生活服务。生活服务是指为满足城乡居民日常生活需求提供的各类服务活动，包括文化体育服务、教育医疗服务、旅游娱乐服务、餐饮住宿服务、居民日常服务和其他生活服务。

1）文化体育服务。文化体育服务包括文化服务和体育服务。纳税人在游览场所经营索道、摆渡车、电瓶车、游船等取得的收入，按照文化体育服务缴纳增值税。

2）教育医疗服务。教育医疗服务包括教育服务和医疗服务。

3）旅游娱乐服务。旅游娱乐服务包括旅游服务和娱乐服务。

4）餐饮住宿服务。餐饮住宿服务包括餐饮服务和住宿服务。提供餐饮服务的纳税人销售的外卖食品，按照餐饮服务缴纳增值税。纳税人以长（短）租形式出租酒店公寓并提供配套服务的，按照住宿服务缴纳增值税。纳税人现场制作食品并直接销售给消费者的，按照餐饮服务缴纳增值税。

5）居民日常服务。居民日常服务是指主要为满足居民个人及其家庭日常生活需求提供的服务，包括市容市政管理、家政、婚庆、养老、殡葬、照料和护理、救助救济、美容美发、按摩、桑拿、氧吧、足疗、沐浴、洗染、摄影扩印等。

6）其他生活服务。其他生活服务是指除文化体育服务、教育医疗服务、旅游娱乐服务、餐饮住宿服务和居民日常服务之外的生活服务。

2. 销售无形资产

销售无形资产是指转让无形资产所有权或者使用权的业务活动。无形资产是指不具实物形态但能带来经济利益的资产，包括技术、商标、著作权、商誉、自然资源使用权和其他权益性无形资产。

技术包括专利技术和非专利技术；自然资源使用权包括土地使用权、海域使用权、探矿权、采矿权、取水权和其他自然资源使用权；其他权益性无形资产包括基础设施资产经营权、公共事业特许权、配额、经营权（包括特许经营权、连锁经营权、其他经营权）、经销权、分销权、代理权、会员权、席位权、网络游戏虚拟道具、域名、名称权、肖像权、冠名权、转会费等。

3. 销售不动产

销售不动产是指转让不动产所有权的业务活动。不动产是指不能移动或者移动后会引起性质、形状改变的财产，包括建筑物、构筑物等。

建筑物包括住宅、商业营业用房、办公楼等可供居住、工作或者进行其他活动的建造物；构筑物包括道路、桥梁、隧道、水坝等建造物。

【点拨指导】转让建筑物有限产权或者永久使用权的，转让在建的建筑物或者构筑物所有权的，以及在转让建筑物或者构筑物时一并转让其所占土地的使用权的，按照销售不动产缴纳增值税。个人转让住房，在 2016 年 4 月 30 日前已签订转让合同，2016 年 5 月 1 日以后办理产权变更事项的，应缴纳增值税，不缴纳营业税。

【特别提示】单独转让土地使用权，按销售无形资产缴纳增值税。

（三）属于征税范围的特殊项目

（1）货物期货（包括商品期货和贵金属期货）应当缴纳增值税，在期货的实物交割环节纳税。

（2）银行销售金银的业务应当缴纳增值税。

（3）典当业的死当物品销售业务和寄售业代委托人销售寄售物品的业务均应缴纳增值税。

（4）电力公司向发电企业收取的过网费应当缴纳增值税。

（四）属于征税范围的特殊行为

1. 视同销售货物

单位或个体经营者的下列行为，视同销售货物，缴纳增值税。

（1）将货物交付其他单位或个人代销。

【点拨指导】本条是指代销业务中的委托方将货物交付其他单位或个人代销。

【知识链接】委托其他纳税人代销货物的，其增值税纳税义务发生时间为收到代销单位的代销清单或者收到全部或部分货款的当天；未收到代销清单及货款的，为发出代销货物满180天的当天；对于先开具发票的，为开具发票的当天。

【点拨指导】作为委托方，一般情况下在收到代销清单时才向受托方开具增值税专用发票或者增值税普通发票等发票，并同时确认增值税纳税义务。如果在收到代销清单之前，委托方已收取全部或部分货款，则委托方在收取全部或部分货款时确认相应的增值税纳税义务。对于发出代销货物180天的当天仍未收到代销清单及货款的，视同销售实现并确认增值税纳税义务。对于委托方先向受托方开具发票的，其增值税纳税义务发生时间为开具发票的当天。

（2）销售代销货物。

【点拨指导】本条是指代销业务中的受托方销售代销货物。

【特别提示】受托方售出货物时，确认增值税纳税义务。受托方按实际售价计算销项税额，如果受托方取得委托方开具的增值税专用发票等扣税凭证，可以抵扣进项税额。

【点拨指导】如果受托方从委托方收取了代销手续费，则应按"现代服务"6％的税率计算缴纳增值税，并向委托方开具发票。若受托方就收取的代销手续费向委托方开具增值税专用发票，则委托方可以抵扣进项税额。

（3）设有两个以上机构并实行统一核算的纳税人，将货物从一个机构移送到其他机构用于销售，但相关机构设在同一县（市）的除外。

【点拨指导】这里的"用于销售"是指受货机构发生以下情形之一的经营行为：向购货方开具发票；向购货方收取货款。受货机构的货物移送行为有上述两项情形之一的，应当向所在地税务机关缴纳增值税；未发生上述两项情形的，则应由总机构统一缴纳增值税。

（4）将自产或委托加工的货物用于非增值税应税项目。

【特别提示】自2016年5月1日起全面营改增，营业税退出了历史舞台，此处的"非增值税应税项目"已经失去了意义。根据财税〔2016〕36号文精神及增值税相关原理，本条失效。

（5）将自产或委托加工的货物用于集体福利或个人消费。

（6）将自产、委托加工或购进的货物作为投资，提供给其他单位或个体工商户。

（7）将自产、委托加工或购进的货物分配给股东或投资者。

（8）将自产、委托加工或购进的货物无偿赠送给其他单位或个人。

根据《增值税暂行条例》的规定，对上述行为视同销售货物或提供应税劳务，按规定计算销售额并征收增值税。企业若发生固定资产视同销售行为，对已使用过的固定资产无法确定销售额的，以固定资产净值为销售额。

【知识链接】药品生产企业销售自产创新药的销售额为向购买方收取的全部价款和价外费用，其提供给患者后续免费使用的相同创新药，不属于增值税视同销售范围。

【特别提示】购进货物用于"投分送"（投资、分配、无偿赠送）的，视同销售货物；购进货物用于"集个"（集体福利、个人消费）的，不视同销售货物，不需要计算增值税，对应的进项税额也不得抵扣。

【点拨指导】"视同销售"是一个税收概念，在会计上有时并不作为销售处理（如上述第（3）项、第（8）项）。上述视同销售行为之所以要征收增值税，其主要目的：一是确保增值税抵扣链完整；二是防止纳税人逃避纳税；三是体现配比原则。

【特别提示】将购进的货物用于集体福利或个人消费（注意上述第（5）项并没有包括"购进"），不属于视同销售。此类行为属于"销项不计、进项不抵"（即第（5）项如果是"购进"的，则此类货物在购进时属于不得抵扣增值税进项税额事项。此类购进的货物在用于集体福利或个人消费时不属于视同销售，不计算增值税销项税额；若此类购进的货物的增值税进项税额已经抵扣，应该对其进项税额作转出处理）。需要特别注意第（5）项与第（6）、（7）、（8）项范围上的不同之处。

【实务答疑】我公司的总机构向分支机构移送货物，如果分支机构仅仅作为仓库，请问需要缴纳增值税吗？

答：根据《国家税务总局关于企业所属机构间移送货物征收增值税问题的通知》（国税发〔1998〕137号）的规定，《增值税暂行条例实施细则》第四条视同销售货物行为的第（三）项所称的用于销售，是指受货机构发生以下情形之一的经营行为：（1）向购货方开具发票；（2）向购货方收取货款。受货机构的货物移送行为有上述两项情形之一的，应当向所在地税务机关缴纳增值税；未发生上述两项情形的，则应由总机构统一缴纳增值税。

因此，如果该分支机构向购货方开具发票或者向购货方收取货款（分支机构向所在地税务机关缴纳增值税），则总机构移送货物到分支机构的行为属于视同销售行为，总机构应当向分支机构开具增值税专用发票，分支机构符合条件可以抵扣进项税额，会计处理与正常销售业务相同。

如果该分支机构未向购货方销售货物或收取货款，仅仅作为仓库使用，由总机构移送货物到分支机构的行为不属于视同销售行为，待总机构对外销售时，由总机构向购买方开具发票，并由总机构统一缴纳增值税。

2. 视同销售服务、无形资产或者不动产

下列情形视同销售服务、无形资产或者不动产：

（1）单位或者个体工商户向其他单位或者个人无偿提供服务，但用于公益事业或者以社会公众为对象的除外；

（2）单位或者个人向其他单位或者个人无偿转让无形资产或者不动产，但用于公益事业或者以社会公众为对象的除外；

（3）财政部和国家税务总局规定的其他情形。

【点拨指导】根据国家指令无偿提供的铁路运输服务、航空运输服务，属于用于公益事业的服务。

【特别提示】纳税人出租不动产，租赁合同中约定免租期的，不属于视同销售服务。

3. 混合销售行为

详见本章第 2 节。

4. 兼营行为

详见本章第 2 节。

（五）不征收增值税项目

（1）根据国家指令无偿提供的铁路运输服务、航空运输服务，属于《营业税改征增值税试点实施办法》第十四条规定的用于公益事业的服务。

（2）存款利息。

（3）被保险人获得的保险赔付。

（4）房地产主管部门或其指定机构、公积金管理中心、开发企业以及物业管理单位代收的住宅专项维修资金。

（5）纳税人在资产重组过程中，通过合并、分立、出售、置换等方式，将全部或者部分实物资产以及与其相关联的债权、负债和劳动力一并转让给其他单位和个人，其中涉及的货物转让行为。

（6）纳税人在资产重组过程中，通过合并、分立、出售、置换等方式，将全部或者部分实物资产以及与其相关联的债权、负债和劳动力一并转让给其他单位和个人，其中涉及的不动产、土地使用权转让行为。

（7）自 2020 年 1 月 1 日起，纳税人取得的财政补贴收入，与其销售货物、劳务、服务、无形资产、不动产的收入或者数量直接挂钩的，应按规定计算缴纳增值税；纳税人取得的其他情形的财政补贴收入，不属于增值税应税收入，不征收增值税。

三、增值税税率和征收率的判定

增值税一般纳税人缴纳增值税采用一般计税方法适用三种情况的比例税率：第一种是基本税率；第二种是低税率；第三种是出口货物、劳务、服务或者无形资产适用的零税率。自 2017 年 7 月 1 日起，简并增值税税率结构，取消原来的 13% 增值税税率（将原来的 13% 增值税税率调整为 11%）。自 2018 年 5 月 1 日起，增值税一般纳税人发生增值税应税销售行为或者进口货物，原适用 17% 和 11% 税率的，税率分别调整为 16% 和 10%。自 2019 年 4 月 1 日起，增值税一般纳税人发生增值税应税销售行为或者进口货物，原适用 16% 税率的，税率调整为 13%；原适用 10% 税率的，税率调整为 9%。一般纳税人特殊情况下采用简易计税方法适用征收率。小规模纳税人缴纳增值税采用简易计税方法适用征收率。

（一）基本税率

增值税的基本税率为 13%，适用于纳税人销售或者进口货物（适用 9% 的低税率的除外）、提供加工修理修配劳务、销售有形动产租赁服务。

【点拨指导】 有形动产租赁包括有形动产融资租赁和有形动产经营性租赁。水路运输的光租业务和航空运输的干租业务，属于有形动产经营性租赁。

（二）低税率

增值税的低税率分以下两档。

1. 低税率 9%

（1）一般纳税人销售或者进口下列货物，税率为 9%：

农产品（含粮食，不含淀粉；含干姜、姜黄，不含麦芽、复合胶、人发制品）、自来水、暖气、石油液化气、天然气、食用植物油（含橄榄油，不含肉桂油、桉油、香茅油）、冷气、热水、煤气、居民用煤炭制品、食用盐、农机、饲料、农药、农膜、化肥、沼气、二甲醚、图书、报纸、杂志、音像制品、电子出版物。

【点拨指导】粮食包括稻谷、大米、大豆、小麦、杂粮、鲜山芋、山芋干、山芋粉以及经过加工的面粉（各种花式面粉除外）。

【特别提示】农产品是指种植业、养殖业、林业、牧业、水产业生产的各种植物、动物的初级产品。具体征税范围暂继续按照《财政部 国家税务总局关于印发〈农业产品征税范围注释〉的通知》（财税字〔1995〕52 号）及现行相关规定执行。其中：玉米胚芽属于初级农产品，玉米浆、玉米皮、玉米纤维（又称喷浆玉米皮）和玉米蛋白粉不属于初级农产品；淀粉不属于农产品的范围。

（2）纳税人销售交通运输、邮政、基础电信、建筑、不动产租赁服务，销售不动产，转让土地使用权，税率为 9%。

2. 低税率 6%

纳税人销售增值电信服务、金融服务、现代服务和生活服务，销售土地使用权以外的无形资产，税率为 6%。

（三）零税率

1. 货物或者劳务适用的零税率

纳税人出口货物或者劳务，适用增值税零税率，但是，国务院另有规定的除外。零税率是税收优惠的一种体现，是为了鼓励企业出口货物或者劳务而采用的一种税率。

2. 服务或者无形资产（统称跨境应税行为）适用的零税率

中华人民共和国境内的单位和个人销售的下列服务或者无形资产，适用增值税零税率：

（1）国际运输服务。国际运输服务是指：1）在境内载运旅客或者货物出境；2）在境外载运旅客或者货物入境；3）在境外载运旅客或者货物。

（2）航天运输服务。

（3）向境外单位提供的完全在境外消费的下列服务：1）研发服务；2）合同能源管理服务；3）设计服务；4）广播影视节目（作品）的制作和发行服务；5）软件服务；6）电路设计及测试服务；7）信息系统服务；8）业务流程管理服务；9）离岸服务外包业务，包括信息技术外包服务（ITO）、技术性业务流程外包服务（BPO）、技术性知识流程外包服务（KPO），其所涉及的具体业务活动，按照《销售服务、无形资产、不动产注释》相对应的业务活动执行；10）转让技术。完全在境外消费，是指服务的实际接受方在境外，且与境内的货物和不动产无关；无形资产完全在境外使用，且与境内的货物和不动产无关；财政部和国家税务总局规定的其他情形。

（4）财政部和国家税务总局规定的其他服务。

【点拨指导】零税率不同于免税。以出口货物为例，出口货物免税仅指在出口环节不征收增值税，其出口前相应的进项税额不能抵扣，也不能退还；而零税率是指对出口货物除了在出口环节不征收增值税销项税额（一般计税方法下）或者增值税应纳税额（简易计税方法下）外，还要将该产品在出口前相应的不能抵扣的进项税额按照税法规定的计算公式计算后予以退还，使该出口产品在出口时完全不含增值税税款，从而以无税产品的形式进入国际市场。

（四）征收率

一般纳税人特殊情况下采用简易计税方法适用征收率。小规模纳税人缴纳增值税采用简易计税方法适用征收率。我国增值税的法定征收率是3%；一些特殊项目适用3%的征收率减按2%征收。全面营改增后与不动产有关的特殊项目适用5%的征收率；一些特殊项目适用5%的征收率减按1.5%征收（详见本章第2节）。

自2020年3月1日至12月31日，对湖北省增值税小规模纳税人，适用3%征收率的应税销售收入，免征增值税；适用3%预征率的预缴增值税项目，暂停预缴增值税。自2020年3月1日至12月31日，除湖北省外，其他省、自治区、直辖市的增值税小规模纳税人，适用3%征收率的应税销售收入，减按1%征收率征收增值税；适用3%预征率的预缴增值税项目，减按1%预征率预缴增值税。

【特别提示】增值税的征收率不仅仅适用于小规模纳税人，一般纳税人在某些特殊情况下采用简易计税方法也适用征收率。

四、增值税优惠政策的运用

（一）原增值税纳税人的增值税减免税政策

1.《增值税暂行条例》规定的免征增值税政策

（1）销售自产农产品是指农业生产者销售自产初级农产品（包括制种、"公司＋农户"经营模式的畜禽饲养）。

【点拨指导】农业是指种植业、养殖业、林业、牧业、水产业。农业生产者包括从事农业生产的单位和个人。

【特别提示】农业生产者销售的自产农产品是指直接从事植物的种植、收割和动物的饲养、捕捞的单位和个人销售的自产农产品。

【点拨指导】单位和个人销售的外购农产品，以及单位和个人外购农产品生产、加工后销售的仍属于规定范围的农业产品，不属于免税的范围，正常征税。

（2）避孕药品和用具。

（3）古旧图书（指向社会收购的古书和旧书）。

（4）直接用于科学研究、科学试验和教学的进口仪器、设备。

（5）外国政府、国际组织无偿援助的进口物资和设备。

（6）由残疾人的组织直接进口供残疾人专用的物品。

（7）销售的自己使用过的物品（指其他个人①自己使用过的物品）。

【点拨指导】自然人张某出售自己使用过的电脑、手机或者汽车，免征增值税。

【知识链接】残疾人个人提供的加工修理修配劳务免征增值税。

【点拨指导】免税是指对货物、劳务、服务、无形资产或者不动产在本生产环节的增值税销项税额（一般计税方法下）或者增值税应纳税额（简易计税方法下）予以免征。免税只免征本环节的增值税销项税额或者增值税应纳税额，对货物在以前生产流通环节所缴纳的增值税税额（指的是增值税进项税额）不予退还，因此，免税货物仍然负担一定的增值税。

【实务答疑】我公司生产并销售用砍伐的野生红柳枝做成的烤肉扦子，请问是否免征增值税？

答：根据《财政部 国家税务总局关于印发〈农业产品征税范围注释〉的通知》（财税字〔1995〕52 号）的规定，用砍伐的野生红柳枝做成的烤肉扦子不属于农产品，应按适用税率征收增值税。

2. 财政部、国家税务总局规定的增值税优惠政策

（1）资源综合利用产品和劳务增值税优惠政策。纳税人销售自产的资源综合利用产品和提供资源综合利用劳务，可享受增值税即征即退政策。但纳税人需要同时符合以下条件：

1）属于增值税一般纳税人。

2）销售综合利用产品和劳务，不属于国家发展和改革委员会规定的禁止类、限制类项目。

3）销售综合利用产品和劳务，不属于生态环境部名录中的"高污染、高环境风险"产品或者重污染工艺。

4）综合利用的资源，属于生态环境部列明的危险废物的，应当取得省级及以上生态环境部门颁发的许可证，且许可经营范围包括该危险废物的利用。

5）纳税信用等级不属于税务机关评定的 C 级或 D 级。

（2）医疗卫生的增值税优惠政策。

1）非营利性医疗机构：自产自用的制剂免征增值税。

2）营利性医疗机构：取得的收入按规定征收各项税收。自执业登记起 3 年内对自产自用的制剂免征增值税。

3）疾病控制机构和妇幼保健机构等的服务收入：按国家规定价格取得的卫生服务收入免征增值税。

4）血站：供应给医疗机构的临床用血免征增值税。

_____

① 个人有两种：一种是个体工商户；另一种是其他个人。因此，其他个人指的是个体工商户以外的个人，即自然人。

5）供应非临床用血：可按简易计税方法计算应纳税额。

（3）修理修配劳务的增值税优惠。飞机修理，增值税实际税负超过6%的部分即征即退。

（4）软件产品的增值税优惠。增值税一般纳税人销售其自行开发生产的软件产品，按13%税率征收增值税后，对其增值税实际税负超过3%的部分实行即征即退政策。

即征即退税额＝当期软件产品增值税应纳税额－当期软件产品销售额×3%

（5）对供热企业向居民个人供热而取得的采暖费收入继续免征增值税。

（6）蔬菜流通环节增值税免税政策。

1）对从事蔬菜批发、零售的纳税人销售的蔬菜免征增值税。各种蔬菜罐头不属于免征增值税范围。

2）纳税人既销售蔬菜又销售其他增值税应税货物的，应分别核算蔬菜和其他增值税应税货物的销售额；未分别核算的，不得享受蔬菜增值税免税政策。

（7）制种行业增值税政策。制种企业生产经营模式下生产种子，属于农业生产者销售自产农产品，免征增值税。

（8）自2018年11月30日至2023年11月29日，对经国务院批准对外开放的货物期货品种保税交割业务，暂免征收增值税。

（二）营改增优惠政策的运用

1. 营改增过渡期间免税政策

下列项目免征增值税：

（1）托儿所、幼儿园提供的保育和教育服务。

（2）养老机构提供的养老服务。

（3）残疾人福利机构提供的育养服务。

（4）婚姻介绍服务。

（5）殡葬服务。

（6）残疾人员本人为社会提供的服务。

（7）医疗机构提供的医疗服务。

（8）从事学历教育的学校提供的教育服务。

（9）学生勤工俭学提供的服务。

（10）农业机耕、排灌、病虫害防治、植物保护、农牧保险以及相关技术培训业务，家禽、牲畜、水生动物的配种和疾病防治。

（11）纪念馆、博物馆、文化馆、文物保护单位管理机构、美术馆、展览馆、书画院、图书馆在自己的场所提供文化体育服务取得的第一道门票收入。

（12）寺院、宫观、清真寺和教堂举办文化、宗教活动的门票收入。

（13）行政单位之外的其他单位收取的符合《营业税改征增值税试点实施办法》第十条规定条件的政府性基金和行政事业性收费。

（14）个人转让著作权。

（15）个人销售自建自用住房。

（16）2018 年 12 月 31 日前，公共租赁住房经营管理单位出租公共租赁住房。

（17）台湾航运公司、航空公司从事海峡两岸海上直航、空中直航业务在大陆取得的运输收入。

（18）纳税人提供的直接或者间接国际货物运输代理服务。

（19）符合条件的利息收入。

（20）被撤销金融机构以货物、不动产、无形资产、有价证券、票据等财产清偿债务。

（21）保险公司开办的一年期以上人身保险产品取得的保费收入。

（22）符合条件的金融商品转让收入。

（23）金融同业往来利息收入。

（24）符合条件的担保机构从事中小企业信用担保或者再担保业务取得的收入（不含信用评级、咨询、培训等收入）3 年内免征增值税。

（25）国家商品储备管理单位及其直属企业承担商品储备任务，从中央或者地方财政取得的利息补贴收入和价差补贴收入。

（26）纳税人提供技术转让、技术开发和与之相关的技术咨询、技术服务。

（27）符合条件的合同能源管理服务。

（28）2017 年 12 月 31 日前，科普单位的门票收入，以及县级及以上党政部门和科协开展科普活动的门票收入。

（29）政府举办的从事学历教育的高等、中等和初等学校（不含下属单位），举办进修班、培训班取得的全部归该学校所有的收入。

【实务答疑】我单位是政府举办的从事学历教育的高等学校，请问举办进修班、培训班取得的哪些收入可以免征增值税？

答：根据《财政部 国家税务总局关于全面推开营业税改征增值税试点的通知》的规定，政府举办的从事学历教育的高等、中等和初等学校（不含下属单位），举办进修班、培训班取得的全部归该学校所有的收入可以免征增值税。全部归该学校所有是指举办进修班、培训班取得的全部收入进入该学校统一账户，并纳入预算全额上缴财政专户管理，同时由该学校对有关票据进行统一管理和开具。举办进修班、培训班取得的收入进入该学校下属部门自行开设账户的，不予免征增值税。

（30）政府举办的职业学校设立的主要为在校学生提供实习场所并由学校出资自办、由学校负责经营管理、经营收入归学校所有的企业，从事《销售服务、无形资产或者不动产注释》中"现代服务"（不含融资租赁服务、广告服务和其他现代服务）、"生活服务"（不含文化体育服务、其他生活服务和桑拿、氧吧）业务活动取得的收入。

（31）家政服务企业由员工制家政服务员提供家政服务取得的收入。

（32）福利彩票、体育彩票的发行收入。

（33）军队空余房产租赁收入。

（34）为了配合国家住房制度改革，企业、行政事业单位按房改成本价、标准价出售住房取得的收入。

（35）将土地使用权转让给农业生产者用于农业生产。

（36）涉及家庭财产分割的个人无偿转让不动产、土地使用权。

（37）纳税人采取转包、出租、互换、转让、入股等方式将承包地流转给农业生产者用于农业生产。

（38）土地所有者出让土地使用权和土地使用者将土地使用权归还给土地所有者。

（39）县级以上地方人民政府或自然资源行政主管部门出让、转让或收回自然资源使用权（不含土地使用权）。

（40）随军家属就业。

（41）军队转业干部就业。

（42）自2019年2月1日至2020年12月31日，对企业集团内单位（含企业集团）之间的资金无偿借贷行为，免征增值税。

（43）提供社区养老、抚育、家政等服务取得的收入。

（44）纳税人将国有农用地出租给农业生产者用于农业生产，免征增值税。

（45）自2020年1月1日起，为进一步做好新型冠状病毒感染的肺炎疫情防控工作，支持相关企业发展，对纳税人运输疫情防控重点保障物资取得的收入，免征增值税；对纳税人提供公共交通运输服务、生活服务，以及为居民提供必需生活物资快递收派服务取得的收入，免征增值税；此税收优惠政策截止日期视疫情情况另行公告。

（46）自2020年1月1日至2020年12月31日，对纳税人提供电影放映服务取得的收入免征增值税。

2. 营改增过渡期间即征即退政策

（1）一般纳税人提供管道运输服务，对其增值税实际税负超过3％的部分实行增值税即征即退政策。

【点拨指导】增值税实际税负是指纳税人当期提供应税行为实际缴纳的增值税税额占纳税人当期提供应税行为取得的全部价款和价外费用的比例。

（2）经中国人民银行、中国银行保险监督管理委员会或者商务部批准（含备案）从事融资租赁业务的试点纳税人中的一般纳税人，提供有形动产融资租赁服务和有形动产融资性售后回租服务，对其增值税实际税负超过3％的部分实行增值税即征即退政策。商务部授权的省级商务主管部门和国家经济技术开发区批准（含备案）的从事融资租赁业务和融资性售后回租业务的试点纳税人中的一般纳税人，2016年5月1日后实收资本达到1.7亿元的，从达到标准的当月起按照上述规定执行；2016年5月1日后实收资本未达到1.7亿元但注册资本达到1.7亿元的，在2016年7月31日前仍可按照上述规定执行，2016年8月1日后开展的有形动产融资租赁业务和有形动产融资性售后回租业务不得按照上述规定执行。

3. 营改增优惠承继政策

本地区营改增试点实施之日前，如果试点纳税人已经按照有关政策规定享受了营业税税收优惠，在剩余税收优惠政策期限内，可以按照《营业税改征增值税试点实施办法》继续享受有关增值税优惠。

4. 营改增试点前发生业务的处理

（1）试点纳税人发生应税行为，按照国家有关营业税政策规定差额征收营业税的，因取得的全部价款和价外费用不足以抵减允许扣除项目金额，截至纳入营改增试点之日前尚未扣除的部分，不得在计算试点纳税人增值税应税销售额时抵减，应当向原主管税务机关申请退还营业税。

（2）试点纳税人发生应税行为，在纳入营改增试点之日前已缴纳营业税，纳入营改增试点后因发生退款减除营业额的，应当向原主管税务机关申请退还已缴纳的营业税。

（3）试点纳税人纳入营改增试点之日前发生的应税行为，因税收检查等原因需要补缴税款的，应按照营业税政策的规定补缴营业税。

5. 营改增零税率政策

见本节中"三、增值税税率和征收率的判定"下的"（三）零税率"。

6. 营改增境外服务免税政策

境内的单位和个人销售的下列服务和无形资产免征增值税，但财政部和国家税务总局规定适用零税率的除外。

（1）服务：

1）工程项目在境外的建筑服务。

2）工程项目在境外的工程监理服务。

3）工程、矿产资源在境外的工程勘察勘探服务。

4）会议展览地点在境外的会议展览服务。

5）存储地点在境外的仓储服务。

6）标的物在境外使用的有形动产租赁服务。

7）在境外提供的广播影视节目（作品）的播映服务。

8）在境外提供的文化体育服务、教育医疗服务、旅游服务。

（2）为出口货物提供的邮政服务、收派服务、保险服务。为出口货物提供的保险服务，包括出口货物保险和出口信用保险。

（3）向境外单位提供的完全在境外消费的服务和无形资产：

1）电信服务。

2）知识产权服务。

3）物流辅助服务（仓储服务、收派服务除外）。

4）鉴证咨询服务。

5）专业技术服务。

6）商务辅助服务。

7）广告投放地在境外的广告服务。

8）无形资产。

（4）以无运输工具承运方式提供的国际运输服务。

（5）为境外单位之间的货币资金融通及其他金融业务提供的直接收费金融服务，且该服务与境内的货物、无形资产和不动产无关。

（6）财政部和国家税务总局规定的其他服务。

7. 税额抵减

试点纳税人在制度转换以后，初次购买增值税税控系统专用设备（包括分开票机）所支付的费用，可凭购买增值税税控系统专用设备取得的增值税专用发票，在增值税应纳税额中全额抵减（抵减额为价税合计额），不足抵减的可结转下期继续抵减。非初次购买所支付的费用由纳税人自行负担。

增值税纳税人在制度转换以后，缴纳的技术维护费（不含补缴的转换日以前的技术维护费），可凭技术维护服务单位开具的技术维护费发票，在增值税应纳税额中全额抵减，不足抵减的可结转下期继续抵减。技术维护费按照价格主管部门核定的标准执行。

增值税一般纳税人支付的两项费用在增值税应纳税额中全额抵减的，其增值税专用发票不作为增值税抵扣凭证，其进项税额不得从销项税额中抵扣。

8. 放弃免税权等规定

纳税人发生应税行为适用免税、减税规定的，可以放弃免税、减税，依照税法规定缴纳增值税。放弃免税、减税后，36 个月内不得再申请免税、减税。纳税人要求放弃免税、减税权的，应当以书面形式提交纳税人放弃免（减）税权声明，报主管税务机关备案。纳税人发生应税行为同时适用免税和零税率规定的，纳税人可以选择适用免税或者零税率。

【点拨指导】纳税人放弃免税权的原因主要有两点：一是放弃免税权后，有远远超过销项税额的大额进项税额可供抵扣；二是多数购买方有取得增值税专用发票的要求或者需求，只有销售方放弃免税权，才能对外开具增值税专用发票。

（三）增值税的起征点

个人发生应税行为的销售额未达到增值税起征点的，免征增值税；达到起征点的，全额计算缴纳增值税。增值税起征点的适用范围仅限于个人，不包括登记为一般纳税人的个体工商户。

1. 原增值税纳税人的增值税起征点的幅度规定

（1）销售货物的，为月销售额 5 000～20 000 元；

（2）销售加工修理修配劳务的，为月销售额 5 000～20 000 元；

（3）按次纳税的，为每次（日）销售额 300～500 元。

2. 营改增试点纳税人的增值税起征点的幅度规定

（1）按期纳税的，为月销售额 5 000～20 000 元（含本数）。

（2）按次纳税的，为每次（日）销售额 300～500 元（含本数）。

起征点的调整由财政部和国家税务总局规定。省、自治区、直辖市财政厅（局）和税务局应当在规定的幅度内，根据实际情况确定本地区适用的起征点，并报财政部和国家税务总局备案。

(四) 小微企业暂免征收增值税的优惠政策

对增值税小规模纳税人中月销售额未达到 2 万元（按季纳税 6 万元）的企业或非企业性单位，免征增值税。2017 年 12 月 31 日前，对月销售额 2 万元（含本数）至 3 万元（按季纳税 6 万元（含本数）至 9 万元）的增值税小规模纳税人，免征增值税。自 2018 年 1 月 1 日至 2020 年 12 月 31 日，对月销售额 2 万元（含本数）至 3 万元的增值税小规模纳税人，免征增值税。

为进一步支持小微企业发展，根据小微企业普惠性税收减免政策的规定，自 2019 年 1 月 1 日至 2021 年 12 月 31 日，对月销售额 10 万元以下（含本数）的增值税小规模纳税人，免征增值税。具体来说，小规模纳税人发生增值税应税销售行为，合计月销售额未超过 10 万元（以 1 个季度为一个纳税期的，季度销售额未超过 30 万元，下同）的，免征增值税。小规模纳税人发生增值税应税销售行为，合计月销售额超过 10 万元，但扣除本期发生的销售不动产的销售额后未超过 10 万元的，其销售货物、劳务、服务、无形资产取得的销售额免征增值税。自 2019 年 1 月 1 日至 2021 年 12 月 31 日，适用增值税差额征税政策的小规模纳税人，以差额后的销售额确定是否可以享受免征增值税政策。按固定期限纳税的小规模纳税人可以选择以 1 个月或 1 个季度为纳税期限，一经选择，一个会计年度内不得变更。

【点拨指导】自 2019 年 1 月 1 日起，以 1 个季度为纳税期限的增值税小规模纳税人，因在季度中间成立或注销而导致当期实际经营期不足 1 个季度，当期销售额未超过 30 万元的，免征增值税。

其他个人，采取一次性收取租金形式出租不动产取得的租金收入，可在对应的租赁期内平均分摊，分摊后的月租金收入未超过 10 万元的，免征增值税。

按照现行规定应当预缴增值税税款的小规模纳税人，凡在预缴地实现的月销售额未超过 10 万元的，当期无须预缴税款。国家税务总局公告 2019 年第 4 号文下发前已预缴税款的，可以向预缴地主管税务机关申请退还。

小规模纳税人中的单位和个体工商户销售不动产，应按其纳税期、国家税务总局公告 2019 年第 4 号文第六条以及其他现行政策规定确定是否预缴增值税；其他个人销售不动产，继续按照现行规定免征增值税。

小规模纳税人月销售额未超过 10 万元的，当期因开具增值税专用发票已经缴纳的税款，在增值税专用发票全部联次追回或者按规定开具红字增值税专用发票后，可以向主管税务机关申请退还。

小规模纳税人 2019 年 1 月销售额未超过 10 万元（以 1 个季度为一个纳税期的，2019 年第一季度销售额未超过 30 万元），但当期因代开普通发票已经缴纳的税款，可以在办理纳税申报时向主管税务机关申请退还。

小规模纳税人月销售额超过 10 万元的，使用增值税发票管理系统开具增值税普通发票、机动车销售统一发票、增值税电子普通发票。

已经使用增值税发票管理系统的小规模纳税人，月销售额未超过 10 万元的，可以继续使用现有税控设备开具发票；已经自行开具增值税专用发票的，可以继续自行开具增值税专用发票，并就开具增值税专用发票的销售额计算缴纳增值税。

五、增值税专用发票的使用和管理

增值税专用发票是增值税一般纳税人销售货物、劳务、服务、无形资产或者不动产开具的发票，是作为一般纳税人的购买方支付增值税税额并可按照增值税有关规定据以抵扣增值税进项税额的凭证。一般纳税人应通过增值税防伪税控系统使用专用发票。使用，包括领购、开具、缴销、认证纸质专用发票及其相应的数据电文。

【特别提示】自2020年2月1日起，增值税小规模纳税人（其他个人除外）发生增值税应税行为，需要开具增值税专用发票的，可以自愿使用增值税发票管理系统自行开具。选择自行开具增值税专用发票的小规模纳税人，税务机关不再为其代开增值税专用发票。

（一）增值税专用发票的领购和开具范围

1. 领购范围

自2020年2月1日起，全面推行小规模纳税人自行开具增值税专用发票之后，增值税一般纳税人和增值税小规模纳税人均可以领购和使用增值税专用发票。有下列情形之一的，不得使用增值税专用发票。

（1）会计核算不健全，不能向税务机关准确提供增值税销项税额、进项税额、应纳税额数据及其他有关增值税税务资料的。上列其他有关增值税税务资料的内容，由省、自治区、直辖市和计划单列市税务机关确定。

（2）应当办理一般纳税人登记而未办理的。

（3）有《税收征收管理法》规定的税收违法行为，拒不接受税务机关处理的。

（4）有下列行为之一，经税务机关责令限期改正而仍未改正的：

1）虚开增值税专用发票。

2）私自印制增值税专用发票。

3）向税务机关以外的单位和个人买取增值税专用发票。

4）借用他人增值税专用发票。

5）未按《增值税专用发票使用规定》第十一条开具增值税专用发票。

6）未按规定保管增值税专用发票和专用设备。有下列情形之一的，为未按规定保管增值税专用发票和专用设备：未设专人保管增值税专用发票和专用设备；未按税务机关要求存放增值税专用发票和专用设备；未将认证相符的增值税专用发票抵扣联、认证结果通知书和认证结果清单装订成册；未经税务机关检查，擅自销毁增值税专用发票基本联次。

7）未按规定申请办理防伪税控系统变更发行。

8）未按规定接受税务机关检查。

有上述情形的，如已领取增值税专用发票，主管税务机关应暂扣其结存的增值税专用发票和税控专用设备。

2. 开具范围

纳税人发生应税销售行为，应当向索取增值税专用发票的购买方开具增值税专用发票，并在增值税专用发票上分别注明销售额和销项税额。

属于下列情形之一的，不得开具增值税专用发票：

（1）应税销售行为的购买方为消费者个人的。

（2）发生应税销售行为适用免税规定的。

（3）部分适用增值税简易征收政策规定的。

1）增值税一般纳税人的单采血浆站销售非临床用人体血液选择简易计税办法的。

2）纳税人销售旧货，按简易办法依 3% 征收率减按 2% 征收增值税的。

3）纳税人销售自己使用过的固定资产，适用按简易办法依 3% 征收率减按 2% 征收增值税政策的。

纳税人销售自己使用过的固定资产，适用按简易办法依 3% 征收率减按 2% 征收增值税政策的，可以放弃减税，按简易办法依 3% 征收率缴纳增值税，并可以开具增值税专用发票。

（4）法律、法规及国家税务总局规定的其他情形。

【点拨指导】 商业企业一般纳税人零售烟、酒、食品、服装、鞋帽（不包括劳保专用部分）、化妆品等消费品的，不得开具增值税专用发票。

【知识链接】 金融商品转让，不得开具增值税专用发票；从事经纪代理服务，向委托方收取的政府性基金或者行政事业性收费，不得开具增值税专用发票；选择差额计算方法计算销售额的纳税人，提供旅游服务向旅游服务购买方收取并支付的可以从全部价款和价外费用中扣除的费用，不得开具增值税专用发票。

【实务答疑】 我公司为增值税一般纳税人，请问向小规模纳税人销售货物时能否开具增值税专用发票？

答：根据《增值税暂行条例》的规定，纳税人发生应税销售行为，应当向索取增值税专用发票的购买方开具增值税专用发票，并在增值税专用发票上分别注明销售额和销项税额。属于下列情形之一的，不得开具增值税专用发票：

（1）应税销售行为的购买方为消费者个人的；

（2）发生应税销售行为适用免税规定的。

根据《增值税专用发票使用规定》（国税发〔2006〕156号）第十条的规定，商业企业一般纳税人零售的烟、酒、食品、服装、鞋帽（不包括劳保专用部分）、化妆品等消费品不得开具增值税专用发票。

税法并没有明确规定一般纳税人不得向小规模纳税人开具增值税专用发票。因此，如果增值税一般纳税人向小规模纳税人的销售行为不属于上述规定的不得开具增值税专用发票情形的，在购买方索取的情况下，增值税一般纳税人可以向小规模纳税人开具增值税专用发票。但因小规模纳税人不能抵扣进项税额，因此一般情况下，一般纳税人都是向小规模纳税人开具增值税普通发票。

（二）增值税专用发票的基本内容和开具要求

1. 增值税专用发票的联次

增值税专用发票由基本联次或者基本联次附加其他联次构成，分为三联版和六联版两种。基本联次为三联：第一联为记账联，是销售方记账凭证；第二联为抵扣联，是购买方扣税凭证；第三联为发票联，是购买方记账凭证。其他联次用途，由纳税人自行确定。纳税人办理产权过户手续需要使用发票的，可以使用增值税专用发票第六联。

根据规定，自 2014 年 8 月 1 日起启用新版增值税专用发票和增值税普通发票。2014 年 8 月 1 日起启用的新版增值税专用发票样本如图 2-1 所示。

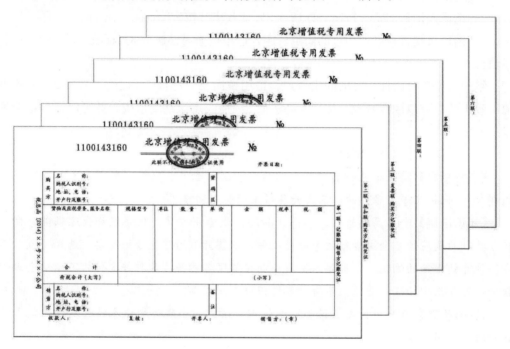

图 2-1 新版增值税专用发票样本

【特别提示】增值税专用发票和增值税普通发票票样基本内容是一致的，只是增值税专用发票比增值税普通发票多了抵扣联这一联，其用途是抵扣进项税额。

2. 增值税专用发票的基本内容

（1）购销双方的纳税人名称，购销双方的地址。

（2）购销双方的纳税人识别号。

（3）发票字轨号码。

（4）销售货物、劳务、服务、无形资产或者不动产的名称、计量单位、数量。

（5）不包括增值税在内的单价及货物总金额。

（6）增值税税率、增值税税额、填开的日期。

3. 增值税专用发票的开具要求

（1）项目齐全，与实际交易相符。

（2）字迹清楚，不得压线、错格。

（3）发票联和抵扣联加盖发票专用章。

【特别提示】2011年2月1日修订实施的《发票管理办法》第二十二条规定："开具发票应当按照规定的时限、顺序、栏目，全部联次一次性如实开具，并加盖发票专用章。"由此可知，根据最新规定，发票上只能加盖发票专用章，不能加盖财务专用章。

（4）按照增值税纳税义务发生时间开具。

不符合上述要求的增值税专用发票，购买方有权拒收。

（三）增值税专用发票进项税额的抵扣时限

自2020年3月1日起，增值税一般纳税人取得2017年1月1日及以后开具的增值税专用发票、海关进口增值税专用缴款书、机动车销售统一发票、收费公路通行费增值税电子普通发票，取消认证确认、稽核比对、申报抵扣的期限。纳税人在进行增值税纳税申报时，应当通过本省（自治区、直辖市和计划单列市）增值税发票综合服务平台对上述扣税凭证信息进行用途确认。

自2020年3月1日起，增值税一般纳税人取得2016年12月31日及以前开具的增值税专用发票、海关进口增值税专用缴款书、机动车销售统一发票，超过认证确认、稽核比对、申报抵扣期限，但符合规定条件的，仍可按照《国家税务总局关于逾期增值税扣税凭证抵扣问题的公告》（2011年第50号，国家税务总局公告2017年第36号、2018年第31号修改）、《国家税务总局关于未按期申报抵扣增值税扣税凭证有关问题的公告》（2011年第78号，国家税务总局公告2018年第31号修改）规定，继续抵扣进项税额。

（四）开具红字增值税专用发票的处理流程

2016年8月1日起，针对红字发票开具的有关问题规定如下。

（1）增值税一般纳税人开具增值税专用发票后，发生销货退回、开票有误、应税服务中止等情形但不符合发票作废条件，或者因销货部分退回及发生销售折让，需要开具红字增值税专用发票的，按以下方法处理：

1）购买方取得增值税专用发票已用于申报抵扣的，购买方可在增值税发票管理新系统中填开并上传"开具红字增值税专用发票信息表"，在填开"开具红字增值税专用发票信息表"时不填写相对应的蓝字增值税专用发票信息，应暂依"开具红字增值税专用发票信息表"所列增值税税额从当期进项税额中转出，待取得销售方开具的红字增值税专用发票后，与"开具红字增值税专用发票信息表"一并作为记账凭证。

购买方取得增值税专用发票未用于申报抵扣但发票联或抵扣联无法退回的，购买方填开"开具红字增值税专用发票信息表"时应填写相对应的蓝字增值税专用发票信息。

销售方开具增值税专用发票尚未交付购买方，以及购买方未用于申报抵扣并将发票联及抵扣联退回的，销售方可在增值税发票管理新系统中填开并上传"开具红字增值税专用发票信息表"。销售方填开"开具红字增值税专用发票信息表"时应填写相对应的蓝字增值税专用发票信息。

2）主管税务机关通过网络接收纳税人上传的"开具红字增值税专用发票信息表"，系统自动校验通过后，生成带有红字发票信息表编号的"开具红字增值税专用发票信息表"，并将信息同步至纳税人端系统中。

3）销售方凭税务机关系统校验通过的"开具红字增值税专用发票信息表"开具红字增值税专用发票，在新系统中以销项负数开具。红字增值税专用发票应与"开具红字增值税专用发票信息表"一一对应。

4）纳税人也可凭"开具红字增值税专用发票信息表"电子信息或纸质资料到税务机关对"开具红字增值税专用发票信息表"的内容进行系统校验。

（2）税务机关为小规模纳税人代开增值税专用发票，需要开具红字增值税专用发票的，按照一般纳税人开具红字增值税专用发票的方法处理。

（3）纳税人需要开具红字增值税普通发票的，可以在所对应的蓝字增值税普通发票金额范围内开具多份红字增值税普通发票。红字机动车销售统一发票需与原蓝字机动车销售统一发票一一对应。

（五）增值税专用发票不得作为抵扣进项税额凭证的规定

（1）经认证，有下列情形之一的，不得作为增值税进项税额的抵扣凭证，税务机关退还原件，购买方可要求销售方重新开具增值税专用发票。

1）无法认证。无法认证是指增值税专用发票所列密文或者明文不能辨认，无法产生认证结果。

2）纳税人识别号认证不符。纳税人识别号认证不符是指增值税专用发票所列购买方纳税人识别号有误。

3）增值税专用发票代码、号码认证不符。增值税专用发票代码、号码认证不符是指增值税专用发票所列密文解译后与明文的代码或者号码不一致。

（2）经认证，有下列情形之一的，暂时不得作为增值税进项税额的抵扣凭证，税务机关扣留原件，查明原因，分情况进行处理。

1）重复认证。重复认证是指已经认证相符的同一张增值税专用发票再次认证。

2）密文有误。密文有误是指增值税专用发票所列密文无法解译。

3）认证不符。认证不符是指纳税人识别号有误，或者增值税专用发票所列密文解译后与明文不一致。本项所称认证不含（1）中的第2）、3）所列情形。

4）列为失控增值税专用发票。列为失控增值税专用发票是指认证时的增值税专用发票已被登记为失控增值税专用发票。

（3）增值税专用发票抵扣联无法认证的，可使用增值税专用发票发票联到主管税务机关认证。增值税专用发票发票联复印件留存备查。

【特别提示】纳税人虚开增值税专用发票，未就其虚开金额申报并缴纳增值税的，应按照其虚开金额补缴增值税；已就其虚开金额申报并缴纳增值税的，不再按照其虚开金额补缴增值税。税务机关对纳税人虚开增值税专用发票的行为，应按规定给予处罚。纳税人取得虚开的增值税专用发票，不得作为增值税合法有效的扣税凭证抵扣其进项税额。

（六）增值税专用发票的丢失

一般纳税人丢失已开具增值税专用发票的发票联和抵扣联，丢失前已认证相符的，购买方凭销售方提供的相应增值税专用发票记账联复印件及销售方所在地主管税务机关出具的"丢失增值税专用发票已报税证明单"，经购买方主管税务机关审核同意后，可作为增值税进项税额的抵扣凭证；丢失前未认证的，购买方凭销售方提供的相应增值税专用发票记账联复印件到主管税务机关进行认证，认证相符的凭该增值税专用发票记账联复印件及销售方所在地主管税务机关出具的"丢失增值税专用发票已报税证明单"，经购买方主管税务机关审核同意后，可作为增值税进项税额的抵扣凭证。

一般纳税人丢失已开具增值税专用发票的抵扣联，丢失前已认证相符的，可使用增值税专用发票发票联复印件留存备查；丢失前未认证的，可使用增值税专用发票发票联到主管税务机关认证，增值税专用发票发票联复印件留存备查。

一般纳税人丢失已开具增值税专用发票的发票联，可将增值税专用发票抵扣联作为记账凭证，增值税专用发票抵扣联复印件留存备查。

六、深化增值税改革中有关增值税发票的规定

（1）增值税一般纳税人在增值税税率调整前（2019年3月31日前）已按原16％，10％适用税率开具的增值税发票，发生销售折让、中止或者退回等情形需要开具红字发票的，按照原适用税率开具红字发票；开票有误需要重新开具的，先按照原适用税率开具红字发票后，再重新开具正确的蓝字发票。

（2）纳税人在增值税税率调整前未开具增值税发票的增值税应税销售行为，需要补开增值税发票的，应当按照原适用税率补开。

（3）增值税发票税控开票软件税率栏次默认显示调整后税率，纳税人发生上述第（1）、（2）项所列情形的，可以手工选择原适用税率开具增值税发票。

（4）国家税务总局在增值税发票税控开票软件中更新了《商品和服务税收分类编码表》，纳税人应当按照更新后的《商品和服务税收分类编码表》开具增值税发票。

（5）纳税人应当及时完成增值税发票税控开票软件升级和自身业务系统调整。

第2节　增值税的计算

我公司是一家酒店，请问酒店业增值税一般纳税人提供的单独收费的货物、服务如何缴纳增值税？

一、增值税一般计税方法下应纳税额的计算

增值税的计税方法主要包括一般计税方法和简易计税方法。我国目前对一般纳税人

增值税的计算一般情况下采用一般计税方法，某些特殊情况下采用或者选择采用简易计税方法；我国目前对小规模纳税人增值税的计算采用简易计税方法。

【点拨指导】一般计税方法也就是国际上通行的购进扣税法，即先按当期销售额和适用税率计算出销项税额（这是对销售全额征税），然后对当期购进项目已经缴纳的税款（所含税款）进行抵扣，从而间接计算出当期增值额部分的应纳税额。

增值税一般纳税人在一般计税方法下的应纳税额等于本期销项税额减本期进项税额。增值税一般纳税人本期增值税应纳税额的多少是由本期销项税额和本期准予抵扣进项税额这两个因素决定的。在分别确定了销项税额和准予抵扣进项税额的情况下，就不难计算出应纳税额。应纳税额的计算公式为：

$$应纳增值税＝本期销项税额－本期准予抵扣进项税额$$

【知识链接】当期销项税额小于当期进项税额不足抵扣时，其不足部分可以结转下期继续抵扣。

境外的单位或者个人在境内提供加工修理修配劳务，在境内未设有经营机构的，以其境内代理人为增值税扣缴义务人；在境内没有代理人的，以购买方为增值税扣缴义务人。境外的单位或者个人在境内销售服务、无形资产或不动产，在境内未设有经营机构的，以购买方为增值税扣缴义务人。

上述增值税扣缴义务人按照下列公式计算应扣缴税额：

$$应扣缴税额＝购买方支付的价款÷(1＋税率)×税率$$

（一）销项税额的计算

销项税额是指纳税人销售货物，提供加工修理修配劳务，销售服务、无形资产或者不动产按照销售额和增值税税率计算并收取的增值税税额。销项税额的计算公式如下：

$$销项税额＝销售额×税率$$

因此，要计算销项税额，关键在于确定销售额。

1. 一般销售方式下销售额的确定

（1）一般销售方式下销售货物、提供加工修理修配劳务的销售额的确定。在增值税税率确定的情况下，计算销项税额的关键在于正确合理地确定增值税销项税的税基，即销售额。

销售货物、提供加工修理修配劳务的销售额是指纳税人销售货物或提供应税劳务向购买方收取的全部价款和价外费用，但是不包括收取的销项税额。

【知识链接】如果销售的货物是消费税应税产品或者进口产品，则全部价款中包括消费税或进口关税（价内税）。

价外费用包括价外向购买方收取的手续费、补贴、基金、集资费、返还利润、奖励费、违约金、滞纳金、延期付款利息、赔偿金、代收款项、代垫款项、包装费、包装物租金、储备费、优质费、运输装卸费以及其他各种性质的价外收费。但下列项目不包括在内：

1）受托加工应征消费税的消费品所代收代缴的消费税。

2）同时符合以下条件的代垫运输费用：承运部门的运输费用发票开具给购买方的；纳税人（销售方）将该项发票转交给购买方的（这里指的是销售方为购买方代垫的运输费用）。

3）同时符合以下条件代为收取的政府性基金或者行政事业性收费：由国务院或者财政部批准设立的政府性基金，由国务院或者省级人民政府及其财政、价格主管部门批准设立的行政事业性收费，收取时开具省级以上财政部门印制的财政票据，所收款项全额上缴财政。

4）销售货物的同时代办保险等而向购买方收取的保险费，以及向购买方收取的代购买方缴纳的车辆购置税、车辆牌照费。

【特别提示】一般情况下，价外费用本身都是含增值税的价外费用，在计算销项税额时，需换算成不含增值税的价外费用。其换算公式为：

不含税价外费用＝含税价外费用÷（1＋税率）

另外，销售额应以人民币计算。如果纳税人以外汇结算销售额，应当以外币价格折合成人民币计算。其销售额的人民币折合率，可以选择销售额发生的当天或当月 1 日中国人民银行公布的市场汇价。纳税人应事先确定采用何种汇率，一旦确定，在一年内不得变更。

【工作实例2-1】　甲服装厂为增值税一般纳税人。本年 5 月，销售服装并开具增值税专用发票，取得含税销售额 350 万元；销售服装并开具增值税普通发票，取得含税销售额 120 万元；将外购的布料用于集体福利，该布料购进价为 20 万元，同类布料不含税销售价为 32 万元。该服装适用的增值税税率为 13％。

【工作要求】计算甲服装厂本年 5 月的增值税销项税额。

【工作实施】将外购的布料用于集体福利，不视同销售货物，无须计算销项税额，其进项税额也不得抵扣；销售服装时不论是否开具增值税专用发票，均应计算销项税额。

增值税销项税额＝（350＋120）÷（1＋13％）×13％＝54.07（万元）

（2）一般销售方式下销售服务、无形资产或者不动产的销售额的确定。销售服务、无形资产或者不动产的销售额，是指纳税人销售服务、无形资产或者不动产向购买方收取的全部价款和价外费用，财政部和国家税务总局另有规定的除外。其中价外费用是指价外收取的各种性质的价外收费，但不包括代为收取的政府性基金或者行政事业性收费，以及以委托方名义开具发票代委托方收取的款项。

2. 价税合并收取情况下销售额的确定

含税销售额需换算成不含税销售额，作为增值税的计税依据。其换算公式为：

$$销售额＝含税销售额÷（1＋税率）$$

【点拨指导】 增值税属于价外税，一般情况下，题目中会明确指出销售额是否含增值税。在未明确指出的情况下，注意以下原则：（1）商业企业的"零售价"肯定含增值税；（2）增值税专用发票注明的不含税"销售额"肯定不含增值税；（3）价外费用和收取的包装物押金视为含增值税收入。

【特别提示】 一般纳税人采用一般计税方法计算"销项税额"的基数"销售额"是不含增值税的；小规模纳税人或一般纳税人采用简易计税方法计算"应纳税额"的基数"销售额"也是不含增值税的。如果是含增值税的销售额，先要换算成不含增值税的销售额后再计算。

3. 特殊销售方式销售额的确定

（1）采取折扣方式销售。

1）折扣销售在会计上又叫商业折扣，是指销货方在销售货物时，因购货方购货数量较大或与销售方有特殊关系等原因而给予对方价格上的优惠（直接打折）。其销售额和折扣额在同一张发票上"金额"栏分别注明的，可按折扣后的销售额征收增值税。未在同一张发票上"金额"栏分别注明折扣额，而仅在发票上"备注"栏注明折扣额的，折扣额不得从销售额中扣除。折扣销售仅限于货物价格的折扣，如果销货者将自产、委托加工或购买的货物用于实物折扣，则该实物款额不能从货物销售额中减除，且该实物应按《增值税暂行条例》"视同销售货物"中的"赠送他人"计算征收增值税。

【工作实例2-2】 甲企业为增值税一般纳税人，本年5月向乙商场销售服装1 000件，每件不含税价格为100元。由于乙商场购买量大，甲企业按原价八折优惠销售，乙商场付款后，甲企业向乙商场开具的增值税专用发票上"金额"栏分别注明了销售额和折扣额。该服装适用的增值税税率为13%。

【工作要求】 计算甲企业上述业务的增值税销项税额。

【工作实施】 纳税人采取折扣方式销售货物，销售额和折扣额在同一张发票上"金额"栏分别注明的，按折扣后的销售额征收增值税。

$$增值税销项税额＝1\,000×100×80\%×13\%＝10\,400（元）$$

2）销售折扣在会计上又叫现金折扣，是指销货方在销售货物或提供应税劳务后，为了鼓励购货方及早偿付货款而协议许诺给予购货方的一种折扣优待（如10天内付款，货款折扣2%；20天内付款，货款折扣1%；30天内付款，全价）。销售折扣发生在销货之后，是一种融资性质的理财费用，因此不得从销售额中扣除。

【知识链接】 销售折扣不能在计算增值税时扣减销售额，但是可以在计算企业所得税时作为财务费用扣减应纳税所得额。

3）纳税人向购买方开具增值税专用发票后，由于累计购买到一定量或市场价格下降等原因，销货方给予购货方的价格优惠或补偿等折扣、折让行为，可按规定开具红字增值税专用发票。

4）纳税人销售服务、无形资产或者不动产，将价款和折扣额在同一张发票上分别注明的，以折扣后的价款为销售额；未在同一张发票上分别注明的，以价款为销售额，不得扣减折扣额。

5）纳税人销售服务、无形资产或者不动产，开具增值税专用发票后，发生开票有误或者销售折让、中止、退回等情形的，应当按照国家税务总局的规定开具红字增值税专用发票；未按照规定开具红字增值税专用发票的，不得扣减销项税额或者销售额。

（2）采取以旧换新方式销售。

1）金银首饰以外的以旧换新业务，应按新货物的同期销售价格确定销售额，不得减除旧货物的收购价格。收取旧货物，若取得增值税专用发票，则专用发票上注明的进项税额可以抵扣。

2）金银首饰以旧换新业务，按销售方实际收到的不含增值税的全部价款征税。

【工作实例 2 - 3】　甲金店为增值税一般纳税人，本年 5 月采取以旧换新方式销售纯金项链 8 条，每条新项链的不含税销售额为 3 200 元，收购旧项链的不含税金额为每条 2 000 元。

【工作要求】计算甲金店上述业务的增值税销项税额。

【工作实施】

增值税销项税额＝(3 200－2 000)×8×13％＝1 248(元)

（3）采取还本销售方式销售。还本销售是指销售方将货物出售之后，按约定的时间，一次或分次将货款部分或全部退还给购货方，退还的货款即为还本支出。采取还本销售方式销售货物，其销售额就是货物的销售价格，不得从销售额中减除还本支出。

【特别提示】还本销售方式实际上是一种筹资行为，是以货物换取资金的使用价值，到期还本不付息的行为。

（4）采取以物易物方式销售。以物易物双方以各自发出的货物核算销售额并计算销项税额。

【点拨指导】以物易物双方是否可以抵扣进项税额，还要看能否取得对方开具的增值税专用发票等合法扣税凭证、换入的是否属于抵扣进项税额的货物等。若能取得对方开具的增值税专用发票等合法扣税凭证且换入的是可以抵扣进项税额的货物，则可以抵扣进项税额。

（5）包装物押金是否计入销售额。包装物是指纳税人包装本单位货物的各种物品。纳税人销售货物时另收取包装物押金，目的是促使购货方及早退回包装物以便周转使用。根据税法的规定，纳税人为销售货物而出租出借包装物收取的押金，单独记账核算的，时间在 1 年以内又未逾期的，不并入销售额征税，但对因逾期未收回包装物不再退还的押金，应按所包装货物的适用税率计算销项税额。

上述规定中，逾期是指按合同约定实际逾期，或者以 1 年为期限，对收取 1 年以上的押金，无论是否退还均并入销售额征税。当然，在将包装物押金并入销售额征税时，需要先将该押金换算为不含税价，再并入销售额征税。纳税人为销售货物出租出借包装物而收取的押金，无论包装物周转使用期限长短，超过1年（含1年）仍不退还的均并入销售额征税。

【特别提示】包装物押金不应混同于包装物租金。包装物租金在销货时作为价外费用并入销售额计算销项税额。

对销售除啤酒、黄酒以外的其他酒类产品而收取的包装物押金，无论是否返还以及会计上如何核算，均应并入当期销售额征税。对销售啤酒、黄酒所收取的押金，按一般押金的规定处理。

（6）贷款服务，以提供贷款服务取得的全部利息及利息性质的收入为销售额。自2018年1月1日起，金融机构开展贴现、转贴现业务，以其实际持有票据期间取得的利息收入作为贷款服务销售额计算缴纳增值税。此前贴现机构已就贴现利息收入全额缴纳增值税的票据，转贴现机构转贴现利息收入继续免征增值税。

（7）直接收费金融服务，以提供直接收费金融服务收取的手续费、佣金、酬金、管理费、服务费、经手费、开户费、过户费、结算费、转托管费等各类费用为销售额。

（8）营改增试点纳税人销售电信服务时，附带赠送用户识别卡、电信终端等货物或者电信服务的，应将其取得的全部价款和价外费用进行分别核算，按各自适用的税率计算缴纳增值税。

4. 差额征收方式下销售额的确定

见本节的"三、增值税差额征收应纳税额的计算"。

5. 需要核定的销售额的确定

（1）纳税人销售货物价格明显偏低并无正当理由或者有视同销售货物行为而无销售额者，在计算时，其销售额要按照如下规定的顺序来确定：

1）按纳税人最近时期同类货物的平均销售价格确定。

2）按其他纳税人最近时期同类货物的平均销售价格确定。

3）用以上两种方法均不能确定其销售额的，可按组成计税价格确定销售额。其计算公式为：

①若销售的货物不属于消费税应税消费品：

$$组成计税价格＝成本＋利润＝成本×（1＋成本利润率）$$

②若销售的货物属于消费税应税消费品：

a. 实行从价定率办法计算纳税的组成计税价格计算公式为：

$$组成计税价格＝成本＋利润＋消费税税额$$
$$＝成本×（1＋成本利润率）＋消费税税额$$
$$＝成本×（1＋成本利润率）÷（1－消费税比例税率）$$

b. 实行从量定额办法计算纳税的组成计税价格计算公式为：

$$组成计税价格＝成本＋利润＋消费税税额$$

$$＝成本×(1＋成本利润率)＋消费税税额$$
$$＝成本×(1＋成本利润率)＋课税数量×消费税定额税率$$

c. 实行复合计税办法计算纳税的组成计税价格计算公式为：

$$组成计税价格＝成本＋利润＋消费税税额$$
$$＝成本×(1＋成本利润率)＋消费税税额$$
$$＝[成本×(1＋成本利润率)＋课税数量×消费税定额税率]$$
$$÷(1－消费税比例税率)$$

式中，成本分为：销售自产货物的为实际生产成本；销售外购货物的为实际采购成本。成本利润率由国家税务总局确定，一般为 10%。但属于应采用从价定率及复合计税办法征收消费税的货物，其组成计税价格中的成本利润率全国均为国家税务总局确定的应税消费品的成本利润率（具体见第 3 章表 3-5"应税消费品的全国平均成本利润率"）。

【工作实例 2-4】 甲公司为增值税一般纳税人，本年 5 月将一批新研制的产品赠送给老顾客使用。甲公司并无同类产品的销售价格，其他公司也无同类货物。已知该批产品的生产成本为 16 万元。该产品适用的增值税税率为 13%。

【工作要求】计算甲公司上述视同销售行为的增值税销项税额。

【工作实施】

$$增值税销项税额＝160\,000×(1＋10\%)×13\%＝22\,880(元)$$

（2）纳税人销售服务、无形资产或者不动产价格明显偏低或偏高且不具有合理商业目的的，或者发生视同销售服务、无形资产或者不动产行为而无销售额的，主管税务机关有权按照下列顺序确定其销售额：

1）按照纳税人最近时期销售同类服务、无形资产或者不动产的平均价格确定。

2）按照其他纳税人最近时期销售同类服务、无形资产或者不动产的平均价格确定。

3）按照组成计税价格确定。组成计税价格的计算公式为：

$$组成计税价格＝成本×(1＋成本利润率)$$

式中，成本利润率由国家税务总局确定。

【点拨指导】不具有合理商业目的是指以谋取税收利益为主要目的，通过人为安排，减少、免除、推迟缴纳增值税税款，或者增加退还增值税税款。

6. 特殊销售行为销售额的确定

（1）混合销售行为。一项销售行为如果既涉及货物又涉及服务，为混合销售。从事货物的生产、批发或者零售的单位和个体工商户的混合销售行为，按照销售货物缴纳增值税；其他单位和个体工商户的混合销售行为，按照销售服务缴纳增值税。从事货物的生产、批发或者零售的单位和个体工商户，包括以从事货物的生产、批发或者零售为主，并兼营销售服务的单位和个体工商户在内。

【特别提示】纳税人销售活动板房、机器设备、钢结构件等自产货物的同时提供建筑、安装服务，不属于混合销售，应分别核算货物和建筑服务的销售额，分别适用不同的税率或者征收率。

【点拨指导】货物生产企业销售货物的同时提供运输服务，按照销售货物缴纳增值税；培训机构提供培训的同时销售培训纸质资料，按照销售服务（生活服务）缴纳增值税。

【理论答疑】如何理解混合销售行为？

答：混合销售行为成立的行为标准有两点：一是其销售行为必须是一项；二是该项行为必须既涉及服务又涉及货物。货物是指增值税税法中规定的有形动产，包括电力、热力和气体在内；服务是指属于营改增范围的交通运输服务、建筑服务、金融保险服务、邮政服务、电信服务、现代服务、生活服务等。

在确定混合销售是否成立时，其行为标准中的上述两点必须同时存在。如果一项销售行为只涉及销售服务，不涉及货物，这种行为就不是混合销售行为；反之，如果涉及销售服务和货物的行为，不是存在于一项销售行为之中，这种行为也不是混合销售行为。例如，生产货物的单位，在销售货物的同时附带运输，这种销售货物及提供运输的行为属于混合销售行为，所收取的货物款项及运输费用应一律按销售货物缴纳增值税。也就是说，销售服务是为直接销售一批货物而提供的，两者之间是紧密的从属关系。

（2）兼营行为。纳税人销售货物、加工修理修配劳务、服务、无形资产或者不动产适用不同税率或者征收率的，应当分别核算适用不同税率或者征收率的销售额；未分别核算的，按照以下方法从高适用税率或者征收率：

1）兼有不同税率的销售货物、加工修理修配劳务、服务、无形资产或者不动产，从高适用税率。

2）兼有不同征收率的销售货物、加工修理修配劳务、服务、无形资产或者不动产，从高适用征收率。

3）兼有不同税率和征收率的销售货物、加工修理修配劳务、服务、无形资产或者不动产，从高适用税率。

【特别提示】纳税人兼营免税、减税项目，应当分别核算免税、减税项目的销售额；未分别核算销售额的，不得免税、减税。

【特别提示】判断混合销售行为的关键是"同时"；判断兼营行为的关键是"并"。

【工作实例2-5】　甲公司为增值税一般纳税人，本年5月兼有货物销售、运输业务、咨询服务，当期共取得含税销售收入226万元，且未分别核算。

【工作要求】计算甲公司本年5月的增值税销项税额。

【工作实施】按照"纳税人兼营销售货物、劳务、服务、无形资产或者不动产，适用不同税率或者征收率的，应当分别核算适用不同税率或者征收率的销售额；未分别核算的，从高适用税率"的规定，从高适用销售货物13%的税率，则

$$增值税销项税额＝226÷（1＋13\%）×13\%＝26（万元）$$

【情境引例解析】

（1）长包房，餐饮，洗衣，商务中心的打印、复印、传真、秘书翻译、快递服务收入，按 6% 的税率计税。

（2）电话费收入按 9% 的税率计税。

（3）酒店商品部、迷你吧的收入按所售商品的适用税率计税。

（4）避孕药品和用具可免征增值税。应向主管税务机关办理备案，免税收入应分开核算，按规定进行申报，且不得开具增值税专用发票。

（5）接送客人取得的收入按 9% 的税率计税。

（6）停车费收入、将场地出租给银行安放自动柜员机、给其他单位或个人做卖场取得的收入，均为不动产租赁服务收入，按 9% 的税率计税。该不动产在 2016 年 4 月 30 日前取得的，可选择简易计税方法按 5% 的征收率计税。

（7）酒店送餐到房间的服务，按 6% 的税率计税。

纳税人兼营销售货物、劳务、服务、无形资产或者不动产，适用不同税率或者征收率的，应当分别核算适用不同税率或者征收率的销售额；未分别核算的，从高适用税率。你公司属于酒店业，也应当分别核算适用不同税率或者征收率的销售额。

【理论答疑】 全面营改增后，混合销售行为与兼营行为有什么区别？

答：2016 年 5 月 1 日起全面推开营改增试点。《营业税改征增值税试点实施办法》规定，"纳税人兼营销售货物、劳务、服务、无形资产或者不动产，适用不同税率或者征收率的，应当分别核算适用不同税率或者征收率的销售额；未分别核算的，从高适用税率。""一项销售行为如果既涉及服务又涉及货物，为混合销售。从事货物的生产、批发或者零售的单位和个体工商户的混合销售行为，按照销售货物缴纳增值税；其他单位和个体工商户的混合销售行为，按照销售服务缴纳增值税。"

由此可以看出，全面营改增后不再有非增值税应税项目的说法，也不再有混业经营的概念，混合销售行为和兼营行为都只涉及增值税，两者的区别在于是否发生在同一项销售行为上。混合销售行为是同一项销售行为既涉及服务又涉及货物；兼营行为指不同的销售行为涉及不同的增值税应税项目。

举例来说，A 公司的经营范围包括钢材销售、建筑用脚手架租赁，为增值税一般纳税人，适用一般计税方法计税。本年 5 月销售 200 吨螺纹钢给 B 公司，不含税售价为 2 200 元/吨，货物由 A 公司车辆运输至 B 公司，取得含税运费收入 129.87 元/吨；出租脚手架给 C 公司，取得含税出租收入 50 000 元；出租店面给 D 公司，取得含税出租收入 10 000 元。

在全面营改增后，销售螺纹钢并负责运输属于混合销售行为，收取的运费按销售货物缴纳增值税；脚手架和店面出租则属于兼营行为。

$$增值税应税收入 = [2\,200 + 129.87 \div (1 + 13\%)] \times 200 + 50\,000 \div (1 + 13\%)$$
$$+ 10\,000 \div (1 + 9\%)$$
$$= 516\,407.94(元)$$

增值税销项税额＝2 200×200×13％＋129.87÷（1＋13％）×200×13％

＋50 000÷（1＋13％）×13％＋10 000÷（1＋9％）×9％

＝66 766.06（元）

（二）进项税额的计算

进项税额是指纳税人购进货物、加工修理修配劳务、服务、无形资产或者不动产，支付或者负担的增值税税额。

1. 准予从销项税额中抵扣的进项税额

增值税一般纳税人下列进项税额准予从销项税额中抵扣：

（1）从销售方取得的增值税专用发票（含税控机动车销售统一发票，下同）上注明的增值税税额。具体来说，购进货物或接受加工修理修配劳务，从销售方或提供劳务方取得的增值税专用发票上注明的增值税税额为进项税额，准予从销项税额中抵扣；购进服务、无形资产或者不动产，取得的增值税专用发票上注明的增值税税额为进项税额，准予从销项税额中抵扣。

2016年5月1日后取得并在会计制度上按固定资产核算的不动产或者2016年5月1日后取得的不动产在建工程，其进项税额应自取得之日起分2年从销项税额中抵扣，第1年抵扣比例为60％，第2年抵扣比例为40％。取得的不动产，包括以直接购买、接受捐赠、接受投资入股、自建以及抵债等各种形式取得不动产，不包括房地产开发企业自行开发的房地产项目。融资租入的不动产以及在施工现场修建的临时建筑物、构筑物，其进项税额不适用上述分2年抵扣的规定。自2019年4月1日起，上述规定停止执行，即纳税人取得不动产或者不动产在建工程的进项税额不再分2年抵扣。此前按照上述规定尚未抵扣完毕的待抵扣进项税额，可自2019年4月税款所属期起从销项税额中抵扣。

【点拨指导】视同销售行为发生时，所涉及的外购货物的进项税额，凡符合规定的，允许作为当期进项税额予以抵扣。也就是说，有销项税额的，一般就允许抵扣进项税额；销项税额一般情况下与进项税额是一一对应的。

【实务答疑】我公司为从事交通运输业的增值税一般纳税人，租入货车用于交通运输。请问取得的有形动产租赁的13％税率的增值税专用发票可否作为进项税额抵扣交通运输服务9％的销项税额？

答：可以，根据《营业税改征增值税试点实施办法》的规定，一般纳税人发生应税行为适用一般计税方法计税。一般计税方法的应纳税额是指当期销项税额抵扣当期进项税额后的余额。应纳税额的计算公式为：

应纳增值税＝当期销项税额－当期进项税额

当期销项税额小于当期进项税额不足抵扣时，其不足部分可以结转下期继续抵扣。

（2）从海关取得的海关进口增值税专用缴款书上注明的增值税税额。

（3）自2018年5月1日起，纳税人购进农产品，原适用11％扣除率的，扣除率调整为 10%。自 2019 年 4 月 1 日起，纳税人购进农产品，原适用 10% 扣除率的，扣除率调整为 9%。自 2019 年 4 月 1 日起，纳税人购进农产品，按下列规定抵扣进项税额：

1）除第 2）项规定外，纳税人购进农产品，取得增值税一般纳税人开具的增值税专用发票或海关进口增值税专用缴款书的，以增值税专用发票或海关进口增值税专用缴款书上注明的增值税税额为进项税额；从按简易计税方法依照 3% 征收率计算缴纳增值税的小规模纳税人取得增值税专用发票的，以增值税专用发票上注明的金额和 9%（自 2017 年 7 月 1 日至 2018 年 4 月 30 日，为 11%；自 2018 年 5 月 1 日至 2019 年 3 月 31 日，为 10%）的扣除率计算进项税额；取得（开具）农产品销售发票或收购发票的，以农产品销售发票或收购发票上注明的农产品买价和 9%（自 2017 年 7 月 1 日至 2018 年 4 月 30 日，为 11%；自 2018 年 5 月 1 日至 2019 年 3 月 31 日，为 10%）的扣除率计算进项税额。

【知识链接】收购农产品的买价，包括纳税人购进农产品在农产品收购发票或者销售发票上注明的价款和按规定缴纳的烟叶税。

农产品中收购烟叶的进项税额抵扣公式如下：

$$纳税人收购烟叶实际支付的价款总额（烟叶收购价款总额）=烟叶收购价款+价外补贴$$

$$\begin{aligned}烟叶税应纳税额&=纳税人收购烟叶实际支付的价款总额（烟叶收购价款总额）\times 税率\\&=（烟叶收购价款+价外补贴）\times 税率\\&=（烟叶收购价款+价外补贴）\times 20\%\end{aligned}$$

式中　价外补贴=烟叶收购价款×10%

因此　烟叶税应纳税额=烟叶收购价款×（1+10%）×20%

$$\begin{aligned}准予抵扣的增值税进项税额&=\left(纳税人收购烟叶实际支付的价款总额+烟叶税应纳税额\right)\times 扣除率\\&=\left(纳税人收购烟叶实际支付的价款总额+纳税人收购烟叶实际支付的价款总额\times 20\%\right)\times 扣除率\\&=纳税人收购烟叶实际支付的价款总额×（1+20\%）×扣除率\\&=（烟叶收购价款+价外补贴）×（1+20\%）×扣除率\\&=烟叶收购价款×（1+10\%）×（1+20\%）×扣除率\\&=烟叶收购价款×1.1×1.2×扣除率\end{aligned}$$

2）自 2019 年 4 月 1 日起的营改增试点期间，纳税人购进用于生产或者委托加工 13% 税率货物的农产品，按照 10% 的扣除率计算进项税额（自 2017 年 7 月 1 日至 2018 年 4 月 30 日的营改增试点期间，纳税人购进用于生产销售或委托受托加工 17% 税率货物的农产品，按照 13% 的扣除率计算进项税额；自 2018 年 5 月 1 日至 2019 年 3 月 31 日的营改增试点期间，纳税人购进用于生产销售或委托加工 16% 税率货物的农产品，按照 12% 的扣除率计算进项税额）。

【特别提示】自 2016 年 5 月 1 日起全面推开营改增，有人因此错误地认为营改增试点结束。实际上当前仍然是营改增试点期间，至于营改增试点何时结束，需要等国家税务总局发布相关文件。

【点拨指导】自 2019 年 4 月 1 日起，纳税人购进用于生产或委托加工 13% 税率货物的农产品，在购买时先抵扣 9%，领用用于生产销售或委托加工 13% 税率货物时再抵扣 1%。具体来说：

（1）"增值税纳税申报表附列资料（二）"（本期进项税额明细）中增加的"加计扣除农产品进项税额"栏用来单独体现未纳入农产品增值税进项税额核定扣除试点范围的纳税人，将购进的农产品用于生产销售或委托受托加工 13% 税率货物时，加计扣除的农产品进项税额（相当于 1% 的扣税率这一部分）。

（2）未纳入农产品增值税进项税额核定扣除试点范围的纳税人，在购进农业生产者自产农产品或者从小规模纳税人处购进农产品的当期，凭取得（开具）的农产品销售发票、收购发票和增值税专用发票按照 9% 扣除率计算当期可抵扣的进项税额，填入"增值税纳税申报表附列资料（二）"（本期进项税额明细）第 6 栏"农产品收购发票或者销售发票"栏。如纳税人购买的农产品（包括购买时取得增值税专用发票、海关进口增值税专用缴款书、农产品收购发票或者销售发票等情形）用于生产销售或委托受托加工 13% 税率货物，于生产领用当期按 10% 与 9% 之间的差额计算当期可加计扣除的农产品进项税额，填入"增值税纳税申报表附列资料（二）"（本期进项税额明细）第 8a 栏"加计扣除农产品进项税额""税额"栏。

$$\text{加计扣除农产品进项税额} = \text{当期生产领用农产品已按 9\% 税率（扣除率）抵扣税额} \div 9\% \times (10\% - 9\%)$$

3）继续推进农产品增值税进项税额核定扣除试点。纳税人购进农产品进项税额已实行核定扣除的，仍按照《财政部 国家税务总局关于在部分行业试行农产品增值税进项税额核定扣除办法的通知》（财税〔2012〕38 号）、《财政部 国家税务总局关于扩大农产品增值税进项税额核定扣除试点行业范围的通知》（财税〔2013〕57 号）执行。其中，财税〔2012〕38 号文中第四条第（二）项规定的扣除率调整为 9%（自 2017 年 7 月 1 日至 2018 年 4 月 30 日，为 11%；自 2018 年 5 月 1 日至 2019 年 3 月 31 日，为 10%）；第（三）项规定的扣除率调整为按上述第 1）项、第 2）项规定执行。

4）纳税人从批发、零售环节购进适用免征增值税政策的蔬菜、部分鲜活肉蛋而取得的普通发票，不得作为计算抵扣进项税额的凭证。

5）纳税人购进农产品既用于生产销售或委托加工 13%（自 2017 年 7 月 1 日至 2018 年 4 月 30 日，为 17%；自 2018 年 5 月 1 日至 2019 年 3 月 31 日，为 16%）税率货物又用于生产销售其他货物服务的，应当分别核算用于生产销售或委托加工 13%（自 2017 年 7 月 1 日至 2018 年 4 月 30 日，为 17%；自 2018 年 5 月 1 日至 2019 年 3 月 31 日，为 16%）税率货物和其他货物服务的农产品进项税额。未分别核算的，统一以增值税专用发票或海关进口增值税专用缴款书上注明的增值税税额为进项税额，或者以农产品收购发票或销售发票上注明的农产品买价和 9%（自 2017 年 7 月 1 日至 2018 年 4 月 30 日，为 11%；自 2018 年 5 月 1 日至 2019 年 3 月 31 日，为 10%）的扣除率计算进项税额。

6）销售发票是指农业生产者销售自产农产品适用免征增值税政策而开具的普通发票。

（4）自用的应征消费税的摩托车、汽车、游艇，2013 年 8 月 1 日（含）以后购入的，其进项税额准予从销项税额中抵扣。

（5）自境外单位或者个人购进劳务、服务、无形资产或者境内的不动产，从税务机关或者扣缴义务人取得的代扣代缴税款的完税凭证上注明的增值税税额。纳税人凭完税凭证抵扣进项税额的，应当具备书面合同、付款证明和境外单位的对账单或者发票。资料不全的，其进项税额不得从销项税额中抵扣。

（6）自 2019 年 4 月 1 日起，购进国内旅客运输服务，其进项税额允许从销项税额中抵扣。

纳税人购进国内旅客运输服务未取得增值税专用发票的，暂按照以下规定确定进项税额：

1）取得增值税电子普通发票的，为发票上注明的税额；

2）取得注明旅客身份信息的航空运输电子客票行程单的，为按照下列公式计算的进项税额：

$$航空旅客运输进项税额＝(票价＋燃油附加费)÷(1＋9\%)×9\%$$

3）取得注明旅客身份信息的铁路车票的，为按照下列公式计算的进项税额：

$$铁路旅客运输进项税额＝票面金额÷(1＋9\%)×9\%$$

4）取得注明旅客身份信息的公路、水路等其他客票的，为按照下列公式计算的进项税额：

$$公路、水路等其他旅客运输进项税额＝票面金额÷(1＋3\%)×3\%$$

【工作实例 2-6】 甲生产企业为增值税一般纳税人，主要生产 A，B 两种产品，本年 5 月发生下列业务：

（1）1 日，购入原材料一批，取得增值税专用发票，注明价款 300 000 元，税额 39 000 元。同时支付运费价税合计 32 700 元，取得增值税专用发票，注明运费金额 30 000 元、税额 2 700 元。货款及运费均以银行存款支付。上述增值税专用发票当月均已认证。

（2）3 日，购进一批免税农产品作为原材料，农产品收购凭证上注明价款为 95 000 元，款项以银行存款支付。该批农产品当月全部领用用于生产增值税税率为 13% 的产品。

（3）9 日，收到乙企业投资的原材料，双方协议不含税作价 1 000 000 元，该原材料适用的增值税税率为13％，取得增值税专用发票一张，且增值税专用发票当月认证。

（4）取得注明旅客身份信息的铁路车票一张，票面金额为150元；取得注明旅客身份信息的公路客票一张，票面金额为120元。以上铁路车票或者公路客票均为甲生产企业员工出差过程中购买并使用。

【工作要求】计算甲生产企业可抵扣的增值税进项税额。

【工作实施】自2019年4月1日起，纳税人购进用于生产销售或委托加工13％税率货物的农产品，按照10％的扣除率计算进项税额。

$$可抵扣的增值税进项税额＝39\ 000＋2\ 700＋95\ 000×10％＋1\ 000\ 000×13％$$
$$＋150÷(1＋9％)×9％＋120÷(1＋3％)×3％$$
$$＝181\ 215.88(元)$$

【工作实例2-7】 甲建筑企业为增值税一般纳税人，本年10月取得新项目（适用一般计税方法）的建筑收入110万元（含增值税）；当月外购汽油10万元（不含增值税）且取得增值税专用发票；购入运输车辆30万元（不含增值税）且取得增值税专用发票；取得分包建筑方开具的增值税专用发票50万元（不含增值税）。上述增值税专用发票当月均已认证。

【工作要求】计算甲建筑企业本年10月可抵扣的增值税进项税额。

【工作实施】

$$可抵扣的增值税进项税额＝10×13％＋30×13％＋50×9％$$
$$＝9.7(万元)$$

2. 不得从销项税额中抵扣的进项税额

下列项目的进项税额不得从销项税额中抵扣。

（1）纳税人取得的增值税扣税凭证不符合法律、行政法规或者国家税务总局有关规定的，其进项税额不得从销项税额中抵扣。

【点拨指导】增值税扣税凭证，是指增值税专用发票、海关进口增值税专用缴款书、农产品收购发票或者销售发票（含农产品核定扣除的进项税额）、代扣代缴税收完税凭证和符合规定的国内旅客运输发票等。

【特别提示】纳税人凭完税凭证抵扣进项税额的，应当具备书面合同、付款证明和境外单位的对账单或者发票。资料不全的，其进项税额不得从销项税额中抵扣。

（2）用于简易计税方法计税项目、免征增值税项目、集体福利或者个人消费的购进货物、劳务、服务、无形资产和不动产。其中涉及的固定资产、无形资产、不动产，仅指专用于上述项目的固定资产、无形资产（不包括其他权益性无形资产）、不动产。纳税人的交际应酬消费属于个人消费。

【特别提示】自2018年1月1日起，纳税人租入固定资产、不动产，既用于一般计税方法计税项目，又用于简易计税方法计税项目、免征增值税项目、集体福利或者个人消费的，其进项税额准予从销项税额中全额抵扣。

【点拨指导】业务招待活动中所耗用的各类礼品,包括烟、酒、服装,不得抵扣进项税额。

【特别提示】由于销售建筑服务、销售不动产已经营改增,纳税人将购进的货物用于修建厂房仓库、装修办公楼的,其进项税额可以抵扣,但是将购进的货物用于集体福利(如修建职工宿舍、食堂、单位幼儿园)或个人消费的,其进项税额不得抵扣。

【实务答疑】我公司既有简易计税项目,又有一般计税项目。请问营改增后购进不动产既用于简易计税项目又用于一般计税项目,能否抵扣进项税额?

答:根据《营业税改征增值税试点实施办法》的规定,下列项目的进项税额不得从销项税额中抵扣:用于简易计税方法计税项目、免征增值税项目、集体福利或者个人消费的购进货物、加工修理修配劳务、服务、无形资产和不动产。其中涉及的固定资产、无形资产、不动产,仅指专用于上述项目的固定资产、无形资产(不包括其他权益性无形资产)、不动产。因此,纳税人营改增后购进办公用不动产,能够取得增值税专用发票,并且不是专用于简易计税方法计税项目的(既用于简易计税项目,又用于一般计税项目),按照规定可以抵扣进项税额。

(3)非正常损失的购进货物,以及相关的劳务和交通运输服务。

(4)非正常损失的在产品、产成品所耗用的购进货物(不包括固定资产)、劳务和交通运输服务。

【理论答疑】《财政部 国家税务总局关于全面推开营业税改征增值税试点的通知》规定:非正常损失的在产品、产成品所耗用的购进货物(不包括固定资产)、加工修理修配劳务和交通运输服务,不得抵扣进项税额。请问条款所述"购进货物",为什么明确不包括固定资产?为什么不明确规定不包括不动产和无形资产?

答:(1)关于固定资产,举例来说,生产企业购买设备,抵扣进项税额100万元,生产的产品因管理不善发生变质,产品成本为10万元,其中包含的原材料、水电等进项税额1万元,应该转出。但是产品中也包含了设备的进项税额,设备的进项税额随着损耗逐渐转入产品或服务中。那么因为非正常损失了10万元的产品,就需要把相关设备100万元的进项税额全部转出吗?这肯定是不可能的,因为该设备还要继续生产其他产品。那么可以计算非正常损失的产品负担的固定资产的进项税额吗?这在实务中不太可能,比如一个设备生产多种产品,一种产品由多个设备生产等复杂的情况,基本无法计算,因此税法规定,产成品转出的进项税额不包括固定资产。

(2)非正常损失的在产品、产成品所耗用的购进货物,明确规定不包括固定资产,那么为什么不明确规定不包括不动产和无形资产呢?不是一样的道理吗?难道在产品、产成品发生非正常损失,其相关的不动产、无形资产的进项税额就需要转出吗?

《增值税暂行条例实施细则》规定,货物是指有形动产,包括电力、热力、气体在内。《财政部 国家税务总局关于全面推开营业税改征增值税试点的通知》规定,固定资产是指使用期限超过12个月的机器、机械、运输工具以及其他与生产经营有关的设备、工具、器具等有形动产。因此,增值税概念中的固定资产是有形动产,属于"货物"的范畴，而在产品、产成品发生非正常损失，相关的购进货物需要转出进项税额，但固定资产不需要，因此特别规定"不包括固定资产"。

不动产和无形资产不属于上述"货物"的范围，因此不需要特别指出不包括不动产和无形资产，其本身内涵即没有这两者的存在。在条款中，只规定此种情况下购进货物、加工修理修配劳务和交通运输服务三者需要转出，所以，不动产和无形资产不需要转出进项税额。

由此可知，在产品、产成品发生非正常损失，相关的固定资产、不动产以及无形资产的进项税额不需要转出。

（5）非正常损失的不动产，以及该不动产所耗用的购进货物、设计服务和建筑服务。

（6）非正常损失的不动产在建工程所耗用的购进货物、设计服务和建筑服务。纳税人新建、改建、扩建、修缮、装饰不动产，均属于不动产在建工程。

（7）购进的贷款服务、餐饮服务、居民日常服务和娱乐服务。

【特别提示】2019年3月31日之前，购进的旅客运输服务，其进项税额不得从销项税额中抵扣；自2019年4月1日起，购进的旅客运输服务，其进项税额允许从销项税额中抵扣。

【点拨指导】保险服务进项税额的抵扣规定如下：

（1）提供保险服务的纳税人以实物赔付方式承担机动车辆保险责任的，自行向车辆修理劳务提供方购进的车辆修理劳务，其进项税额可以按规定从保险公司销项税额中抵扣。

（2）提供保险服务的纳税人以现金赔付方式承担机动车辆保险责任的，将应付给被保险人的赔偿金直接支付给车辆修理劳务提供方，不属于保险公司购进车辆修理劳务，其进项税额不得从保险公司销项税额中抵扣。

（3）纳税人提供的其他财产保险服务，比照上述规定执行。

【实务答疑】请问我公司对客户支付的住宿费能否开具增值税专用发票？如能开具，需要提供哪些资料？

答：住宿服务购买方索取增值税专用发票的，酒店企业可以为其开具增值税专用发票。

酒店在开具增值税专用发票时，客户需要提供以下信息：客户所属单位名称，纳税人识别号（或统一社会信用代码证号码），地址、电话，开户行及账号。

消费客户可以采取多种方式提供相关信息，比如一张附有上述信息的小卡片，并不需要提供信息资料的原件或复印件。

（8）财政部和国家税务总局规定的其他情形。

【点拨指导】上述第（5）、（6）项所称的货物，是指构成不动产实体的材料和设备，包括建筑装饰材料和给排水、采暖、卫生、通风、照明、通信、煤气、消防、中央空调、电梯、电气、智能化楼宇设备及配套设施；纳税人接受贷款服务向贷款方支付的与该笔贷款直接相关的投融资顾问费、手续费、咨询费等费用，其进项税额不得从销项税额中抵扣；固定资产是指使用期限超过 12 个月的机器、机械、运输工具，以及其他与生产经营有关的设备、工具、器具等有形动产；不动产、无形资产的具体范围，按照《销售服务、无形资产、不动产注释》执行；非正常损失是指因管理不善造成货物被盗、丢失、霉烂变质，以及因违反法律法规造成货物或者不动产被依法没收、销毁、拆除的情形。

【特别提示】因"不可抗力"造成的损失，相应的进项税额可以抵扣。

【实务答疑】我公司是一家医药公司，请问购进的药品存放过期是否属于正常损耗，其进项税额是否需作转出处理？

答：非正常损失是指因管理不善造成货物被盗、丢失、霉烂变质，以及因违反法律法规造成货物或者不动产被依法没收、销毁、拆除的情形。因此，纳税人生产或购入的在货物外包装或使用说明书中注明有使用期限的货物，超过有效（保存或保质）期而无法进行正常销售，需作销毁处理的，可视作企业在经营过程中的正常经营损失，不纳入非正常损失，其进项税额不需要作转出处理。

（9）适用一般计税方法的纳税人，兼营简易计税方法计税项目、免征增值税项目而无法划分不得抵扣的进项税额，按照下列公式计算不得抵扣的进项税额：

$$\text{不得抵扣的进项税额} = \text{当期无法划分的全部进项税额} \times \left(\text{当期简易计税方法计税项目销售额} + \text{免征增值税项目销售额} \right) \div \text{当期全部销售额}$$

主管税务机关可以按照上述公式依据年度数据对不得抵扣的进项税额进行清算。

（10）已抵扣进项税额的购进货物（不含固定资产）、劳务、服务，发生上述第（2）至（8）项情形（简易计税方法计税项目、免征增值税项目除外）的，应当将该进项税额从当期进项税额中扣减（即进项税额转出）；无法确定该进项税额的，按照当期实际成本计算应扣减的进项税额。

（11）已抵扣进项税额的固定资产、无形资产或者不动产，发生上述第（2）至（8）项情形的，按照下列公式计算不得抵扣的进项税额：

$$\text{不得抵扣的进项税额} = \text{固定资产、无形资产或者不动产净值} \times \text{适用税率}$$

式中，固定资产、无形资产或者不动产净值是指纳税人根据财务会计制度计提折旧或摊销后的余额。

🖥【工作实例 2-8】　甲公司为增值税一般纳税人，本年 5 月购入一辆汽车自用，汽车不含税价格为 24 万元，机动车销售统一发票上注明的增值税税款为 3.12 万元，甲公司当月对该发票进行了认证。汽车折旧期限为 5 年，采用直线法计提折旧。本年 6 月该汽车因管理不善被盗，无法直接确定进项税额。

【工作要求】计算甲公司本年 6 月需转出的进项税额。

【工作实施】甲公司需按照固定资产净值计算应扣减的进项税额，即

$$\text{进项税额转出额} = (24 - 24 \div 5 \div 12) \times 13\% = 3.07 (\text{万元})$$

另外，按照《增值税暂行条例》第十条和上述第（2）项规定情形不得抵扣且未抵扣进项税额的固定资产、无形资产、不动产，发生用途改变，用于允许抵扣进项税额的应税项目，可在用途改变的次月按照下列公式，依据合法有效的增值税扣税凭证，计算可以抵扣的进项税额。

$$可以抵扣的进项税额 = 固定资产、无形资产、不动产净值 \div (1+适用税率) \times 适用税率$$

可以抵扣的进项税额应取得合法有效的增值税扣税凭证。

【实务答疑】 我公司本年11月将一台职工食堂用的空调调整到财务科使用，该空调购置时间为本年5月，原值为3 390元（不含税价格为3 000元、进项税额为390元，取得增值税专用发票），折旧年限为5年，残值率为5%。该空调原来在职工食堂时属于集体福利使用，进项税额未抵扣。请问怎样计算固定资产改变用途后可以抵扣的进项税额？

答：根据《营业税改征增值税试点有关事项的规定》，按照《营业税改征增值税试点实施办法》第二十七条第（一）项规定不得抵扣且未抵扣进项税额的固定资产、无形资产、不动产，发生用途改变，用于允许抵扣进项税额的应税项目，可在用途改变的次月按照下列公式计算可以抵扣的进项税额。

$$可以抵扣的进项税额 = 固定资产、无形资产、不动产净值 \div (1+适用税率) \times 适用税率$$

这里的净值应是固定资产、无形资产、不动产改变用途当月月末的净值。

本年11月月末的固定资产净值＝3 390－3 390×（1－5%）÷5÷12×6
＝3 067.95（元）

本年12月可以抵扣的进项税额＝固定资产净值÷（1+适用税率）×适用税率
＝3 067.95÷（1+13%）×13%＝352.95（元）

（12）纳税人适用一般计税方法计税的，因销售折让、中止或者退回而退还给购买方的增值税税额，应当从当期的销项税额中扣减；因销售折让、中止或者退回而收回的增值税税额，应当从当期的进项税额中扣减。

【知识链接】 增值税一般纳税人（销售方）因销售货物退回或者折让而退还给购买方的增值税税额，应从发生销售货物退回或者折让当期的销项税额中扣减。

（13）对商业企业向供货方收取的与商品销售量、销售额挂钩（如以一定比例、金额、数量计算）的各种返还收入，均应按照平销返利行为的有关规定冲减当期增值税进项税额。

（14）生产企业出口货物或者劳务实行免抵退税办法，其中，免抵退税不得免征和抵扣税额，应作进项税额转出处理；外贸企业出口货物或者劳务实行先征后退办法，其出口货物或者劳务购进时的进项税额与按国家规定的退税率计算的应退税额的差额，作进项税额转出处理。

（15）有下列情形之一者，应当按照销售额和增值税税率计算应纳税额，不得抵扣进项税额，也不得使用增值税专用发票。

1）增值税一般纳税人会计核算不健全，或者不能够提供准确税务资料的。

2）应当办理增值税一般纳税人登记而未办理的。

【实务答疑】 我公司销售的产品在保修期内出现问题，免费为客户提供维修服务。请问免费维修耗用的材料或免费更换的配件是否要作进项税额转出或视同销售处理？

答：根据《增值税暂行条例》第十条的规定，下列项目的进项税额不得从销项税额中抵扣：用于非增值税应税项目、免征增值税项目、集体福利或者个人消费的购进货物、劳务、服务、无形资产和不动产。

《增值税暂行条例实施细则》第四条规定，单位或个体经营者的下列行为，视同销售货物：（1）将货物交付他人代销；（2）销售代销货物；（3）设有两个以上机构并实行统一核算的纳税人，将货物从一个机构移送其他机构用于销售，但相关机构设在同一县（市）的除外；（4）将自产或委托加工的货物用于非增值税应税项目①；（5）将自产、委托加工或购买的货物作为投资，提供给其他单位或个体经营者；（6）将自产、委托加工或购买的货物分配给股东或投资者；（7）将自产、委托加工的货物用于集体福利或个人消费；（8）将自产、委托加工或购买的货物无偿赠送他人。

根据上述规定，你公司的产品在保修期内出现问题，进行免费维修消耗的材料或免费更换的配件，属于用于增值税应税项目，无须作进项税额转出处理。另外，由于保修期内免费保修业务是销售合同的一部分，有关收入实际已经在销售时取得，你公司也已就销售额缴纳了增值税，免费保修时也无须再缴纳增值税，维修时领用零件也无须视同销售缴纳增值税。

【工作实例 2-9】 甲企业为增值税一般纳税人，本年 5 月外购一批材料用于应税货物的生产，取得增值税专用发票，价款为 20 000 元，增值税税额为 2 600 元；外购一批材料用于应税货物和免税货物的生产，取得增值税专用发票，价款为 30 000 元，增值税税额为 3 900 元，但无法划分不得抵扣的进项税额。当月应税货物销售额为 60 000 元，免税货物销售额为 65 000 元。

【工作要求】 计算甲企业本年 5 月不得抵扣的进项税额。

【工作实施】

不得抵扣的进项税额＝3 900×65 000÷（60 000＋65 000）＝2 028（元）②

3. 进项税额结转抵扣、留抵税额等情况的税务处理

（1）纳税人在计算应纳税额时，如果出现当期销项税额小于当期进项税额不足抵扣的情况，当期进项税额不足抵扣的部分可以结转下期继续抵扣。

---

① 由于自 2016 年 5 月 1 日起全面推开营改增试点，营业税退出了历史舞台，此处的"非增值税应税项目"已经失去了意义。根据财税〔2016〕36 号文精神及增值税相关原理，本条失效。

② 计算不得抵扣的进项税额时，仅对不能准确划分的进项税额进行分摊计算。

（2）原增值税一般纳税人（以下称原纳税人）在资产重组中将全部资产、负债、劳动力一并转让给其他增值税一般纳税人（以下称新纳税人），并按程序办理注销税务登记的，其在办理注销税务登记前尚未抵扣的进项税额可以结转至新纳税人处继续抵扣。

（3）原纳税人注销或取消辅导期一般纳税人资格，转为小规模纳税人时，其存货不作进项税额转出处理，其留抵税额也不予以退税。

（4）加计抵减政策。

1）加计抵减 10% 政策。

自 2019 年 4 月 1 日至 2021 年 12 月 31 日，允许生产、生活性服务业纳税人按照当期可抵扣进项税额加计 10% 抵减应纳税额（以下称加计抵减政策）。

①生产、生活性服务业纳税人是指提供邮政服务、电信服务、现代服务、生活服务（以下称四项服务）取得的销售额占全部销售额的比重超过 50% 的纳税人。

2019 年 3 月 31 日前设立的纳税人，自 2018 年 4 月至 2019 年 3 月期间的销售额（经营期不满 12 个月的，按照实际经营期的销售额）符合上述规定条件的，自 2019 年 4 月 1 日起适用加计抵减政策。

2019 年 4 月 1 日后设立的纳税人，自设立之日起 3 个月的销售额符合上述规定条件的，自登记为一般纳税人之日起适用加计抵减政策。

纳税人确定适用加计抵减政策后，当年内不再调整，以后年度是否适用，根据上年度销售额计算确定。

纳税人可计提但未计提的加计抵减额，可在确定适用加计抵减政策当期一并计提。

②纳税人应按照当期可抵扣进项税额的 10% 计提当期加计抵减额。按照现行规定不得从销项税额中抵扣的进项税额，不得计提加计抵减额；已计提加计抵减额的进项税额，按规定作进项税额转出的，应在进项税额转出当期，相应调减加计抵减额。计算公式如下：

$$当期计提加计抵减额＝当期可抵扣进项税额×10\%$$

$$当期可抵减加计抵减额＝上期末加计抵减额余额＋当期计提加计抵减额－当期调减加计抵减额$$

③纳税人应按照现行规定计算一般计税方法下的应纳税额（以下称抵减前的应纳税额）后，区分以下情形加计抵减：

a. 抵减前的应纳税额等于零的，当期可抵减加计抵减额全部结转下期抵减。

b. 抵减前的应纳税额大于零，且大于当期可抵减加计抵减额的，当期可抵减加计抵减额全额从抵减前的应纳税额中抵减。

c. 抵减前的应纳税额大于零，且小于或等于当期可抵减加计抵减额的，以当期可抵减加计抵减额抵减应纳税额至零。未抵减完的当期可抵减加计抵减额，结转下期继续抵减。

④纳税人出口货物劳务、发生跨境应税行为不适用加计抵减政策的，其对应的进项税额不得计提加计抵减额。

纳税人兼营出口货物劳务、发生跨境应税行为且无法划分不得计提加计抵减额的进项税额，按照以下公式计算：

$$不得计提加计抵减额的进项税额＝当期无法划分的全部进项税额×\frac{当期出口货物劳务和发生跨境应税行为的销售额}{当期全部销售额}$$

⑤纳税人应单独核算加计抵减额的计提、抵减、调减、结余等变动情况。骗取适用加计抵减政策或虚增加计抵减额的，按照《税收征收管理法》等有关规定处理。

⑥加计抵减政策执行到期后，纳税人不再计提加计抵减额，结余的加计抵减额停止抵减。

2）加计抵减 15％政策。

自 2019 年 10 月 1 日至 2021 年 12 月 31 日，允许生活性服务业纳税人按照当期可抵扣进项税额加计 15％，抵减应纳税额（以下称加计抵减 15％政策）。

①生活性服务业纳税人，是指提供生活服务取得的销售额占全部销售额的比重超过 50％的纳税人。生活服务的具体范围按照《销售服务、无形资产、不动产注释》（财税〔2016〕36 号印发）执行。

2019 年 9 月 30 日前设立的纳税人，自 2018 年 10 月至 2019 年 9 月期间的销售额（经营期不满 12 个月的，按照实际经营期的销售额）符合上述规定条件的，自 2019 年 10 月 1 日起适用加计抵减 15％政策。

2019 年 10 月 1 日后设立的纳税人，自设立之日起 3 个月的销售额符合上述规定条件的，自登记为一般纳税人之日起适用加计抵减 15％政策。

纳税人确定适用加计抵减 15％政策后，当年内不再调整，以后年度是否适用，根据上年度销售额计算确定。

②生活性服务业纳税人应按照当期可抵扣进项税额的 15％计提当期加计抵减额。按照现行规定不得从销项税额中抵扣的进项税额，不得计提加计抵减额；已按照 15％计提加计抵减额的进项税额，按规定作进项税额转出的，应在进项税额转出当期，相应调减加计抵减额。计算公式如下：

$$当期计提加计抵减额＝当期可抵扣进项税额×15％$$

$$当期可抵减加计抵减额＝上期末加计抵减额余额＋当期计提加计抵减额－当期调减加计抵减额$$

（5）原纳税人兼有销售服务、无形资产或者不动产的，截至纳入营改增试点之日前的增值税期末留抵税额，不得从销售服务、无形资产或者不动产的销项税额中抵扣。也就是说这部分留抵税额只能从以后的原增值税业务的销项税额中继续抵扣，具体来说，即按照一般货物及劳务销项税额比例来计算可抵扣税额及应纳税额。上述规定简称"挂账留抵税额"。

但 2016 年 12 月 1 日发布的《国家税务总局关于调整增值税一般纳税人留抵税额申报口径的公告》（国家税务总局公告 2016 年第 75 号）规定，自 2016 年 12 月 1 日起，

《国家税务总局关于全面推开营业税改征增值税试点后增值税纳税申报有关事项的公告》（国家税务总局公告2016年第13号）附件1《增值税纳税申报表（一般纳税人适用）》（以下称"申报表主表"）第13栏"上期留抵税额""一般项目"列"本年累计"和第20栏"期末留抵税额""一般项目"列"本年累计"栏次停止使用，不再填报数据。本公告发布前，申报表主表第20栏"期末留抵税额""一般项目"列"本年累计"中有余额的增值税一般纳税人，在本公告发布之日起的第一个纳税申报期，将余额一次性转入第13栏"上期留抵税额""一般项目"列"本月数"中。也就是说，自2016年12月1日起，"挂账留抵税额"的规定取消了。

（6）试行增值税期末留抵税额退税制度。根据《财政部 税务总局 海关总署关于深化增值税改革有关政策的公告》（财政部 税务总局 海关总署公告2019年第39号，以下简称39号公告）的规定，自2019年4月1日起，试行增值税期末留抵税额退税制度。

1）同时符合以下条件的纳税人，可以向主管税务机关申请退还增量留抵税额：

①自2019年4月税款所属期起，连续6个月（按季纳税的，连续2个季度）增量留抵税额均大于0，且第6个月增量留抵税额不低于50万元；

②纳税信用等级为A级或者B级；

③申请退税前36个月未发生骗取留抵退税款、出口退税款或虚开增值税专用发票情形；

④申请退税前36个月未因偷税被税务机关处罚2次及以上；

⑤自2019年4月1日起未享受即征即退、先征后返（退）政策。

2）增量留抵税额是指与2019年3月底相比新增加的期末留抵税额。

3）纳税人当期允许退还的增量留抵税额，按照以下公式计算：

$$允许退还的增量留抵税额＝增量留抵税额×进项构成比例×60\%$$

式中，进项构成比例，为2019年4月至申请退税前一税款所属期内已抵扣的增值税专用发票（含税控机动车销售统一发票）、海关进口增值税专用缴款书、解缴税款完税凭证注明的增值税额占同期全部已抵扣进项税额的比重。

4）纳税人应在增值税纳税申报期内，向主管税务机关申请退还留抵税额。

5）纳税人出口货物劳务、发生跨境应税行为，适用免抵退税办法的，办理免抵退税后，仍符合规定条件的，可以申请退还留抵税额；适用免退税办法的，相关进项税额不得用于退还留抵税额。

6）纳税人取得退还的留抵税额后，应相应调减当期留抵税额。按照规定再次满足退税条件的，可以继续向主管税务机关申请退还留抵税额，但连续期间不得重复计算。

7）以虚增进项、虚假申报或其他欺骗手段，骗取留抵退税款的，由税务机关追缴其骗取的退税款，并按照《税收征收管理法》等有关规定处理。

8）退还的增量留抵税额中央、地方分担机制另行通知。

（7）部分先进制造业增值税期末留抵退税政策。

1）自 2019 年 6 月 1 日起，同时符合以下条件的部分先进制造业纳税人，可以自 2019 年 7 月及以后纳税申报期向主管税务机关申请退还增量留抵税额。

①增量留抵税额大于零；

②纳税信用等级为 A 级或者 B 级；

③申请退税前 36 个月未发生骗取留抵退税、出口退税或虚开增值税专用发票情形；

④申请退税前 36 个月未因偷税被税务机关处罚 2 次及以上；

⑤自 2019 年 4 月 1 日起未享受即征即退、先征后返（退）政策。

2）部分先进制造业纳税人，是指按照《国民经济行业分类》，生产并销售非金属矿物制品、通用设备、专用设备及计算机、通信和其他电子设备销售额占全部销售额的比重超过 50% 的纳税人。

销售额比重根据纳税人申请退税前连续 12 个月的销售额计算确定；申请退税前经营期不满 12 个月但满 3 个月的，按照实际经营期的销售额计算确定。

3）增量留抵税额，是指与 2019 年 3 月 31 日相比新增加的期末留抵税额。

4）部分先进制造业纳税人当期允许退还的增量留抵税额，按照以下公式计算：

$$允许退还的增量留抵税额＝增量留抵税额×进项构成比例$$

式中，进项构成比例，为 2019 年 4 月至申请退税前一税款所属期内已抵扣的增值税专用发票（含税控机动车销售统一发票）、海关进口增值税专用缴款书、解缴税款完税凭证注明的增值税额占同期全部已抵扣进项税额的比重。

5）部分先进制造业纳税人申请退还增量留抵税额的其他规定，按照 39 号公告执行。

6）除部分先进制造业纳税人以外的其他纳税人申请退还增量留抵税额的规定，继续按照 39 号公告执行。

4. 进项税额的抵扣时限

（1）增值税一般纳税人取得 2010 年 1 月 1 日以后开具的增值税专用发票、公路内河货物运输业统一发票（营改增以后为货物运输业增值税专用发票[①]）和机动车销售统一发票，应在开具之日起 180 日内（自 2017 年 7 月 1 日起，为 360 日内）到税务机关办理认证，并在认证通过的次月申报期内，向主管税务机关申报抵扣进项税额。2019 年 3 月 1 日起，取消增值税发票认证的纳税人范围扩大至全部一般纳税人（取消增值税发票认证，是指由手工扫描需要抵扣的纸质发票，调整为由纳税人网上选择确认需要抵扣的增值税发票电子信息）。一般纳税人取得增值税发票（包括增值税专用发票、机动车销售统一发票、收费公路通行费增值税电子普通发票）后，可以自愿使用增值税发票选择确认平台查询、选择用于申报抵扣、出口退税或者代办退税的增值税发票信息。

---

① 自 2016 年 1 月 1 日起，增值税一般纳税人提供货物运输服务，使用增值税专用发票和增值税普通发票，开具发票时应将起运地、到达地、车种车号以及运输货物信息等内容填写在发票备注栏中，如内容较多可另附清单。为避免浪费，方便纳税人发票使用衔接，货运专票最迟使用至 2016 年 6 月 30 日，7 月 1 日起停止使用。

自2017年7月1日起，增值税一般纳税人取得的2017年7月1日及以后开具的增值税专用发票和机动车销售统一发票，应自开具之日起360日内认证或登录增值税发票选择确认平台进行确认，并在规定的纳税申报期内，向主管税务机关申报抵扣进项税额。

自2013年7月1日起，增值税一般纳税人进口货物取得的属于增值税扣税范围的海关缴款书，需经税务机关稽核比对相符后，其增值税税额方能作为进项税额从销项税额中抵扣。增值税一般纳税人取得的2017年7月1日及以后开具的海关进口增值税专用缴款书，应自开具之日起360日内向主管税务机关报送"海关完税凭证抵扣清单"，申请稽核比对。

自2020年3月1日起，增值税一般纳税人取得2017年1月1日及以后开具的增值税专用发票、海关进口增值税专用缴款书、机动车销售统一发票、收费公路通行费增值税电子普通发票，取消认证确认、稽核比对、申报抵扣的期限。纳税人在进行增值税纳税申报时，应当通过本省（自治区、直辖市和计划单列市）增值税发票综合服务平台对上述扣税凭证信息进行用途确认。

自2020年3月1日起，增值税一般纳税人取得2016年12月31日及以前开具的增值税专用发票、海关进口增值税专用缴款书、机动车销售统一发票，超过认证确认、稽核比对、申报抵扣期限，但符合规定条件的，仍可按照《国家税务总局关于逾期增值税扣税凭证抵扣问题的公告》（2011年第50号，国家税务总局公告2017年第36号、2018年第31号修改）、《国家税务总局关于未按期申报抵扣增值税扣税凭证有关问题的公告》（2011年第78号，国家税务总局公告2018年第31号修改）规定，继续抵扣进项税额。

（2）增值税一般纳税人发生真实交易但由于客观原因造成增值税扣税凭证（包括增值税专用发票、海关进口增值税专用缴款书）逾期的，经主管税务机关审核、逐级上报，由国家税务总局认证、稽核比对后，对比对相符的增值税扣税凭证，允许纳税人继续抵扣其进项税额。其中客观原因是指：1）因自然灾害、社会突发事件等不可抗力因素造成增值税扣税凭证逾期；2）增值税扣税凭证被盗、抢，或者因邮寄丢失、误递逾期；3）有关司法、行政机关在办理业务或者检查中，扣押增值税扣税凭证，纳税人不能正常履行纳税申报义务，或者税务机关信息系统、网络故障，未能及时处理纳税人网上认证数据等导致增值税扣税凭证逾期；4）买卖双方因经济纠纷，未能及时传递增值税扣税凭证，或者纳税人变更纳税地点，注销旧户和重新办理税务登记的时间过长，导致增值税扣税凭证逾期；5）由于企业办税人员伤亡、突发危重疾病或者擅自离职，未能办理交接手续，导致增值税扣税凭证逾期；6）国家税务总局规定的其他情形。不属于以上客观原因造成增值税扣税凭证逾期的，仍应按照增值税扣税凭证抵扣期限有关规定执行。

二、增值税简易计税方法下应纳税额的计算

简易计税方法既适用于小规模纳税人的应税行为，也适用于一般纳税人适用该计税方法的特定应税行为。简易计税方法的应纳税额是指按照销售额和增值税征收率计算的增值税税额，不得抵扣进项税额。其计算公式为：

应纳增值税＝销售额×征收率

【点拨指导】简易计税方法下的销售额与一般计税方法下的销售额的内容是一致的，都是销售货物、劳务、服务、无形资产或者不动产向购买方收取的全部价款和价外费用，且不包括从购买方收取的增值税税额。

我国增值税的法定征收率是 3％；一些特殊项目适用 3％减按 2％的征收率执行。全面营改增后与不动产有关的特殊项目适用 5％的征收率；一些特殊项目适用 5％减按1.5％的征收率执行。

（一）增值税一般纳税人按照简易计税方法适用征收率的情况

1. 原增值税一般纳税人按照简易计税方法适用征收率的情况

（1）暂按简易计税方法依照 3％的征收率。增值税一般纳税人销售货物属于下列情形之一的，暂按简易计税方法，自 2014 年 7 月 1 日起依照 3％（2014 年 6 月 30 日之前为 4％）的征收率计算缴纳增值税。

1）寄售商店代销寄售物品（包括居民个人寄售的物品在内）。

2）典当业销售死当物品。

3）经国务院或国务院授权机关批准的免税商店零售免税品。

（2）按照简易计税方法依照 3％征收率减按 2％征收。

1）增值税一般纳税人销售自己使用过的固定资产。增值税一般纳税人销售自己使用过的不得抵扣且未抵扣进项税额的固定资产，按照简易计税方法，自 2014 年 7 月 1日起依照 3％征收率减按 2％征收增值税（2014 年 6 月 30 日之前为 4％征收率减半征收增值税）。上述业务应当开具增值税普通发票，不得开具增值税专用发票。其销售额和应纳税额的计算公式如下：

销售额＝含税销售额÷(1＋3％)

应纳增值税＝销售额×2％

【知识链接】2008 年 12 月 31 日之前购进的固定资产，其进项税额不得抵扣；自2009 年 1 月 1 日起，增值税一般纳税人外购的用于生产经营的固定资产（自用的应征消费税的汽车、摩托车、游艇除外），其进项税额可以抵扣；自 2013 年 8 月 1 日起，增值税一般纳税人购进自用的应征消费税的汽车、摩托车、游艇，其进项税额准予从销项税额中抵扣。

【点拨指导】销售自己使用过的 2013 年 8 月 1 日以后购进或者自制的应征消费税的摩托车、汽车、游艇，按照适用税率征收增值税。销售自己使用过的 2013 年 7 月 31 日以前购进或者自制的应征消费税的摩托车、汽车、游艇，按照简易计税方法依照 3％征收率减按 2％征收增值税。

2）增值税一般纳税人（一般指旧货经营单位）销售旧货。增值税一般纳税人（一般指旧货经营单位）销售旧货，按照简易计税方法，自 2014 年 7 月 1 日起依照 3％征收率减按 2％征收增值税（2014 年 6 月 30 日之前为 4％征收率减半征收增值税），且应该开具增值税普通发票，不得开具增值税专用发票。旧货是指进入二次流通的具有部分使用价值的货物（含 2013 年 8 月 1 日之前购入不得抵扣且未抵扣进项税额的旧汽车、旧摩托车和旧游艇），但不包括个人自己使用过的物品。

《国家税务总局关于二手车经营业务有关增值税问题的公告》（国家税务总局公告 2012 年第 23 号）规定："经批准允许从事二手车经销业务的纳税人按照《机动车登记规定》的有关规定，收购二手车时将其办理过户登记到自己名下，销售时再将该二手车过户登记到买家名下的行为，属于《中华人民共和国增值税暂行条例》规定的销售货物的行为，应按照现行规定征收增值税。"自 2020 年 5 月 1 日至 2023 年 12 月 31 日，从事二手车经销的纳税人销售其收购的二手车，由原按照简易办法依 3% 征收率减按 2% 征收增值税，改为减按 0.5% 征收增值税，并按下列公式计算销售额：

销售额＝含税销售额÷(1＋0.5%)

【知识链接】小规模纳税人销售旧货，减按 2% 征收率征收增值税（这里指的是增值税小规模纳税人适用 3% 征收率计算出不含税销售额后再减按 2% 征收率征收）。

【特别提示】增值税一般纳税人销售自己使用过的抵扣过进项税额的固定资产，应当按照适用税率征收增值税；增值税一般纳税人销售自己使用过的固定资产以外的其他物品，应当按照适用税率征收增值税。

【归纳总结】见表 2-1。

表 2-1　一般纳税人销售自己使用过的物品或旧货的计税归纳

具体情形			税务处理
销售自己使用过的物品	固定资产（动产）	按规定不得抵扣且未抵扣进项税额	应纳税额＝含税销售额÷(1＋3%)×2%
		按规定可以抵扣进项税额	销项税额＝含税销售额÷(1＋适用税率 13% 或 9%)×适用税率 13% 或 9%
	固定资产以外的其他物品		
销售旧货（他人用旧的）	一般情况下的销售旧货		应纳税额＝含税销售额÷(1＋3%)×2%
	从事二手车经销的纳税人销售其收购的二手车		应纳增值税＝含税销售额÷(1＋0.5%)×0.5%

【知识链接】见表 2-2。

表 2-2　小规模纳税人销售自己使用过的物品或旧货的计税归纳

具体情形		税务处理
其他个人（个体工商户以外的个人，即自然人）销售自己使用过的物品或旧货		免征增值税
其他个人以外的小规模纳税人	销售自己使用过的固定资产（动产）	应纳税额＝含税销售额÷(1＋3%)×2%
	销售自己使用过的固定资产以外的其他物品	应纳税额＝含税销售额÷(1＋3%)×3%
	一般情况下的销售旧货（他人用旧的）	应纳税额＝含税销售额÷(1＋3%)×2%
	从事二手车经销的纳税人销售其收购的二手车	应纳增值税＝含税销售额÷(1＋0.5%)×0.5%

【工作实例 2 - 10】　甲企业为增值税一般纳税人，主营旧电脑交易。2019 年 5 月销售旧电脑取得含税销售额 206 万元；除上述收入外，该企业当月又将本企业于 2007 年 6 月购入自用的 A 设备和 2010 年 10 月购入自用的 B 设备分别以 10.3 万元和 22.6 万元的含税价格出售。假设本月无其他业务，且可抵扣的进项税额为 0。

【工作要求】计算甲企业当月的应纳增值税。

【工作实施】增值税一般纳税人销售旧货依照 3‰ 征收率减按 2‰ 征收增值税，则

销售旧电脑业务应纳增值税＝206÷(1+3‰)×2‰＝4(万元)

一般纳税人销售自己使用过的 2009 年 1 月 1 日以前购入的固定资产，依照 3‰ 征收率减按 2‰ 征收增值税，则

销售 A 设备业务应纳增值税＝10.3÷(1+3‰)×2‰＝0.2(万元)

一般纳税人销售自己使用过的 2009 年 1 月 1 日以后购入的固定资产，按适用税率（一般为 13‰）征收增值税，则

销售 B 设备业务增值税销项税额＝22.6÷(1+13‰)×13‰＝2.6(万元)
应纳增值税合计＝4+0.2+(2.6－0)＝6.8(万元)

(3) 可选择按简易计税方法依照 3‰ 征收率。增值税一般纳税人销售自产的下列货物，可选择按简易计税方法，自 2014 年 7 月 1 日起依照 3‰（2014 年 6 月 30 日之前为 6‰）的征收率计算缴纳增值税。

1) 县级及县级以下小型水力发电单位生产的电力。小型水力发电单位是指各类投资主体建设的装机容量为 5 万千瓦以下（含 5 万千瓦）的小型水力发电单位。

2) 建筑用和生产建筑材料所用的砂、土、石料。

3) 以自己采掘的砂、土、石料或其他矿物连续生产的砖、瓦、石灰（不含黏土实心砖、瓦）。

4) 用微生物、微生物代谢产物、动物毒素、人或动物的血液或组织制成的生物制品。

5) 自来水。对自来水公司销售自来水按简易计税方法依照 3‰ 征收率征收增值税时，不得抵扣其购进自来水取得增值税扣税凭证上注明的增值税税款。

6) 商品混凝土（仅限于以水泥为原料生产的水泥混凝土）。

7) 属于增值税一般纳税人的单采血浆站销售的非临床用人体血液（此项一旦选择按简易计税方法适用的征收率计税，不得对外开具增值税专用发票）。

【特别提示】增值税一般纳税人选择简易计税方法计算缴纳增值税后，36 个月内不得变更。

【点拨指导】一般纳税人采取简易计税方法计税时，不得抵扣进项税额。

2. 营改增试点一般纳税人按照简易计税方法适用征收率的情况

(1) 应税服务。

1）公共交通运输服务。公共交通运输服务包括轮客渡、公交客运、地铁、城市轻轨、出租车、长途客运、班车。班车是指按固定路线、固定时间运营并在固定站点停靠的运送旅客的陆路运输服务。

2）经认定的动漫企业为开发动漫产品提供的动漫脚本编撰、形象设计、背景设计、动画设计、分镜、动画制作、摄制、描线、上色、画面合成、配音、配乐、音效合成、剪辑、字幕制作、压缩转码（面向网络动漫、手机动漫格式适配）服务，以及在境内转让动漫版权（包括动漫品牌、形象或者内容的授权及再授权）。

动漫企业和自主开发、生产动漫产品的认定标准和认定程序，按照《文化部 财政部 国家税务总局关于印发〈动漫企业认定管理办法（试行）〉的通知》（文市发〔2008〕51号）的规定执行。

3）电影放映服务、仓储服务、装卸搬运服务、收派服务和文化体育服务。

4）以纳入营改增试点之日前取得的有形动产为标的物提供的经营租赁服务。

5）在纳入营改增试点之日前签订的尚未执行完毕的有形动产租赁合同。

6）提供物业管理服务的纳税人，向服务接受方收取的自来水水费，以扣除其对外支付的自来水水费后的余额为销售额，按简易计税方法依照3%征收率计算缴纳增值税。

7）非企业性单位中的增值税一般纳税人提供的研发和技术服务、信息技术服务、鉴证咨询服务，以及销售技术、著作权等无形资产，可以选择简易计税方法依照3%征收率计算缴纳增值税。

非企业性单位中的增值税一般纳税人提供技术转让、技术开发和与之相关的技术咨询、技术服务，可以参照上述规定，选择简易计税方法依照3%征收率计算缴纳增值税。

8）增值税一般纳税人提供教育辅助服务，可以选择简易计税方法依照3%征收率计算缴纳增值税。

（2）建筑服务。

1）增值税一般纳税人以清包工方式提供的建筑服务，可以选择适用简易计税方法计税。以清包工方式提供建筑服务是指施工方不采购建筑工程所需的材料或只采购辅助材料，并收取人工费、管理费或者其他费用的建筑服务。

2）增值税一般纳税人为甲供工程提供的建筑服务，可以选择适用简易计税方法计税。甲供工程是指全部或部分设备、材料、动力由工程发包方自行采购的建筑工程。一般纳税人销售电梯的同时提供安装服务，其安装服务可以按照甲供工程选择适用简易计税方法计税。

3）增值税一般纳税人为建筑工程老项目提供的建筑服务，可以选择适用简易计税方法计税。建筑工程老项目是指《建筑工程施工许可证》注明的合同开工日期在2016年4月30日前的建筑工程项目，或者未取得《建筑工程施工许可证》、建筑工程承包合同注明的开工日期在2016年4月30日前的建筑工程项目。

4）增值税一般纳税人跨县（市）提供建筑服务，选择适用一般计税方法计税的，应以取得的全部价款和价外费用为销售额计算应纳税额。纳税人应以取得的全部价款和价外费用扣除支付的分包款后的余额，依照 2% 的预征率在建筑服务发生地预缴税款后，向机构所在地主管税务机关进行纳税申报。

5）增值税一般纳税人跨县（市）提供建筑服务，选择适用简易计税方法计税的，应以取得的全部价款和价外费用扣除支付的分包款后的余额为销售额，依照 3% 征收率计算应纳税额。纳税人应按照上述计税方法在建筑服务发生地预缴税款后，向机构所在地主管税务机关进行纳税申报。

纳税人在同一地级行政区范围内跨县（市、区）提供建筑服务，不适用《纳税人跨县（市、区）提供建筑服务增值税征收管理暂行办法》（国家税务总局公告 2016 年第 17 号）。

【点拨指导】纳税人提供建筑服务，按照规定允许从其取得的全部价款和价外费用中扣除的分包款，是指支付给分包方的全部价款和价外费用。

6）建筑工程总承包单位为房屋建筑的地基与基础、主体结构提供工程服务，建设单位自行采购全部或部分钢材、混凝土、砌体材料、预制构件的，适用简易计税方法计税。

【工作实例 2-11】　甲公司为增值税一般纳税人，机构所在地为 N 县。本年 10 月 1 日以清包工方式到 M 县承接 A 工程项目，并将 A 项目中的部分施工项目分包给乙公司。10 月 30 日发包方按进度支付工程价款 222 万元。当月该项目甲公司购进材料取得增值税专用发票上注明的税额为 8 万元；10 月甲公司支付给乙公司工程分包款 60 万元，乙公司开具给甲公司增值税发票，税额为 5.95 万元。对 A 工程项目甲公司选择适用简易计税方法计算应纳税额。

【工作要求】计算甲公司本年 10 月上述项目的应纳增值税。

【工作实施】增值税一般纳税人跨县（市）提供建筑服务，选择适用简易计税方法计税的，应以取得的全部价款和价外费用扣除支付的分包款后的余额为销售额，按照 3% 征收率计算应纳税额。纳税人应按照上述计税方法在建筑服务发生地预缴税款后，向机构所在地主管税务机关进行纳税申报。

甲公司 10 月在 M 县预缴增值税 $=(222-60)\div(1+3\%)\times3\%=4.72$（万元）

在 N 县差额申报，则

扣除预缴增值税后应纳增值税 $=(222-60)\div(1+3\%)\times3\%-4.72=4.72-4.72=0$

应纳增值税合计 $=4.72+0=4.72$（万元）

（3）销售不动产。

1）增值税一般纳税人销售其 2016 年 4 月 30 日前取得（不含自建）的不动产，可以选择适用简易计税方法，以取得的全部价款和价外费用减去该项不动产购置原价或者取得不动产时的作价后的余额为销售额，按照 5% 征收率计算应纳税额。纳税人应按照上述计税方法在不动产所在地预缴税款后，向机构所在地主管税务机关进行纳税申报。

2）增值税一般纳税人销售其2016年4月30日前自建的不动产，可以选择适用简易计税方法，以取得的全部价款和价外费用为销售额，按照5%征收率计算应纳税额。纳税人应按照上述计税方法在不动产所在地预缴税款后，向机构所在地主管税务机关进行纳税申报。

3）房地产开发企业中的增值税一般纳税人，销售自行开发的房地产老项目，可以选择适用简易计税方法按照5%征收率计税。一般纳税人销售自行开发的房地产老项目适用简易计税方法计税的，以取得的全部价款和价外费用为销售额，不得扣除对应的土地价款。

【特别提示】房地产开发企业中的一般纳税人购入未完工的房地产老项目继续开发后，以自己名义立项销售的不动产，属于房地产老项目，可以选择适用简易计税方法按照5%的征收率计算缴纳增值税。

4）个体工商户销售购买的住房，按照《营业税改征增值税试点过渡政策的规定》第五条的规定免征增值税。纳税人应按照上述计税方法在不动产所在地预缴税款后，向机构所在地主管税务机关进行纳税申报。

【工作实例2-12】 甲企业本年12月转让5年前建造的办公楼，取得销售收入1 800万元，该办公楼账面原值为1 000万元，已计提折旧300万元。甲企业为增值税一般纳税人，选择适用简易计税方法计税。

【工作要求】计算甲企业上述业务的应纳增值税。

【工作实施】增值税一般纳税人销售其2016年4月30日前自建的不动产，可以选择适用简易计税方法，以取得的全部价款和价外费用为销售额，按照5%的征收率计算应纳税额。

$$应纳增值税=1\,800\div(1+5\%)\times5\%=85.71(万元)$$

（4）不动产经营租赁服务。

1）增值税一般纳税人出租其2016年4月30日前取得的不动产，可以选择适用简易计税方法，按照5%征收率计算应纳税额。纳税人出租其2016年4月30日前取得的与机构所在地不在同一县（市）的不动产，应按照上述计税方法在不动产所在地预缴税款后，向机构所在地主管税务机关进行纳税申报。不动产所在地与机构所在地在同一县（市、区）的，纳税人向机构所在地主管税务机关申报纳税。

2）增值税一般纳税人出租其在2016年5月1日后取得的、与机构所在地不在同一县（市）的不动产，应按照3%预征率在不动产所在地预缴税款，向机构所在地主管税务机关申报纳税。不动产所在地与机构所在地在同一县（市、区）的，纳税人应向机构所在地主管税务机关申报纳税。

（5）收取高速公路的车辆通行费。公路经营企业中的增值税一般纳税人收取营改增试点前开工的高速公路的车辆通行费，可以选择适用简易计税方法，减按 3% 征收率计算应纳税额。营改增试点前开工的高速公路是指相关施工许可证明上注明的合同开工日期在 2016 年 4 月 30 日前的高速公路。

（6）销售自己使用过的固定资产。营改增后的增值税一般纳税人，销售自己使用过的"本地区试点实施之日（含）以后购进或自制的固定资产，按照适用税率征收增值税；销售自己使用过的"本地区试点实施之日"以前购进或者自制的固定资产，按照 3% 征收率减按 2% 征收增值税。具体公式为：

销售额＝含税销售额÷（1＋3%）

应纳增值税＝销售额×2%

使用过的固定资产是指纳税人根据财务会计制度已经计提折旧的固定资产。

（7）其他情况。

1）2016 年 4 月 30 日前签订的不动产融资租赁合同，或以 2016 年 4 月 30 日前取得的不动产提供的融资租赁服务，可以选择适用简易计税方法，按照 5% 征收率计算应纳税额。增值税一般纳税人以经营租赁方式出租其 2016 年 4 月 30 日前取得的不动产，可以选择适用简易计税方法，按照 5% 征收率计算应纳税额。

2）纳税人提供人力资源外包服务，按照经纪代理服务缴纳增值税，其销售额不包括受客户单位委托代为向客户单位员工发放的工资和代理缴纳的社会保险、住房公积金。向委托方收取并代为发放的工资和代理缴纳的社会保险、住房公积金，不得开具增值税专用发票，可以开具增值税普通发票。增值税一般纳税人提供人力资源外包服务，可以选择适用简易计税方法，按照 5% 征收率计算应纳税额。

3）纳税人以经营租赁方式将土地出租给他人使用，按照不动产经营租赁服务缴纳增值税。纳税人转让 2016 年 4 月 30 日前取得的土地使用权，可以选择适用简易计税方法，以取得的全部价款和价外费用减去取得该土地使用权的原价后的余额为销售额，按照 5% 征收率计算应纳税额。

综上所述，营改增一般纳税人的征收率运用归纳如表 2-3 所示。

表 2-3　营改增一般纳税人的征收率运用归纳一览表

营改增一般纳税人的销售行为	可选征收率
转让试点前取得或自建的不动产	5%
出租试点前取得的不动产	5%
收取试点前开工的高速公路的车辆通行费	5%减按 3%
其他营改增服务可选择简易计税方法的	3%

（二）增值税小规模纳税人按照简易计税方法计税的规定

增值税小规模纳税人销售货物，提供加工修理修配劳务，销售服务、无形资产或者不动产，按照取得的销售额和增值税的征收率计算应纳税额，但不得抵扣进项税额。其中销售额为对外销售货物，提供加工修理修配劳务，销售服务、无形资产或者不动产时，向对方收取的全部价款和价外费用。具体的确定标准与增值税一般纳税人的销售额相同。

增值税小规模纳税人按征收率征税。增值税小规模纳税人因销售退回或销售折让而退还给购买方的销售额，应从发生销货退回或折让当期的销售额中扣减，而不必追究其原发票的处理。对于营改增增值税小规模纳税人来说，其纳税人适用简易计税方法计税的，因销售折让、中止或者退回而退还给购买方的销售额，应当从当期销售额中扣减，扣减当期销售额后仍有余额造成多缴的税款，可以从以后的应纳税额中扣减。

增值税小规模纳税人销售货物，提供加工修理修配劳务，销售服务、无形资产或者不动产，向对方收取的款项往往包含增值税，因此，在计算应纳税额时，需将含税销售额换算成不含税销售额，具体计算公式为：

销售额＝含税销售额÷（1＋征收率）

【特别提示】小规模纳税人购进货物、劳务、服务、无形资产或者不动产时即使取得了增值税专用发票，也不得抵扣进项税额。一般纳税人采取简易计税方法计税时，购进货物、劳务、服务、无形资产或者不动产时即使取得了增值税专用发票，也不得抵扣进项税额。

增值税一般纳税人购置税控收款机所支付的增值税税额（以购进税控收款机取得的增值税专用发票上注明的增值税税额为准），准予在该企业当期的增值税销项税额中抵扣。增值税小规模纳税人购置税控收款机，经主管税务机关审核批准后，可凭购进税控收款机取得的增值税专用发票，按照发票上注明的增值税税额，抵免当期增值税应纳税额，或者按照购进税控收款机取得的增值税普通发票上注明的价款，依下列公式计算可抵免税额：

可抵免税额＝价款÷（1＋13%）×13%

1. 增值税小规模纳税人销售货物或者劳务按照简易计税方法适用征收率的特殊规定

（1）增值税小规模纳税人（除其他个人外）销售自己使用过的固定资产。增值税小规模纳税人（除其他个人外）销售自己使用过的固定资产，减按2%征收率征收增值税。这里指的是小规模纳税人适用3%征收率计算出不含税销售额后再减按2%征收率征收。其销售额和应纳税额的计算公式如下：

销售额＝含税销售额÷（1＋3%）
应纳增值税＝销售额×2%

【特别提示】其他个人销售自己使用过的固定资产，属于上文中的个人（其他个人）销售自己使用过的物品，免征增值税。

（2）增值税小规模纳税人（除其他个人外）销售自己使用过的除固定资产以外的物品。增值税小规模纳税人（除其他个人外）销售自己使用过的除固定资产以外的物品，应按3%征收率征收增值税。其销售额和应纳税额的计算公式如下：

销售额＝含税销售额÷(1+3%)

应纳增值税＝销售额×3%

2. 小规模纳税人销售服务、无形资产或者不动产按照简易计税方法适用征收率的特殊规定

(1) 小规模纳税人跨县（市）提供建筑服务。小规模纳税人跨县（市）提供建筑服务，应以取得的全部价款和价外费用扣除支付的分包款后的余额为销售额，按照3%征收率计算应纳税额。其应纳税额的计算公式如下：

应纳增值税＝含税销售额÷(1+3%)×3%

(2) 小规模纳税人转让不动产，按照5%征收率计算应纳税额。

1) 非房地产企业小规模纳税人转让其取得的不动产，除个人转让其购买的住房外，按照以下规定缴纳增值税：

①小规模纳税人转让其取得（不含自建）的不动产，以取得的全部价款和价外费用扣除不动产购置原价或者取得不动产时的作价后的余额为销售额，按照5%征收率计算应纳税额。

②小规模纳税人转让其自建的不动产，以取得的全部价款和价外费用为销售额，按照5%征收率计算应纳税额。

除其他个人之外的小规模纳税人，应按照上述规定的计税方法向不动产所在地主管税务机关预缴税款，向机构所在地主管税务机关申报纳税；其他个人按照以上规定的计税方法向不动产所在地主管税务机关申报纳税。

2) 房地产开发企业中的小规模纳税人采取预收款方式销售自行开发的房地产项目，应在收到预收款时按照3%的预征率预缴增值税。小规模纳税人销售自行开发的房地产项目，应按照《营业税改征增值税试点实施办法》第四十五条规定的纳税义务发生时间，以当期销售额和5%征收率计算当期应纳税额，抵减已预缴税款后，向主管税务机关申报纳税。未抵减完的预缴税款可以结转下期继续抵减。

(3) 个人销售其购买的住房。

1) 个人将购买不足2年的住房对外销售的，按照5%征收率全额缴纳增值税；个人将购买2年以上（含2年）的住房对外销售的，免征增值税。上述政策适用于北京市、上海市、广州市和深圳市之外的地区。

2) 个人将购买不足2年的住房对外销售的，按照5%征收率全额缴纳增值税；个人将购买2年以上（含2年）的非普通住房对外销售的，以销售收入减去购买住房价款后的差额按照5%征收率缴纳增值税；个人将购买2年以上（含2年）的普通住房对外销售的，免征增值税。上述政策仅适用于北京市、上海市、广州市和深圳市。

(4) 小规模纳税人出租不动产。小规模纳税人出租不动产，按照以下规定缴纳增值税：

1）单位和个体工商户出租不动产（不含个体工商户出租住房），按照5%征收率计算应纳税额。个体工商户出租住房，按照5%征收率减按1.5%计算应纳税额。

不动产所在地与机构所在地不在同一县（市、区）的，纳税人应按照上述计税方法向不动产所在地主管税务机关预缴税款，向机构所在地主管税务机关申报纳税。

不动产所在地与机构所在地在同一县（市、区）的，纳税人应向机构所在地主管税务机关申报纳税。

2）其他个人出租不动产（不含住房），按照5%的征收率计算应纳税额，向不动产所在地主管税务机关申报纳税。其他个人出租住房，按照5%征收率减按1.5%计算应纳税额，向不动产所在地主管税务机关申报纳税。

【归纳总结】见表2-4。

表2-4 小规模纳税人的征收率运用归纳一览表

小规模纳税人的销售标的		适用的征收率
自己使用过的	固定资产（动产）	3%减按2%
	物品	3%
自己未使用过的	固定资产（动产）	3%
	旧货	3%减按2%
取得或自建的	不动产	5%
出租	不动产	5%
	个人出租住房	5%减按1.5%
其他营改增应税行为		3%

【工作实例2-13】 甲企业为增值税一般纳税人，本年5月销售自己使用过的包装物一批，取得含税收入2 260元；销售自己使用过的小汽车一辆，取得含税收入30 900元，已知该小汽车于2013年6月购进。假设甲企业本年5月无其他业务，可抵扣的进项税额为0。

【工作要求】计算甲企业本年5月的应纳增值税。

【工作实施】一般纳税人销售自己使用过的固定资产以外的物品，按照适用税率征收增值税；一般纳税人销售自己使用过的不得抵扣且未抵扣进项税额的固定资产，按照简易计税方法依照3%征收率减按2%征收增值税；2013年8月1日以前购进的小汽车，不得抵扣进项税额。

应纳增值税＝[2 260÷(1+13%)×13%－0]+30 900÷(1+3%)×2%
＝860(元)

【工作实例2-14】 甲公司为营改增试点小规模纳税人，选择按月申报缴纳增值税。本年1月甲公司向增值税一般纳税人乙企业提供资讯信息服务，取得含增值税销售额20.6万元；向增值税小规模纳税人丙企业提供注册信息服务，取得含增值税销售额1.03万元；购进办公用品，支付价款2.06万元，并取得增值税普通发票。

【工作要求】计算甲公司本年1月的应纳增值税。

【工作实施】营改增试点小规模纳税人发生应税行为适用简易计税方法计税，销售额中含有增值税税款的，应换算为不含税销售额，计算应纳税额；购进货物支付的增值税税款不允许抵扣。

$$销售额＝(20.6＋1.03)÷(1＋3\%)＝21(万元)$$
$$应纳增值税＝21×3\%＝0.63(万元)$$

三、增值税差额征收应纳税额的计算

（一）营改增试点一般纳税人差额征收应纳税额的计算

营改增试点一般纳税人差额征收应纳税额的计算公式为：

$$计税销售额＝\left(\begin{matrix}取得的全部含税\\价款和价外费用\end{matrix}－\begin{matrix}支付给其他单位或\\个人的含税价款\end{matrix}\right)÷(1＋税率或征收率)$$

$$应纳税额＝计税销售额×税率或征收率$$

营改增试点一般纳税人允许差额征收的具体情况如下：

（1）金融商品转让，按照卖出价扣除买入价后的余额为销售额。转让金融商品出现的正负差，按盈亏相抵后的余额为销售额。若相抵后出现负差，可结转下一纳税期与下期转让金融商品销售额相抵，但年末时仍出现负差的，不得转入下一会计年度。金融商品的买入价，可以选择按照加权平均法或者移动加权平均法进行核算，选择后36个月内不得变更。

【特别提示】金融商品转让，不得开具增值税专用发票。

（2）经纪代理服务，以取得的全部价款和价外费用，扣除向委托方收取并代为支付的政府性基金或者行政事业性收费后的余额为销售额。向委托方收取的政府性基金或者行政事业性收费，不得开具增值税专用发票。

（3）融资租赁和融资性售后回租业务。

1）经中国人民银行、银保监会或者商务部批准从事融资租赁业务的营改增试点纳税人，提供融资租赁服务，以取得的全部价款和价外费用，扣除支付的借款利息（包括外汇借款和人民币借款利息）、发行债券利息和车辆购置税后的余额为销售额。

2）经中国人民银行、银保监会或者商务部批准从事融资租赁业务的营改增试点纳税人，提供融资性售后回租服务，以取得的全部价款和价外费用（不含本金），扣除对外支付的借款利息（包括外汇借款和人民币借款利息）、发行债券利息后的余额作为销售额。

3）营改增试点纳税人根据2016年4月30日前签订的有形动产融资性售后回租合同，在合同到期前提供的有形动产融资性售后回租服务，可继续按照有形动产融资租赁服务缴纳增值税。其销售额的计算可以选择以下方法之一：

①以向承租方收取的全部价款和价外费用，扣除向承租方收取的价款本金，以及对外支付的借款利息（包括外汇借款和人民币借款利息）、发行债券利息后的余额为销售

额。纳税人提供有形动产融资性售后回租服务，计算当期销售额时可以扣除的价款本金，为书面合同约定的当期应当收取的本金。无书面合同或者书面合同没有约定的，为当期实际收取的本金。营改增试点纳税人提供有形动产融资性售后回租服务，向承租方收取的有形动产价款本金，不得开具增值税专用发票，可以开具增值税普通发票。

②以向承租方收取的全部价款和价外费用，扣除支付的借款利息（包括外汇借款和人民币借款利息）、发行债券利息后的余额为销售额。

4）经商务部授权的省级商务主管部门和国家经济技术开发区批准的从事融资租赁业务的营改增试点纳税人，2016年5月1日后实收资本达到1.7亿元的，从达到标准的当月起按照上述第1）、2）、3）项规定执行；2016年5月1日后实收资本未达到1.7亿元但注册资本达到1.7亿元的，在2016年7月31日前仍可按照上述第1）、2）、3）项规定执行，2016年8月1日后开展的融资租赁业务和融资性售后回租业务不得按照上述第1）、2）、3）项规定执行。

（4）航空运输企业的销售额，不包括代收的机场建设费和代售其他航空运输企业客票而代收转付的价款。

（5）营改增试点纳税人中的一般纳税人提供客运场站服务，以其取得的全部价款和价外费用，扣除支付给承运方运费后的余额为销售额。

（6）营改增试点纳税人提供旅游服务，可以选择以取得的全部价款和价外费用，扣除向旅游服务购买方收取并支付给其他单位或者个人的住宿费、餐饮费、交通费、签证费、门票费和支付给其他接团旅游企业的旅游费用后的余额为销售额。

选择上述办法计算销售额的营改增试点纳税人，向旅游服务购买方收取并支付的上述费用，不得开具增值税专用发票，可以开具增值税普通发票。

纳税人提供旅游服务，将火车票、飞机票等交通费发票原件交付给旅游服务购买方而无法收回的，以交通费发票复印件作为差额扣除凭证。

（7）营改增试点纳税人提供建筑服务适用简易计税方法的，以取得的全部价款和价外费用扣除支付的分包款后的余额为销售额。

（8）房地产开发企业中的一般纳税人销售其开发的房地产项目（选择简易计税方法的房地产老项目除外），以取得的全部价款和价外费用，扣除受让土地时向政府部门支付的土地价款后的余额为销售额。

房地产老项目是指《建筑工程施工许可证》注明的合同开工日期在2016年4月30日前的房地产项目。

（9）纳税人转让不动产缴纳增值税差额扣除的有关规定。

1）纳税人转让不动产，按照有关规定差额缴纳增值税的，如因丢失等原因无法提供取得不动产时的发票，可向税务机关提供其他能证明契税计税金额的完税凭证等资料，进行差额扣除。

2）纳税人以契税计税金额进行差额扣除的，按照下列公式计算增值税应纳税额：

①2016年4月30日及以前缴纳契税的：

$$\text{增值税应纳税额}=\left[\frac{\text{全部交易价格}}{\text{（含增值税）}}-\frac{\text{契税计税金额}}{\text{（含营业税）}}\right]\div(1+5\%)\times5\%$$

②2016 年 5 月 1 日及以后缴纳契税的：

$$\text{增值税应纳税额}=\left[\frac{\text{全部交易价格}}{\text{（含增值税）}}\div(1+5\%)-\frac{\text{契税计税金额}}{\text{（不含增值税）}}\right]\times5\%$$

3）纳税人同时保留取得不动产时的发票和其他能证明契税计税金额的完税凭证等资料的，应当凭发票进行差额扣除。

【特别提示】除了上述第（1）项外纳税人从全部价款和价外费用中扣除价款，应当取得符合法律、行政法规和国家税务总局规定的有效凭证，否则不得扣除。有效凭证包括：发票、境外签收单据、完税凭证、财政票据及其他。有效凭证是指：支付给境内单位或者个人的款项，以发票为合法有效凭证；支付给境外单位或者个人的款项，以该单位或者个人的签收单据为合法有效凭证，税务机关对签收单据有疑义的，可以要求其提供境外公证机构的确认证明；缴纳的税款，以完税凭证为合法有效凭证；扣除的政府性基金、行政事业性收费或者向政府支付的土地价款，以省级以上（含省级）财政部门监（印）制的财政票据为合法有效凭证。

（二）营改增试点小规模纳税人差额征收应纳税额的计算方法

营改增试点小规模纳税人差额征收应纳税额的计算公式为：

$$\text{计税销售额}=\left(\frac{\text{取得的全部含税}}{\text{价款和价外费用}}-\frac{\text{支付给其他单位或}}{\text{个人的含税价款}}\right)\div(1+\text{征收率})$$

$$\text{应纳税额}=\text{计税销售额}\times\text{征收率}$$

营改增试点小规模纳税人允许差额征收的具体情况与营改增试点一般纳税人允许差额征收的具体情况相同。

【归纳总结】见表 2-5。
【归纳总结】见表 2-6。
【归纳总结】见表 2-7。
【归纳总结】见表 2-8。
【归纳总结】见表 2-9。
【归纳总结】见表 2-10。
【归纳总结】见表 2-11。
【归纳总结】见表 2-12。

四、进口货物应纳税额的计算

不管是增值税一般纳税人还是增值税小规模纳税人进口货物，都按照组成计税价格和税法规定的税率（如 13%，9%）计算应纳税额。

【点拨指导】一方面，进口货物增值税的计税依据是组成计税价格而非其他金额；另一方面，增值税小规模纳税人进口货物时使用税率计税，而不使用征收率。

表 2-5 纳税人（总包方）跨县（市、区）提供建筑服务的增值税税务处理

纳税人资格类型	项目类型	计税方法	预缴税款	预征率	预缴税款地点	纳税申报	征收率或税率	纳税申报地点
一般纳税人	新项目（指2016年5月1日后开工，下同）	一般计税	差额预缴税款：预缴增值税=差额÷(1+9%)×2%=（全部价款和价外费用－支付的分包款）÷(1+9%)×2%	2%	建筑服务发生地主管税务机关	全额缴税，抵减预缴税款：应纳增值税=全部价款和价外费用÷(1+9%)×9%－进项税额－预缴增值税=全部价款和价外费用÷(1+9%)×9%－进项税额－（全部价款和价外费用－支付的分包款）÷(1+9%)×2%	9%税率	机构所在地主管税务机关
	老项目（指2016年4月30日前开工，下同）	选择适用一般计税						
	老项目	选择适用简易计税	差额预缴税款：预缴增值税=差额÷(1+3%)×3%=（全部价款和价外费用－支付的分包款）÷(1+3%)×3%	3%	建筑服务发生地主管税务机关	差额缴税，抵减预缴税款：应纳增值税=差额÷(1+3%)×3%－预缴增值税=（全部价款和价外费用－支付的分包款）÷(1+3%)×3%－（全部价款和价外费用－支付的分包款）÷(1+3%)×3%=0	3%征收率	机构所在地主管税务机关
小规模纳税人	单位和个体工商户 新项目或老项目	简易计税	差额预缴税款：预缴增值税=差额÷(1+3%)×3%=（全部价款和价外费用－支付的分包款）÷(1+3%)×3%	3%	建筑服务发生地主管税务机关	差额缴税，抵减预缴税款：应纳增值税=差额÷(1+3%)×3%－预缴增值税=（全部价款和价外费用－支付的分包款）÷(1+3%)×3%－（全部价款和价外费用－支付的分包款）÷(1+3%)×3%=0	3%征收率	机构所在地主管税务机关
	其他个人 新项目或老项目	简易计税	—			差额缴税：应纳增值税=差额÷(1+3%)×3%=（全部价款和价外费用－支付的分包款）÷(1+3%)×3%	3%征收率	建筑服务发生地主管税务机关

表2-6 一般纳税人转让不动产（不包括个体工商户中的一般纳税人转让其购买的住房）的增值税税务处理

项目类别	建设类别	计税方法	预缴税款	预征率	预缴税款地点	纳税申报	征收率或税率	纳税申报地点
一般纳税人转让老项目（指2016年4月30日前取得，下同）	非自建（不包括个体工商户中的一般纳税人转让其购买的住房）	选择适用简易计税	差额预缴税款：预缴增值税=转让差额÷(1+5%)×5%	5%	不动产所在地主管税务机关	差额缴税，抵减预缴税款：应纳增值税=转让差额÷(1+5%)×5%－预缴增值税=转让差额÷(1+5%)×5%=0	5% 征收率	机构所在地主管税务机关
		选择适用一般计税				全额缴税：应纳增值税=出售全价÷(1+9%)×9%－进项税额=出售全价÷(1+9%)×9%－进项税额－转让差额÷(1+5%)×5%	9% 税率	
	自建	选择适用简易计税	全额预缴税款：预缴增值税=出售全价÷(1+5%)×5%			全额缴税：应纳增值税=出售全价÷(1+5%)×5%－预缴增值税=出售全价÷(1+5%)×5%=0	5% 征收率	
		选择适用一般计税	全额预缴税款：预缴增值税=出售全价÷(1+5%)×5%			全额缴税：应纳增值税=出售全价÷(1+9%)×9%－进项税额－预缴增值税=出售全价÷(1+9%)×9%－进项税额－出售全价÷(1+5%)×5%	9% 税率	
一般纳税人转让新项目（指2016年5月1日后取得，下同）	非自建（不包括个体工商户中的一般纳税人转让其购买的住房）	一般计税	差额预缴税款：预缴增值税=转让差额÷(1+5%)×5%			全额缴税，抵减预缴税款：应纳增值税=出售全价÷(1+9%)×9%－进项税额－预缴增值税=出售全价÷(1+9%)×9%－进项税额－转让差额÷(1+5%)×5%	9% 税率	
	自建		全额预缴税款：预缴增值税=出售全价÷(1+5%)×5%			全额缴税，抵减预缴税款：应纳增值税=出售全价÷(1+9%)×9%－进项税额－预缴增值税=出售全价÷(1+9%)×9%－进项税额－出售全价÷(1+5%)×5%	9% 税率	

表 2 - 7　小规模纳税人转让不动产（不包括个人中的小规模纳税人转让其购买的住房）的增值税税务处理

纳税人类别	建设类别	预缴税款	预征率	预缴税款地点	纳税申报	征收率或税率	纳税申报地点
单位中的小规模纳税人、个体工商户中的小规模纳税人转让不动产	非自建（不包括个体工商户中的小规模纳税人转让其购买的住房）	差额预缴税款：预缴增值税=转让差额÷(1+5%)×5%	5%	不动产所在地主管税务机关	差额缴税，抵减预缴税款：应纳增值税=转让差额÷(1+5%)×5%－预缴增值税=转让差额÷(1+5%)×5%－转让差额÷(1+5%)×5%=0	5%	机构所在地主管税务机关
	自建	全额预缴税款：预缴增值税=出售全价÷(1+5%)×5%			全额缴税，抵减预缴税款：应纳增值税=出售全价÷(1+5%)×5%－预缴增值税=出售全价÷(1+5%)×5%=0		
其他个人转让不动产	非自建（不包括其他个人转让其购买的住房）	—	—		差额缴税：应纳增值税=转让差额÷(1+5%)×5%	5%	不动产所在地主管税务机关
	自建	—	—		全额缴税：应纳增值税=出售全价÷(1+5%)×5%		

表 2－8　个人转让其购买的住房的增值税税务处理

纳税人类别	住房类别		预缴税款	预征率	预缴税款地点	纳税申报	征收率或税率	纳税申报地点
个体工商户（可以是一般纳税人，也可以是小规模纳税人）	购买不足 2 年		全额预缴税款：预缴增值税＝出售全价÷(1＋5%)×5%	5%	住房所在地主管税务机关	全额缴税：应纳增值税＝出售全价÷(1＋5%)×5%－预缴增值税＝出售全价÷(1＋5%)×5%＝0	5% 征收率	机构所在地主管税务机关
	购买 2 年以上	北上广深 非普通住房	差额预缴税款：预缴增值税＝转让差额÷(1＋5%)×5%	5%		差额缴税：应纳增值税＝转让差额÷(1＋5%)×5%－预缴增值税＝转让差额÷(1＋5%)×5%＝0	5% 征收率	
		北上广深 普通住房	免税（预缴额为 0）	5%		免税	5% 征收率	
		其他地区		5%				
其他个人（一定是小规模纳税人）	购买不足 2 年		—			全额缴税：应纳增值税＝出售全价÷(1＋5%)×5%	5% 征收率	住房所在地主管税务机关
	购买 2 年以上	北上广深 非普通住房	—			差额缴税：应纳增值税＝转让差额÷(1＋5%)×5%	5% 征收率	
		北上广深 普通住房	—			免税		
		其他地区						

表2-9　一般纳税人出租不动产（不包括个体工商户中的一般纳税人出租住房）的增值税税务处理

出租不动产类别	计税方法	出租不动产的所在地	预缴税款	预征率	预缴税款地点	纳税申报	征收率或税率	纳税申报地点
单位中的一般纳税人出租2016年4月30日前取得的不动产，个体工商户中的一般纳税人出租2016年4月30日前取得的非住房不动产	选择简易计税	不动产所在地与机构所在地不在同一县（市）	全额预缴税款：预缴增值税=含税销售额÷(1+5%)×5%	5%	不动产所在地主管税务机关	全额缴税，抵减预缴税款：应纳增值税=含税销售额÷(1+5%)×5%－含税销售额÷(1+5%)×5%=0	5% 征收率	机构所在地主管税务机关
		不动产所在地与机构所在地在同一县（市）	—			全额缴税：应纳增值税=含税销售额÷(1+5%)×5%		
	选择一般计税	不动产所在地与机构所在地不在同一县（市）	全额预缴税款：预缴增值税=含税销售额÷(1+9%)×3%	3%	不动产所在地主管税务机关	全额缴税，抵减预缴税款：应纳增值税=含税销售额÷(1+9%)×9%－进项税额－含税销售额÷(1+9%)×3%	9% 税率	机构所在地主管税务机关
		不动产所在地与机构所在地在同一县（市）	—			全额缴税：应纳增值税=含税销售额÷(1+9%)×9%－进项税额		
单位中的一般纳税人出租2016年5月1日后取得的不动产，个体工商户中的一般纳税人出租2016年5月1日后取得的非住房不动产	一般计税	不动产所在地与机构所在地不在同一县（市）	全额预缴税款：预缴增值税=含税销售额÷(1+9%)×3%	3%	不动产所在地主管税务机关	全额缴税，抵减预缴税款：应纳增值税=含税销售额÷(1+9%)×9%－进项税额－含税销售额÷(1+9%)×3%	9% 税率	机构所在地主管税务机关
		不动产所在地与机构所在地在同一县（市）	—			全额缴税，应纳增值税=含税销售额÷(1+9%)×9%－进项税额		

表2-10　小规模纳税人出租不动产（不包括个人中的小规模纳税人出租住房）的增值税税务处理

出租不动产类别	出租不动产的所在地	预缴税款	预征率	预缴税款地点	纳税申报	征收率或税率	纳税申报地点
单位中的小规模纳税人、个体工商户中的小规模纳税人出租非住房不动产	不动产所在地与机构所在地不在同一县（市）	全额预缴税款：预缴增值税＝含税销售额÷(1+5%)×5%	5%	不动产所在地主管税务机关	全额缴税，抵减预缴税款：应纳增值税＝含税销售额÷(1+5%)×5%－预缴增值税＝含税销售额÷(1+5%)×5%－含税销售额÷(1+5%)×5%＝0	5%征收率	机构所在地主管税务机关
	不动产所在地与机构所在地在同一县（市）	—			全额缴税：应纳增值税＝含税销售额÷(1+5%)×5%	5%征收率	机构所在地主管税务机关
其他个人出租非住房不动产	无论不动产所在地与机构所在地是否在同一县（市）	—			全额缴税：应纳增值税＝含税销售额÷(1+5%)×5%	5%征收率	不动产所在地主管税务机关

表2-11 个人出租住房的增值税税务处理

出租不动产类别	出租不动产的所在地	预缴税款	预征率	预缴税款地点	纳税申报	征收率或税率	纳税申报地点
个体工商户中的一般纳税人出租住房	不动产所在地与机构所在地不在同一县（市）	全额预缴税款：预缴增值税=含税销售额÷(1+5%)×1.5%	5%减按1.5%	不动产所在地主管税务机关	全额缴税，抵减预缴税款：应纳增值税=含税销售额÷(1+5%)×1.5%-预缴增值税=含税销售额÷(1+5%)×1.5%-含税销售额÷(1+5%)×1.5%=0	5%征收率减按1.5%	机构所在地主管税务机关
	不动产所在地与机构所在地在同一县（市）		—		全额缴税：应纳增值税=含税销售额÷(1+5%)×1.5%	5%征收率减按1.5%	机构所在地主管税务机关
个体工商户中的小规模纳税人出租住房	不动产所在地与机构所在地不在同一县（市）	全额预缴税款：预缴增值税=含税销售额÷(1+5%)×1.5%	5%减按1.5%	不动产所在地主管税务机关	全额缴税，抵减预缴税款：应纳增值税=含税销售额÷(1+5%)×1.5%-预缴增值税=含税销售额÷(1+5%)×1.5%-含税销售额÷(1+5%)×1.5%=0	5%征收率减按1.5%	机构所在地主管税务机关
	不动产所在地与机构所在地在同一县（市）		—		全额缴税：应纳增值税=含税销售额÷(1+5%)×1.5%	5%征收率减按1.5%	机构所在地主管税务机关
其他个人（一定是小规模纳税人）出租住房	无论不动产所在地与机构所在地是否在同一县（市）		—		全额缴税：应纳增值税=含税销售额÷(1+5%)×1.5%	5%征收率减按1.5%	不动产所在地主管税务机关

表 2 - 12　房地产开发企业销售自行开发的房地产项目的增值税税务处理

纳税人的类别	预售房产类型	计税方法	预缴税款（若预售，则预缴；反之，不预缴）	预征率	预缴税款地点	纳税申报	征收率或税率	纳税申报地点
一般纳税人	自行开发老项目	选择适用简易计税	全额预缴税款：预缴增值税=预收款÷(1+5%)×3%	3%	主管税务机关	全额缴税，抵减预缴税款：应纳增值税=全部价款和价外费用÷(1+5%)×5%-预缴增值税=全部价款和价外费用÷(1+5%)×5%-预收款÷(1+5%)×3%	5%征收率	主管税务机关
一般纳税人	自行开发新项目	选择适用一般计税	全额预缴税款：预缴增值税=预收款÷(1+9%)×3%	3%	主管税务机关	差额缴税，抵减预缴税款：应纳增值税=（全部价款和价外费用-当期允许扣除的土地价款）÷(1+9%)×9%-进项税额-预缴增值税=（全部价款和价外费用-当期允许扣除的土地价款）÷(1+9%)×9%-进项税额-预收款÷(1+9%)×3%	9%税率	
小规模纳税人	自行开发老项目或者新项目	简易计税	全额预缴税款：预缴增值税=预收款÷(1+5%)×3%	3%		全额缴税，抵减预缴税款：应纳增值税=含税销售额÷(1+5%)×5%-预缴增值税=全部价款和价外费用÷(1+5%)×3%	5%征收率	

【知识链接】进口货物属于增值税征收范围，进口货物的增值税实际上是增值税进项税额。出口货物也属于增值税征收范围，出口货物的增值税实际上是增值税销项税额（一般计税方法下）或者应纳税额（简易计税方法下）。只不过，对出口货物增值税一般实行零税率，即对出口货物除了在出口环节不征增值税（销项税额或者应纳税额）外，还要将该产品在出口前相应的不能抵扣的进项税额按照税法规定的计算公式计算后予以退还。

进口货物计算增值税应纳税额的计算公式如下：

$$应纳增值税＝组成计税价格×增值税税率$$

式中，组成计税价格的计算公式如下：

（1）若进口货物不属于消费税应税消费品：

$$组成计税价格＝关税完税价格＋关税$$

（2）若进口货物属于消费税应税消费品：

1）实行从价定率办法计算纳税的组成计税价格的计算公式为：

$$组成计税价格＝关税完税价格＋关税＋消费税$$
$$＝(关税完税价格＋关税)÷(1－消费税比例税率)$$

2）实行从量定额办法计算纳税的组成计税价格的计算公式为：

$$组成计税价格＝关税完税价格＋关税＋消费税$$
$$＝关税完税价格＋关税$$
$$＋海关核定的应税消费品的进口数量×消费税定额税率$$

3）实行复合计税办法计算纳税的组成计税价格的计算公式为：

$$组成计税价格＝关税完税价格＋关税＋消费税$$
$$＝\left(关税完税价格＋关税＋海关核定的应税消费品的进口数量×消费税定额税率\right)$$
$$÷\left(1－消费税比例税率\right)$$

纳税人在计算进口货物的增值税时应注意以下问题：

（1）进口货物增值税的组成计税价格中包括已纳进口关税税额。如果进口货物属于消费税应税消费品，其组成计税价格中还要包括进口环节已纳消费税税额。

（2）按照《中华人民共和国海关法》和《中华人民共和国进出口关税条例》的规定，一般贸易项下进口货物的关税完税价格以海关审定的成交价格为基础的到岸价格作为完税价格。所谓成交价格，是指一般贸易项下进口货物的买方为购买该项货物向卖方实际支付或应当支付的价格；所谓到岸价格，是指货价加上货物运抵我国关境内输入地点起卸前的包装费、运费、保险费和其他劳务费等费用构成的一种价格。特殊贸易项下进口的货物，由于进口时没有成交价格可作依据，《进出口关税条例》对这些进口货物制定了确定其完税价格的具体办法。

【工作实例2-15】 甲企业为增值税一般纳税人，本年5月进口一批高档化妆品，关税完税价格为50万元。高档化妆品关税税率为20%，消费税税率为15%。

【工作要求】计算甲企业进口高档化妆品应纳增值税。

【工作实施】

进口高档化妆品应纳增值税=(关税完税价格＋关税)÷(1－消费税比例税率)×增值税税率
=(50＋50×20%)÷(1－15%)×13%＝9.18(万元)

【工作引例解析一】

(1) 业务(1)：外购货物用于集体福利，不属于增值税视同销售货物行为，相应的货物进项税额不得抵扣。

业务(2)：从增值税小规模纳税人处购进原材料，由于取得的是普通发票，因此不得抵扣原材料的进项税额，但是支付的运费取得了增值税专用发票，可以凭票抵扣进项税额，则

准予抵扣的进项税额＝16 000×9%＝1 440(元)

业务(5)：

应转出的进项税额＝5 600×13%＝728(元)

该企业当月准予抵扣的进项税额＝1 440－728＝712(元)

(2) 业务(3)：销售汽车装饰物品、提供汽车修理劳务、出租汽车，均属于增值税征收范围。

该企业当月的销项税额＝(20 000＋12 000＋6 200)×13%＝4 966(元)

(3) 业务(4)：

应纳增值税＝20 600÷(1＋3%)×2%＝400(元)

该企业当月应纳增值税合计＝4 966－712＋400＝4 654(元)

【工作引例解析二】

业务(2)：

进项税额＝2.6(万元)

业务(3)：

进项税额＝1.3(万元)

业务(4)：

销项税额＝16.9(万元)

业务（5）：

进项税额转出额＝3.9(万元)

业务（6）：

销项税额＝9(万元)

进项税额＝54.5÷(1＋9％)×9％＝4.5(万元)

业务（7）：

销项税额＝9(万元)

进项税额＝3.6＋30.9÷(1＋3％)×3％＝4.5(万元)

业务（8）：

进项税额＝3.9(万元)

销项税额合计＝16.9＋9＋9＝34.9(万元)

进项税额合计＝2.6＋1.3＋4.5＋4.5＋3.9＝16.8(万元)

进项税额转出额合计＝3.9(万元)

应纳增值税＝34.9－(16.8－3.9)＝22(万元)

其中

本月销售货物应纳增值税＝16.9－(2.6＋1.3＋3.9－3.9)＝13(万元)

本月提供服务应纳增值税＝(9＋9)－(4.5＋4.5)＝9(万元)

本月应纳增值税合计＝13＋9＝22(万元)

第3节 增值税出口退（免）税的计算

情境引例

我公司是一家外贸企业，不慎丢失增值税专用发票抵扣联，请问还能办理出口退税吗？

一、增值税出口退（免）税政策的认知

（一）出口货物或者劳务增值税退（免）税政策的认知

1. 出口货物或者劳务退（免）税基本政策的认知

目前，我国的出口货物或者劳务税收政策分为以下三种形式：

（1）出口免税并退税。出口免税是指对货物或者劳务在出口销售环节不征增值税、消费税，这是把货物或者劳务出口环节和出口前的销售环节都同样视为一个征税环节；出口退税是指对货物或者劳务在出口前实际承担的税收负担，按规定的退税率计算后予以退还。

（2）出口免税不退税。出口免税与上述第（1）项含义相同。出口不退税是指适用这一政策的出口货物或者劳务因在前一道生产、销售环节或进口环节是免税的，因此，出口时该货物或者劳务的价格中本身就不含税，也无须退税。

（3）出口不免税也不退税。出口不免税是指对国家限制或禁止出口的某些货物或者劳务的出口环节视同内销环节，照常征税；出口不退税是指对这些货物或者劳务出口不退还出口前其所负担的税款。

2. 出口货物或者劳务退（免）税办法种类的划分

适用增值税退（免）税政策的出口货物或者劳务，按照下列规定实行增值税免抵退税办法或免退税办法（又叫先征后退办法）。

（1）免抵退税办法。生产企业出口自产货物和视同自产货物及对外提供加工修理修配劳务，以及《财政部 国家税务总局关于出口货物劳务增值税和消费税政策的通知》（财税〔2012〕39 号）附件 5 列名生产企业出口非自产货物，免征增值税，相应的进项税额抵减应纳税额（不包括适用增值税即征即退、先征后退政策的应纳税额），未抵减完的部分予以退还。

（2）免退税办法。不具有生产能力的出口企业或其他单位出口货物或者劳务，免征增值税，相应的进项税额予以退还。

3. 出口货物或者劳务退（免）税计税依据的确定

出口货物或者劳务的增值税退（免）税的计税依据，按出口货物或者劳务的出口发票（外销发票）、其他普通发票或购进出口货物或者劳务的增值税专用发票、海关进口增值税专用缴款书确定。

（1）生产企业出口货物或者劳务（进料加工复出口货物除外）增值税退（免）税的计税依据，为出口货物或者劳务的实际离岸价（FOB）。实际离岸价应以出口发票上的离岸价为准，但如果出口发票不能反映实际离岸价，主管税务机关有权予以核定。

（2）对进料加工出口货物，企业应以出口货物人民币离岸价扣除出口货物耗用的保税进口料件金额的余额为增值税退（免）税的计税依据。保税进口料件是指海关以进料加工贸易方式监管的出口企业从境外和特殊区域等进口的料件，包括出口企业从境外单位或个人购买并从海关保税仓库提取且办理海关进料加工手续的料件，以及保税区外的出口企业从保税区内的企业购进并办理海关进料加工手续的进口料件。

（3）生产企业国内购进无进项税额且不计提进项税额的免税原材料加工后出口的货物的计税依据，按出口货物的离岸价（FOB）扣除出口货物所含的国内购进免税原材料的金额后确定。

（4）外贸企业出口货物（委托加工修理修配货物除外）增值税退（免）税的计税依

据，为购进出口货物的增值税专用发票注明的金额或海关进口增值税专用缴款书注明的完税价格。

（5）外贸企业出口委托加工修理修配货物增值税退（免）税的计税依据，为加工修理修配费用增值税专用发票注明的金额。外贸企业应将加工修理修配使用的原材料（进料加工海关保税进口料件除外）作价销售给受托加工修理修配的生产企业，受托加工修理修配的生产企业应将原材料成本并入加工修理修配费用开具发票。

（6）出口进项税额未计算抵扣的已使用过的设备增值税退（免）税的计税依据，按下列公式确定：

$$\frac{退（免）税}{计税依据} = \frac{增值税专用发票上的金额或海关进口}{增值税专用缴款书注明的完税价格}$$

$$\times \frac{已使用过的设备}{固定资产净值} \div \frac{已使用过的}{设备原值}$$

$$\frac{已使用过的设备}{固定资产净值} = \frac{已使用过的}{设备原值} - \frac{已使用过的设备}{已计提累计折旧}$$

已使用过的设备是指出口企业根据财务会计制度已经计提折旧的固定资产。

（7）免税品经营企业销售的货物增值税退（免）税的计税依据，为购进货物的增值税专用发票注明的金额或海关进口增值税专用缴款书注明的完税价格。

（8）中标机电产品增值税退（免）税的计税依据，生产企业为销售机电产品的普通发票注明的金额，外贸企业为购进货物的增值税专用发票注明的金额或海关进口增值税专用缴款书注明的完税价格。

（9）生产企业向海上石油天然气开采企业销售的自产的海洋工程结构物增值税退（免）税的计税依据，为销售海洋工程结构物的增值税普通发票注明的金额。

（10）输入特殊区域的水电气增值税退（免）税的计税依据为作为购买方的特殊区域内生产企业购进水（包括蒸汽）、电力、燃气的增值税专用发票注明的金额。

4. 出口货物或者劳务退（免）税退税率的判定

（1）退税率的一般规定。除财政部和国家税务总局根据国务院决定而明确的增值税出口退税率（以下称退税率）外，出口货物的退税率为其适用税率。国家税务总局根据上述规定将退税率通过出口货物劳务退税率文库予以发布，供征纳双方执行。退税率有调整的，除另有规定外，其执行时间以货物（包括被加工修理修配的货物）的出口货物报关单（出口退税专用）上注明的出口日期为准。自2019年4月1日起，原适用16%税率且出口退税率为16%的出口货物劳务，出口退税率调整为13%；原适用10%税率且出口退税率为10%的出口货物，出口退税率调整为9%。

（2）退税率的特殊规定。

1）外贸企业购进按简易计税办法征税的出口货物、从小规模纳税人购进出口货物，其退税率分别为简易计税办法实际执行的征收率、小规模纳税人征收率。上述出口货物取得增值税专用发票的，退税率按照增值税专用发票上的税率和出口货物退税率孰低的原则确定。

2）出口企业委托加工修理修配货物，其加工修理修配费用的退税率为出口货物的退税率。

3）中标机电产品、出口企业向海关报关进入特殊区域销售给特殊区域内生产企业生产耗用的列名原材料、输入特殊区域的水电气，其退税率为适用税率。如果国家调整列名原材料的退税率，列名原材料应当自调整之日起按调整后的退税率执行。

4）海洋工程结构物退税率的适用。具体范围根据财税〔2012〕39 号文附件 3 确定。

适用不同退税率的货物或者劳务，应分开报关、核算并申报退（免）税，未分开报关、核算或划分不清的，从低适用退税率。

（二）出口服务或者无形资产（统称跨境应税行为）增值税退（免）税政策的认知

1. 出口服务或者无形资产退（免）税基本政策的认知

出口服务或者无形资产（统称跨境应税行为）退（免）税分为出口免税（适用增值税免税政策）和出口免税并退税（适用增值税零税率）两种。

（1）出口服务或者无形资产免征增值税的项目。境内的单位和个人销售的免征增值税的服务或者无形资产，详见本章第 1 节"增值税的认知"。

（2）出口服务或者无形资产适用零税率增值税的项目。零税率增值税项目是指试点单位和个人提供的国际运输服务、航天运输服务、向境外单位提供的完全在境外消费的某些服务，以及财政部和国家税务总局规定的其他服务。

纳税人发生应税行为同时适用免税和零税率规定的，可以选择适用免税或者零税率。境内的单位和个人销售适用增值税零税率的服务或者无形资产的，可以放弃适用增值税零税率，选择免税或按规定缴纳增值税。放弃适用增值税零税率后，36 个月内不得再申请适用增值税零税率。

实行增值税退（免）税办法的增值税零税率服务或者无形资产不得开具增值税专用发票。

2. 出口服务或者无形资产退（免）税办法种类的划分

适用增值税退（免）税政策的出口服务或者无形资产，按照下列规定实行增值税免抵退税办法或免退税办法（又叫先征后退办法）。

（1）免抵退税办法。境内的单位和个人提供适用增值税零税率的服务或者无形资产，属于适用增值税一般计税方法的，生产企业实行免抵退税办法，外贸企业直接将服务或自行研发的无形资产出口，视同生产企业连同其出口货物统一实行免抵退税办法。

（2）免退税办法。外贸企业外购服务或者无形资产出口实行免退税办法。

另外，出口服务或者无形资产退（免）税有以下几项特殊规定：

（1）境内的单位和个人提供适用增值税零税率的服务或者无形资产，属于适用简易计税方法的，实行免征增值税办法。

（2）按照国家有关规定应取得相关资质的国际运输服务项目，纳税人取得相关资质的，适用增值税零税率政策；未取得的，适用增值税免税政策。

（3）境内的单位或个人提供程租服务，如果租赁的交通工具用于国际运输服务和港澳台运输服务，由出租方按规定申请适用增值税零税率。

（4）境内的单位和个人向境内单位或个人提供期租、湿租服务，如果承租方利用租赁的交通工具向其他单位或个人提供国际运输服务和港澳台运输服务，由承租方适用增值税零税率。境内的单位或个人向境外单位或个人提供期租、湿租服务，由出租方适用增值税零税率。

（5）境内单位和个人以无运输工具承运方式提供的国际运输服务，由境内实际承运人适用增值税零税率；无运输工具承运业务的经营者适用增值税免税政策。

3. 出口服务或者无形资产退（免）税计税依据的确定

（1）实行免抵退税办法的零税率服务或者无形资产免抵退税计税依据。

1）以铁路运输方式载运旅客的，为按照铁路合作组织清算规则清算后的实际运输收入。

2）以铁路运输方式载运货物的，为按照铁路运输进款清算办法，对"发站"或"到站（局）"名称包含"境"字的货票上注明的运输费用以及直接相关的国际联运杂费清算后的实际运输收入。

3）以航空运输方式载运货物或旅客的，如果国际运输或港澳台运输各航段由多个承运人承运，为中国航空结算有限责任公司清算后的实际收入；如果国际运输或港澳台运输各航段由一个承运人承运，为提供航空运输服务取得的收入。

4）其他实行免抵退税办法的增值税零税率服务或者无形资产，为提供增值税零税率服务或者无形资产取得的收入。

（2）外贸企业兼营的零税率服务或者无形资产免退税计税依据。

1）从境内单位或者个人购进出口零税率服务或者无形资产的，为取得提供方开具的增值税专用发票上注明的金额。

2）从境外单位或者个人购进出口零税率服务或者无形资产的，为取得的解缴税款的完税凭证上注明的金额。

（3）核定的出口价格作为计税依据计算退（免）税的情况。如果主管税务机关认定出口价格偏高，有权按照核定的出口价格计算退（免）税，核定的出口价格低于外贸企业购进价格的，低于部分对应的进项税额不予退税，转入成本。

4. 出口服务或者无形资产退税率的判定

出口服务或者无形资产的退税率为其按照销售服务或者无形资产规定适用的增值税税率。

【特别提示】（1）原适用16%税率且出口退税率为16%的出口货物劳务，出口退税率调整为13%；原适用10%税率且出口退税率为10%的出口货物、跨境应税行为，出口退税率调整为9%。

2019年6月30日前（含2019年4月1日前），纳税人出口上述货物劳务、发生上述跨境应税行为，适用增值税免退税办法的，如果购进时已按调整前税率征收增值税，执行调整前的出口退税率，如果购进时已按调整后税率征收增值税，执行调整后的出口退税率；适用增值税免抵退税办法的，执行调整前的出口退税率，在计算免抵退税时，如果适用税率低于出口退税率，适用税率与出口退税率之差视为零参与免抵退税计算。

出口退税率的执行时间及出口货物劳务、发生跨境应税行为的时间，按照以下规定执行：报关出口的货物劳务（保税区及经保税区出口除外），以海关出口报关单上注明的出口日期为准；非报关出口的货物劳务、跨境应税行为，以出口发票或普通发票的开具时间为准；保税区及经保税区出口的货物，以货物离境时海关出具的出境货物备案清单上注明的出口日期为准。

（2）适用13％税率的境外旅客购物离境退税物品，退税率为11％；适用9％税率的境外旅客购物离境退税物品，退税率为8％。

2019年6月30日前，按调整前税率征收增值税的，执行调整前的退税率；按调整后税率征收增值税的，执行调整后的退税率。

退税率的执行时间，以退税物品增值税普通发票的开具日期为准。

二、出口货物或者劳务增值税退（免）税的计算

（一）出口货物或者劳务增值税免抵退税的计算

以出口货物为例，生产企业自营或委托外贸企业代理出口的自产货物，除另有规定外，增值税一律实行免抵退税办法。免是指对生产企业出口的自产货物，免征本企业生产销售环节增值税（指的是免征出口销售环节的增值税销项税）；抵是指生产企业出口自产货物所耗用的原材料、零部件、燃料、动力等所含应予退还的进项税额，先抵顶内销货物的应纳税额（指的是内销产品销项税额－内销产品进项税额－上期留抵税额）；退是指生产企业出口的自产货物，在当月内应抵顶的进项税额大于内销货物的应纳税额时，对未抵顶完的进项税额部分按规定予以退税。

免抵退税办法的计算步骤如下：

第一步：免。

免征生产销售环节的增值税（即出口货物时免征增值税销项税）。

第二步：剔。

$$
\begin{aligned}
\text{当期免抵退税不得免征和抵扣} \atop \text{税额（属于进项税转出额）} &= {\text{当期出口货物} \atop \text{离岸价格}} \times {\text{外汇人民币} \atop \text{牌价}} \times \left({\text{出口货物} \atop \text{征税率}} - {\text{出口货物} \atop \text{退税率}}\right) \\
&\quad - \text{当期免抵退税不得免征和抵扣税额抵减额}
\end{aligned}
$$

$$
{\text{当期免抵退税不得免征} \atop \text{和抵扣税额抵减额}} = {\text{当期免税购进} \atop \text{原材料价格}} \times (\text{出口货物征税率} - \text{退税率})
$$

第三步：抵。

$$
{\text{当期} \atop \text{应纳税额}} = {\text{当期内销货物的} \atop \text{销项税额}} - \left({\text{当期全部} \atop \text{进项税额}} - {\text{当期免抵退税不得} \atop \text{免征和抵扣的税额}}\right) - {\text{上期} \atop \text{留抵税额}}
$$

若当期应纳税额≥0，则不涉及退税，但涉及免抵税；若当期应纳税额＜0，则其绝对值便为当期期末退税前的留抵税额。

第四步：退。

首先计算免抵退税总额：

$$当期免抵退税额＝当期出口货物离岸价格×外汇人民币牌价×出口货物退税率$$
$$－当期免抵退税额抵减额$$

$$当期免抵退税额抵减额＝当期免税购进原材料价格×出口货物退税率$$

其次运用孰低原则确定出口退税额，并确定退税之外的免抵税额：

（1）若当期应纳税额＜0，且当期期末退税前的留抵税额≤当期免抵退税额：

当期应退税额＝当期期末退税前的留抵税额

当期免抵税额＝当期免抵退税额－当期应退税额

当期期末退税后的留抵税额＝0

（2）若当期应纳税额＜0，且当期期末退税前的留抵税额＞当期免抵退税额：

当期应退税额＝当期免抵退税额

当期免抵税额＝0

当期期末退税后的留抵税额＝当期期末退税前的留抵税额－当期应退税额

（3）若当期应纳税额≥0：

当期期末退税前的留抵税额＝0

当期应退税额＝0

当期免抵税额＝当期免抵退税额

当期期末退税后的留抵税额＝0

【工作实例2-16】 甲生产企业为增值税一般纳税人，具有进出口经营权，本年5月发生以下业务：进口货物，海关审定的关税完税价格为500万元，关税税率为10%，海关代征了进口环节增值税。进料加工免税进口料件一批，海关暂免征税，予以放行，组成计税价格为100万元，从国内市场购进材料支付的价款为1 400万元（不含增值税），取得的增值税专用发票上注明的增值税税额为182万元。外销进料加工货物的离岸价为1 000万元。内销货物的销售额为1 200万元（不含税）。该企业适用免抵退税办法，上期留抵税额为60万元。上述货物内销时均适用13%的增值税税率，出口退税率为9%。

【工作要求】 计算回答下列问题：

（1）计算甲企业当期免抵退税不得免征和抵扣税额。

（2）计算甲企业当期应纳税额。

（3）计算甲企业当期免抵退税额。

（4）计算甲企业当期应退税额、当期免抵税额及当期期末留抵税额。

【工作实施】

（1）当期免抵退税不得免征和抵扣税额抵减额＝100×（13％－9％）＝4（万元）

当期免抵退税不得免征和抵扣税额＝1 000×（13％－9％）－4＝36（万元）

（2）当期应纳税额＝1 200×13％－[182＋500×（1＋10％）×13％－36]－60

＝－121.5（万元）

当期期末退税前的留抵税额＝121.5（万元）

（3）当期免抵退税额抵减额＝100×9％＝9（万元）

当期免抵退税额＝1 000×9％－9＝81（万元）

（4）当期期末退税前的留抵税额 121.5 万元＞当期免抵退税额 81 万元，则

当期应退税额＝当期免抵退税额＝81（万元）

当期免抵税额＝0

当期期末退税后的留抵税额＝121.5－81＝40.5（万元）

（二）出口货物或者劳务增值税免退税的计算

以出口货物为例，免退即先征后退，是指出口货物在生产（购货）环节按规定缴纳增值税（指的是进项税），货物出口环节免征增值税（销项税），货物出口后由外贸企业（指收购货物后出口的外贸出口企业）向主管出口退税的税务机关申请办理出口货物的退税。该办法目前主要适用于外贸出口企业。

（1）外贸企业出口委托加工修理修配货物以外的货物。

$$\text{当期应退税额}=\text{购进出口货物的增值税专用发票或海关进口增值税专用缴款书注明的金额}\times\text{出口货物退税率}$$

（2）外贸企业出口委托加工修理修配货物。

当期应退税额＝加工修理修配费用增值税专用发票注明的金额×出口货物退税率

退税率低于适用税率的，相应计算出的差额部分的税款为不予退税金额，需作进项税额转出处理，计入出口货物劳务成本。

$$\text{当期不予退税金额（进项税额转出额）}=\text{购进出口货物的增值税专用发票或海关进口增值税专用缴款书注明的金额或加工修理修配费用增值税专用发票注明的金额}\times(\text{出口货物征税率}-\text{出口货物退税率})$$

【情境引例解析】

根据《国家税务总局关于外贸企业丢失增值税专用发票抵扣联出口退税有关问题的通知》（国税函〔2010〕162 号）第二条的规定，外贸企业丢失已开具增值税专用发票抵扣联的，在增值税专用发票认证相符后，可凭增值税专用发票发票联复印件向主管出口退税的税务机关申报出口退税。

【工作实例 2-17】　乙公司为增值税一般纳税人，具有进出口经营权，本年 5

月从某日用化妆品公司购进出口用护发用品1 000箱，取得增值税专用发票，注明价款200万元，进项税额26万元，货款已用银行存款支付。当月该批产品已全部出口，售价为每箱180美元（当日汇率为1美元＝6.8元人民币），申请退税的单证齐全。该护发用品增值税退税率为9％。

【工作要求】 计算回答下列问题：

（1）计算乙公司当期应退增值税。

（2）计算乙公司当期增值税进项税额转出额。

【工作实施】

（1）当期应退增值税＝200×9％＝18(万元)

（2）当期增值税进项税额转出额＝26－18＝8(万元)

三、出口服务或者无形资产退（免）税的计算

（一）出口服务或者无形资产增值税免抵退税的计算

境内的单位和个人提供适用增值税零税率的服务或者无形资产，属于适用增值税一般计税方法的，生产企业实行免抵退税办法。外贸企业直接将服务或自行研发的无形资产出口，视同生产企业连同其出口货物统一实行免抵退税办法。

按照纳税人是否兼营货物或者劳务出口，零税率服务或者无形资产增值税免抵退税纳税人可分为专营零税率服务或者无形资产纳税人、兼营货物或者劳务出口的零税率服务或者无形资产纳税人。

1. 专营零税率服务或者无形资产纳税人免抵退增值税的计算

专营零税率服务或者无形资产免抵退税的计算程序和方法如下。

（1）当期应纳税额的计算。

当期应纳税额＝当期销项税额－当期进项税额－上期留抵税额

若当期应纳税额≥0，则不涉及退税，但涉及免抵税；若当期应纳税额＜0，则其绝对值便为当期期末退税前的留抵税额。

（2）零税率服务或者无形资产当期免抵退税额的计算。

当期零税率服务或者无形资产免抵退税额＝当期零税率服务或者无形资产免抵退税计税价格×外汇人民币牌价×零税率服务或者无形资产增值税退税率

（3）当期应退税额和当期免抵税额的计算。

1）若当期应纳税额＜0，且当期期末退税前的留抵税额≤当期免抵退税额：

当期应退税额＝当期期末退税前的留抵税额

当期免抵税额＝当期免抵退税额－当期应退税额

当期期末退税后的留抵税额＝0

2）若当期应纳税额＜0，且当期期末退税前的留抵税额＞当期免抵退税额：

当期应退税额＝当期免抵退税额

当期免抵税额＝0

当期期末退税后的留抵税额＝当期期末退税前的留抵税额－当期应退税额

3）若当期应纳税额≥0：

当期期末退税前的留抵税额＝0

当期应退税额＝0

当期免抵税额＝当期免抵退税额

当期期末退税后的留抵税额＝0

当期期末退税前的留抵税额为当期增值税纳税申报表中的"期末留抵税额"。

【理论答疑】与出口货物免抵退税办法相比，零税率服务和无形资产免抵退税办法有什么特点？

答：与出口货物免抵退税办法相比，由于服务和无形资产的退税率等于征税率，因此在计算出口退税时，没有"剔"的步骤，导致公式有所简化，实际上计算公式的原理是一样的。

【工作实例2-18】　山西甲安装设计公司为增值税一般纳税人，不符合增值税加计抵减政策，已办理出口退（免）税认定手续，设计服务的征退税率为6%，期初留抵税额为1万元。本年7月和8月发生如下业务：

（1）7月10日，为山东乙公司提供安装服务，开具增值税专用发票，注明金额200万元、税额18万元，款项未收。

（2）7月15日，为法国的一家企业提供设计服务，《技术出口合同登记证》上的成交价格为10万欧元，7月1日欧元对人民币的汇率中间价为8.0；7月18日收到法国客户支付的全部设计费，该项设计服务的部分业务由山西的丙设计公司承担，当日甲设计公司就该设计服务支付丙设计公司设计费26.5万元（含税），并取得丙设计公司开具的增值税专用发票，注明金额25万元、税额1.5万元。

（3）7月12日，购进一台专用设备，取得增值税专用发票，注明金额120万元、税额15.6万元，设备款转账付讫。

（4）7月20日，支付北京市某律师事务所（增值税一般纳税人）法律顾问费，取得增值税专用发票，注明金额70万元、税额4.2万元，顾问费转账付讫30万元。

（5）8月8日，甲设计公司向主管税务机关办理了免抵退税申报，8月25日收到税务机关审批的汇总表。

（6）8月27日，收到退税款。

【工作要求】计算甲设计公司上述业务的出口退税额。

【工作实施】

（1）当期应纳税额＝18－（1.5＋15.6＋4.2）－1＝－4.3（万元）

当期期末退税前的留抵税额=4.3(万元)

（2）当期免抵退税额=10×8×6%=4.8(万元)

（3）当期期末退税前的留抵税额4.3万元<当期免抵退税额4.8万元，则

当期应退税额=当期期末退税前的留抵税额=4.3(万元)

当期免抵税额=4.8-4.3=0.5(万元)

当期期末退税的留抵税额=0

【工作实例2-19】 接工作实例2-18，其他业务不变，假设期初留抵税额为5.5万元。

【工作要求】 计算甲设计公司以上业务的出口退税额。

【工作实施】

（1）当期应纳税额=18-(1.5+5.6+4.2)-5.5=-8.8(万元)

当期期末退税前的留抵税额=8.8(万元)

（2）当期免抵退税额=10×8×6%=4.8(万元)

（3）当期期末退税前的留抵税额8.8万元>当期免抵退税额4.8万元，则

当期应退税额=当期免抵退税额=4.8(万元)

当期免抵税额=4.8-4.8=0

当期期末退税后的留抵税额=8.8-4.8=4(万元)

【工作实例2-20】 接工作实例2-18，其他业务不变，假设本年1月的进项税额共16.5万元，期初留抵税额为1万元。

【工作要求】 计算甲设计公司以上业务的出口退税额。

【工作实施】

（1）当期应纳税额=18-16.5-1=0.5(万元)

当期期末退税前的留抵税额=0

（2）当期免抵退税额=10×8×6%=4.8(万元)

（3）当期期末留抵税额0<当期免抵退税额4.8万元，则

当期应退税额=0

当期免抵税额=4.8-0=4.8(万元)

当期期末退税后的留抵税额=0

2. 兼营货物或者劳务出口的零税率服务或者无形资产纳税人免抵退增值税的计算

实行免抵退税办法的增值税零税率服务或者无形资产提供者如果同时出口货物或者劳务（劳务指对外加工修理修配劳务，下同）且未分别核算的，应一并计算免抵退税。税务机关在审批时，应按照增值税零税率服务或者无形资产、出口货物或者劳务免抵退税额的比例划分其退税额和免抵税额。

以兼营出口货物为例，出口货物征税率和退税率不一致，产生免抵退税不得免征和

抵扣税额，出口货物必须在出口业务单证齐全和系统信息齐全的条件下方可办理申报，两个因素共同影响出口退税免抵退增值税的计算。

兼营货物出口的零税率服务或者无形资产纳税人免抵退税的计算公式调整如下：

（1）当期应纳税额的计算。

$$\begin{array}{c}当期应纳\\税额\end{array}=\begin{array}{c}当期内销货物、服务或者\\无形资产的销项税额\end{array}-\left(\begin{array}{c}当期进项\\税额\end{array}-\begin{array}{c}当期出口货物免抵退税\\不得免征和抵扣税额\end{array}\right)-\begin{array}{c}上期留抵\\进项税额\end{array}$$

式中

$$\begin{array}{c}当期出口货物免抵退税\\不得免征和抵扣税额\end{array}=\begin{array}{c}当期出口\\货物离岸价\end{array}\times\begin{array}{c}外汇人民币\\牌价\end{array}\times\left(\begin{array}{c}出口货物\\征税率\end{array}-\begin{array}{c}出口货物\\退税率\end{array}\right)$$
$$-当期出口货物免抵退税不得免征和抵扣税额抵减额$$

$$\begin{array}{c}当期出口货物免抵退税\\不得免征和抵扣税额抵减额\end{array}=\begin{array}{c}免税购进\\原材料价格\end{array}\times\left(\begin{array}{c}出口货物\\征税率\end{array}-\begin{array}{c}出口货物\\退税率\end{array}\right)$$

若当期应纳税额≥0，则不涉及退税，但涉及免抵税；若当期应纳税额<0，则其绝对值便为当期期末退税前的留抵税额。

（2）当期免抵退税额的计算。

$$\begin{array}{c}当期免抵\\退税额\end{array}=当期零税率服务或者无形资产免抵退税额+当期出口货物免抵退税额$$
$$=\begin{array}{c}当期零税率服务或者无形\\资产免抵退税计税价格\end{array}\times\begin{array}{c}外汇人民币\\牌价\end{array}\times\begin{array}{c}零税率服务或者\\无形资产退税率\end{array}$$
$$+\left(\begin{array}{c}当期出口货物的\\离岸价格\end{array}\times\begin{array}{c}外汇人民币\\牌价\end{array}\times\begin{array}{c}出口货物\\退税率\end{array}-\begin{array}{c}当期出口货物\\免抵退税额抵减额\end{array}\right)$$

式中　　当期出口货物免抵退税额抵减额＝免税购进原材料价格×出口货物退税率

（3）当期应退税额和当期免抵税额的计算。

1）若当期应纳税额<0，且当期期末退税前的留抵税额≤当期免抵退税额：

当期应退税额＝当期期末退税前的留抵税额

当期免抵税额＝当期免抵退税额－当期应退税额

当期期末退税后的留抵税额＝0

2）若当期应纳税额<0，且当期期末退税前的留抵税额>当期免抵退税额：

当期应退税额＝当期免抵退税额

当期免抵税额＝0

当期期末退税后的留抵税额＝当期期末退税前的留抵税额－当期应退税额

3）若当期应纳税额≥0：

当期期末退税前的留抵税额＝0

当期应退税额＝0

当期免抵税额＝当期免抵退税额

当期期末退税后的留抵税额＝0

【工作实例2-21】 山东甲物流公司主要从事仓储、运输、港口以及货物销售等业务，为增值税一般纳税人，具有进出口经营权，并办理了出口退（免）税认定手续。本年5—7月发生如下业务：

（1）5月1日，接受日本一家国际货物运输代理公司的委托，从青岛承运一批重型设备到悉尼，承运合同的运费金额为120万美元，运输费用已全部收讫。

（2）5月4—8日，共报关出口一批外协生产的A产品120万美元。

（3）5月10日，支付联运方含税运输费用327万元，银行转账付讫，且收到对方开具的增值税专用发票，注明运费金额300万元、税额27万元。

（4）5月25日，取得国内不含税运输收入250万元，销项税额为22.5万元；支付当月的油料费，取得增值税专用发票，注明金额300万元、税额39万元。

（5）5月30日，当月出口产品中出口单证全部收齐并且信息齐全的只有70万美元。

（6）6月25日，收到主管税务机关审批的免抵退税申报汇总表。

（7）7月2日，开户行通知收到退税款。

假设5月1日美元对人民币汇率中间价为6.30，A产品的征税率为13%，退税率为12%，运输服务的征退税率为9%，上期留抵税额为1万元。

【工作要求】 计算甲物流公司以上业务的出口退税额。

【工作实施】

（1）当期免抵退税不得免征和抵扣税额抵减额＝0

当期免抵退税不得免征和抵扣税额＝120×6.3×(13%－12%)＝7.56(万元)

当期应纳税额＝22.5－(27＋39－7.56)－1＝－36.94(万元)

当期期末退税前的留抵税额＝36.94(万元)

（2）当期免抵退税额＝70×6.3×12%＋120×6.3×9%＝120.96(万元)

（3）当期期末留抵税额36.94万元＜当期免抵退税额120.96万元，则

当期应退税额＝当期期末退税前的留抵税额＝36.94(万元)

当期免抵税额＝120.96－36.94＝84.02(万元)

当期期末退税后的留抵税额＝0

（二）出口服务或者无形资产增值税免退税的计算

外贸企业外购服务或者无形资产出口免退税，又叫外贸企业兼营零税率服务或者无形资产出口免退税。

境内的单位和个人提供适用增值税零税率的服务或者无形资产，属于适用增值税一般计税方法的，外贸企业外购服务或者无形资产出口实行免退税办法。外贸企业外购服务或者无形资产出口时免征增值税，其对应的外购服务或者无形资产的进项税额予以退还。外贸企业外购服务或者无形资产出口免退税的计算公式为：

$$\frac{外贸企业外购服务或者}{无形资产出口应退税额}=\frac{外贸企业外购服务或者无形}{资产出口免退税计税依据}\times\frac{零税率服务或者无形}{资产增值税退税率}$$

**【工作实例 2－22】**　甲公司是一家外贸企业，为增值税一般纳税人。本年 10 月甲公司从国内乙公司外购一批产品，该产品的购买价为 452 000 元（取得乙公司开具的增值税专用发票，注明金额 400 000 元、税额 52 000 元），然后甲公司以 600 000 元的价格出口给韩国丙公司。该产品的出口退税率为 9%。另外甲公司外购国内丁设计公司服务 106 000 元（取得丁设计公司开具的增值税专用发票，注明金额 100 000 元、税额 6 000 元），然后甲公司以 120 000 元的价格出口给日本戊公司。

【工作要求】计算甲公司上述业务的出口退税额。

【工作实施】

出口货物应退税额＝400 000×9%＝36 000（元）

出口服务应退税额＝100 000×6%＝6 000（元）

第 4 节　增值税的征收管理

情境引例

　　我公司本年 1 月销售一批货物，因为业务需要，当月尚未收到货款就已开具发票。请问我公司当月需要针对该项业务申报缴纳增值税吗？

一、增值税的征收管理要求

（一）增值税的纳税义务发生时间

1. 增值税纳税义务发生时间的基本规定

（1）销售货物、劳务、服务、无形资产或者不动产，其增值税纳税义务发生时间为收讫销售款项或者取得索取销售款项凭据的当天；先开具发票的，为开具发票的当天。

（2）进口货物，其增值税纳税义务发生时间为报关进口的当天。

（3）增值税扣缴义务发生时间为纳税人增值税纳税义务发生的当天。

2. 增值税纳税义务发生时间的具体规定

（1）采取直接收款方式销售货物的，不论货物是否发出，其增值税纳税义务发生时间均为收到销售款项或取得索取销售款项凭据的当天。销售应税劳务，其增值税纳税义务发生时间为提供劳务同时收讫销售款项或者取得索取销售款项凭据的当天。

【点拨指导】纳税人生产经营活动中采取直接收款方式销售货物，已将货物移送对方并暂估销售收入入账，但既未取得销售款项或取得索取销售款项凭据也未开具销售发票的，其增值税纳税义务发生时间为取得销售款项或取得索取销售款项凭据的当天；先开具发票的，为开具发票的当天。

（2）纳税人发生销售服务、无形资产或者不动产行为的，其增值税纳税义务发生时间为收讫销售款项或者取得索取销售款项凭据的当天；先开具发票的，为开具发票的当天。

【点拨指导】取得索取销售款项凭据的当天是指书面合同确定的付款日期；未签订书面合同或者书面合同未确定付款日期的，为服务、无形资产转让完成的当天或者不动产权属变更的当天。

（3）采取托收承付和委托银行收款方式销售货物的，其增值税纳税义务发生时间为发出货物并办妥托收手续的当天。

（4）采取赊销和分期收款方式销售货物的，其增值税纳税义务发生时间为书面合同约定的收款日期的当天；无书面合同的或者书面合同没有约定收款日期的，为货物发出的当天。

（5）采取预收货款方式销售货物的，其增值税纳税义务发生时间为货物发出的当天，但生产销售生产工期超过12个月的大型机械设备、船舶、飞机等货物，为收到预收款或者书面合同约定的收款日期的当天。

纳税人提供租赁服务采取预收款方式的，其增值税纳税义务发生时间为收到预收款的当天。

（6）纳税人提供建筑服务取得预收款，应在收到预收款时，以取得的预收款扣除支付的分包款后的余额，按照规定的预征率预缴增值税。按照现行规定应在建筑服务发生地预缴增值税的项目，纳税人收到预收款时在建筑服务发生地预缴增值税。按照现行规定无须在建筑服务发生地预缴增值税的项目，纳税人收到预收款时在机构所在地预缴增值税。适用一般计税方法计税的项目预征率为2%，适用简易计税方法计税的项目预征率为3%。

（7）委托其他纳税人代销货物的，其增值税纳税义务发生时间为收到代销单位的代销清单或者收到全部或部分货款的当天；未收到代销清单及货款的，为发出代销货物满180天的当天。

（8）纳税人从事金融商品转让的，其增值税纳税义务发生时间为金融商品所有权转移的当天。

（9）证券公司、保险公司、金融租赁公司、证券基金管理公司、证券投资基金以及其他经中国人民银行、银保监会、证监会批准成立且经营金融保险业务的机构发放贷款后，自结息日起90天内发生的应收未收利息按现行规定缴纳增值税；自结息日起90天后发生的应收未收利息暂不缴纳增值税，待实际收到利息时按规定缴纳增值税。

（10）纳税人提供建筑服务，被工程发包方从应支付的工程款中扣押的质押金、保证金，未开具发票的，以纳税人实际收到质押金、保证金的当天为增值税纳税义务发生时间。

（11）纳税人发生视同销售货物行为（不包括代销行为），其增值税纳税义务发生时间为货物移送的当天。纳税人发生视同销售服务、无形资产或者不动产行为的，其增值税纳税义务发生时间为销售服务、无形资产或者不动产权属变更的当天。

【情境引例解析】

根据《增值税暂行条例》第十九条的规定，销售货物或者应税劳务的增值税纳税义务发生时间，为收讫销售款项或者取得索取销售款项凭据的当天；先开具发票的，为开具发票的当天。因此，你公司未收款而先开具发票时，便应确认为增值税纳税义务发生并申报缴纳增值税。

【理论答疑】单用途商业预付卡（以下称单用途卡）业务应当如何进行税务处理？

答：单用途卡业务应当按照以下规定执行：

（1）单用途卡发卡企业或者售卡企业（以下统称售卡方）销售单用途卡，或者接受单用途卡持卡人充值取得的预收资金，不缴纳增值税。售卡方可按照相关规定，向购卡人、充值人开具增值税普通发票，不得开具增值税专用发票。

单用途卡是指发卡企业按照国家有关规定发行的，仅限于在本企业、本企业所属集团或者同一品牌特许经营体系内兑付货物或者服务的预付凭证。

发卡企业是指按照国家有关规定发行单用途卡的企业。售卡企业是指集团发卡企业或者品牌发卡企业指定的，承担单用途卡销售、充值、挂失、换卡、退卡等相关业务的本集团或同一品牌特许经营体系内的企业。

（2）售卡方因发行或者销售单用途卡并办理相关资金收付结算业务取得的手续费、结算费、服务费、管理费等收入，应按照现行规定缴纳增值税。

（3）持卡人使用单用途卡购买货物或服务时，货物或者服务的销售方应按照现行规定缴纳增值税，且不得向持卡人开具增值税发票。

（4）销售方与售卡方不是同一纳税人的，销售方在收到售卡方结算的销售款时，应向售卡方开具增值税普通发票，并在备注栏注明"收到预付卡结算款"，不得开具增值税专用发票。

售卡方从销售方取得的增值税普通发票，作为其销售单用途卡或接受单用途卡充值取得预收资金不缴纳增值税的凭证，留存备查。

【理论答疑】支付机构预付卡（以下称多用途卡）业务应当如何进行税务处理？

答：多用途卡业务应当按照以下规定执行：

（1）支付机构销售多用途卡取得的等值人民币资金，或者接受多用途卡持卡人充值取得的充值资金，不缴纳增值税。支付机构可按照相关规定，向购卡人、充值人开具增值税普通发票，不得开具增值税专用发票。

支付机构是指取得中国人民银行核发的《支付业务许可证》，获准办理预付卡发行与受理业务的发卡机构和获准办理预付卡受理业务的受理机构。

多用途卡是指发卡机构以特定载体和形式发行的、可在发卡机构之外购买货物或服务的预付价值。

（2）支付机构因发行或者受理多用途卡并办理相关资金收付结算业务取得的手续费、结算费、服务费、管理费等收入，应按照现行规定缴纳增值税。

（3）持卡人使用多用途卡，向与支付机构签署合作协议的特约商户购买货物或服务，特约商户应按照现行规定缴纳增值税，且不得向持卡人开具增值税发票。

（4）特约商户收到支付机构结算的销售款时，应向支付机构开具增值税普通发票，并在备注栏注明"收到预付卡结算款"，不得开具增值税专用发票。

支付机构从特约商户取得的增值税普通发票，作为其销售多用途卡或接受多用途卡充值取得预收资金不缴纳增值税的凭证，留存备查。

（二）增值税的纳税期限

增值税的纳税期限分为1日、3日、5日、10日、15日、1个月或者1个季度。纳税人的具体纳税期限，由主管税务机关根据纳税人应纳税额的大小分别核定。以1个季度为纳税期限的规定适用于小规模纳税人、银行、财务公司、信托投资公司、信用社，以及财政部和国家税务总局规定的其他纳税人。不能按照固定期限纳税的，可以按次纳税。

纳税人以1个月或者1个季度为一个纳税期的，自期满之日起15日内申报纳税；以1日、3日、5日、10日或者15日为一个纳税期的，自期满之日起5日内预缴税款，于次月1日起15日内申报纳税并结清上月应纳税款。

扣缴义务人解缴税款的期限，按照上述规定执行。

（三）增值税的纳税地点

1. 原增值税纳税人增值税的纳税地点

（1）固定业户应当向其机构所在地主管税务机关申报纳税。总机构和分支机构不在同一县（市）的，应当分别向各自所在地主管税务机关申报纳税；经国务院财政、税务主管部门或者其授权的财政、税务机关批准，可以由总机构汇总向总机构所在地主管税务机关申报纳税。

固定业户到外县（市）销售货物或者劳务，应当向其机构所在地主管税务机关报告外出经营事项，并向其机构所在地主管税务机关申报纳税；未报告的，应当向销售地或者劳务发生地的主管税务机关申报纳税；未向销售地或劳务发生地的主管税务机关申报纳税的，由其机构所在地主管税务机关补征税款。

（2）非固定业户销售货物或者应税劳务，应当向其销售地或者劳务发生地的主管税务机关申报纳税；未向销售地或者劳务发生地的主管税务机关申报纳税的，由其机构所在地或者居住地主管税务机关补征税款。

（3）进口货物，应当向报关地海关申报纳税。

（4）扣缴义务人应当向其机构所在地或者居住地的主管税务机关申报缴纳其扣缴的税款。

2. 营改增试点纳税人增值税的纳税地点

（1）固定业户应当向其机构所在地或者居住地主管税务机关申报纳税。总机构和分支机构不在同一县（市）的，应当分别向各自所在地的主管税务机关申报纳税；经财政部和国家税务总局或者其授权的财政、税务机关批准，可以由总机构汇总向总机构所在地的主管税务机关申报纳税。

（2）非固定业户应当向应税行为发生地主管税务机关申报纳税；未申报纳税的，由其机构所在地或者居住地主管税务机关补征税款。

（3）原以地市一级机构汇总缴纳营业税的金融机构，营改增后继续以地市一级机构汇总缴纳增值税。

同一省（自治区、直辖市、计划单列市）范围内的金融机构，经省（自治区、直辖市、计划单列市）税务局和财政厅（局）批准，可以由总机构汇总向总机构所在地的主管税务机关申报缴纳增值税。

（4）其他个人提供建筑服务，销售或者租赁不动产，转让自然资源使用权，应向建筑服务发生地、不动产所在地、自然资源所在地主管税务机关申报纳税。

（5）扣缴义务人应当向其机构所在地或者居住地主管税务机关申报缴纳扣缴的税款。

二、增值税的纳税申报

（一）增值税一般纳税人增值税的纳税申报

1. 申报及缴纳程序

一般纳税人办理纳税申报，需要经过发票认证、抄报税、纳税申报、税款缴纳、清卡解锁等程序。

（1）发票认证。增值税一般纳税人本期申报抵扣的增值税专用发票必须先进行认证，纳税人可以持增值税专用发票的抵扣联在办税服务厅认证窗口认证，或进行远程认证（指的是网上增值税专用发票认证）。网上增值税专用发票认证是指增值税一般纳税人月底前使用扫描仪采集专用发票抵扣联票面信息，扫入认证专用软件（增值税发票抵扣联企业信息采集系统），生成电子数据，通过互联网报送税务机关，由税务机关进行解密认证，并将认证结果信息返回纳税人的一种专用发票认证方式。税务机关认证后，向纳税人下达"认证结果通知书"和"认证结果清单"。对于认证不符及密文有误的抵扣联，税务机关暂不予抵扣，并当场扣留作调查处理。未经认证的，不得申报抵扣。专用发票认证一般在月末进行。自2019年3月1日起，将取消增值税发票认证的纳税人范围扩大至全部一般纳税人。一般纳税人取得增值税发票（包括增值税专用发票、机动车销售统一发票、收费公路通行费增值税电子普通发票，下同）后，可以自愿使用增值税发票综合服务平台查询、选择用于申报抵扣、出口退税或者代办退税的增值税发票信息。

（2）抄报税。抄税是指开票纳税人将防伪税控系统中当月开具的增值税发票的信息读入纳税人开发票使用的金税卡；报税是指纳税人将金税卡中的开票信息报送给税务机关。纳税人在征期内登入开票软件，通过"报税处理"功能中的"网上抄报"系统自动实现抄报税功能，将企业的开票信息联网上报给税务机关。

（3）纳税申报。本步纳税申报主要是指提交纳税申报表等资料，而广义的纳税申报包括上一步抄税和下一步报税。

纳税申报工作可分为上门申报和网上申报。纳税人在次月1日起15日内，不论有无销售额，均应按主管税务机关核定的纳税期限按期向当地税务机关申报。

上门申报是指纳税人到办税服务大厅纳税申报窗口请购，或到税务局网站下载、打印整套"增值税纳税申报表（一般纳税人适用）"，依填报说明，填写一式两份纸质报表或在税务局网站上直接填写申报表。纳税人携带填写好的"增值税纳税申报表（一般纳税人适用）"和相关资料到办税服务厅纳税窗口进行纳税申报。

网上申报是指纳税人通过网络，填写增值税纳税申报相关表格，并向主管税务机关提交纳税申报表等资料的一种纳税申报方法。目前，我国绝大多数地区已经实行网上申报。

（4）税款缴纳。对于实行税库银联网的纳税人，税务机关将纳税申报表单据送到纳税人的开户银行，由银行进行自动转账处理；而对于未实行税库银联网的纳税人应当到税务机关指定的银行进行现金缴纳。

（5）清卡解锁。网上申报缴纳税款成功后，纳税人需再次登入开票软件，执行"清卡解锁"操作，本步操作是将开票信息进行整理，纳税人可以转入下期进行开票处理。如果企业在征期内没有按期进行纳税申报，金税卡将自动锁死，纳税人将无法进行下期的购买发票和开票处理。

2. 纳税申报时需提交的资料

增值税一般纳税人对增值税进行纳税申报时，必须实行电子信息采集。使用防伪税控系统开具增值税专用发票的纳税人必须在抄报税成功后，方可向所在地税务局办税服务厅进行纳税申报。

纳税申报资料包括纳税申报表及其附列资料和纳税申报其他资料。

（1）增值税一般纳税人纳税申报表及其附列资料包括：

1）"增值税纳税申报表（一般纳税人适用）"（见表2-13）。

2）"增值税纳税申报表附列资料（一）（本期销售情况明细）"。

3）"增值税纳税申报表附列资料（二）（本期进项税额明细）"。

4）"增值税纳税申报表附列资料（三）（服务、不动产和无形资产扣除项目明细）"。一般纳税人销售服务、不动产和无形资产，在确定服务、不动产和无形资产销售额时，按照有关规定可以从取得的全部价款和价外费用中扣除价款的，需填报"增值税纳税申报表附列资料（三）"。其他情况不填写该附列资料。

5）"增值税纳税申报表附列资料（四）（税额抵减情况表）"。

6）"增值税减免税申报明细表"。

（2）纳税申报其他资料包括：

1）已开具的税控机动车销售统一发票和普通发票的存根联。

2）符合抵扣条件且在本期申报抵扣的防伪税控增值税专用发票、税控机动车销售统一发票的抵扣联。

3）符合抵扣条件且在本期申报抵扣的海关进口增值税专用缴款书、购进农产品取得的普通发票。

4）符合抵扣条件且在本期申报抵扣的"中华人民共和国税收完税证明"及其清单，书面合同、付款证明和境外单位的对账单或者发票。

5）已开具的农产品收购凭证的存根联或报查联。

6）纳税人销售服务、不动产和无形资产，在确定服务、不动产和无形资产销售额时，按照有关规定从取得的全部价款和价外费用中扣除价款的合法凭证及其清单。

7）主管税务机关规定的其他资料。

（3）纳税申报表及其附列资料为必报资料。纳税申报其他资料的报备要求由各省、自治区、直辖市和计划单列市税务局确定。

【实务答疑】我公司纳税申报时，对于营改增后的销售服务、无形资产或者不动产，是否应在"增值税纳税申报表"第 3 栏应税劳务销售额中单独反映？

答：不需要在该栏次单独反映，该栏次填写的是加工修理修配的增值税劳务的销售额。营改增的销售服务、无形资产或者不动产在主表中没有单独的栏次体现，只加总体现在"增值税纳税申报表"主表第 1 栏。

表 2 - 13　增值税纳税申报表

（一般纳税人适用）

根据国家税收法律法规及增值税相关规定制定本表。纳税人不论有无销售额，均应按税务机关核定的纳税期限填写本表，并向当地税务机关申报。

税款所属时间：自　　年　月　日至　　年　月　日　　填表日期：　　年　月　日　　　　　金额单位：元至角分

纳税人识别号					所属行业：		

纳税人名称		法定代表人姓名		注册地址		生产经营地址	
开户银行及账号			登记注册类型			电话号码	

	项目	栏次	一般项目		即征即退项目	
			本月数	本年累计	本月数	本年累计
销售额	（一）按适用税率计税销售额	1				
	其中：应税货物销售额	2				
	应税劳务销售额	3				
	纳税检查调整的销售额	4				
	（二）按简易办法计税销售额	5				
	其中：纳税检查调整的销售额	6				
	（三）免、抵、退办法出口销售额	7			—	—
	（四）免税销售额	8			—	—
	其中：免税货物销售额	9			—	—
	免税劳务销售额	10			—	—

	销项税额	11			
	进项税额	12			
	上期留抵税额	13	—		—
	进项税额转出	14			
	免、抵、退应退税额	15		—	
	按适用税率计算的纳税检查应补缴税额	16		—	—
税款计算	应抵扣税额合计	17＝12＋13 －14－15＋16	—		—
	实际抵扣税额	18（如17＜11，则为17，否则为11)			
	应纳税额	19＝11－18			
	期末留抵税额	20＝17－18	—		—
	按简易计税办法计算的应纳税额	21			
	按简易计税办法计算的纳税检查应补缴税额	22		—	—
	应纳税额减征额	23			
	应纳税额合计	24＝19＋21－23			
税款缴纳	期初未缴税额（多缴为负数）	25			
	实收出口开具专用缴款书退税额	26		—	—
	本期已缴税额	27＝28＋29＋30＋31			
	①分次预缴税额	28			
	②出口开具专用缴款书预缴税额	29		—	—
	③本期缴纳上期应纳税额	30			
	④本期缴纳欠缴税额	31			
	期末未缴税额（多缴为负数）	32＝24＋25＋26－27			
	其中：欠缴税额（≥0)	33＝25＋26－27	—		—
	本期应补（退）税额	34＝24－28－29			
	即征即退实际退税额	35	—		
	期初未缴查补税额	36		—	—
	本期入库查补税额	37		—	—
	期末未缴查补税额	38＝16＋22＋36－37		—	—

授权声明	如果你已委托代理人申报，请填写下列资料： 为代理一切税务事宜，现授权 （地址）　　　　　　为本纳税人的代理申报人，任何 与本申报表有关的往来文件，都可寄予此人。 　　　　　　　　　　　　　　授权人签字：	申报人声明	本纳税申报表是根据国家税收法律法规及相关规定填报的，我确定它是真实的、可靠的、完整的。 　　声明人签字：

主管税务机关：　　　　　　　　　接收人：　　　　　　　　接收日期：

（二）增值税小规模纳税人增值税的纳税申报

　　小规模纳税人对增值税进行纳税申报时，应当填报"增值税纳税申报表（小规模纳税人适用）"（见表2－14)。

表 2－14　增值税纳税申报表

（小规模纳税人适用）

纳税人识别号：

纳税人名称：（公章）　　　　　　　　　　　　　　　　　　金额单位：元至角分

税款所属期：　　年　月　日至　　年　月　日　　　　　　填表日期：　　年　月　日

	项目	栏次	本期数		本年累计	
			货物及劳务	服务、不动产和无形资产	货物及劳务	服务、不动产和无形资产
一、计税依据	（一）应征增值税不含税销售额（3%征收率）	1				
	税务机关代开的增值税专用发票不含税销售额	2				
	税控器具开具的普通发票不含税销售额	3				
	（二）应征增值税不含税销售额（5%征收率）	4	—		—	
	税务机关代开的增值税专用发票不含税销售额	5	—		—	
	税控器具开具的普通发票不含税销售额	6	—		—	
	（三）销售使用过的固定资产不含税销售额	7（7≥8）		—		—
	其中：税控器具开具的普通发票不含税销售额	8		—		—
	（四）免税销售额	9＝10＋11＋12				
	其中：小微企业免税销售额	10				
	未达起征点销售额	11				
	其他免税销售额	12				
	（五）出口免税销售额	13（13≥14）				
	其中：税控器具开具的普通发票销售额	14				
二、税款计算	本期应纳税额	15				
	本期应纳税额减征额	16				
	本期免税额	17				
	其中：小微企业免税额	18				
	未达起征点免税额	19				
	应纳税额合计	20＝15－16				
	本期预缴税额	21			—	—
	本期应补（退）税额	22＝20－21			—	—

纳税人或代理人声明：	如纳税人填报，由纳税人填写以下各栏：	
本纳税申报表是根据国家税收法律法规及相关规定填报的，我确定它是真实的、可靠的、完整的。	办税人员：	财务负责人：
	法定代表人：	联系电话：
	如委托代理人填报，由代理人填写以下各栏：	
	代理人名称（公章）：	经办人：
		联系电话：

主管税务机关：　　　　　　　接收人：　　　　　　　接收日期：

 **技能训练**

1. 甲生产企业为增值税小规模纳税人，选择按月申报缴纳增值税。本年5月销售边角废料，开具增值税专用发票，取得不含税收入12万元；销售自己使用过的货车一辆，取得含税收入10.3万元。要求：计算甲生产企业上述业务的应纳增值税。

2. 甲企业为增值税一般纳税人。本年5月从国外进口一批原材料，海关审定的完税价格为120万元，该批原材料分别按10%和13%的税率向海关缴纳了关税和进口环节增值税，并取得了相关完税凭证。该批原材料当月加工成产品后全部在国内销售，取得销售收入300万元（不含增值税），同时支付运输费6万元（不含增值税，且取得增值税专用发票）。已知该企业产品适用的增值税税率为13%。要求：计算甲企业本年5月的应纳增值税。

3. 甲工业企业为增值税小规模纳税人，选择按月申报缴纳增值税。本年3月取得销售收入10.3万元（含增值税），开具增值税专用发票；购进原材料一批，支付货款3.09万元（含增值税）。要求：计算甲企业本年3月的应纳增值税。

4. 甲管道运输公司主要从事天然气输送服务，为增值税一般纳税人。本年5月该公司向客户运输天然气共取得不含税收入2800万元，同时随同天然气输送向客户收取管道维护费54.5万元，当月发生可以抵扣的增值税进项税额150万元。要求：计算甲公司本年5月可申请办理即征即退的增值税。

5. 甲广告公司为增值税一般纳税人，满足增值税加计抵减政策的条件。本年5月，取得广告设计收入不含税价款86万元，奖励费收入3.18万元；支付设备租赁费，取得的增值税专用发票上注明的增值税为3万元。要求：计算甲广告公司上述业务的应纳增值税。

实战演练

1. 甲空调生产企业为增值税一般纳税人。本年5月生产经营业务如下：

（1）采用分期收款方式销售空调，合同规定的不含增值税销售额共计 380 万元，本月应收回 75% 货款，其余货款于下月 10 日全部收回。由于购买方本月资金紧张，实际支付不含税货款 190 万元。

（2）将成本为 15 万元的自产特制空调用于本企业职工宿舍，该批空调没有同类产品价格。

（3）当月销售空调，收取价税合计金额 480 万元，另收取包装费 120 万元，开具增值税普通发票。

（4）购进生产用原材料及水、电等取得的增值税专用发票上注明的增值税共计 6.5 万元。

（5）购进一批电磁炉，作为奖励发给职工，取得的增值税专用发票上注明的增值税为 0.26 万元。

（6）购进一批生产设备，取得增值税专用发票，注明价款 20 万元、增值税 2.6 万元。

（7）购进一辆小轿车自用，取得增值税专用发票，注明价款 10 万元、增值税 1.3 万元。

已知：成本利润率为 10%，本月取得的合法票据均在本月认证并在本月抵扣。

任务要求：

（1）计算甲企业本月的增值税销项税额。

（2）计算甲企业本月准予抵扣的增值税进项税额。

（3）计算甲企业本月的应纳增值税。

2. 甲传媒有限责任公司主要经营电视剧、电影等广播影视节目的制作和发行，为增值税一般纳税人，满足增值税加计抵减政策的条件。本年 5 月甲公司发生如下业务：

（1）9 日，甲公司为乙电视剧提供片头、片尾、片花制作服务，取得含税服务费 212 万元。

（2）9 日，甲公司购入 10 台计算机，用于公司的日常业务制作，支付含税价款 5.65 万元，取得增值税专用发票，当月通过认证。

（3）10 日，甲公司购入一辆小轿车，取得机动车销售统一发票，支付价税合计金额 33.9 万元。

（4）11 日，甲公司取得设计服务收入含税价款 106 万元。

（5）22 日，甲公司制作的电影在丙影院开始上映，甲公司向丙影院支付含增值税上映费用 20 万元，取得税务局代开增值税专用发票（丙影院选择采用增值税简易计税方法）。

（6）25 日，支付增值税税控系统技术维护费用合计 500 元，取得增值税专用发票，注明价款 471.70 元、增值税 28.30 元。

任务要求：

（1）计算提供片头、片尾、片花制作服务取得收入应计算的增值税销项税额。

（2）计算购入计算机准予抵扣的增值税进项税额。

（3）计算购入小汽车准予抵扣的增值税进项税额。

（4）计算提供设计服务取得收入应计算的增值税销项税额。

（5）计算支付影院的上映费用准予抵扣的增值税进项税额。

（6）计算甲公司当月的应纳增值税。

好牧羊人的职责是剪羊毛，而不是扒羊皮。

第 **3** 章

消费税法

 能力目标

（1）能界定消费税纳税人，判断哪些产品应当缴纳消费税，选择消费税适用税率，以及确定不同类别的应税消费品的消费税纳税义务环节。

（2）能根据相关业务资料计算直接对外销售应税消费品的应纳税额、自产自用应税消费品的应纳税额、委托加工应税消费品的应纳税额及进口应税消费品的应纳税额。

（3）能判断哪些应税消费品出口业务予以免税和出口业务予以退税，并能计算退税额，对发生退关或者国外退货的应税消费品进行处理。

（4）能确定消费税的纳税义务发生时间、纳税期限和纳税地点。

工作引例

消费税的计算

甲企业是一家高尔夫球及球具生产厂家，为增值税一般纳税人。本年10月甲企业发生以下业务：

（1）购进一批原材料，取得增值税专用发票，注明价款4 000元、增值税520元；委托乙企业将其加工成15个高尔夫球包，支付加工费8 000元、增值税1 040元，取得乙企业开具的增值税专用发票。乙企业同类高尔夫球包不含税销售价格为460元/个。甲企业收回时，乙企业代收代缴了消费税。

（2）从生产企业购进高尔夫球杆的杆头，取得增值税专用发票，注明货款16 000元、增值税2 080元；购进高尔夫球杆的杆身，取得增值税专用发票，注明货款23 600元、增值税3 068元；购进高尔夫球握把，取得增值税专用发票，注明货款1 000元、

增值税130元；当月领用外购的杆头、握把、杆身各80％，加工成A，B两种型号的高尔夫球杆共15把。

（3）当月将自产的A型高尔夫球杆2把对外销售，取得不含税销售收入12 000元；另将自产的A型高尔夫球杆5把赞助给高尔夫球大赛。

（4）将自产的B型高尔夫球杆3把移送至非独立核算门市部销售，当月门市部对外销售了2把，取得价税合计金额23 500元。

其他相关资料：高尔夫球及球具消费税税率为10％，成本利润率为10％；上述相关票据均已经过比对认证。

工作要求

（1）计算乙企业应代收代缴的消费税。

（2）计算甲企业应自行缴纳的消费税。

工作引例解析　见本章第2节。

第1节　消费税的认知

我公司进口小汽车的零部件，请问是否需要缴纳消费税？我公司使用进口的零部件组装成小汽车，请问是否需要缴纳消费税？

一、消费税纳税人的确定

消费税是对特定的消费品及消费行为征收的一种税。在我国，消费税是对我国境内从事生产、委托加工和进口应税消费品（属于应当征收消费税的消费品，以下简称应税消费品）的单位和个人，就其销售额或销售数量，在特定环节征收的一种税。

凡在中华人民共和国境内生产、委托加工和进口《消费税暂行条例》规定的应税消费品的单位和个人，以及国务院确定的销售（批发或零售）《消费税暂行条例》规定的某些应税消费品的单位和个人，均为消费税纳税义务人。其中境内是指生产、委托加工和进口应税消费品的起运地或所在地在境内；单位是指企业、行政单位、事业单位、军事单位、社会团体及其他单位；个人是指个体工商户以及其他个人。

二、消费税征税范围的确定

（一）征税范围的确定原则

（1）一些过度消费会对人身健康、社会秩序、生态环境等方面造成危害的特殊消费品，如烟、酒、鞭炮、焰火等。

（2）非生活必需品，如高档化妆品、贵重首饰、珠宝玉石等。

（3）高能耗及高档消费品，如摩托车、小汽车等。

（4）不可再生和替代的稀缺消费品，如汽油、柴油等。

消费税的征税范围不是一成不变的，随着经济的发展，会根据国家的政策和经济状况及消费结构的变化进行适当调整。

（二）征税范围的具体规定

1．烟

烟指凡是以烟叶为原料加工生产的产品。烟的征收范围包括卷烟、雪茄烟和烟丝。

【点拨指导】卷烟包括进口卷烟、白包卷烟、手工卷烟和未经国务院批准纳入计划的企业及个人生产的卷烟。

2．酒①

酒是指酒精度在 1 度以上的各种酒类饮料。酒类包括粮食白酒、薯类白酒、黄酒、啤酒、果啤和其他酒。

【点拨指导】用甜菜酿制的白酒，比照薯类白酒征税。

【特别提示】对饮食业、商业、娱乐业举办的啤酒屋（啤酒坊）利用啤酒生产设备生产的啤酒，应当征收消费税。

【点拨指导】对以黄酒为酒基生产的配制或泡制酒，按其他酒征收消费税。葡萄酒按其他酒征收消费税。

3．高档化妆品②

高档化妆品包括高档美容、修饰类化妆品，高档护肤类化妆品和成套化妆品。高档美容、修饰类化妆品和高档护肤类化妆品是指生产（进口）环节销售（完税）价格（不含增值税）在 10 元/毫升（克）或 15 元/片（张）及以上的美容、修饰类化妆品和护肤类化妆品。

【点拨指导】舞台、戏剧、影视演员化妆用的上妆油、卸妆油、油彩，不属于本税目的征收范围。

【特别提示】普通护肤护发品不征收消费税。

4．贵重首饰及珠宝玉石

贵重首饰及珠宝玉石包括凡以金、银、白金、宝石、珍珠、钻石、翡翠、珊瑚、玛瑙等高贵稀有物质以及其他金属、人造宝石等制作的各种纯金银首饰及镶嵌首饰和经采掘、打磨、加工的各种珠宝玉石。对出国人员免税商店销售的金银首饰也征收消费税。

5．鞭炮、焰火

鞭炮、焰火包括各种类型的鞭炮、焰火。

---

① 自 2014 年 12 月 1 日起，取消酒精消费税。取消酒精消费税后，"酒及酒精"税目相应改为"酒"，并继续按现行消费税政策执行，同时取消汽车轮胎消费税。自 2015 年 2 月 1 日起，对电池和涂料征收消费税。

② 自 2016 年 10 月 1 日起，取消对普通美容、修饰类化妆品征收消费税，将"化妆品"税目名称改为"高档化妆品"。

【特别提示】体育上用的发令纸、鞭炮药引线，不按本税目征收消费税。

6. 成品油

成品油包括汽油、柴油、航空煤油、石脑油、溶剂油、润滑油、燃料油七个子目。

【特别提示】原油不征收消费税。

【点拨指导】用原油或其他原料加工生产的用于内燃机、机械加工过程的润滑产品均属于润滑油征税范围。润滑脂是润滑产品，生产、加工润滑脂应当征收消费税。

7. 小汽车

小汽车是指由动力驱动，具有4个或4个以上车轮的非轨道承载的车辆。电动车、沙滩车、雪地车、卡丁车、高尔夫车不属于消费税征税范围，不征收消费税。自2016年12月1日起，"小汽车"税目下增设"超豪华小汽车"子税目。征收范围为每辆零售价格130万元（不含增值税）及以上的乘用车和中轻型商用客车，即乘用车和中轻型商用客车子税目中的超豪华小汽车。

【特别提示】"小汽车"税目不包括大型商用客车、大货车、大卡车。

8. 摩托车

摩托车包括轻便摩托车和摩托车两种。对发动机气缸容量在250毫升（不含）以下的小排量摩托车不征收消费税。

9. 高尔夫球及球具

高尔夫球及球具是指从事高尔夫球运动所需的各种专用装备，包括高尔夫球、高尔夫球杆及高尔夫球包（袋）等。高尔夫球杆的杆头、杆身和握把属于本税目的征收范围。

10. 高档手表

高档手表是指销售价格（不含增值税）每只在10 000元（含）以上的各类手表。本税目征收范围包括符合以上标准的各类手表。

11. 游艇

游艇是指长度大于8米（含）小于90米（含），船体由玻璃钢、钢、铝合金、塑料等多种材料制作，可以在水上移动的水上浮载体。

12. 木制一次性筷子

木制一次性筷子又称卫生筷子，是指以木材为原料经过锯段、浸泡、旋切、刨切、烘干、筛选、打磨、倒角、包装等环节加工而成的各类供一次性使用的筷子。

13. 实木地板

实木地板是指以木材为原料，经锯割、干燥、刨光、截断、开榫、涂漆等工序加工而成的块状或条状的地面装饰材料。

14. 电池

电池是一种将化学能、光能等直接转换为电能的装置，一般是指由电极、电解质、容器、极端，通常还有隔离层组成的基本功能单元，以及用一个或多个基本功能单元装配成的电池组。范围包括原电池、蓄电池、燃料申池、太阳能电池和其他电池。

自 2015 年 2 月 1 日起对电池（铅蓄电池除外）征收消费税；对无汞原电池、金属氢化物镍蓄电池（又称氢镍蓄电池或镍氢蓄电池）、锂原电池、锂离子蓄电池、太阳能电池、燃料电池、全钒液流电池免征消费税。2015 年 12 月 31 日前对铅蓄电池缓征消费税；自 2016 年 1 月 1 日起，对铅蓄电池按 4% 税率征收消费税。

15. 涂料

涂料是指涂于物体表面能形成具有保护、装饰或特殊性能的固态涂膜的一类液体或固体材料之总称。自 2015 年 2 月 1 日起，对涂料征收消费税，其中施工状态下挥发性有机物（volatile organic compounds，VOC）含量低于 420 克/升（含）的涂料免征消费税。

三、消费税税率的判定

消费税实行从价定率的比例税率、从量定额的定额税率和从价定率与从量定额相结合的复合计税三种形式，设置了不同的税率（税额）。多数消费品采用比例税率，最高税率为 56%，最低税率为 1%；对成品油和黄酒、啤酒等实行定额税率；对卷烟、粮食白酒、薯类白酒实行从价定率与从量定额相结合计算应纳税额的复合计税办法。现行消费税税目税率（税额）如表 3-1 所示。

表 3-1　消费税税目税率（税额）表

税目	税率
一、烟	
1. 卷烟	
（1）甲类卷烟（生产环节）	56% 加 0.003 元/支（生产环节）
（2）乙类卷烟（生产环节）	36% 加 0.003 元/支（生产环节）
（3）甲类卷烟和乙类卷烟（批发环节）	11% 加 0.005 元/支（批发环节）
2. 雪茄烟（生产环节）	36%（生产环节）
3. 烟丝（生产环节）	30%（生产环节）
二、酒	
1. 白酒（含粮食白酒和薯类白酒）	20% 加 0.5 元/500 克（或 500 毫升）
2. 黄酒	240 元/吨
3. 啤酒	
（1）甲类啤酒	250 元/吨
（2）乙类啤酒	220 元/吨
4. 其他酒	10%
三、高档化妆品	15%
四、贵重首饰及珠宝玉石	
1. 金银首饰、铂金首饰和钻石及钻石饰品（零售环节）	5%（零售环节）
2. 其他贵重首饰和珠宝玉石	10%
五、鞭炮、焰火	15%

续表

税目	税率

六、成品油
  1. 汽油
  2. 柴油
  3. 航空煤油（暂缓征收）
  4. 石脑油
  5. 溶剂油
  6. 润滑油
  7. 燃料油
	
	1.52元/升
	1.2元/升
	1.2元/升
	1.52元/升
	1.52元/升
	1.52元/升
	1.2元/升

七、摩托车
  1. 汽缸容量（排气量，下同）为250毫升的
  2. 汽缸容量为250毫升以上的
	
	3%
	10%

八、小汽车
  1. 乘用车
    （1）汽缸容量（排气量，下同）在1.0升（含）以下的
    （2）汽缸容量在1.0升至1.5升（含）的
    （3）汽缸容量在1.5升至2.0升（含）的
    （4）汽缸容量在2.0升至2.5升（含）的
    （5）汽缸容量在2.5升至3.0升（含）的
    （6）汽缸容量在3.0升至4.0升（含）的
    （7）汽缸容量在4.0升以上的
  2. 中轻型商用客车
  3. 超豪华小汽车（零售环节）
	
	1%
	3%
	5%
	9%
	12%
	25%
	40%
	5%
	10%（零售环节），生产环节同乘用车和中轻型商用客车

九、高尔夫球及球具	10%
十、高档手表	20%
十一、游艇	10%
十二、木制一次性筷子	5%
十三、实木地板	5%
十四、电池	4%
十五、涂料	4%

在消费税税率运用中应注意以下问题：

（1）对兼营不同税率的应税消费品适用税目、税率的规定。对纳税人兼营不同税率的应税消费品，应当分别核算其销售额或销售数量。未分别核算销售额或销售数量的，或者将不同税率的应税消费品组成成套消费品销售的，从高适用税率征收。

（2）对卷烟适用税目、税率的具体规定。对白包卷烟、手工卷烟、自产自用没有同牌号规格调拨价格的卷烟、委托加工没有同牌号规格调拨价格的卷烟、未经国务院批准纳入计划的企业和个人生产的卷烟，除按定额税率征收外，一律按56%的比例税率征收。

（3）甲类卷烟是指每标准条（200支，下同）调拨价格在70元（不含增值税）以上（含70元）的卷烟；乙类卷烟是指每标准条调拨价格在70元（不含增值税）以下的卷烟。

甲类啤酒是指每吨出厂价（含包装物及包装物押金）在3 000元（不含增值税）以上（含3 000元）的啤酒；乙类啤酒是指每吨出厂价（含包装物及包装物押金）在3 000元（不含增值税）以下的啤酒。

（4）消费税税目、税率（税额）的调整由国务院确定，地方无权调整。

四、消费税纳税环节的归类

消费税的纳税环节主要有生产环节、委托加工环节、进口环节、批发环节（仅适用于卷烟）、零售环节（仅适用于超豪华小汽车、金银首饰等）。

（一）消费税的基本纳税环节

（1）纳税人生产的应税消费品，于纳税人销售时纳税。

【点拨指导】这里的销售主要是指出厂环节的销售。

【特别提示】工业企业以外的单位和个人的下列行为视为应税消费品的生产行为，按规定征收消费税：

（1）将外购的消费税非应税产品以消费税应税产品对外销售的；

（2）将外购的消费税低税率应税产品以高税率应税产品对外销售的。

（2）纳税人自产自用的应税消费品，用于连续生产应税消费品的，不纳税；用于其他方面的，于移送使用时纳税。

【点拨指导】用于连续生产应税消费品是指纳税人将自产自用应税消费品作为直接材料生产最终应税消费品，自产自用应税消费品构成最终应税消费品的实体。用于其他方面是指纳税人将自产自用的应税消费品用于生产非应税消费品、在建工程、管理部门、非生产机构、提供劳务、馈赠、赞助、集资、广告、样品、职工福利、奖励等方面。

（3）委托加工的应税消费品，除受托方为个人外，由受托方在向委托方交货时代收代缴税款。

（4）进口的应税消费品，于报关进口时纳税。

【点拨指导】进口环节缴纳的消费税由海关代征。

【知识链接】进口环节缴纳的增值税、进口关税也由海关代征。

【情境引例解析】

《消费税暂行条例》第一条规定，在中华人民共和国境内生产、委托加工和进口本条例规定的消费品的单位和个人，以及国务院确定的销售本条例规定的消费品的其他单位和个人，为消费税的纳税人，应当依照该条例缴纳消费税。由于小汽车零部件不属于消费税的税目，因此纳税人进口汽车零部件不需要缴纳消费税。另外，小汽车属于消费税的税目，若组装的小汽车属于消费税的应税范围，需要在生产环节（于出厂销售时）缴纳消费税。

（二）金银首饰的纳税环节

自1995年1月1日起，金银首饰消费税由生产销售环节征收改为零售环节征收。改在零售环节征收消费税的金银首饰仅限于金基、银基合金首饰以及金、银和金基、银基合金的镶嵌首饰。自 2002 年 1 月 1 日起，钻石及钻石饰品消费税改为零售环节征收。自 2003 年 5 月 1 日起，铂金首饰消费税改为零售环节征收。金银首饰消费税适用税率为 5%，在纳税人销售金银首饰、铂金首饰、钻石及钻石饰品时征收。其计税依据是不含增值税的销售额。

【点拨指导】 在零售环节征收消费税的金银首饰不包括镀金首饰和包金首饰。

【特别提示】 对出国人员免税商店销售的金银首饰也征收消费税。

既销售金银首饰，又销售非金银首饰的生产、经营单位，应将两类商品划分清楚，分别核算销售额。凡划分不清楚或不能分别核算的，在生产环节销售的，一律从高适用税率征收消费税；在零售环节销售的，一律按金银首饰征收消费税。金银首饰与其他产品组成成套消费品销售的，应按销售额全额征收消费税。

金银首饰连同包装物销售的，无论包装物是否单独计价，也无论会计上如何核算，均应并入金银首饰的销售额计征消费税。

带料加工的金银首饰，应按受托方销售同类金银首饰的销售价格确定计税依据征收消费税。没有同类金银首饰销售价格的，按照组成计税价格计算纳税。

纳税人采用以旧换新（含翻新改制）方式销售的金银首饰，应按实际收取的不含增值税的全部价款确定计税依据征收消费税。

【知识链接】 金银首饰以旧换新的，应按照销售方实际收取的不含增值税的全部价款确定计税依据征收增值税。

【理论答疑】 黄金金条的零售属于金银首饰消费税纳税范围吗？

答：《消费税征收范围注释》（国税发〔1993〕153 号）第五条规定，贵重首饰及珠宝玉石的征收范围包括各种金银珠宝首饰和经采掘、打磨、加工的各种珠宝玉石。其中金银珠宝首饰包括：凡以金、银、白金、宝石、珍珠、钻石、翡翠、珊瑚、玛瑙等高贵稀有物质以及其他金属、人造宝石等制作的各种纯金银首饰及镶嵌首饰（含人造金银、合成金银首饰等）。而黄金金条不属于以上范围，所以不属于金银首饰消费税纳税范围。

（三）卷烟的纳税环节

卷烟消费税在生产和批发两个环节征收。自 2009 年 5 月 1 日起，在卷烟批发环节加征一道从价税，即在中华人民共和国境内从事卷烟批发业务的单位和个人，批发销售的所有牌号规格的卷烟，按其销售额（不含增值税）征收 5% 的消费税。纳税人应将卷烟销售额与其他商品销售额分开核算，未分开核算的，一并征收消费税。纳税人销售给纳税人以外的单位和个人的卷烟于销售时纳税。纳税人之间销售的卷烟不缴纳消费税。卷烟批发企业的机构所在地，总机构与分支机构不在同一地区的，由总机构申报纳税。

自 2015 年 5 月 10 日起，将卷烟批发环节从价税率由 5% 提高至 11%，并按 0.005 元/支加征从量税。纳税人兼营卷烟批发和零售业务的，应当分别核算批发和零售环节的销售额、销售数量；未分别核算批发和零售环节销售额、销售数量的，按照全部销售额、销售数量计征批发环节消费税。

【特别提示】 只有卷烟在批发环节征收消费税，不包括烟丝和雪茄烟。

【点拨指导】甲卷烟厂将自产的卷烟销售给乙烟草批发公司，需要缴纳消费税（从价税率为 36％ 或 56％，从量税率为 0.003 元/支）。乙烟草批发公司将该批卷烟 70％ 转售给丙烟草批发公司，不缴纳消费税；30％ 销售给丁烟草零售商店，需要缴纳消费税（从价税率为 11％，从量税率为 0.005 元/支）。

（四）"小汽车"税目下"超豪华小汽车"子税目的纳税环节

自 2016 年 12 月 1 日起，"小汽车"税目下增设"超豪华小汽车"子税目。征收范围为每辆零售价格 130 万元（不含增值税）及以上的乘用车和中轻型商用客车，即乘用车和中轻型商用客车子税目中的超豪华小汽车。对超豪华小汽车，在生产（进口）环节按现行税率征收消费税的基础上，在零售环节加征消费税，税率为 10％。将超豪华小汽车销售给消费者的单位和个人为超豪华小汽车零售环节消费税纳税人。

超豪华小汽车零售环节消费税应纳税额的计算公式为：

$$应纳消费税 = 零售环节销售额（不含增值税，下同）\times 零售环节税率$$

国内汽车生产企业直接销售给消费者的超豪华小汽车，消费税税率按照生产环节税率和零售环节税率加总计算。消费税应纳税额的计算公式为：

$$应纳消费税 = 销售额 \times （生产环节税率 + 零售环节税率）$$

对我国驻外使领馆工作人员、外国驻华机构及人员、非居民常住人员、政府间协议规定等应税（消费）进口自用，且完税价格 130 万元及以上的超豪华小汽车消费税，按照生产（进口）环节税率和零售环节税率（10％）加总计算，由海关代征。

【归纳总结】消费税的纳税环节如表 3-2 所示。

表 3-2　消费税的纳税环节

项目	生产*、委托加工、进口	批发	零售
一般应税消费品	√	×	×
金银首饰、钻石及钻石饰品、铂金首饰	×	×	√
超豪华小汽车	√	×	√
卷烟	√（复合计征）	√（复合计征）	×
增值税	√	√	√

* 这里仅就出厂销售进行讨论。
"√"表示缴纳，"×"表示不缴纳。

第 2 节　消费税的计算

我公司为一家生产成品油的炼油厂，将自产的成品油用于本单位的班车（接送员工

上下班)，请问是否可以免缴消费税？

一、直接对外销售应税消费品应纳消费税的计算

（一）从价定率法下应纳税额的计算

其基本计算公式为：

$$应纳消费税＝应税消费品的销售额×比例税率$$

应税消费品销售额的确定如下：

（1）销售额为纳税人销售应税消费品向购买方收取的全部价款和价外费用。其中，价外费用是指价外向购买方收取的手续费、补贴、基金、集资费、返还利润、奖励费、违约金、滞纳金、延期付款利息、赔偿金、代收款项、代垫款项、包装费、包装物租金、储备费、优质费、运输装卸费以及其他各种性质的价外收费。但下列项目不包括在内：

1）同时符合以下条件的代垫运输费用：承运部门的运输费用发票开具给购买方的，纳税人将该项发票转交给购买方的。

2）同时符合以下条件代为收取的政府性基金或者行政事业性收费：由国务院或者财政部批准设立的政府性基金，由国务院或者省级人民政府及其财政、价格主管部门批准设立的行政事业性收费，收取时开具省级以上财政部门印制的财政票据，所收款项全额上缴财政。

（2）由于应税消费品在缴纳消费税时与一般货物一样都要缴纳增值税，因此，《消费税暂行条例实施细则》明确规定，应税消费品的销售额，不包括应向购货方收取的增值税税额。纳税人应税消费品的销售额中未扣除增值税税款或者因不得开具增值税专用发票而导致价款和增值税税款合并收取的，在计算消费税时，应当换算为不含增值税税款的销售额。其换算公式为：

$$应税消费品的销售额＝含增值税的销售额÷(1＋增值税税率或征收率)$$

【点拨指导】增值税是价外税，计算增值税的价格中不包括增值税；消费税是价内税，计算消费税的价格中包括消费税。消费税应税销售额应当是不含增值税但含消费税的销售额。

【特别提示】通常所说的不含税价格指的是不含增值税的价格。

【点拨指导】如果消费税纳税人是增值税一般纳税人，销售应税消费品应适用13％的增值税税率；如果消费税纳税人是增值税小规模纳税人，销售应税消费品应适用3％的增值税征收率。

（3）应税消费品连同包装物销售的，无论包装物是否单独计价以及在会计上如何核算，均应并入应税消费品的销售额缴纳消费税。如果包装物不作价随同产品销售，而是收取押金，此项押金则不应并入应税消费品的销售额征税。但对因逾期未收回的包装物不再退还的或者已收取的时间超过12个月的押金，应并入应税消费品的销售额，按照

应税消费品的适用税率缴纳消费税。对既作价随同应税消费品销售，又另外收取押金的包装物，凡纳税人在规定的期限内没有退还的，其押金均应并入应税消费品的销售额，按照应税消费品的适用税率缴纳消费税。

从 1995 年 6 月 1 日起，对酒类（黄酒、啤酒除外）生产企业销售酒类产品而收取的包装物押金，无论押金是否返还以及在会计上如何核算，均需并入酒类产品销售额，依据酒类产品的适用税率计征消费税。

【理论答疑】从 1995 年 6 月 1 日起，对酒类（黄酒、啤酒除外）生产企业销售酒类产品而收取的包装物押金，无论押金是否返还以及在会计上如何核算，均需并入酒类产品销售额，依据酒类产品的适用税率计征消费税。请问为什么黄酒、啤酒除外？

答：黄酒、啤酒的消费税是从量计征，没有从价计征的比例税率，其包装物押金也就无法计征消费税。

【归纳总结】包装物押金的税务处理如表 3 - 3 所示。

表 3 - 3　包装物押金的税务处理

包装物押金	增值税		消费税	
	取得时	逾期时	取得时	逾期时
一般货物	不缴纳	缴纳	不缴纳	缴纳
成品油	不缴纳	缴纳	不缴纳	不缴纳
啤酒、黄酒	不缴纳	缴纳	不缴纳	不缴纳
啤酒、黄酒以外的酒类产品（包括白酒和其他酒）	缴纳	不缴纳	缴纳	不缴纳

（4）白酒生产企业向商业销售单位收取的品牌使用费是随着应税白酒的销售而向购货方收取的，属于应税白酒销售价款的组成部分，因此，不论企业采取何种方式或以何种名义收取价款，均应并入白酒的销售额缴纳消费税。

【点拨指导】

$$\begin{aligned}&\text{白酒生产企业销售白酒}\\&\text{计算消费税的销售额}\end{aligned} = \genfrac{}{}{0pt}{}{\text{货价}}{\text{（不含增值税）}} + \genfrac{}{}{0pt}{}{\text{包装物的押金}}{\text{（不含增值税，当期非逾期）}}$$

$$+ \genfrac{}{}{0pt}{}{\text{包装物的租金}}{\text{（不含增值税）}} + \genfrac{}{}{0pt}{}{\text{品牌使用费}}{\text{（不含增值税）}} + \genfrac{}{}{0pt}{}{\text{其他价外费用}}{\text{（不含增值税）}}$$

（5）纳税人销售的应税消费品，以人民币以外的货币结算销售额的，其销售额的人民币折合率可以选择销售额发生的当天或者当月 1 日的人民币汇率中间价。纳税人应在事先确定采用何种折合率，确定后 1 年内不得变更。

（6）纳税人通过自设非独立核算门市部销售自产应税消费品的，应当按照门市部对外销售额或销售数量计算征收消费税。

【点拨指导】纳税人通过自设独立核算门市部销售自产应税消费品的，应当按照纳税人销售给独立核算门市部的销售额或者销售数量计算征收消费税。

（7）纳税人用于换取生产资料和消费资料、投资入股和抵偿债务等方面的应税消费品，应当以纳税人同类应税消费品的最高销售价格为依据计算消费税。

【知识链接】纳税人用于换取生产资料和消费资料、投资入股和抵偿债务等方面的应税消费品，应当以纳税人同类应税消费品的平均销售价格（没有平均销售价格的，按照组成计税价格）作为计税依据计算增值税。

【特别提示】同一环节既征收消费税又征收增值税的，消费税与增值税的计税销售额一般情况下是相同的（用于换取生产资料和消费资料、投资入股和抵偿债务等方面的应税消费品除外）。

【工作实例3-1】 甲化妆品厂为增值税一般纳税人，本年5月销售高档化妆品取得含税收入46.4万元，收取手续费1.5万元；另取得逾期包装物押金收入1.98万元。增值税税率为13%，消费税税率为15%。

【工作要求】计算甲化妆品厂本月的应纳消费税。

【工作实施】价外收入和逾期包装物押金均视为含税（增值税）收入。

$$应纳消费税＝(46.4＋1.5＋1.98)÷(1＋13\%)×15\%＝6.62(万元)$$

（二）从量定额法下应纳税额的计算

其基本计算公式为：

$$应纳消费税＝应税消费品的数量×定额税率$$

1. 应税消费品数量的确定

根据应税消费品的应税行为，应税消费品的数量具体规定为：

（1）销售（一般是指出厂销售）应税消费品的，为应税消费品的销售数量。纳税人通过自设的非独立核算门市部销售自产应税消费品的，应当按照门市部对外销售数量征收消费税。

（2）自产自用应税消费品的（用于连续生产应税消费品的除外①），为应税消费品的移送使用数量。

（3）委托加工应税消费品的，为纳税人收回的应税消费品数量。

（4）进口的应税消费品，为海关核定的应税消费品进口征税数量。

【特别提示】实行从量定额计税的，消费税的计算与销售价格无关，不存在通过组成计税价格计算消费税的问题。

2. 计量单位的换算标准

按照消费税的相关规定，对黄酒、啤酒、成品油等应税消费品采取从量定额办法计算应纳税额。其计量单位的换算标准如表3-4所示。

---

① 将自产自用的应税消费品用于连续生产应税消费品，在此移送环节不纳税。

表 3-4　应税消费品计量单位的换算

序号	名称	计量单位的换算
1	黄酒	1 吨＝962 升
2	啤酒	1 吨＝988 升
3	汽油	1 吨＝1 388 升
4	柴油	1 吨＝1 176 升
5	航空煤油	1 吨＝1 246 升
6	石脑油	1 吨＝1 385 升
7	溶剂油	1 吨＝1 282 升
8	润滑油	1 吨＝1 126 升
9	燃料油	1 吨＝1 015 升

【工作实例 3-2】　甲石化公司本年 6 月销售汽油 1 000 吨、柴油 200 吨，另向本公司在建工程车辆提供汽油 10 吨。已知汽油 1 吨＝1 388 升，柴油 1 吨＝1 176 升；汽油的定额税率为 1.52 元/升，柴油的定额税率为 1.2 元/升。

【工作要求】计算甲公司当月的应纳消费税。

【工作实施】

销售汽油应纳消费税＝1 000×1 388×1.52÷10 000＝210.98（万元）

销售柴油应纳消费税＝200×1 176×1.2÷10 000＝28.22（万元）

应税消费品用于在建工程应当征收消费税，则

在建工程车辆使用汽油应纳消费税＝10×1 388×1.52÷10 000＝2.11（万元）

应纳消费税合计＝210.98＋28.22＋2.11＝241.31（万元）

（三）从价定率和从量定额复合计税法下应纳税额的计算

现行消费税的征税范围中，只有卷烟及白酒（粮食白酒和薯类白酒）采用复合计征方法。其基本计算公式为：

应纳消费税＝应税消费品的销售额×比例税率＋应税消费品的数量×定额税率

生产销售卷烟或白酒从量定额的计税依据为实际销售数量。进口、委托加工、自产自用卷烟或白酒从量定额的计税依据分别为海关核定的进口征税数量、委托方收回数量、移送使用数量。

1. 卷烟最低计税价格的核定

根据国家税务总局令第 26 号文件，自 2012 年 1 月 1 日起，卷烟消费税最低计税价格核定范围为卷烟生产企业在生产环节销售的所有牌号、规格的卷烟。

计税价格由国家税务总局按照卷烟批发环节销售价格扣除卷烟批发环节批发毛利核定并发布。计税价格的核定公式如下：

某牌号、规格卷烟计税价格＝批发环节销售价格×（1－适用批发毛利率）

式中，批发环节销售价格，按照税务机关采集的所有卷烟批发企业在价格采集期内销售的该牌号、规格卷烟的数量、销售额进行加权平均计算。其计算公式如下：

$$批发环节销售价格 = \frac{\sum 该牌号、规格卷烟各采集点的销售额}{\sum 该牌号、规格卷烟各采集点的销售数量}$$

实际销售价格高于核定计税价格的卷烟，按实际销售价格征收消费税；反之，按核定计税价格征收消费税。

2. 白酒最低计税价格的核定

根据《国家税务总局关于加强白酒消费税征收管理的通知》（国税函〔2009〕380号）的规定，自2009年8月1日起，对白酒消费税实行最低计税价格核定管理办法。

（1）白酒消费税最低计税价格核定范围。白酒生产企业销售给销售单位的白酒，生产企业消费税计税价格低于销售单位对外销售价格（不含增值税，下同）70%以下的，税务机关应核定消费税最低计税价格。

销售单位是指销售公司、购销公司以及委托境内其他单位或个人包销本企业生产的白酒的商业机构。销售公司、购销公司是指专门购进并销售白酒生产企业生产的白酒，并与该白酒生产企业存在关联性质。包销是指销售单位依据协定价格从白酒生产企业购进白酒，同时承担大部分包装材料等成本费用，并负责销售白酒。

白酒生产企业应将各种白酒的消费税计税价格和销售单位销售价格，按照规定的式样及要求，在主管税务机关规定的时限内填报。白酒消费税最低计税价格由白酒生产企业自行申报，税务机关核定。

主管税务机关应将白酒生产企业申报的销售给销售单位的消费税计税价格低于销售单位对外销售价格70%以下、年销售额1000万元以上的各种白酒，按照规定的式样及要求，在规定的时限内逐级上报至国家税务总局。国家税务总局选择其中部分白酒核定消费税最低计税价格，其他需要核定消费税最低计税价格的白酒，消费税最低计税价格由各省、自治区、直辖市和计划单列市税务局核定。

（2）白酒消费税最低计税价格核定标准。

1）白酒生产企业销售给销售单位的白酒，生产企业消费税计税价格高于销售单位对外销售价格70%以上（含70%）的，税务机关暂不核定消费税最低计税价格。

2）白酒生产企业销售给销售单位的白酒，生产企业消费税计税价格低于销售单位对外销售价格70%以下的，消费税最低计税价格由税务机关根据生产规模、白酒品牌、利润水平等情况在销售单位对外销售价格50%~70%的范围内自行核定。其中生产规模较大、利润水平较高的企业生产的需要核定消费税最低计税价格的白酒，税务机关核价幅度原则上应选择在销售单位对外销售价格的60%~70%。

根据《国家税务总局关于部分白酒消费税计税价格核定及相关管理事项的通知》（国税函〔2009〕416号），国家税务总局选择核定消费税计税价格的白酒，核定比例统一确定为60%。纳税人应按下列公式计算白酒消费税计税价格：

$$\frac{当月该品牌、规格白酒}{消费税计税价格} = \frac{该品牌、规格白酒销售单位}{上月平均销售价格} \times 核定比例$$

已核定最低计税价格的白酒，生产企业实际销售价格高于消费税最低计税价格的，按实际销售价格申报纳税；实际销售价格低于消费税最低计税价格的，按最低计税价格申报纳税。已核定最低计税价格的白酒，销售单位对外销售价格持续上涨或下降时间达到3个月以上、累计上涨或下降幅度在20%（含）以上的白酒，税务机关重新核定最低计税价格。

白酒生产企业未按规定上报销售单位销售价格的，主管税务机关应按照销售单位销售价格征收消费税。

【工作实例3-3】 甲酒厂为增值税一般纳税人。本年5月销售白酒1 100千克，取得销售收入22 600元（含增值税）。白酒的消费税定额税率为0.5元/500克，比例税率为20%。

【工作要求】 计算甲酒厂本年5月的应纳消费税。

【工作实施】

应纳消费税＝22 600÷（1＋13%）×20%＋1 100×2×0.5＝5 100（元）

(四) 外购应税消费品已纳消费税扣除的计算

由于某些应税消费品是用外购已缴纳消费税的应税消费品连续生产出来的，在对这些连续生产出来的应税消费品计算征税时，税法规定应按当期生产领用数量计算准予扣除外购的应税消费品已纳的消费税税款。扣除范围包括：

(1) 外购已税烟丝为原料生产的卷烟；

(2) 外购已税高档化妆品为原料生产的高档化妆品；

(3) 外购已税珠宝玉石为原料生产的贵重首饰及珠宝玉石；

(4) 外购已税鞭炮、焰火为原料生产的鞭炮、焰火；

(5) 外购已税杆头、杆身和握把为原料生产的高尔夫球杆；

(6) 外购已税木制一次性筷子为原料生产的木制一次性筷子；

(7) 外购已税实木地板为原料生产的实木地板；

(8) 外购已税汽油、柴油、石脑油、燃料油、润滑油为原料生产的应税成品油。

【特别提示】 自2015年5月1日起，从葡萄酒生产企业购进、进口葡萄酒连续生产应税葡萄酒的，准予从葡萄酒消费税应纳税额中扣除所耗用应税葡萄酒已纳消费税税款。

【归纳总结】 上述可扣除的项目都是同一税目、同一纳税环节；扣除范围不包括酒（葡萄酒除外）、小汽车、摩托车、高档手表、游艇、电池、涂料；用于生产非应税消费品的不得扣除。

【特别提示】 对自己不生产应税消费品，只是购进后再销售应税消费品的工业企业，其销售的珠宝玉石、高档化妆品和鞭炮、焰火，凡不能构成最终消费品直接进入消费品市场，而需进一步加工的（如需进行深加工、包装、贴标、组合的珠宝玉石，高档化妆品，鞭炮、焰火等），应当征收消费税，同时允许扣除上述外购应税消费品的已纳税款。

【点拨指导】 根据《国家税务总局关于发布已失效或废止的税收规范性文件目录的通知》（国税发〔2006〕62号）的规定，以下条款自2006年4月30日起失效：《国家税务总局关于消费税若干征税问题的通知》（国税发〔1994〕130号）第二条（一）"根据消费税法的规定，对于用外购或委托加工的已税消费品连续生产应税消费品，在计征消费税时可以扣除外购已税消费品的买价或委托加工已税消费品代收代缴的消费税"，（三）"对企业用外购或委托加工的已税汽车轮胎（内胎或外胎）连续生产汽车轮胎；用外购或委托加工的已税摩托车连续生产摩托车（如用外购两轮摩托车改装三轮摩托车），在计征消费税时，允许扣除外购或委托加工的已税汽车轮胎和摩托车的买价或已纳消费税税款计征消费税"。

允许扣除已纳税款的应税消费品只限于从工业企业购进的应税消费品和进口环节已缴纳消费税的应税消费品，对从境内商业企业购进应税消费品的已纳税款一律不得扣除。

上述当期准予扣除外购的应税消费品已纳消费税税款的计算公式为：

$$\begin{aligned}\text{当期准予扣除外购}\atop\text{应税消费品已纳税款} &= {\text{当期准予扣除外购应税}\atop\text{消费品的买价（或数量）}}\times{\text{外购应税消费品适用}\atop\text{比例税率（或定额税率）}}\end{aligned}$$

$$\begin{aligned}\text{当期准予扣除外购应税}\atop\text{消费品的买价（或数量）} &= {\text{期初库存的外购应税}\atop\text{消费品的买价（或数量）}}+{\text{当期购进外购应税}\atop\text{消费品的买价（或数量）}}\\&\quad -\text{期末库存的外购应税消费品的买价（或数量）}\end{aligned}$$

式中，外购应税消费品的买价是指购货发票上注明的销售额（不含增值税）。需要说明的是，纳税人用外购已税珠宝玉石生产的改在零售环节征收消费税的金银首饰，在计税时一律不得扣除外购已税珠宝玉石已纳税款。

【知识链接】 烟草批发企业在计算应纳消费税时不得扣除已含的生产环节的消费税税款。

【工作实例3-4】 甲卷烟生产企业月初库存外购应税烟丝金额为30万元，当月又外购应税烟丝金额为60万元（不含增值税），月末库存烟丝金额为20万元，其余均于当月领用用于生产卷烟。烟丝适用的消费税税率为30%。

【工作要求】 计算甲卷烟生产企业当月准许扣除的外购烟丝已纳消费税。

【工作实施】

当期准许扣除的外购烟丝买价＝30＋60－20＝70（万元）

当月准许扣除的外购烟丝已纳消费税＝70×30%＝21（万元）

二、自产自用应税消费品应纳消费税的计算

（一）自产自用应税消费品的确定

所谓自产自用，是指纳税人生产应税消费品后，不是用于直接对外销售，而是用于

自己连续生产应税消费品，或用于其他方面。如果纳税人用于连续生产应税消费品，在自产自用环节不缴纳消费税；如果纳税人用于其他方面，一律于移送使用时按视同销售缴纳消费税。用于其他方面包括用于本企业连续生产非应税消费品、在建工程、管理部门、非生产机构、提供劳务、馈赠、赞助、集资、广告、样品、职工福利、奖励等方面。

【点拨指导】 甲企业将自产的烟丝移送生产卷烟，其应税消费品烟丝在移送使用时不缴纳消费税（也不缴纳增值税），以后生产的应税消费品卷烟在出厂销售时缴纳消费税（同时缴纳增值税）。

甲企业将自产的黄酒移送生产调味料酒，由于调味料酒不属于消费税的征税范围，因此所耗用的应税消费品黄酒在移送使用时按视同销售缴纳消费税（但不缴纳增值税），以后生产的非应税消费品调味料酒在销售时不缴纳消费税（但缴纳增值税）。

【情境引例解析】

根据《财政部 国家税务总局关于对成品油生产企业生产自用油免征消费税的通知》（财税〔2010〕98 号）的规定，从 2009 年 1 月 1 日起，对成品油生产企业在生产成品油过程中，作为燃料、动力及原料消耗掉的自产成品油免征消费税。对用于其他用途或直接对外销售的成品油照章征收消费税。从 2009 年 1 月 1 日到该通知下发前，成品油生产企业生产自用油已经缴纳的消费税，符合上述免税规定的，予以退还。你公司将自产成品油用于班车（接送员工上下班）不符合上述规定，应按规定缴纳消费税。

（二）自产自用应税消费品计税依据的确定

1. 实行从价定率办法计算纳税的自产自用应税消费品计税依据的确定

实行从价定率办法计算纳税的自产自用应税消费品按照纳税人生产的同类消费品的销售价格计算纳税；没有同类消费品销售价格的，按照组成计税价格计算纳税。实行从价定率办法计算纳税的组成计税价格的计算公式为：

$$组成计税价格＝（成本＋利润）÷（1－比例税率）$$
$$＝成本×（1＋成本利润率）÷（1－比例税率）$$

同类消费品的销售价格是指纳税人当月销售的同类消费品的销售价格，如果当月同类消费品各个销售价格高低不同，应按销售数量加权平均计算。但销售的应税消费品有下列情况之一的，不得列入加权平均计算：

（1）销售价格明显偏低且无正当理由的；

（2）无销售价格的。

如果当月无销售或者当月未完结，应按照同类消费品上月或者最近月份的销售价格计算纳税。

【特别提示】 只有当纳税人没有同类消费品销售价格时，才需计算组成计税价格。

【知识链接】 纳税人用于"换取生产资料和消费资料、投资入股和抵偿债务"等方面的应税消费品，应当以纳税人同类应税消费品的"最高"销售价格作为计税依据计算征收消费税；纳税人将自己生产的应税消费品用于其他方面的（如无偿赠送他人），按照纳税人最近时期同类货物的"平均"销售价格（"平均"销售价格指的是"加权平均"销售价格；没有"平均"销售价格的，按照组成计税价格）作为计税依据计算征收消费税。

2. 实行从量定额办法计算纳税的自产自用应税消费品计税依据的确定

实行从量定额办法计算纳税的自产自用应税消费品的计税依据为移送使用数量。

3. 实行复合计税办法计算纳税的自产自用应税消费品计税依据的确定

从价部分，按照纳税人生产的同类消费品的销售价格计算纳税；没有同类消费品销售价格的，按照组成计税价格计算纳税。从量部分，按照纳税人自产自用应税消费品的移送使用数量作为计税依据计算纳税。

实行复合计税办法计算纳税的组成计税价格的计算公式为：

$$组成计税价格＝（成本＋利润＋自产自用数量×定额税率）÷（1－比例税率）$$
$$＝［成本×（1＋成本利润率）＋自产自用数量×定额税率］$$
$$÷（1－比例税率）$$

式中，成本是指应税消费品的产品生产成本；利润是指根据应税消费品的全国平均成本利润率计算的利润，应税消费品的全国平均成本利润率由国家税务总局确定。应税消费品的全国平均成本利润率（含新增和调整后的应税消费品）如表3－5所示。

表3－5 应税消费品的全国平均成本利润率

消费品	全国平均成本利润率（%）	消费品	全国平均成本利润率（%）
甲类卷烟	10	摩托车	6
乙类卷烟	5	高尔夫球及球具	10
雪茄烟	5	高档手表	20
烟丝	5	游艇	10
粮食白酒	10	木制一次性筷子	5
薯类白酒	5	实木地板	5
其他酒	5	乘用车	8
高档化妆品	5	中轻型商用客车	5
鞭炮、焰火	5	电池	4
贵重首饰及珠宝玉石	6	涂料	7

（三）自产自用应税消费品应纳消费税的计算

1. 实行从价定率办法计算纳税的自产自用应税消费品应纳税额的计算

（1）有同类消费品销售价格的。

$$应纳消费税＝同类应税消费品单位销售价格×自产自用数量×比例税率$$

（2）没有同类消费品销售价格的。

应纳消费税＝组成计税价格×比例税率

2. 实行从量定额办法计算纳税的自产自用应税消费品应纳税额的计算

应纳消费税＝自产自用数量×定额税率

3. 实行复合计税办法计算纳税的自产自用应税消费品应纳税额的计算

（1）有同类消费品销售价格的。

应纳消费税＝同类应税消费品单位销售价格×自产自用数量×比例税率
＋自产自用数量×定额税率

（2）没有同类消费品销售价格的。

应纳消费税＝组成计税价格×比例税率＋自产自用数量×定额税率

【工作实例 3-5】　甲白酒厂为增值税一般纳税人，本年 1 月特制一批粮食白酒作为样品，该批白酒该酒厂无市场销售价格。税务机关确定按组成计税价格计算税款。该批白酒成本为 42 000 元，共 500 千克。成本利润率为 10％，白酒的比例税率为20％，白酒的定额税率为 0.5 元/500 克。

【工作要求】 计算回答下列问题：
（1）计算甲白酒厂本年 1 月该批自产粮食白酒的组成计税价格。
（2）计算甲白酒厂本年 1 月该批粮食白酒的应纳消费税。

【工作实施】

组成计税价格＝$[42\,000×(1＋10％)＋(1\,000×0.5)]÷(1－20％)＝58\,375$（元）
应纳消费税＝$58\,375×20％＋1\,000×0.5＝12\,175$（元）

三、委托加工应税消费品应纳消费税的计算

（一）委托加工应税消费品的确定

委托加工的应税消费品是指由委托方提供原料和主要材料，受托方只收取加工费和代垫部分辅助材料加工的应税消费品。对于由受托方提供原材料生产的应税消费品，或者受托方先将原材料卖给委托方，然后再接受加工的应税消费品，以及由受托方以委托方名义购进原材料生产的应税消费品，不论在财务上是否作销售处理，都不得作为委托加工应税消费品，而应当按照销售自制应税消费品缴纳消费税。

委托加工的应税消费品，除受托方为个人外，由受托方在向委托方交货时代收代缴税款。委托加工收回的应税消费品，委托方用于连续生产应税消费品的，所纳税款准予按规定抵扣。委托加工的应税消费品收回后直接出售的，不再缴纳消费税。委托方将收回的应税消费品，以不高于受托方的计税价格出售的，为直接出售，不再缴纳消费税；委托方以高于受托方的计税价格出售的，不属于直接出售，需按照规定申报缴纳消费

税，在计税时准予扣除受托方已代收代缴的消费税。委托个人加工的应税消费品，由委托方收回后缴纳消费税。

（二）委托加工应税消费品计税依据的确定

1. 实行从价定率办法计算纳税的委托加工应税消费品计税依据的确定

实行从价定率办法计算纳税的委托加工应税消费品按照受托方的同类消费品的销售价格计算纳税；没有同类消费品销售价格的，按照组成计税价格计算纳税。

实行从价定率办法计算纳税的组成计税价格的计算公式为：

$$组成计税价格＝（材料成本＋加工费）÷（1－比例税率）$$

2. 实行从量定额办法计算纳税的委托加工应税消费品计税依据的确定

实行从量定额办法计算纳税的委托加工应税消费品的计税依据为委托加工收回的应税消费品数量（委托加工数量）。

3. 实行复合计税办法计算纳税的委托加工应税消费品计税依据的确定

从价部分，按照受托方的同类消费品的销售价格计算纳税；没有同类消费品销售价格的，按照组成计税价格计算纳税。从量部分，按照纳税人委托加工数量作为计税依据计算纳税。

实行复合计税办法计算纳税的组成计税价格的计算公式为：

$$组成计税价格＝（材料成本＋加工费＋委托加工数量×定额税率）÷（1－比例税率）$$

上述各组成计税价格公式中的"材料成本"是指委托方所提供加工的材料实际成本。委托加工应税消费品的纳税人必须在委托加工合同上如实注明（或者以其他方式提供）材料成本，凡未提供材料成本的，受托方主管税务机关有权核定其材料成本。"加工费"是受托方加工应税消费品向委托方收取的全部费用（包括代垫的辅助材料实际成本）。

【特别提示】委托加工的应税消费品计算消费税时，应按受托方同类应税消费品的销售价格（没有同类应税消费品销售价格的，则按组成计税价格）计算；而计算增值税时，应按受托方收取的加工费（包括代垫的辅助材料的成本）计算。

（三）委托加工应税消费品应纳税额的计算

1. 实行从价定率办法计算纳税的委托加工应税消费品应纳税额的计算

（1）受托方有同类消费品销售价格的。

$$应纳消费税＝同类应税消费品单位销售价格×委托加工数量×比例税率$$

（2）受托方没有同类消费品销售价格的。

$$应纳消费税＝组成计税价格×比例税率$$

2. 实行从量定额办法计算纳税的委托加工应税消费品应纳税额的计算

$$应纳消费税＝委托加工数量×定额税率$$

3. 实行复合计税办法计算纳税的委托加工应税消费品应纳税额的计算

（1）受托方有同类消费品销售价格的。

应纳消费税＝同类应税消费品单位销售价格×委托加工数量×比例税率
　　　　　＋委托加工数量×定额税率

（2）受托方没有同类消费品销售价格的。

应纳消费税＝组成计税价格×比例税率＋委托加工数量×定额税率

【工作实例3-6】　甲化妆品企业本年3月受托为某商场加工一批高档化妆品，收取不含增值税的加工费37万元，商场提供的原材料金额为48万元。该化妆品企业无同类产品销售价格，消费税税率为15%。

【工作要求】计算甲化妆品企业本年3月上述业务应代收代缴的消费税。

【工作实施】

组成计税价格＝(48＋37)÷(1－15%)＝100(万元)
应代收代缴消费税＝100×15%＝15(万元)

（四）委托加工收回的应税消费品已纳税款的扣除

委托加工的应税消费品已由受托方代收代缴消费税，因此，委托方收回货物后用于连续生产应税消费品的，其已纳税款准予按照规定从连续生产的应税消费品应纳税额中扣除。扣除范围包括：

（1）以委托加工收回的已税烟丝为原料生产的卷烟；

（2）以委托加工收回的已税高档化妆品为原料生产的高档化妆品；

（3）以委托加工收回的已税珠宝玉石为原料生产的贵重首饰及珠宝玉石；

（4）以委托加工收回的已税鞭炮、焰火为原料生产的鞭炮、焰火；

（5）以委托加工收回的已税杆头、杆身和握把为原料生产的高尔夫球杆；

（6）以委托加工收回的已税木制一次性筷子为原料生产的木制一次性筷子；

（7）以委托加工收回的已税实木地板为原料生产的实木地板；

（8）以委托加工收回的已税汽油、柴油、石脑油、燃料油、润滑油为原料生产的应税成品油。

上述委托加工收回的应税消费品连续生产的应税消费品准予从消费税应纳税款中按当期生产领用数量计算扣除其消费税已纳税款。当期准予扣除的委托加工应税消费品已纳税款的计算公式为：

当期准予扣除的委托加工应税消费品已纳税款＝期初库存的委托加工应税消费品已纳税款＋当期收回的委托加工应税消费品已纳税款－期末库存的委托加工应税消费品已纳税款

纳税人用委托加工收回的已税珠宝玉石生产的改在零售环节征收消费税的金银首饰，在计税时一律不得扣除已税珠宝玉石的已纳税款。

【特别提示】纳税人以外购、进口、委托加工收回的应税消费品（以下简称外购应税消费品）为原料连续生产应税消费品，准予按现行政策规定抵扣外购应税消费品已纳税款。经主管税务机关核实上述外购应税消费品未缴纳消费税的，纳税人应将已抵扣的消费税税款从核实当月允许抵扣的消费税中冲减。

【理论答疑】消费税与增值税的抵扣时间一样吗？

答：对于增值税而言，购入或委托加工收回时（即取得增值税专用发票且认证通过的当月）就可以抵扣进项税额；消费税则是购入或委托加工收回后，领用时才能扣减。

【工作实例3-7】 甲日化工厂本年1月委托乙厂加工高档化妆品A，收回时被代收代缴消费税400元；委托丙厂加工高档化妆品B，收回时被代收代缴消费税500元。甲工厂将A，B两种高档化妆品收回后继续加工生产高档化妆品C出售，当月销售额为10 000元。甲工厂期初库存的委托加工应税消费品已纳税款300元，期末库存的委托加工应税消费品已纳税款330元。

【工作要求】计算回答下列问题：

（1）计算甲日化工厂当月准予扣除的委托加工应税消费品已纳税款。

（2）计算甲日化工厂本月应纳消费税。

【工作实施】

$$\text{当月准予扣除的委托加工应税消费品已纳税款} = 300 + (400 + 500) - 330 = 870（元）$$

$$\text{应纳消费税} = 10\,000 \times 15\% - 870 = 630（元）$$

四、进口应税消费品应纳消费税的计算

（一）进口应税消费品计税依据的确定

纳税人进口应税消费品，按照组成计税价格和规定的税率计算应纳税额。

1. 实行从价定率办法计算纳税的进口应税消费品计税依据的确定

实行从价定率办法计算纳税的进口应税消费品的计税依据为组成计税价格。实行从价定率办法计算纳税的组成计税价格的计算公式为：

$$\text{组成计税价格} = (\text{关税完税价格} + \text{关税}) \div (1 - \text{比例税率})$$

2. 实行从量定额办法计算纳税的进口应税消费品计税依据的确定

实行从量定额办法计算纳税的进口应税消费品的计税依据为海关核定的应税消费品的进口数量。

3. 实行复合计税办法计算纳税的进口应税消费品计税依据的确定

从价部分，按照组成计税价格计算纳税；从量部分，按照海关核定的应税消费品的进口数量作为计税依据计算纳税。实行复合计税办法计算纳税的组成计税价格的计算公式为：

$$\text{组成计税价格} = \left(\text{关税完税价格} + \text{关税} + \text{海关核定的应税消费品的进口数量} \times \text{定额税率} \right) \div \left(1 - \text{比例税率} \right)$$

式中，关税完税价格是指海关核定的关税计税价格。

【知识链接】进口应税消费品同时涉及缴纳进口环节增值税，进口环节增值税的组成计税价格与消费税的组成计税价格相同。

（二）进口应税消费品应纳税额的计算

（1）实行从价定率办法计算纳税的进口应税消费品应纳税额的计算公式为：

$$应纳消费税＝组成计税价格×比例税率$$

（2）实行从量定额办法计算纳税的进口应税消费品应纳税额的计算公式为：

$$应纳消费税＝海关核定的应税消费品的进口数量×定额税率$$

（3）实行复合计税办法计算纳税的进口应税消费品应纳税额的计算公式为：

$$应纳消费税＝\frac{组成计税}{价格}×\frac{比例}{税率}＋\frac{海关核定的应税}{消费品的进口数量}×\frac{定额}{税率}$$

【工作实例 3－8】　甲商贸公司为增值税一般纳税人，本年 7 月从国外进口一批粮食白酒共计 5 000 千克。该批应税消费品的关税完税价格为 100 万元，按规定应缴纳关税 20 万元。粮食白酒的消费税税率为 20%，定额消费税为 0.5 元/500 克。

【工作要求】计算甲公司进口粮食白酒的应纳消费税。

【工作实施】

$$组成计税价格＝(1\ 000\ 000＋200\ 000＋5\ 000×2×0.5)÷(1－20\%)$$
$$＝1\ 506\ 250(元)$$
$$应纳消费税＝1\ 506\ 250×20\%＋5\ 000×2×0.5＝306\ 250(元)$$

【工作引例解析】

（1）乙企业应代收代缴的消费税＝460×15×10%＝690(元)

（2）$准予抵扣的高尔夫球杆的杆头、杆身和握把的已纳消费税＝(16\ 000＋23\ 600＋1\ 000)×80\%×10\%$

$$＝3\ 248(元)$$

$$甲企业应自行缴纳的消费税＝12\ 000÷2×(2＋5)×10\%＋23\ 500÷(1＋13\%)×10\%$$
$$－3\ 248＝3\ 031.65(元)$$

第 3 节　消费税出口退（免）税的计算

情境引例

我公司为一家生产企业，直接出口应税消费品享受增值税出口退税政策。请问我公司出口应税消费品时对于消费税也予以退税吗？

一、出口应税消费品的免税

出口应税消费品的免税，主要适用于生产企业直接出口或委托外贸企业出口应税消费品。

对出口应税消费品予以免税的情况，规定如下：生产企业直接出口应税消费品或委托外贸企业出口应税消费品，不予计算缴纳消费税。

【情境引例解析】

出口应税消费品时对于消费税不予退税。由于出口时免缴生产环节的消费税，即该应税消费品出口时已不含有消费税，因此也无须退还消费税。

二、出口应税消费品的退税

出口应税消费品的退税，主要适用于外贸企业自营出口或委托其他外贸企业代理出口应税消费品。

（一）出口应税消费品的企业

出口应税消费品的退税，原则上应将所征税款全部退还给出口企业，即采取先征后退办法。出口应税消费品退税的企业范围主要包括：

（1）有出口经营权的外贸、工贸公司。

（2）特定出口退税企业，如对外承包工程公司、外轮供应公司等。

（二）出口应税消费品退税的范围

（1）具备出口条件，给予退税的消费品。这类消费品必须具备四个条件：属于消费税征税范围的消费品；取得消费税税收（出口货物专用）缴款书、增值税专用发票（税款抵扣联）、出口货物报关单（出口退税联）、出口收汇核销单；必须报关离境；在财务上作出口销售处理。

（2）不具备出口条件，也给予退税的消费品。如对外承包工程公司运出境外用于对外承包项目的消费品，外轮供应公司、远洋运输供应公司销售给外轮、远洋货轮而收取外汇的消费品等。

（三）出口应税消费品退税税率

计算出口应税消费品应退消费税的税率或单位税额，应严格按照《消费税暂行条例》所附《消费税税目税率（税额）表》执行。当出口的货物是应税消费品时，其退还增值税要按规定的增值税退税率计算，而其退还消费税则要按应税消费品所适用的消费税税率计算。企业应将不同消费税税率的出口应税消费品分开核算和申报，凡划分不清适用税率的，一律从低适用税率计算消费税应退税额。

（四）出口应税消费品退税的计税依据和计算

1. 退税的计税依据

出口货物的消费税应退税额的计税依据，按购进出口货物的消费税专用缴款书和海关进口消费税专用缴款书确定。

属于从价定率计征消费税的，为已征且未在内销应税消费品应纳税额中抵扣的购进出口货物金额；属于从量定额计征消费税的，为已征且未在内销应税消费品应纳税额中抵扣的购进出口货物数量；属于复合计征消费税的，按从价定率和从量定额的计税依据分别确定。

2. 退税的计算

外贸企业自营出口或委托其他外贸企业代理出口货物的消费税应退税额，应分别按上述计算依据和《消费税税目税率（税额）表》规定的税率计算应退税额。其计算公式为：

$$消费税应退税额 = 从价定率计征消费税的退税计税依据 \times 比例税率 + 从量定额计征消费税的退税计税依据 \times 定额税率$$

三、消费税出口退（免）税的其他有关规定

外贸企业自营出口或委托其他外贸企业代理出口的应税消费品办理退税后，发生退关或者国外退货进口时予以免税的，报关出口者必须及时向其机构所在地或者居住地主管税务机关申报补缴已退的消费税税款。

生产企业出口或委托外贸企业代理出口的应税消费品办理免税后，发生退关或者国外退货，进口时已予以免税的，经机构所在地或者居住地主管税务机关批准，可暂不办理补税，待其转为国内实际销售时，再申报补缴消费税。

第 4 节 消费税的征收管理

我单位的总公司在山东济南，生产销售的产品应当缴纳消费税。近期在济南不同区又设立了几家分支机构，请问分支机构的消费税可以由我总公司汇总缴纳吗？

一、消费税的征收管理要求

（一）消费税的纳税义务发生时间

（1）纳税人销售应税消费品的，按不同的销售结算方式，其纳税义务发生时间分别为：

1）采取赊销和分期收款结算方式的，为书面合同约定的收款日期的当天；书面合同没有约定收款日期或者无书面合同的，为发出应税消费品的当天。

2）采取预收货款结算方式的，为发出应税消费品的当天。

3）采取托收承付和委托银行收款方式的，为发出应税消费品并办妥托收手续的当天。

4）采取其他结算方式的，为收讫销售款或者取得索取销售款凭证的当天。

（2）纳税人自产自用应税消费品的，为移送使用的当天。

（3）纳税人委托加工应税消费品的，为纳税人提货的当天。

（4）纳税人进口应税消费品的，为报关进口的当天。

【知识链接】除委托加工应税消费品的消费税纳税义务发生时间有特殊规定之外，消费税的纳税义务发生时间与增值税基本一致。

（二）消费税的纳税期限

消费税的纳税期限分别为 1 日、3 日、5 日、10 日、15 日、1 个月或者 1 个季度。纳税人的具体纳税期限，由主管税务机关根据纳税人应纳税额的大小分别核定；不能按照固定期限纳税的，可以按次纳税。

纳税人以 1 个月或者 1 个季度为一期纳税的，自期满之日起 15 日内申报纳税；以 1 日、3 日、5 日、10 日或者 15 日为一期纳税的，自期满之日起 5 日内预缴税款，于次月 1 日至 15 日内申报纳税并结清上月应纳税款。

纳税人进口应税消费品，应当自海关填发海关进口消费税专用缴款书之日起 15 日内缴纳税款。

【知识链接】消费税纳税期限的有关规定与增值税的相关规定一致。

（三）消费税的纳税地点

（1）纳税人销售应税消费品及自产自用应税消费品，除国家另有规定外，应当向纳税人机构所在地或居住地的主管税务机关申报纳税。

（2）纳税人到外县（市）销售或者委托外县（市）代销自产应税消费品的，于应税消费品销售后，向机构所在地或者居住地主管税务机关申报纳税。

（3）纳税人的总机构与分支机构不在同一县（市）的，应当分别向各自机构所在地的主管税务机关申报纳税；经财政部、国家税务总局或者其授权的财政、税务机关批准，可以由总机构汇总向总机构所在地的主管税务机关申报纳税。

【特别提示】卷烟批发企业的纳税地点比较特殊，总机构与分支机构不在同一地区的，由总机构申报纳税。

（4）委托加工的应税消费品，除受托方为个人外，由受托方向所在地或者居住地的主管税务机关解缴消费税税款。

【知识链接】委托个人加工的应税消费品，由委托方向其机构所在地或者居住地主管税务机关申报纳税。

（5）进口的应税消费品，由进口人或者其代理人向报关地海关申报纳税。

（6）出口的应税消费品办理退税后，发生退关或者国外退货进口时予以免税的，报关出口者必须及时向其机构所在地或者居住地主管税务机关申报补缴已退的消费税税款。

（7）纳税人销售应税消费品，如果因质量等原因由购买者退回时，经机构所在地或者居住地主管税务机关审核批准后，可退还已缴纳的消费税税款。

【情境引例解析】

根据《财政部 国家税务总局关于消费税纳税人总分支机构汇总缴纳消费税有关政

策的通知》（财税〔2012〕42 号）的有关规定，纳税人的总机构与分支机构不在同一县（市），但在同一省（自治区、直辖市）范围内，经省（自治区、直辖市）财政厅（局）、税务局审批同意，可以由总机构汇总向总机构所在地的主管税务机关申报缴纳消费税。

根据上述规定，总分支机构在同一省（自治区、直辖市）范围内，经省（自治区、直辖市）财政厅（局）、税务局审批同意，可以由总机构汇总向总机构所在地的主管税务机关申报缴纳消费税。

二、消费税的纳税申报

以烟类应税消费品消费税的纳税申报为例，纳税人对消费税进行纳税申报时，应当填报"本期准予扣除税额计算表"（略）、"烟类应税消费品消费税纳税申报表"（见表3-6）。

表3-6　烟类应税消费品消费税纳税申报表

税款所属期：　　年　月　日至　　年　月　日
纳税人名称：　　　　　纳税人识别号：□□□□□□□□□□□□□□□□□□
填表日期：　　年　月　日　单位：卷烟万支、雪茄烟支、烟丝千克　金额单位：元（列至角分）

	适用税率		销售数量	销售额	应纳税额
	定额税率	比例税率			
卷烟	30元/万支	56%			
卷烟	30元/万支	36%			
雪茄烟	—	36%			
烟丝	—	30%			
合计	—	—			

本期准予扣除税额：	**声明** 　此纳税申报表是根据国家税收法律的规定填报的，我确定它是真实的、可靠的、完整的。
本期减（免）税额：	经办人（签章）： 　财务负责人（签章）： 　联系电话：
期初未缴税额：	
本期缴纳前期应纳税额：	（如果你已委托代理人申报，请填写）
本期预缴税额：	**授权声明** 　为代理一切税务事宜，现授权＿＿＿（地址）＿＿＿为本纳税人的代理申报人，任何与本申报表有关的往来文件，都可寄予此人。
本期应补（退）税额：	
期末未缴税额：	授权人签章：

以下由税务机关填写

受理人（签章）：　　　　　受理日期：　年　月　日　　　受理税务机关（章）：

技能训练

1. 甲酒厂为增值税一般纳税人，本年5月生产白酒200箱，每箱净重20千克，取得不含税销售收入30 000元，收取包装物押金1 130元，押金单独记账，货款及押金均收到。要求：计算甲酒厂的应纳消费税。

2. 甲进出口公司本年1月进口白酒1 800吨，关税完税价格为12 000万元，关税税率为30％。要求：（1）计算甲公司的应纳进口关税；（2）计算甲公司进口应税消费品的组成计税价格；（3）计算甲公司进口环节的应纳消费税；（4）计算甲公司进口环节的应纳增值税。

3. 甲酒厂为增值税一般纳税人，本年5月销售自己生产的粮食白酒6吨，开具的增值税专用发票上注明的不含增值税销售额为80万元，另外向购买方收取优质费33.9万元。已知白酒的消费税税率为20％加0.5元/500克。要求：计算甲酒厂的应纳消费税和增值税销项税额。

实战演练

甲卷烟厂为增值税一般纳税人，主要生产S牌卷烟（不含税调拨价为100元/标准条）及雪茄烟。本年5月甲卷烟厂发生如下业务：

（1）从烟农手中购进烟叶，支付烟叶收购价款110万元并按规定支付了10％的价外补贴，将其运往A企业委托加工烟丝；向A企业支付加工费，取得增值税专用发票，注明加工费10万元、增值税1.3万元，该批烟丝已收回入库，但本月未领用。A企业无同类烟丝销售价格。

（2）从乙企业（主营业务为生产烟丝）购进烟丝，取得增值税专用发票，注明价款300万元、增值税39万元。

（3）从小规模纳税人丙企业（主营业务为生产烟丝）购进烟丝，取得增值税专用发票，注明价款280万元。

（4）进口一批烟丝，支付货价300万元、经纪费15万元，该批烟丝运抵我国输入地点起卸后发生运费及保险费共计35万元，卷烟厂完税后，海关放行。

（5）以成本为350万元的特制自产烟丝生产卷烟。

（6）本月销售雪茄烟取得不含税收入500万元，并收取品牌专卖费9.04万元；领用外购烟丝为原料生产S牌卷烟，销售S牌卷烟300标准箱。

（7）月初库存外购烟丝买价为32万元，月末库存外购烟丝买价为70万元。

其他条件有：本月取得的相关凭证符合规定，并在本月认证抵扣，烟丝的消费税税率为30％，关税税率为10％。卷烟生产环节的消费税税率为56％和150元/标准箱，雪茄烟的消费税税率为36％。

任务要求：

(1) 计算当月 A 企业应代收代缴的消费税。

(2) 计算当月甲卷烟厂进口烟丝的应纳进口环节税金合计。

(3) 计算当月甲卷烟厂领用特制自产烟丝的应纳消费税。

(4) 计算当月甲卷烟厂准予扣除外购烟丝的已纳消费税。

(5) 计算当月甲卷烟厂国内销售环节的应纳消费税（不含被代收代缴的消费税）。

世界上最难理解的是所得税。

——阿尔伯特·爱因斯坦

第4章

企业所得税法

能力目标

（1）会界定企业所得税纳税人，会判断哪些业务应当缴纳企业所得税，会选择企业所得税适用税率，能充分运用企业所得税优惠政策。

（2）能确定企业所得税的计税依据，能根据相关业务资料确定企业所得税的收入总额，确定不征税收入和免税收入，确定企业所得税准予扣除的项目，确定企业所得税不得扣除的项目，能根据相关业务资料进行亏损弥补。

（3）能根据相关业务资料对固定资产、生物资产、无形资产、长期待摊费用、存货和投资资产的涉税业务进行税务处理。

（4）会识别哪些经济业务属于企业重组，能把握企业重组的一般性税务处理和特殊性税务处理的条件，并能根据相关业务资料进行企业重组的一般性税务处理和特殊性税务处理。

（5）能根据相关业务资料计算居民企业和非居民企业的应纳税额，能根据相关业务资料计算境外所得的抵扣税额。

（6）会判断哪些业务可能被税务机关进行特别纳税调整，能明确税务机关进行特别纳税调整的方法和税务机关进行核定征收的方法，会计算因特别纳税调整而加收的利息，识记追溯时限。

（7）能确定企业所得税的纳税义务发生时间、纳税期限和纳税地点。

工作引例

企业所得税的计算

甲居民企业为增值税一般纳税人，是国家需要重点扶持的高新技术企业。本年甲居民企业取得商品销售收入 5 600 万元，转让固定资产的净收益为 50 万元，投资收益为 80 万元；发生商品销售成本 2 200 万元，税金及附加为 120 万元，发生销售费用 1 900 万元、管理费用 960 万元、财务费用 180 万元、营业外支出 100 万元，实现利润总额 270 万元，企业自行计算缴纳企业所得税 40.5 万元（270×15%）。经税务师审核，发现本年该企业存在如下问题：

（1）12 月购进一台符合《安全生产专用设备企业所得税优惠目录》规定的安全生产专用设备，取得增值税专用发票，注明价款 550 万元、增值税 71.5 万元，当月投入使用，企业将该设备购买价款 550 万元一次性在成本中列支。该设备生产的产品全部在当月销售，相关成本已结转。

（2）管理费用中含业务招待费 120 万元。

（3）销售费用中含广告费 800 万元、业务宣传费 400 万元。

（4）财务费用中含支付给银行的借款利息 60 万元（借款金额 1 000 万元，期限 1 年）；支付给关联方的借款利息 72 万元（借款金额 1 200 万元，期限 1 年），已知关联方的权益性投资为 400 万元，此项交易活动不符合独立交易原则且该企业实际税负高于境内关联方。

（5）营业外支出中含通过公益性社会团体向灾区捐款 65 万元、因违反合同约定支付给其他企业违约金 28 万元、因违反工商管理规定被工商部门处以罚款 7 万元。

（6）投资收益中含国债利息收入 20 万元；从境外 A 国子公司分回税后收益 32 万元，A 国政府规定的所得税税率为 20%；从境外 B 国子公司分回税后投资收益 25 万元，B 国政府规定的所得税税率为 10%。甲居民企业抵免限额按照分国（地区）不分项计算。甲企业选择分国（地区）不分项的方法来计算其来源于境外的应纳税所得额。

（7）已计入成本、费用中的全年实发的合理工资总额为 500 万元，实际拨缴工会经费 7 万元，发生职工福利费 80 万元、职工教育经费 20 万元。

工作要求

（1）计算甲居民企业准予在企业所得税税前扣除的业务招待费金额。

（2）计算甲居民企业准予在企业所得税税前扣除的广告费和业务宣传费金额。

（3）计算甲居民企业准予在企业所得税税前扣除的利息费用。

（4）计算甲居民企业准予在企业所得税税前扣除的营业外支出金额。

（5）计算甲居民企业计算应纳税所得额时，工资总额、工会经费、职工福利费和职工教育经费应调整应纳税所得额的金额。

（6）计算甲居民企业本年度境内应纳税所得额。

（7）计算甲居民企业境外所得应在我国补缴的企业所得税。

（8）计算甲居民企业应补（退）企业所得税。

工作引例解析 见本章第 6 节。

第1节　企业所得税的认知

情境引例

我单位为有限合伙企业，请问是否需要缴纳企业所得税？

一、企业所得税纳税人的确定

（一）企业所得税的纳税义务人

企业所得税是对我国境内的企业和其他取得收入的组织的生产经营所得和其他所得征收的一种所得税。

在中华人民共和国境内，企业和其他取得收入的组织（以下统称企业）为企业所得税的纳税人。个人独资企业、合伙企业不是企业所得税的纳税人。

【知识链接】个人独资企业和合伙企业（非法人）不具有法人资格，不缴纳企业所得税，由其自然人投资者缴纳个人所得税。

【点拨指导】这里所说的个人独资企业、合伙企业，是指依据中国法律、行政法规的规定在中国境内成立的个人独资企业和合伙企业，不包括境外依据外国法律成立的个人独资企业和合伙企业。

【特别提示】合伙企业以每个合伙人为纳税义务人，合伙企业的合伙人是自然人的，缴纳个人所得税；合伙人是法人和其他组织的，缴纳企业所得税。因此，上述不缴纳企业所得税的合伙企业仅指合伙人均为自然人的合伙企业。

缴纳企业所得税的企业分为居民企业和非居民企业，分别承担不同的纳税责任。

居民企业是指依法在中国境内成立，或者依照外国（地区）法律成立但实际管理机构在中国境内的企业。其包括除个人独资企业和合伙企业以外的公司、企业、事业单位、社会团体、民办非企业单位、基金会、外国商会、农民专业合作社以及取得收入的其他组织。

非居民企业是指依照外国（地区）法律成立且实际管理机构不在中国境内，但在中国境内设立机构、场所的，或者在中国境内未设立机构、场所，但有来源于中国境内所得的企业。

实际管理机构是指对企业的生产经营、人员、账务、财产等实施实质性全面管理和控制的机构。机构、场所是指在中国境内从事生产经营活动的机构、场所，包括：

（1）管理机构、营业机构、办事机构；

（2）工厂、农场、开采自然资源的场所；

（3）提供劳务的场所；

（4）从事建筑、安装、装配、修理、勘探等工程作业的场所；

（5）其他从事生产经营活动的机构、场所。

非居民企业委托营业代理人在中国境内从事生产经营活动的，包括委托单位或者个人经常代其签订合同或储存、交付货物等，该营业代理人视为非居民企业在中国境内设立的机构、场所。

【情境引例解析】

根据《企业所得税法》第一条第二款的规定，个人独资企业、合伙企业不适用该法。但这里所指的合伙企业仅指合伙人均为自然人的合伙企业。根据《中华人民共和国合伙企业法》的规定，该法所称的合伙企业，是指自然人、法人和其他组织依照该法在中国境内设立的普通合伙企业和有限合伙企业。有限合伙企业由普通合伙人和有限合伙人组成，普通合伙人对合伙企业债务承担无限连带责任，有限合伙人以其认缴的出资额为限对合伙企业的债务承担责任。国有独资公司、国有企业、上市公司以及公益性事业单位、社会团体不得成为普通合伙人。换句话说，国有独资公司、国有企业、上市公司以及公益性事业单位、社会团体只能成为有限合伙人。合伙企业以每个合伙人为纳税义务人，有限合伙企业中的自然人合伙人缴纳个人所得税；有限合伙企业中的法人和其他组织合伙人缴纳企业所得税。

因此，有限合伙企业需要缴纳企业所得税。

（二）企业所得税的扣缴义务人

（1）支付人为扣缴义务人。非居民企业在中国境内未设立机构、场所的，或者虽设立机构、场所但取得的所得与其所设机构、场所没有实际联系的，其来源于中国境内的所得应缴纳的所得税，实行源泉扣缴，以支付人为扣缴义务人。税款由扣缴义务人在每次支付或者到期应支付时，从支付或者到期应支付的款项中扣缴。

支付人是指依照有关法律规定或者合同约定对非居民企业直接负有支付相关款项义务的单位或者个人。支付包括现金支付、汇拨支付、转账支付和权益兑价支付等货币支付和非货币支付。到期应支付的款项是指支付人按照权责发生制原则应当计入相关成本、费用的应付款项。

（2）指定扣缴义务人。对非居民企业在中国境内取得工程作业和劳务所得应缴纳的所得税，税务机关可以指定工程价款或者劳务费的支付人为扣缴义务人。

税法规定的可以指定扣缴义务人的情形包括：

1）预计工程作业或提供劳务期限不足一个纳税年度，且有证据表明不履行纳税义务的；

2）没有办理税务登记或者临时税务登记，且未委托中国境内的代理人履行纳税义务的；

3）未按照规定期限办理企业所得税纳税申报或者预缴申报的；

4）其他规定情形。

扣缴义务人由县级以上税务机关指定，并同时告知扣缴义务人所扣税款的计算依据、计算方法、扣缴期限。

【**特别提示**】支付人为扣缴义务人，又称法定扣缴义务人，一般适用于在我国境内未设立机构、场所，但有来源于我国所得的情形；指定扣缴义务人一般适用于在我国设立机构、场所，但所设机构、场所不具备会计核算能力的情形。

（3）扣缴义务人每次代扣的税款，应当自代扣之日起7日内缴入国库，并向所在地的税务机关报送扣缴企业所得税报告表。

（4）扣缴义务人未依法扣缴税款或者无法履行扣缴义务的，由纳税人在所得发生地缴纳税款。在中国境内存在多处所得发生地的，由纳税人选择其中一地申报缴纳企业所得税。

纳税人未依法缴纳税款的，税务机关可以从该纳税人在中国境内其他收入项目（指该纳税人在中国境内取得的其他各种来源的收入）的支付人应付的款项中，追缴该纳税人的应纳税款。

税务机关在追缴该纳税人应纳税款时，应当将追款理由、追缴数额、扣缴期限和缴纳方式等告知该纳税人。

二、企业所得税征税对象的确定

（一）居民企业的征税对象

居民企业应当就其来源于中国境内、境外的所得缴纳企业所得税。所得包括销售货物所得、提供劳务所得、转让财产所得、股息红利等权益性投资所得、利息所得、租金所得、特许权使用费所得、接受捐赠所得和其他所得。

（二）非居民企业的征税对象

非居民企业在中国境内设立机构、场所的，应当就其所设机构、场所取得的来源于中国境内的所得，以及发生在中国境外但与其所设机构、场所有实际联系的所得，缴纳企业所得税。实际联系是指非居民企业在中国境内设立的机构、场所拥有据以取得所得的股权、债券，以及拥有、管理、控制据以取得所得的财产等。

非居民企业在中国境内未设立机构、场所的，或者虽设立机构、场所但取得的所得与其所设机构、场所没有实际联系的，应当就其来源于中国境内的所得缴纳企业所得税。

来源于中国境内、境外的所得，按照以下原则确定：

（1）销售货物所得，按照交易活动发生地确定；

（2）提供劳务所得，按照劳务发生地确定；

（3）转让财产所得：不动产转让所得按照不动产所在地确定，动产转让所得按照转让动产的企业或者机构、场所所在地确定，权益性投资资产转让所得按照被投资企业所在地确定；

（4）股息、红利等权益性投资所得，按照分配所得的企业所在地确定；

（5）利息所得、租金所得、特许权使用费所得，按照负担、支付所得的企业或者机构、场所所在地确定，或者按照负担、支付所得的个人住所地确定；

（6）其他所得，由国务院财政、税务主管部门确定。

三、企业所得税税率的判定

企业所得税税率是体现国家与企业分配关系的核心要素。税率设计的原则是兼顾国家、企业、职工个人三者间的利益，既要保证财政收入的稳定增长，又要使企业在发展生产、经营方面有一定的财力保证；既要考虑企业的实际情况和负担能力，又要维护税率的统一性。

企业所得税实行比例税率。比例税率简便易行，透明度高，不会因征税而改变企业间收入分配比例，有利于促进效率的提升。现行规定如下：

（1）基本税率为 25％。适用于居民企业和在中国境内设有机构、场所且取得的所得与机构、场所有实际联系的非居民企业。

（2）低税率为 20％。适用于在中国境内未设立机构、场所，或者虽设立机构、场所但取得的所得与其所设机构、场所没有实际联系的非居民企业。但实际征税时适用 10％的税率。

【知识链接】居民企业中符合条件的小型微利企业减按 20％的税率征收企业所得税。国家重点扶持的高新技术企业减按 15％的税率征收企业所得税。自 2018 年 1 月 1 日起，对经认定的技术先进型服务企业（服务贸易类），减按 15％的税率征收企业所得税。

四、企业所得税优惠政策的运用

税收优惠是指国家运用税收政策在税收法律、行政法规中规定对某一部分特定企业和课税对象给予减轻或免除税收负担的一种措施。税法规定的企业所得税的税收优惠方式包括免税、减税、加计扣除、加速折旧、减计收入、税额抵免等。

（一）免税与减税优惠

1. 从事农、林、牧、渔业项目的所得

企业（包括"公司＋农户"经营模式的企业）从事农、林、牧、渔业项目的所得，包括免征和减征两部分。

（1）企业从事下列项目的所得，免征企业所得税：1）蔬菜、谷物、薯类、油料、豆类、棉花、麻类、糖料、水果、坚果的种植；2）农作物新品种的选育；3）中药材的种植；4）林木的培育和种植；5）牲畜、家禽的饲养等；6）林产品的采集；7）灌溉、农产品初加工、兽医、农技推广、农机作业和维修等农、林、牧、渔服务业项目；8）远洋捕捞。

（2）企业从事下列项目的所得，减半征收企业所得税：1）花卉、茶以及其他饮料作物和香料作物的种植；2）海水养殖、内陆养殖等。

2. 从事国家重点扶持的公共基础设施项目投资经营的所得

税法所称国家重点扶持的公共基础设施项目，是指《公共基础设施项目企业所得税优惠目录》规定的港口码头、机场、铁路、公路、城市公共交通、电力、水利等项目。

企业从事国家重点扶持的公共基础设施项目的投资经营的所得，自项目取得第一笔生产经营收入所属纳税年度起，第1～3年免征企业所得税，第4～6年减半征收企业所得税。

企业承包经营、承包建设和内部自建自用上述规定的项目，不得享受上述企业所得税优惠。

3. 从事符合条件的环境保护、节能节水项目的所得

符合条件的环境保护、节能节水项目，包括公共污水处理、公共垃圾处理、沼气综合开发利用、节能减排技术改造、海水淡化等。

企业从事符合条件的环境保护、节能节水项目的所得，自项目取得第一笔生产经营收入所属纳税年度起，第1～3年免征企业所得税，第4～6年减半征收企业所得税。

依照规定享受减免税优惠的项目，在减免税期限内转让的，受让方自受让之日起，可以在剩余期限内享受规定的减免税优惠；减免税期限届满后转让的，受让方不得就该项目重复享受减免税优惠。

【特别提示】"三免三减半"政策，减免税期间从"取得第一笔生产经营收入所属纳税年度起"。

4. 符合条件的技术转让所得

（1）符合条件的技术转让所得免征、减征企业所得税，是指一个纳税年度内，居民企业转让技术所有权所得不超过500万元的部分，免征企业所得税；超过500万元的部分，减半征收企业所得税。

（2）技术转让的范围，包括居民企业转让专利技术、计算机软件著作权、集成电路布图设计权、植物新品种、生物医药新品种，以及财政部和国家税务总局确定的其他技术。

（3）技术转让应签订技术转让合同。其中，境内的技术转让须经省级以上（含省级）科技部门认定登记；跨境的技术转让须经省级以上（含省级）商务部门认定登记；涉及财政经费支持产生的技术转让须经省级以上（含省级）科技部门审批。

（4）居民企业技术出口应由有关部门按照商务部、科技部发布的《中国禁止出口限制出口技术目录》（商务部、科技部令2008年第12号）进行审查。居民企业取得禁止出口和限制出口技术转让所得，不享受技术转让减免企业所得税优惠政策。

（5）居民企业从直接或间接持有股权之和达到100%的关联方取得的技术转让所得，不享受技术转让减免企业所得税优惠政策。

（二）高新技术企业优惠

国家需要重点扶持的高新技术企业减按15%的税率征收企业所得税。认定为高新技术企业须同时满足以下条件：

（1）企业申请认定时须注册成立1年以上。

（2）企业通过自主研发、受让、受赠、并购等方式，获得对其主要产品（服务）在技术上发挥核心支持作用的知识产权的所有权。

（3）对企业主要产品（服务）发挥核心支持作用的技术属于《国家重点支持的高新技术领域》规定的范围。

（4）企业从事研发和相关技术创新活动的科技人员占企业当年职工总数的比例不低于 10%。

（5）企业近 3 个会计年度（实际经营期不满 3 年的按实际经营时间计算，下同）的研究开发费用总额占同期销售收入总额的比例符合如下要求：

1）最近一年销售收入小于 5 000 万元（含）的企业，比例不低于 5%；

2）最近一年销售收入在 5 000 万元至 2 亿元（含）的企业，比例不低于 4%；

3）最近一年销售收入在 2 亿元以上的企业，比例不低于 3%。

其中，企业在中国境内发生的研究开发费用总额占全部研究开发费用总额的比例不低于 60%。

（6）近一年高新技术产品（服务）收入占企业同期总收入的比例不低于 60%。

（7）企业创新能力评价应达到相应要求。

（8）企业申请认定前一年内未发生重大安全、重大质量事故或严重环境违法行为。

(三) 技术先进型服务企业优惠

自 2018 年 1 月 1 日起，对经认定的技术先进型服务企业（服务贸易类），减按 15% 的税率征收企业所得税。

(四) 小型微利企业优惠

自 2019 年 1 月 1 日至 2021 年 12 月 31 日，对小型微利企业年应纳税所得额不超过 100 万元的部分，减按 25% 计入应纳税所得额，按 20% 的税率缴纳企业所得税；对年应纳税所得额超过 100 万元但不超过 300 万元的部分，减按 50% 计入应纳税所得额，按 20% 的税率缴纳企业所得税。上述小型微利企业是指从事国家非限制和禁止行业，且同时符合年度应纳税所得额不超过 300 万元、从业人数不超过 300 人、资产总额不超过 5 000 万元等三个条件的企业。

【特别提示】小型微利企业无论按查账征收方式还是核定征收方式缴纳企业所得税，均可享受上述优惠政策。

从业人数包括与企业建立劳动关系的职工人数和企业接受的劳务派遣用工人数。所称从业人数和资产总额指标，应按企业全年的季度平均值确定。具体计算公式如下：

$$季度平均值＝（季初值＋季末值）÷2$$
$$全年季度平均值＝全年各季度平均值之和÷4$$

年度中间开业或者终止经营活动的，以其实际经营期作为一个纳税年度确定上述相关指标。

小型微利企业所得税统一实行按季度预缴。预缴企业所得税时，小型微利企业的资产总额、从业人数、年度应纳税所得额指标，暂按当年度截至本期申报所属期期末的情况进行判断。其中，资产总额、从业人数指标比照上述"全年季度平均值"的计算公式，计算截至本期申报所属期期末的季度平均值；年度应纳税所得额指标暂按截至本期申报所属期期末不超过300万元的标准判断。

【工作实例4－1】 甲企业为一家居民企业，本年度的应纳税所得额是270万元，符合小型微利企业条件。

【工作要求】计算甲企业本年度应缴纳的企业所得税。

【工作实施】

$$应纳企业所得税＝100×25\%×20\%＋（270－100）×50\%×20\%＝22（万元）$$

（五）加计扣除优惠

（1）研究开发费是指企业为开发新技术、新产品和新工艺发生的研发费用，未形成无形资产计入当期损益的，在按照规定据实扣除的基础上，按照研发费用的50%加计扣除；形成无形资产的，按照无形资产成本的150%摊销。科技型中小企业开展研发活动中实际发生的研发费用，未形成无形资产计入当期损益的，在按规定据实扣除的基础上，在2017年1月1日至2019年12月31日期间，再按照实际发生额的75%在税前加计扣除；形成无形资产的，在上述期间按照无形资产成本的175%在税前摊销。企业开展研发活动中实际发生的研发费用，未形成无形资产计入当期损益的，在按规定据实扣除的基础上，在2018年1月1日至2020年12月31日期间，再按照实际发生额的75%在税前加计扣除；形成无形资产的，在上述期间按照无形资产成本的175%在税前摊销。

企业委托外部机构或个人开展研发活动发生的费用，可按规定税前扣除；加计扣除时按照研发活动发生费用的80%作为加计扣除基数。自2018年1月1日起，取消企业委托境外研发费用不得加计扣除限制。即2018年1月1日起，委托境外进行研发活动所发生的费用，按照费用实际发生额的80%计入委托方的委托境外研发费用。委托境外研发费用不超过境内符合条件的研发费用2/3的部分，可以按规定在企业所得税税前加计扣除。上述费用实际发生额应按照独立交易原则确定。委托方与受托方存在关联关系的，受托方应向委托方提供研发项目费用支出明细情况。

【实务答疑】我公司是一家专门从事游戏开发、运营及市场推广的企业。最近我公司招聘了一些科研人员专门研发有创意的高端动漫游戏软件产品（未形成无形资产），准备投入市场。请问我公司的研发费用如何加计扣除？

答：根据《财政部 国家税务总局 科技部关于完善研究开发费用税前加计扣除政策的通知》（财税〔2015〕119号）第二条第四项的规定，企业为获得创新性、创意性、突破性的产品进行创意设计活动而发生的相关费用，可按照该通知的规定税前加计扣除。创意设计活动是指多媒体软件、动漫游戏软件开发，数字动漫、游戏设计制作；房屋建筑工程设计（绿色建筑评价标准为三星）、风景园林工程专项设计；工业设计、多媒体设计、动漫及衍生产品设计、模型设计等。因此，若你公司发生符合上述文件规定的费用支出，则可以享受税前加计扣除相关政策。

至于企业的摊销费用，根据《财政部 国家税务总局 科技部关于完善研究开发费用税前加计扣除政策的通知》第一条第一项的规定，企业开展研发活动中实际发生的研发费用，未形成无形资产计入当期损益的，在按规定据实扣除的基础上，按照本年度实际发生额的50%，从本年度应纳税所得额中扣除；形成无形资产的，按照无形资产成本的150%在税前摊销。

由于你公司对于创新游戏软件的开发并没有形成无形资产，因此在按规定据实扣除的基础上，按照本年度实际发生额的50%从应纳税所得额中扣除即可。

（2）企业安置残疾人员所支付的工资，是指企业安置残疾人员的，在按照支付给残疾职工工资据实扣除的基础上，按照支付给残疾职工工资的100%加计扣除。

（六）创业投资企业优惠

创业投资企业从事国家需要重点扶持和鼓励的创业投资，可以按投资额的一定比例抵扣应纳税所得额。

创业投资企业优惠是指创业投资企业采取股权投资方式投资于未上市的中小高新技术企业2年以上的，可以按照其投资额的70%在股权持有满2年的当年抵扣该创业投资企业的应纳税所得额；当年不足抵扣的，可以在以后纳税年度结转抵扣。例如，甲企业2017年1月1日向乙企业（未上市的中小高新技术企业）投资100万元，股权持有到2018年12月31日，那么甲企业2018年度可抵扣的应纳税所得额为70万元。

（1）公司制创业投资企业采取股权投资方式直接投资于种子期、初创期科技型企业（以下称初创科技型企业）满2年（24个月，下同）的，可以按照投资额的70%在股权持有满2年的当年抵扣该公司制创业投资企业的应纳税所得额；当年不足抵扣的，可以在以后纳税年度结转抵扣。

（2）有限合伙制创业投资企业（以下称合伙创投企业）采取股权投资方式直接投资于初创科技型企业满2年的，该合伙创投企业的合伙人分别按以下方式处理：

1）法人合伙人可以按照对初创科技型企业投资额的70%抵扣法人合伙人从合伙创投企业分得的所得；当年不足抵扣的，可以在以后纳税年度结转抵扣。

2）个人合伙人可以按照对初创科技型企业投资额的70%抵扣个人合伙人从合伙创投企业分得的经营所得；当年不足抵扣的，可以在以后纳税年度结转抵扣。

（3）天使投资个人采取股权投资方式直接投资于初创科技型企业满2年的，可以按照投资额的70%抵扣转让该初创科技型企业股权取得的应纳税所得额；当期不足抵扣的，可以在以后取得转让该初创科技型企业股权的应纳税所得额时结转抵扣。

天使投资个人投资多个初创科技型企业的，对其中办理注销清算的初创科技型企业，天使投资个人对其投资额的70%尚未抵扣完的，可自注销清算之日起36个月内抵扣天使投资个人转让其他初创科技型企业股权取得的应纳税所得额。

（4）有限合伙制创业投资企业采取股权投资方式投资于未上市的中小高新技术企业满2年的，其法人合伙人可按照对未上市中小高新技术企业投资额的70%抵扣该法人合伙人从该有限合伙制创业投资企业分得的应纳税所得额；当年不足抵扣的，可以在以后纳税年度结转抵扣。

（七）加速折旧优惠

企业的固定资产由于技术进步等原因，确需加速折旧的，可以缩短折旧年限或者采取加速折旧的方法。可采用以上折旧方法的固定资产包括：

（1）由于技术进步，产品更新换代较快的固定资产；

（2）常年处于强震动、高腐蚀状态的固定资产。

采取缩短折旧年限方法的，最低折旧年限不得低于规定折旧年限的60%；若为购置已使用过的固定资产，其最低折旧年限不得低于税法规定最低折旧年限减去已使用年限后剩余年限的60%。最低折旧年限一经确定，一般不得变更。

【特别提示】采取加速折旧方法的，可以采取双倍余额递减法或者年数总和法。

依据财税〔2014〕75号文件，对有关固定资产加速折旧企业所得税政策问题规定如下：

（1）对生物药品制造业，专用设备制造业，铁路、船舶、航空航天和其他运输设备制造业，计算机、通信和其他电子设备制造业，仪器仪表制造业，信息传输、软件和信息技术服务业等6个行业的企业2014年1月1日后新购进的固定资产，可缩短折旧年限或采取加速折旧的方法。

对上述6个行业的小型微利企业2014年1月1日后新购进的研发和生产经营共用的仪器、设备，单位价值不超过100万元的，允许一次性计入当期成本费用在计算应纳税所得额时扣除，不再分年度计算折旧；单位价值超过100万元的，可缩短折旧年限或采取加速折旧的方法。

（2）对所有行业企业2014年1月1日后新购进的专门用于研发的仪器、设备，单位价值不超过100万元的，允许一次性计入当期成本费用在计算应纳税所得额时扣除，不再分年度计算折旧；单位价值超过100万元的，可缩短折旧年限或采取加速折旧的方法。

（3）对所有行业企业持有的单位价值不超过5 000元的固定资产，允许一次性计入当期成本费用在计算应纳税所得额时扣除，不再分年度计算折旧。

（4）企业按该文件第一条、第二条规定缩短折旧年限的，最低折旧年限不得低于《企业所得税法实施条例》第六十条规定折旧年限的60%；采取加速折旧方法的，可采取双倍余额递减法或者年数总和法。该文件第一至三条规定之外的企业固定资产加速折旧所得税处理问题，继续按照《企业所得税法》及其实施条例和现行税收政策规定执行。

另外，依据财税〔2015〕106号文件，对有关固定资产加速折旧企业所得税政策问题补充规定如下：

（1）对轻工、纺织、机械、汽车等四个领域重点行业的企业2015年1月1日后新购进的固定资产，可由企业选择缩短折旧年限或采取加速折旧的方法。

（2）对上述行业的小型微利企业 2015 年 1 月 1 日后新购进的研发和生产经营共用的仪器、设备，单位价值不超过 100 万元的，允许一次性计入当期成本费用在计算应纳税所得额时扣除，不再分年度计算折旧；单位价值超过 100 万元的，可由企业选择缩短折旧年限或采取加速折旧的方法。

（3）企业按上述规定缩短折旧年限的，最低折旧年限不得低于《企业所得税法实施条例》规定折旧年限的 60%；采取加速折旧方法的，可采取双倍余额递减法或者年数总和法。

【点拨指导】自 2019 年 1 月 1 日起，适用财税〔2014〕75 号文和财税〔2015〕106号文规定固定资产加速折旧优惠的行业范围，扩大至全部制造业领域。

【特别提示】企业在 2018 年 1 月 1 日至 2020 年 12 月 31 日期间新购进的设备、器具，单位价值不超过 500 万元的，允许一次性计入当期成本费用在计算应纳税所得额时扣除，不再分年度计算折旧。设备、器具是指除房屋、建筑物以外的固定资产。

按照《企业所得税法》及其实施条例的规定，企业根据自身生产经营需要，也可选择不实行加速折旧政策。

【理论答疑】企业预缴申报时是否可以实行固定资产加速折旧？

答：企业在预缴申报时可以实行固定资产加速折旧。预缴申报时，企业由于无法取得主营业务收入占收入总额的比重数据，因此可以合理预估，先行实行。到年底时如果不符合规定比例，则在汇算清缴时一并进行纳税调整。

（八）减计收入优惠

（1）企业以《资源综合利用企业所得税优惠目录》规定的资源作为主要原材料，生产国家非限制和非禁止并符合国家和行业相关标准的产品取得的收入，减按 90% 计入收入总额。

（2）自 2019 年 6 月 1 日至 2025 年 12 月 31 日，社区提供养老、托育、家政等服务的机构，提供社区养老、托育、家政服务取得的收入，在计算应纳税所得额时，减按90% 计入收入总额。社区包括城市社区和农村社区。

（九）税额抵免优惠

税额抵免是指企业购置并实际使用《环境保护专用设备企业所得税优惠目录》《节能节水专用设备企业所得税优惠目录》《安全生产专用设备企业所得税优惠目录》规定的环境保护、节能节水、安全生产等专用设备的，该专用设备的投资额的 10% 可以从企业当年的企业所得税应纳税额中抵免；当年不足抵免的，可以在以后 5 个纳税年度结转抵免。

享受环境保护、节能节水、安全生产等专用设备的企业所得税优惠的企业，应当实际购置并自身实际投入使用这些专用设备。企业购置这些专用设备在 5 年内转让、出租的，应当停止享受企业所得税优惠，并补缴已经抵免的企业所得税税款。转让的受让方可以按照该专用设备投资额的 10% 抵免当年企业所得税应纳税额；当年应纳税额不足抵免的，可以在以后 5 个纳税年度结转抵免。

自2009年1月1日起，增值税一般纳税人购进生产用固定资产发生的进项税额可从其销项税额中抵扣。如果增值税进项税额允许抵扣，其专用设备投资额不再包括增值税进项税额；如果增值税进项税额不允许抵扣，其专用设备投资额应为增值税专用发票上注明的价税合计金额，企业购买专用设备取得增值税普通发票的，其专用设备投资额为增值税普通发票上注明的金额。

【特别提示】企业同时从事适用不同企业所得税待遇的项目的，其优惠项目应当单独计算所得，并合理分摊企业的期间费用；没有单独计算的，不得享受企业所得税优惠。

（十）民族自治地方的企业优惠

民族自治地方的自治机关对本民族自治地方的企业应缴纳的企业所得税中属于地方分享的部分，可以决定减征或者免征。自治州、自治县决定减征或者免征的，需报省、自治区、直辖市人民政府批准。但对民族自治地方国家限制和禁止行业的企业，不得减征或者免征企业所得税。

（十一）非居民企业优惠

在中国境内未设立机构、场所，或者虽设立机构、场所但取得的所得与其所设机构、场所没有实际联系的非居民企业减按10％的税率征收企业所得税。该类非居民企业取得下列所得免征企业所得税：（1）外国政府向中国政府提供贷款取得的利息所得；（2）国际金融组织向中国政府和居民企业提供优惠贷款取得的利息所得；（3）经国务院批准的其他所得。

（十二）其他有关行业的优惠

1. 鼓励软件产业和集成电路产业发展的优惠

依法成立且符合条件的集成电路设计企业和软件企业，在2019年12月31日前自获利年度起计算优惠期，第1年至第2年免征企业所得税，第3年至第5年按照25％的法定税率减半征收企业所得税，并享受至期满为止。

2. 经营性文化事业单位转制为企业的优惠

2019年1月1日至2023年12月31日经营性文化事业单位转制为企业，自转制注册之日起5年内免征企业所得税。2018年12月31日之前已完成转制的企业，自2019年1月1日起可继续免征5年企业所得税。

【特别提示】经营性文化事业单位是指从事新闻出版、广播影视和文化艺术的事业单位。

3. 鼓励证券投资基金发展的优惠

（1）对证券投资基金从证券市场中取得的收入，包括买卖股票、债券的差价收入，股权的股息、红利收入。债券的利息收入及其他收入，暂不征收企业所得税。

（2）对投资者从证券投资基金分配中取得的收入，暂不征收企业所得税。

（3）对证券投资基金管理人运用基金买卖股票、债券的差价收入，暂不征收企业所得税。

4. 债券利息减免税的优惠

（1）对企业取得的2012年及以后年度发行的地方政府债券利息收入，免征企业所得税。

（2）自2018年11月7日至2021年11月6日，对境外机构投资境内债券市场取得的债券利息收入暂免征收企业所得税。

【特别提示】暂免征收企业所得税的范围不包括境外机构在境内设立的机构、场所取得的与该机构、场所有实际联系的债券利息。

（3）对企业投资者持有2019—2023年发行的铁路债券取得的利息收入，减半征收企业所得税。

【特别提示】铁路债券是指以中国铁路总公司为发行和偿还主体的债券，包括中国铁路建设债券、中期票据、短期融资券等债务融资工具。

（十三）西部大开发的优惠

2011年1月1日至2020年12月31日，对设在西部地区以《西部地区鼓励类产业目录》中规定的产业项目为主营业务，且其当年度主营业务收入占企业收入总额70%以上的企业，经企业申请，主管税务机关审核确认后，可减按15%税率缴纳企业所得税。

自2021年1月1日至2030年12月31日，对设在西部地区的鼓励类产业企业减按15%的税率征收企业所得税。这里所称鼓励类产业企业是指以《西部地区鼓励类产业目录》中规定的产业项目为主营业务，且其主营业务收入占企业收入总额60%以上的企业。

（十四）海南自由贸易港的优惠

为支持海南自由贸易港建设，自2020年1月1日至2024年12月31日有关企业所得税优惠政策规定如下：

（1）对注册在海南自由贸易港并实质性运营的鼓励类产业企业，减按15%的税率征收企业所得税。

【特别提示】鼓励类产业企业，是指以海南自由贸易港鼓励类产业目录中规定的产业项目为主营业务，且其主营业务收入占企业收入总额60%以上的企业。实质性运营，是指企业的实际管理机构设在海南自由贸易港，并对企业生产经营、人员、账务、财产等实施实质性全面管理和控制。不符合实质性运营的企业不得享受优惠。

【点拨指导】海南自由贸易港鼓励类产业目录包括《产业结构调整指导目录（2019年本）》《鼓励外商投资产业目录（2019年版）》和海南自由贸易港新增鼓励类产业目录。上述目录在2020年1月1日至2024年12月31日内修订的，自修订版实施之日起按新版本执行。

对总机构设在海南自由贸易港的符合条件的企业，仅就其设在海南自由贸易港的总机构和分支机构的所得，适用15%税率；对总机构设在海南自由贸易港以外的企业，仅就其设在海南自由贸易港内的符合条件的分支机构的所得，适用15%税率。具体征管办法按照税务总局有关规定执行。

（2）对在海南自由贸易港设立的旅游业、现代服务业、高新技术产业企业新增境外直接投资取得的所得，免征企业所得税。

【特别提示】新增境外直接投资所得应当符合以下条件：

（1）从境外新设分支机构取得的营业利润；或从持股比例超过20%（含）的境外子公司分回的，与新增境外直接投资相对应的股息所得。

（2）被投资国（地区）的企业所得税法定税率不低于5%。

【特别提示】旅游业、现代服务业、高新技术产业，按照海南自由贸易港鼓励类产业目录执行。

（3）对在海南自由贸易港设立的企业，新购置（含自建、自行开发）固定资产或无形资产，单位价值不超过500万元（含）的，允许一次性计入当期成本费用在计算应纳税所得额时扣除，不再分年度计算折旧和摊销；新购置（含自建、自行开发）固定资产或无形资产，单位价值超过500万元的，可以缩短折旧、摊销年限或采取加速折旧、摊销的方法。

【特别提示】固定资产，是指除房屋、建筑物以外的固定资产。

（十五）其他事项

（1）享受企业所得税过渡优惠政策的企业，应按照《企业所得税法》及其实施条例中有关收入和扣除的规定计算应纳税所得额。

（2）企业所得税过渡优惠政策与《企业所得税法》及其实施条例规定的优惠政策存在交叉的，由企业选择最优惠的政策执行，不得叠加享受，且一经选择，不得改变。

（3）法律设置的发展对外经济合作和技术交流的特定地区内，以及国务院已规定执行上述地区特殊政策的地区内新设立的国家需要重点扶持的高新技术企业，可以享受过渡性税收优惠，具体办法由国务院规定。

（4）国家已确定的其他鼓励类企业，可以按照国务院的规定享受减免税优惠。

第2节 企业所得税应纳税所得额的计算

我公司在建设办公大楼时（目前正在建设，还未完工），由于建设承包商人员变更，违背了相关条款规定而付给我公司违约金，我公司收到违约金后计入了营业外收入。请问是否要在计算企业所得税时将这笔款项计入收入计算企业所得税？

一、企业所得税计税依据确定的基本方法

应纳税额的多少，取决于应纳税所得额和适用税率两个因素。在实际操作中，应纳

税所得额的计算一般有两种方法。

（一）间接计算法

在间接计算法下，会计利润加上或减去按照税法规定调整的项目金额，即为应纳税所得额。其计算公式为：

应纳税所得额＝会计利润总额±纳税调整项目金额

纳税调整项目金额包括两方面的内容：一是企业的财务会计处理和税法规定不一致的应予以调整的金额；二是企业按税法规定准予扣除的金额。

（二）直接计算法

在直接计算法下，企业每一纳税年度的收入总额减除不征税收入、免税收入、各项扣除，以及允许弥补的以前年度亏损后的余额，即为应纳税所得额。其计算公式为：

应纳税所得额＝收入总额－不征税收入－免税收入－各项扣除金额－弥补亏损

【特别提示】应税收入、不征税收入和免税收入均应计入收入总额。

【点拨指导】在计算应纳税所得额时，企业财务会计处理办法与税收法律法规的规定不一致的，应当依照税收法律法规的规定计算。

二、收入总额的确定

企业的收入总额包括以货币形式和非货币形式从各种来源取得的收入。企业取得收入的货币形式包括现金、银行存款、应收账款、应收票据、准备持有至到期的债券投资以及债务的豁免等；企业以非货币形式取得的收入，包括固定资产、生物资产、无形资产、股权投资、存货、不准备持有至到期的债券投资、劳务以及有关权益等，这些非货币性资产应当按照公允价值确定收入额，公允价值是指按照市场价格确定的价值。

【特别提示】全面营改增后，计算企业所得税的各种收入均为不含增值税的收入。

（一）一般收入的确认

（1）销售货物收入。它是指企业销售商品、产品、原材料、包装物、低值易耗品以及其他存货取得的收入。

【特别提示】销售货物收入包括销售货物同时收取的价外费用（不含增值税）、视同销售货物收入（不含增值税）。

企业销售商品同时满足下列条件的，应确认收入的实现：

1）商品销售合同已经签订，企业已将与商品所有权相关的主要风险和报酬转移给购货方。

2）企业对已售出的商品既没有保留通常与所有权相联系的继续管理权，也没有实施有效控制。

3）收入的金额能够可靠地计量。

4）已发生或将发生的销售方的成本能够可靠地核算。

符合以上收入确认条件，采取下列商品销售方式的，应按以下规定确认收入实现时间：

1）销售商品采用托收承付方式的，在办妥托收手续时确认收入。

【知识链接】采取托收承付和委托银行收款方式销售货物的，增值税的纳税义务发生时间为发出货物并办妥托收手续的当天；采取托收承付和委托银行收款方式的，消费税的纳税义务发生时间为发出应税消费品并办妥托收手续的当天。

2）销售商品采取预收款方式的，在发出商品时确认收入。

【知识链接】采取预收货款方式销售货物的，增值税的纳税义务发生时间为货物发出的当天，但销售生产工期超过12个月的大型机械设备、船舶、飞机等货物，为收到预收款或者书面合同约定的收款日期的当天；先开具发票的，为开具发票的当天。纳税人提供租赁服务采取预收款方式的，增值税的纳税义务发生时间为收到预收款的当天。纳税人采取预收货款结算方式的，消费税的纳税义务发生时间为发出应税消费品的当天。

3）销售商品需要安装和检验的，在购买方接受商品以及安装和检验完毕时确认收入。如果安装程序比较简单，可在发出商品时确认收入。

4）销售商品采用支付手续费方式委托代销的，在收到代销清单时确认收入。

【知识链接】委托其他纳税人代销货物，增值税的纳税义务发生时间为收到代销单位的代销清单或收到全部或部分货款的当天；未收到代销清单及货款的，为发出代销货物满180天的当天。

（2）提供劳务收入。它是指企业从事建筑安装、修理修配、交通运输、仓储租赁、金融保险、邮电通信、咨询经纪、文化体育、科学研究、技术服务、教育培训、餐饮住宿、中介代理、卫生保健、社区服务、旅游、娱乐、加工以及其他劳务服务活动取得的收入。

企业在各个纳税期期末，提供劳务交易的结果能够可靠估计的，应采用完工进度（完工百分比）法确认提供劳务收入。

提供劳务交易的结果能够可靠估计是指同时满足下列条件：

1）收入的金额能够可靠地计量。

2）交易的完工进度能够可靠地确定。

3）交易中已发生和将发生的成本能够可靠地核算。

企业提供劳务完工进度的确定，可选用下列方法：

1）已完工作的测量。

2）已提供劳务占劳务总量的比例。

3）发生成本占总成本的比例。

企业应按照从接受劳务方已收或应收的合同或协议价款确定劳务收入总额，根据纳税期期末提供劳务收入总额乘以完工进度扣除以前纳税年度累计已确认提供劳务收入后的金额，确认为当期劳务收入；同时，按照提供劳务估计总成本乘以完工进度扣除以前纳税期间累计已确认劳务成本后的金额，结转为当期劳务成本。

下列提供劳务满足收入确认条件的，应按规定确认收入：

1）安装费。安装费应根据安装完工进度确认收入。安装工作是商品销售附带条件的，安装费在确认商品销售实现时确认收入。

2）宣传媒介的收费。宣传媒介的收费应在相关的广告或商业行为出现于公众面前时确认收入。广告的制作费应根据制作广告的完工进度确认收入。

3）软件费。为特定客户开发软件的收费，应根据开发的完工进度确认收入。

4）服务费。包含在商品售价内可区分的服务费，在提供服务的期间分期确认收入。

5）艺术表演、招待宴会和其他特殊活动的收费。艺术表演、招待宴会和其他特殊活动的收费在相关活动发生时确认收入。收费涉及几项活动的，预收的款项应合理分配给每项活动，分别确认收入。

6）会员费。申请入会或加入会员，只允许取得会籍，所有其他服务或商品都要另行收费的，在取得该会员费时确认收入。申请入会或加入会员后，会员在会员期内不再付费就可得到各种服务或商品，或者以低于非会员的价格销售商品或提供服务的，该会员费应在整个受益期内分期确认收入。

7）特许权费。属于提供设备和其他有形资产的特许权费，在交付资产或转移资产所有权时确认收入；属于提供初始及后续服务的特许权费，在提供服务时确认收入。

8）劳务费。长期为客户提供重复的劳务收取的劳务费，在相关劳务活动发生时确认收入。

（3）转让财产收入。它是指企业转让固定资产、生物资产、无形资产、股权、债权等财产取得的收入。

（4）股息、红利等权益性投资收益。它是指企业因权益性投资从被投资方取得的收入。股息、红利等权益性投资收益，除国务院财政、税务主管部门另有规定外，按照被投资方作出利润分配决定的日期确认收入的实现。

（5）利息收入。它是指企业将资金提供给他人使用但不构成权益性投资，或者因他人占用本企业资金取得的收入，包括存款利息、贷款利息、债券利息、欠款利息等收入。利息收入应按照合同约定的债务人应付利息的日期确认收入的实现。

（6）租金收入。它是指企业提供固定资产、包装物或者其他有形资产的使用权取得的收入。租金收入应按照合同约定的承租人应付租金的日期确认收入的实现。

（7）特许权使用费收入。它是指企业提供专利权、非专利技术、商标权、著作权及其他特许使用权取得的收入。特许权使用费收入应按照合同约定的特许权使用人应付特许权使用费的日期确认收入的实现。

（8）接受捐赠收入。它是指企业接受的来自其他企业、组织或个人无偿给予的货币性资产、非货币性资产。接受捐赠收入按照实际收到捐赠资产的日期确认收入的实现。

【归纳总结】股息、红利等权益性投资收益，按照被投资方作出利润分配决定的日期确认收入的实现；利息收入、租金收入和特许权使用费收入均以合同约定的日期确认收入的实现；接受捐赠收入以实际收到的日期确认收入的实现。

（9）其他收入。它是指企业取得的除以上收入外的其他收入，包括企业资产溢余收入、逾期未退包装物押金收入、确实无法偿付的应付款项、已经作坏账损失处理后又收回的应收款项、债务重组收入、补贴收入、违约金收入、汇兑收益等。

【特别提示】《企业所得税法》中的"其他收入"与会计中的"其他业务收入"不是相同的概念。其他业务收入是计算业务招待费、广告费和业务宣传费税前扣除限额的基数，即销售（营业）收入的组成部分。

企业取得财产（包括各类资产、股权、债权等）转让收入、债务重组收入、接受捐赠收入、无法偿付的应付款收入等，不论是以货币形式还是以非货币形式体现，除另有规定外，均应一次性计入确认收入的年度计算缴纳企业所得税。

【理论答疑】居民企业非货币性资产投资，转让所得如何缴税？

答：（1）《财政部 国家税务总局关于非货币性资产投资企业所得税政策问题的通知》（财税〔2014〕116号）规定：居民企业以非货币性资产对外投资确认的非货币性资产转让所得，可在不超过5年期限内，分期均匀计入相应年度的应纳税所得额，按规定计算缴纳企业所得税。

（2）《国家税务总局关于非货币性资产投资企业所得税有关征管问题的公告》（国家税务总局公告2015年第33号）规定：实行查账征收的居民企业以非货币性资产对外投资确认的非货币性资产转让所得，可自确认非货币性资产转让收入年度起不超过连续5个纳税年度的期间内，分期均匀计入相应年度的应纳税所得额，按规定计算缴纳企业所得税。

【情境引例解析】

根据《企业所得税法》第六条的规定，收入总额是指企业以货币形式和非货币形式从各种来源取得的收入，具体包括：（1）销售货物收入；（2）提供劳务收入；（3）转让财产收入；（4）股息、红利等权益性投资收益；（5）利息收入；（6）租金收入；（7）特许权使用费收入；（8）接受捐赠收入；（9）其他收入。

根据《企业所得税法实施条例》第二十二条的规定，《企业所得税法》第六条第（九）项所称其他收入，是指企业取得的除《企业所得税法》第六条第（一）项至第（八）项规定的收入外的其他收入，包括企业资产溢余收入、逾期未退包装物押金收入、确实无法偿付的应付款项、已作坏账损失处理后又收回的应收款项、债务重组收入、补贴收入、违约金收入、汇兑收益等。

因此，取得的违约金收入应计入收入总额，计征企业所得税。

（二）特殊收入的确认

（1）采取分期收款方式销售货物：按照合同约定的收款日期确认收入的实现。

【知识链接】采取赊销和分期收款方式销售货物，增值税（或消费税）的纳税义务发生时间为书面合同约定的收款日期的当天；无书面合同或者书面合同没有约定收款日期的，为货物（或应税消费品）发出的当天。

（2）采取售后回购方式销售商品：销售的商品按售价确认收入，回购的商品作为购进商品处理。有证据表明不符合销售收入确认条件的，如以销售商品方式进行融资，收到的款项应确认为负债。回购价格大于原售价的，差额应在回购期间确认为利息费用。

（3）采取以旧换新方式销售商品：应当按照销售商品收入的确认条件确认收入，回收的商品作为购进商品处理。

【知识链接】增值税纳税人采取以旧换新方式销售货物的，应按新货物的同期销售价格确定销售额。但对金银首饰以旧换新业务，应按照销售方实际收取的不含增值税的全部价款征收增值税。消费税纳税人采用以旧换新（含翻新改制）方式销售的金银首饰，应按实际收取的不含增值税的全部价款确定计税依据征收消费税。

（4）采取商业折扣（折扣销售）方式销售商品：企业为促进商品销售而在商品价格上给予的价格扣除属于商业折扣。商品销售涉及商业折扣的，应当按照扣除商业折扣后的金额确定销售商品收入金额。

【知识链接】折扣销售增值税的税务处理：折扣销售在会计上又叫商业折扣，是指销货方在销售货物或应税劳务时，因购货方购货数量较大等原因而给予购货方的价格优惠。纳税人采取折扣方式销售货物，如果销售额和折扣额在同一张发票上分别注明，可按折扣后的销售额征收增值税；如果将折扣额另开发票，不论其在财务上如何处理，均不得从销售额中减除折扣额。

（5）采取现金折扣（销售折扣）方式销售商品：债权人为鼓励债务人在规定的期限内付款而向债务人提供的债务扣除属于现金折扣。销售商品涉及现金折扣的，应当按扣除现金折扣前的金额确定销售商品收入金额，现金折扣在实际发生时作为财务费用扣除。

【知识链接】销售折扣增值税的税务处理：销售折扣在会计上又叫现金折扣，是指销货方在销售货物或提供应税劳务后，为了鼓励购货方及早偿还货款而协议许诺给予购货方的一种折扣优待（如：10天内付款，货款折扣2%；20天内付款，货款折扣1%；30天内付款，全价）。销售折扣发生在销货之后，是一种融资性质的理财费用，因此，销售折扣不得从销售额中扣除。

（6）采取折让退回方式销售商品：企业因售出商品的质量不合格等原因而在售价上给予的减让属于销售折让；企业因售出商品质量、品种不符合要求等原因而发生的退货属于销售退回。企业已经确认销售收入的售出商品发生销售折让或销售退回的，应当在发生当期冲减当期销售商品收入。

【知识链接】销售折让等行为增值税的税务处理：纳税人向购买方开具增值税专用发票后，由于累计购买到一定量或市场价格下降等原因，销货方给予购货方的价格优惠或补偿等折扣、折让行为，可按规定开具红字增值税专用发票。

（7）采取"买一赠一"等方式组合销售本企业商品：不属于捐赠，应将总的销售金额按各项商品公允价值的比例来分摊确认各项的销售收入。

【知识链接】纳税人将自产、委托加工或者购进的货物无偿赠送他人，视同销售货物缴纳增值税。对于"买一赠一"等方式组合销售是否视同销售缴纳增值税，各地税务机关有两种不同的观点：一种观点认为"买一赠一"等方式组合销售属于无偿赠送，因此视同销售缴纳增值税；另一种观点认为"买一"是"赠一"的前提，"买一赠一"等方式组合销售不属于无偿赠送，而是有偿赠送，因此不视同销售，不需要缴纳增值税。

【工作实例4-2】 甲服装企业采用"买一赠一"的方式销售本企业商品，规定以每套1 800元（不含增值税价，下同）购买A西服的客户可获赠一条B领带，A西服正常出厂价格为1 800元，B领带正常出厂价格为200元。当期该服装企业销售西服领带组合共计100套，共取得收入180 000元。

【工作要求】计算甲服装企业"买一赠一"销售方式下西服和领带各自应确认的销售收入。

【工作实施】企业以"买一赠一"等方式组合销售本企业商品的，不属于捐赠，应将总的销售金额按各项商品的公允价值的比例来分摊确认各项的销售收入。

$$\begin{aligned}\text{分摊到A西服}\atop\text{上的收入} &= \text{总销售}\atop\text{金额} \times \text{A西服的}\atop\text{公允价值} \div \left(\text{A西服的}\atop\text{公允价值} + \text{B领带的}\atop\text{公允价值}\right)\\ &= 180\,000 \times (1\,800 \times 100) \div (1\,800 \times 100 + 200 \times 100)\\ &= 162\,000\,(\text{元})\end{aligned}$$

$$\begin{aligned}\text{分摊到B领带}\atop\text{上的收入} &= \text{总销售}\atop\text{金额} \times \text{B领带的}\atop\text{公允价值} \div \left(\text{A西服的}\atop\text{公允价值} + \text{B领带的}\atop\text{公允价值}\right)\\ &= 180\,000 \times (200 \times 100) \div (1\,800 \times 100 + 200 \times 100)\\ &= 18\,000\,(\text{元})\end{aligned}$$

（8）企业受托加工制造大型机械设备、船舶、飞机等，以及从事建筑、安装、装配业务或者提供劳务等：持续时间超过12个月的，按照纳税年度内完工进度或者完成的工作量确认收入的实现。

（9）采取产品分成方式取得收入：以企业分得产品的时间确认收入的实现，其收入额按照产品的公允价值确定。

（10）企业发生非货币性资产交换，以及将货物、财产、劳务用于捐赠、偿债、赞助、集资、广告、样品、职工福利和进行利润分配等用途：应当视同销售货物、转让财产和提供劳务，但国务院财政、税务主管部门另有规定的除外。

（三）处置资产收入的确认

根据《企业所得税法实施条例》第二十五条的规定，企业处置资产的所得税处理按以下规定执行（国税函〔2008〕828号文，该规定自2008年1月1日起执行，对2008年1月1日以前发生的处置资产，2008年1月1日以后尚未进行税务处理的，也按该规定执行）。

（1）企业发生下列情形的处置资产，除将资产转移至境外以外，由于资产所有权属在形式和实质上均不发生改变，可作为内部处置资产，不视同销售确认收入，相关资产的计税基础延续计算。

1）将资产用于生产、制造、加工另一产品。

2）改变资产形状、结构或性能。

3）改变资产用途（如自建商品房转为自用或经营）。

4）将资产在总机构及其分支机构之间转移。

5）上述两种或两种以上情形的混合。

6）其他不改变资产所有权属的用途。

（2）企业将资产移送他人的下列情形，因资产所有权属已发生改变而不属于内部处置资产，应按规定视同销售确定收入。

1）用于市场推广或销售。

2）用于交际应酬。

3）用于职工奖励或福利。

4）用于股息分配。

5）用于对外捐赠。

6）其他改变资产所有权属的用途。

（3）企业发生第（2）条规定情形的，除另有规定外，应按照被移送资产的公允价值确定销售收入。

【知识链接】视同销售确定的收入应当作为业务招待费、广告费和业务宣传费扣除限额的计算基数。

【理论答疑】对于企业所得税中的处置资产是否视同销售确认收入这一问题，有什么原则或规律？

答：对于资产所有权属在形式和实质上均不发生改变的（资产转移至境外的除外），可作为内部处置资产，这种情况不视同销售确认收入。

对于资产所有权属已发生改变的，即将资产移送他人，这种情况视同销售确认收入。

【理论答疑】对于视同销售问题，会计、增值税及企业所得税的处理有什么不同？

答：视同销售问题在会计、增值税及企业所得税上的处理如表4-1所示。

表4-1 视同销售问题在会计、增值税及企业所得税上的处理

项目		会计是否确认收入	增值税是否视同销售	企业所得税是否视同销售
将货物交付其他单位或者个人代销		√	√	√
销售代销货物（针对代销行为本身）	收取手续费	×	√	×
	视同买断	√	√	√

续表

项目		会计是否确认收入	增值税是否视同销售	企业所得税是否视同销售
统一核算，异地移送		×	√	×
职工福利（给个人）	自产、委托加工	√	√	√
	外购	×	×	√
集体福利（食堂、浴室）	自产、委托加工	√（有观点认为×）	√	×
	外购	×	×	×
投资（自产、委托加工、外购）		根据不同情况，√或×	√	√
分配（自产、委托加工、外购）		√	√	√
无偿赠送（自产、委托加工、外购）		×	√	√
交际应酬	自产、委托加工	×	√	√
	外购	×	×	×
市场推广、广告样品	自产、委托加工	×	√	√
	外购	×	√	√

说明：（1）企业所得税将福利定义为职工福利，应理解为包括集体福利和个人消费两部分。在计算企业所得税时，将自产、委托加工或外购的货物用于集体福利，是否视同销售，国家税务总局对此的回复是：企业所得税方面确认收入，不区分集体和个人。但有人认为，将自产、委托加工或外购的货物用于集体福利属于内部处置资产，资产所有权未发生转移，因此在计算企业所得税时不视同销售。本书建议，企业在具体操作时应咨询当地税务机关，根据税法的规定结合当地税务机关的答复来进行操作。

（2）企业所得税确认收入，财务会计上不确认收入，则需要进行纳税调整；企业所得税确认收入，财务会计上也确认收入，则不需要进行纳税调整。

三、不征税收入和免税收入的确定

国家为了扶持和鼓励某些特殊的纳税人和特定的项目，或者避免因征税影响企业的正常经营，对企业取得的某些收入予以不征税或免税的特殊政策，以减轻企业的负担，促进经济的协调发展。

（一）不征税收入

收入总额中的下列收入为不征税收入：

（1）财政拨款。它是指各级人民政府对纳入预算管理的事业单位、社会团体等组织拨付的财政资金，但国务院和国务院财政、税务主管部门另有规定的除外。

（2）依法收取并纳入财政管理的行政事业性收费、政府性基金。行政事业性收费是指依照法律法规等有关规定，按照国务院规定程序批准，在实施社会公共管理，以及在向公民、法人或者其他组织提供特定公共服务过程中，向特定对象收取并纳入财政管理的费用。政府性基金是指企业依照法律、行政法规等有关规定，代政府收取的具有专项用途的财政资金。

（3）国务院规定的其他不征税收入。它是指企业取得的，由国务院财政、税务主管部门规定专项用途并经国务院批准的财政性资金。财政性资金是指企业取得的来源于政府及其有关部门的财政补助、补贴、贷款贴息，以及其他各类财政专项资金，包括直接减免的增值税和即征即退、先征后退、先征后返的各种税收，但不包括企业按规定取得的出口退税款。

【特别提示】县级以上人民政府将国有资产无偿划入企业，凡指定专门用途并按规定进行管理的，企业可作为不征税收入进行企业所得税处理。其中，该项资产属于非货币性资产的，应按政府确定的接收价值计算不征税收入。

2018 年 9 月 20 日起，对全国社会保障基金理事会及基本养老保险基金投资管理机构在国务院批准的投资范围内，运用养老基金投资取得的归属于养老基金的投资收入，作为企业所得税不征税收入。

2018 年 9 月 10 日起，对全国社会保障基金取得的直接股权投资收益、股权投资基金收益，作为企业所得税不征税收入。

【特别提示】企业的不征税收入用于支出所形成的费用，不得在计算应纳税所得额时扣除；企业的不征税收入用于支出所形成的资产，其计算的折旧、摊销不得在计算应纳税所得额时扣除。

（二）免税收入

企业的下列收入为免税收入：

（1）国债利息收入。

【特别提示】国债转让收入不免税。

（2）符合条件的居民企业之间的股息、红利等权益性投资收益（该收益是指居民企业直接投资于其他居民企业取得的投资收益，但不包括连续持有居民企业公开发行并上市流通的股票不足 12 个月取得的投资收益）。

（3）在中国境内设立机构、场所的非居民企业从居民企业取得与该机构、场所有实际联系的股息、红利等权益性投资收益（该收益不包括连续持有居民企业公开发行并上市流通的股票不足 12 个月取得的投资收益）。

（4）符合条件的非营利组织的收入。

（5）非营利组织其他免税收入。具体包括：接受其他单位或者个人捐赠的收入；除《企业所得税法》第七条规定的财政拨款以外的其他政府补助收入，但不包括因政府购买服务取得的收入；按照省级以上民政、财政部门规定收取的会费；不征税收入和免税收入孳生的银行存款利息收入；财政部、国家税务总局规定的其他收入。

【归纳总结】不征税收入与免税收入的区别与联系如表 4-2 所示。

表 4-2 不征税收入与免税收入的区别与联系

项目	不征税收入	免税收入
联系	均属于企业所得税所称的"收入总额"，在计算企业所得税应纳税所得额时应扣除。	
区别	（1）不征税收入是指不应列入征税范围的收入； （2）不征税收入对应的费用、折旧、摊销一般不得在计算应纳税所得额时扣除。	（1）免税收入是应列入征税范围的收入，只是国家出于特殊考虑给予税收优惠，但在一定时期有可能恢复征税； （2）免税收入对应的费用、折旧、摊销一般可以在计算应纳税所得额时扣除。

四、准予扣除项目的确定

（一）税前扣除项目的原则

企业申报的扣除项目和金额要真实、合法。所谓真实，是指能提供材料证明有关支出确属已经实际发生；所谓合法，是指符合国家税法的规定，若其他法规规定与税收法规规定不一致，应以税收法规的规定为标准。除税收法规另有规定外，税前扣除一般应遵循以下原则：

（1）权责发生制原则。它是指企业费用应在发生的所属期扣除，而不是在实际支付时确认扣除。

（2）配比原则。它是指企业发生的费用应当与收入配比扣除。除特殊规定外，企业发生的费用不得提前或滞后申报扣除。

（3）相关性原则。它是指企业可扣除的费用从性质和根源上必须与取得应税收入直接相关。

（4）确定性原则。它是指企业可扣除的费用不论何时支付，其金额必须是确定的。

（5）合理性原则。它是指符合生产经营活动常规，应当计入当期损益或者有关资产成本的必要和正常的支出。

（二）准予扣除项目的基本范围

（1）税前扣除项目包括成本、费用、税金、损失和其他支出。

1）成本。它是指企业在生产经营活动中发生的销售成本、销货成本、业务支出以及其他耗费。

2）费用。它是指企业在生产经营活动中发生的销售费用、管理费用和财务费用，已经计入成本的有关费用除外。

3）税金。它是指企业发生的除企业所得税和允许抵扣的增值税以外的各项税金及其附加。

【特别提示】企业发生的除企业所得税和允许抵扣的增值税以外的各项税金及其附加，准予在计算应纳税所得额时扣除。允许抵扣的增值税指的是允许从增值税销项税额中抵扣的增值税进项税额，不予在计算应纳税所得额时扣除。但这里遗漏了增值税销项税额，以及采用简易计税方法下的增值税税额。另外，企业作为扣缴义务人为个人负担的个人所得税也不予在计算应纳税所得额时扣除，因此上述说法是不全面的。建议修改为：企业发生的除企业所得税、一般计税方法下的增值税销项税额、允许抵扣的增值税进项税额、简易计税方法下的增值税税额、企业作为扣缴义务人为个人负担的个人所得税以外的各项税金及其附加，准予在计算应纳税所得额时扣除。

【知识链接】根据《财政部关于印发〈增值税会计处理规定〉的通知》（财会〔2016〕22号）的规定，全面营改增后，"营业税金及附加"科目名称调整为"税金及附加"科目，该科目核算企业经营活动发生的消费税、城市维护建设税、资源税、教育费附加及房产税、土地使用税（城镇土地使用税的简称）、车船税、印花税等相关税费；

利润表中的"营业税金及附加"项目调整为"税金及附加"项目。

【理论答疑】允许企业所得税税前扣除的税金及其附加有哪些？扣除的形式有哪几种？

答：在我国目前的税收体系中，允许税前扣除的税金及其附加的种类主要有：企业按规定缴纳的消费税、城市维护建设税、教育费附加、地方教育附加、出口关税、资源税、土地增值税、房产税、车船税、城镇土地使用税、印花税、车辆购置税、契税、耕地占用税、进口关税、按规定不得抵扣的增值税进项税额等。税金及其附加扣除有两种方式：一是在发生当期扣除（如消费税、城市维护建设税、教育费附加、地方教育附加、出口关税、资源税、土地增值税、房产税、车船税、城镇土地使用税、印花税等）；二是在发生当期计入相关资产成本，在以后各期分摊扣除（如车辆购置税、契税、耕地占用税、进口关税、按规定不得抵扣的增值税进项税额等）。

4）损失。它是指企业在生产经营活动中发生的固定资产和存货的盘亏、毁损、报废损失，转让财产损失，呆账损失，坏账损失，自然灾害等不可抗力因素造成的损失，以及其他损失。企业发生的损失，减除责任人赔偿和保险赔款后的余额，依照国务院财政、税务主管部门的规定扣除。企业已经作为损失处理的资产，在以后纳税年度又全部收回或者部分收回时，应当计入当期收入。

【知识链接】并非所有的损失都可以税前扣除。准予税前扣除的损失不包括各种行政性罚款、被没收财物的损失以及刑事责任附加刑中的罚金、没收财产等。

5）其他支出。它是指除成本、费用、税金、损失外，企业在生产经营活动中发生的与生产经营活动有关的、合理的支出。

【特别提示】企业发生的支出应当区分收益性支出和资本性支出。收益性支出在发生当期直接扣除；资本性支出应当分期扣除或者计入有关资产成本，不得在发生当期直接扣除。

【实务答疑】法院判决我公司支付赔偿金，但无法取得发票，请问此项支出可否税前扣除？

答：《企业所得税法》第八条规定：企业实际发生的与取得收入有关的、合理的支出，包括成本、费用、税金、损失和其他支出，准予在计算应纳税所得额时扣除。

因此，如果该赔偿金的支出是与企业生产经营有关且属于企业因合同行为而发生的，可以税前扣除。法院判决企业支付赔偿金，企业可凭法院的判决文书与收款方开具的收据作为扣除凭据。

（2）在计算应纳税所得额时，下列项目可按照实际发生额或者规定的标准扣除。

1）工资薪金支出。它是指企业每一纳税年度支付给在本企业任职或者受雇的员工的所有现金形式或非现金形式的劳动报酬，包括基本工资、奖金、津贴、补贴、年终加薪、加班工资，以及与员工任职或受雇有关的其他支出。企业发生的合理的工资薪金支出，准予扣除。

【知识链接】企业安置残疾人员的，在按照支付给残疾职工工资据实扣除的基础上，按照支付给残疾职工工资的100%加计扣除。

【理论答疑】季节工、临时工等费用如何进行税前扣除？

答：按照《国家税务总局关于企业所得税应纳税所得额若干税务处理问题的公告》（国家税务总局公告2012年第15号）的规定，企业因雇用季节工、临时工所实际发生的费用，应区分为工资薪金支出和职工福利费支出，并按《企业所得税法》的规定在企业所得税税前扣除。其中属于工资薪金支出的，准予计入企业工资薪金总额的基数，作为计算其他各项相关费用扣除的依据。

【实务答疑】我公司2018年12月计提的工资在2019年1月发放，请问能否计入2018年度工资薪金支出予以企业所得税税前扣除？

答：根据《国家税务总局关于企业工资薪金和职工福利费等支出税前扣除问题的公告》（国家税务总局公告2015年第34号）的规定，企业在年度汇算清缴结束前向员工实际支付的已预提汇缴的年度工资薪金，准予在汇缴年度按规定扣除。因此，2018年12月计提的工资在2019年1月发放，可以在2018年度企业所得税汇算清缴时税前扣除。

【实务答疑】请问我公司每月随工资发放给员工的交通补贴能否税前扣除？

答：国家税务总局公告2015年第34号文第一条规定：列入企业员工工资薪金制度、固定与工资薪金一起发放的福利性补贴，符合《国家税务总局关于企业工资薪金及职工福利费扣除问题的通知》（国税函〔2009〕3号）第一条规定的，可作为企业发生的工资薪金支出，按规定在税前扣除。不能同时符合上述条件的福利性补贴，应作为国税函〔2009〕3号文第三条规定的职工福利费，按规定计算限额税前扣除。

因此，企业随同工资薪金一并发放的交通补贴，可作为工资薪金支出，据实在税前扣除。若单独发放的，则作为职工福利费，按规定计算限额税前扣除。

【实务答疑】请问我公司预提的职工奖金能否税前扣除？

答：国税函〔2009〕3号文第一条规定：《企业所得税法实施条例》第三十四条所称的合理工资薪金，是指企业按照股东大会、董事会、薪酬委员会或相关管理机构制定的工资薪金制度规定实际发放给员工的工资薪金。

国家税务总局公告2015年第34号文第二条规定：企业在年度汇算清缴结束前向员工实际支付的已预提汇缴的年度工资薪金，准予在汇缴年度按规定扣除。

因此，企业预提的职工奖金在汇算清缴结束前实际发放给员工的，允许在汇算清缴年度税前扣除，否则预提的职工奖金不能税前扣除。

2）职工福利费、工会经费、职工教育经费。

①企业发生的职工福利费支出，不超过工资薪金总额14%的部分准予扣除。

②企业拨缴的工会经费，不超过工资薪金总额2%的部分准予扣除。

③除国务院财政、税务主管部门或者省级人民政府规定外，企业发生的职工教育经费支出，不超过工资薪金总额2.5%的部分准予扣除，超过部分准予结转以后纳税年度扣除。自2018年1月1日起，将一般企业的职工教育经费税前扣除限额与高新技术企

业的限额统一，从 2.5% 提高至 8%。

④软件企业职工培训费可以全额扣除，扣除职工培训费后的职工教育经费的余额应按照工资薪金 2.5%（自 2018 年 1 月 1 日起，为 8%）的比例扣除。

【特别提示】上述工资薪金总额，是指企业按照有关规定实际发放的工资薪金总额，不包括企业的职工福利费、职工教育经费、工会经费以及养老保险费、医疗保险费、失业保险费、工伤保险费、生育保险费等社会保险费和住房公积金。

【归纳总结】三项经费中只有职工教育经费可以结转以后纳税年度扣除。

【知识链接】防暑降温费为职工福利费；由于防暑降温用品为劳保用品，因此防暑降温用品支出为劳动保护支出（劳动保护费）。

【实务答疑】我公司为提高财务人员业务水平，购买了一批专业书籍，请问该支出能否计入职工教育经费？职工教育经费能列支哪些支出？税前扣除比例是多少？

答：《财政部 全国总工会 发展改革委 教育部 科技部 国防科工委 人事部 劳动保障部 国资委 国家税务总局 全国工商联关于印发〈关于企业职工教育经费提取与使用管理的意见〉的通知》（财建〔2006〕317 号）第三条第（五）项规定，企业职工教育培训经费列支范围包括：

(1) 上岗和转岗培训；

(2) 各类岗位适应性培训；

(3) 岗位培训、职业技术等级培训、高技能人才培训；

(4) 专业技术人员继续教育；

(5) 特种作业人员培训；

(6) 企业组织的职工外送培训的经费支出；

(7) 职工参加的职业技能鉴定、职业资格认证等经费支出；

(8) 购置教学设备与设施；

(9) 职工岗位自学成才奖励费用；

(10) 职工教育培训管理费用；

(11) 有关职工教育的其他开支。

《财政部 税务总局关于企业职工教育经费税前扣除政策的通知》（财税〔2018〕51 号）规定，自 2018 年 1 月 1 日起，企业发生的职工教育经费支出，不超过工资薪金总额 8% 的部分，准予在计算企业所得税应纳税所得额时扣除；超过部分，准予在以后纳税年度结转扣除。也就是说，自 2018 年 1 月 1 日起，将一般企业的职工教育经费税前扣除限额与高新技术企业的限额统一，从 2.5% 提高至 8%。

根据上述规定，你公司购买专业书籍提高职工专业素质，可以计入职工教育经费，企业职工教育经费不超过工资薪金总额 8% 的部分，准予扣除。

【工作实例 4-3】　甲企业为一家居民企业，本年发生合理的工资薪金支出 100 万元、职工福利费 20 万元、职工教育经费 2 万元。已知：在计算企业所得税应纳税所得额时，职工福利费支出、职工教育经费支出的扣除比例分别为不超过工资薪金总额的14%和8%。

【工作要求】 计算甲企业本年在计算应纳税所得额时准予扣除的职工福利费和职工教育经费金额合计数。

【工作实施】

职工福利费税前扣除限额＝100×14%＝14(万元)

职工福利费实际发生20万元，超过扣除限额，因此税前准予扣除14万元。

职工教育经费税前扣除限额＝100×8%＝8(万元)

职工教育经费实际发生2万元，未超过扣除限额，因此准予全额税前扣除。

准予扣除的职工福利费和职工教育经费金额合计＝14＋2＝16(万元)

3）社会保险费。

①企业依照国务院有关主管部门或者省级人民政府规定的范围和标准为职工缴纳的"五险一金"，即基本养老保险费、基本医疗保险费、失业保险费、工伤保险费、生育保险费等基本社会保险费和住房公积金，准予扣除。

②企业为投资者或者职工支付的补充养老保险费、补充医疗保险费，在国务院财政、税务主管部门规定的范围和标准内，准予扣除。企业依照国家有关规定为特殊工种职工支付的人身安全保险费和符合国务院财政、税务主管部门规定可以扣除的商业保险费，准予扣除。

【特别提示】 企业根据国家有关政策规定，为在本企业任职或者受雇的全体员工支付的补充养老保险费、补充医疗保险费，分别在不超过职工工资总额5%标准内的部分，在计算应纳税所得额时准予扣除；超过的部分，不予扣除。

【知识链接】（1）企业参加财产保险，按照规定缴纳的保险费，准予扣除；企业为投资者或者职工支付的商业保险费，不得扣除。（2）企业职工因公出差乘坐交通工具发生的人身意外保险费支出，准予企业在计算应纳税所得额时扣除。（3）企业参加雇主责任险、公众责任险等责任保险，按照规定缴纳的保险费，准予在企业所得税税前扣除。该项规定适用于2018年度及以后年度企业所得税汇算清缴。

【实务答疑】 我公司社会保险费个人缴费部分作为工资薪金支出扣除后，在计算社会保险费时又扣除一次，请问我公司的做法正确吗？

答：根据《企业所得税法实施条例》的规定，企业发生的合理的工资薪金支出，准予扣除。企业依照国务院有关主管部门或者省级人民政府规定的范围和标准为职工缴纳"五险一金"，准予扣除。除《企业所得税法》另有规定外，企业实际发生的成本、费用、税金、损失和其他支出，不得重复扣除。

因此，税务机关会要求你公司调增重复扣除的社会保险费个人缴费部分，并根据《税收征收管理法》及其实施细则，依法追缴相关税款，并加收滞纳金。

【实务答疑】 请问我公司为职工购买补充养老保险性质的保险可否在企业所得税税

前扣除？

答：对于依法参加基本养老保险的企业，其通过商业保险公司为员工缴纳的具有补充养老性质的保险，可按照财税〔2009〕27 号文的有关规定从税前扣除。按照《人身保险公司保险条款和保险费率管理办法》（中国保险监督管理委员会令 2011 年第 3 号）的规定，补充养老保险的性质可以从保险产品的名称予以分析判定，年金养老保险的产品名称中有"养老年金保险"字样。同时，企业自行管理的补充养老保险，没有向第三方保险机构支付，资金的所有权仍保留在企业内部，因此不允许税前扣除。

【实务答疑】我公司员工因公出差，购买长途车票的同时购买了人身意外伤害保险。请问这种人身意外伤害保险是否可以在企业所得税税前扣除？

答：根据《国家税务总局关于企业所得税有关问题的公告》（国家税务总局公告 2016 年第 80 号）的规定，企业职工因公出差乘坐交通工具发生的人身意外保险费支出，准予企业在计算应纳税所得额时扣除。

因此，你公司为一般员工缴纳的人身意外伤害保险准予在企业所得税税前扣除。

4）利息费用。企业在生产、经营活动中发生的利息费用，按下列规定扣除。

①非金融企业向金融企业借款的利息支出、金融企业的各项存款利息支出和同业拆借利息支出、企业经批准发行债券的利息支出可据实扣除。

②非金融企业向非金融企业借款的利息支出，不超过按照金融企业同期同类贷款利率计算的数额的部分可据实扣除，超过部分不许扣除。

【特别提示】金融企业并不等同于银行。所谓金融企业，是指各类银行、保险公司及经中国人民银行批准从事金融业务的非银行金融机构，包括国家专业银行、区域性银行、股份制银行、外资银行、中外合资银行以及其他综合性银行；还包括全国性保险企业、区域性保险企业、股份制保险企业、中外合资保险企业以及其他专业性保险企业；也包括城市和农村信用社、各类财务公司以及其他从事信托投资、租赁等业务的专业和综合性非银行金融机构。所谓非金融企业，是指除上述金融企业以外的所有企业、事业单位以及社会团体等企业或组织。

【知识链接】企业从其关联方接受的债权性投资与权益性投资的比例超过财政部、国家税务总局的规定标准而发生的利息支出，不能在计算应纳税所得额时扣除。财政部、国家税务总局的规定标准如下："企业实际支付给关联方的利息支出，除另有规定外，其接受关联方债权性投资与其权益性投资的比例为：金融企业 5：1；其他企业 2：1。"

【工作实例 4-4】 甲公司为一家居民企业，是一家化妆品生产企业，本年 3 月因业务发展需要向中国工商银行借款 60 万元，期限半年，年利率为 8%；5 月又向自己的供应商借款 200 万元，期限半年，年利率为 10%。上述借款均用于经营周转，该企业无其他借款。

【工作要求】计算甲公司本年在计算应纳税所得额时准予扣除的利息费用。

【工作实施】向银行借款的利息准予扣除，则

$$向银行借款准予扣除的借款利息＝60×8\%÷2＝2.4(万元)$$

向供应商的借款，在8%以内的可以扣除，则

$$向供应商借款准予扣除的借款利息＝200×8\%÷2＝8(万元)$$

$$本年在计算应纳税所得额时准予扣除的利息费用合计＝2.4＋8＝10.4(万元)$$

5）借款费用。

①企业在生产经营活动中发生的合理的不需要资本化的借款费用，准予扣除。

②企业为购置、建造固定资产、无形资产和经过12个月以上的建造才能达到预定可销售状态的存货发生借款的，在有关资产购置、建造期间发生的合理的借款费用，应予以资本化，作为资本性支出计入有关资产的成本；有关资产交付使用后发生的借款利息，可在发生当期扣除。

【特别提示】准予扣除的借款费用和借款利息不包括需要资本化的借款费用和借款利息。

6）汇兑损失。企业在货币交易中及纳税年度终了时将人民币以外的货币性资产、负债按照期末即期人民币汇率中间价折算为人民币时产生的汇兑损失，除已经计入有关资产成本以及向所有者进行利润分配外，准予扣除。

7）业务招待费。企业发生的与生产经营活动有关的业务招待费支出，准予按照发生额的60%扣除，但最高不得超过当年销售（营业）收入的5‰。

作为业务招待费限额的计算基数的收入范围是当年销售（营业）收入，包括销售货物收入、让渡资产使用权（收取资产租金或使用费）收入、提供劳务收入等主营业务收入，还包括其他业务收入、视同销售收入等，但是不含营业外收入、转让固定资产或无形资产所有权收入、投资收益（从事股权投资业务的企业除外）。对从事股权投资业务的企业（包括集团公司总部、创业投资企业等），其从被投资企业所分配的股息、红利及股权转让收入，可以按规定的比例计算业务招待费扣除限额。

【特别提示】销售（营业）收入为不含增值税的收入。

【点拨指导】企业在筹建期间发生的与筹办活动有关的业务招待费支出，可按实际发生额的60%计入企业筹办费，并按有关规定在税前扣除。

【理论答疑】根据企业所得税的有关规定，业务招待费按照销售（营业）收入的5‰与业务招待费实际发生额的60%之中较小的金额在税前扣除。但是业务招待费中还有发票不合格等需要纳税调整的事项，请问进行纳税调整时是否应当进行剔除？

答：《发票管理办法》第二十一条规定，不符合规定的发票，不得作为财务报销凭证，任何单位和个人有权拒收。

不合规的发票不得作为财务报销凭证，也就意味着不能作为税前扣除的凭据。因此，允许税前扣除的业务招待费取得的发票必须为合法有效凭证。那么业务招待费纳税调增额应包括取得不符合规定的发票和发生额40%的金额。

【工作实例4-5】 甲企业为一家居民企业，本年销售货物收入2 000万元，

让渡专利使用权收入 200 万元，包装物出租收入 50 万元，视同销售货物收入 350 万元，转让商标所有权收入 150 万元，接受捐赠收入 20 万元，债务重组收益 10 万元，发生业务招待费 30 万元。

【工作要求】计算甲企业本年度在计算应纳税所得额时准予扣除的业务招待费金额。

【工作实施】由于转让商标所有权收入、接受捐赠收入、债务重组收益在税法上均属于营业外收入范畴，不能作为计算业务招待费的基数，因此

$$业务招待费的扣除基数 = 2\,000 + 200 + 50 + 350 = 2\,600（万元）$$

则

$$业务招待费实际发生额的 60\% = 30 \times 60\% = 18（万元）$$
$$销售（营业）收入的 5‰ = 2\,600 \times 5‰ = 13（万元）$$

由于 13 万元 < 18 万元，因此本年度在计算应纳税所得额时准予扣除的业务招待费金额为 13 万元。

8）广告费和业务宣传费。企业发生的符合条件的广告费和业务宣传费支出，除国务院财政、税务主管部门另有规定外，不超过当年销售（营业）收入 15% 的部分，准予扣除；超过部分，准予结转以后纳税年度扣除。

2016 年 1 月 1 日至 2020 年 12 月 31 日，对化妆品制造或销售、医药制造和饮料制造（不含酒类制造）企业发生的广告费和业务宣传费支出，不超过当年销售（营业）收入 30% 的部分，准予扣除；超过部分，准予在以后纳税年度结转扣除。对签订广告费和业务宣传费分摊协议（以下简称分摊协议）的关联企业，其中一方发生的不超过当年销售（营业）收入税前扣除限额比例内的广告费和业务宣传费支出可以在本企业扣除，也可以将其中的部分或全部按照分摊协议归集至另一方扣除。另一方在计算本企业广告费和业务宣传费支出企业所得税税前扣除限额时，可将按照上述办法归集至本企业的广告费和业务宣传费不计算在内。烟草企业的烟草广告费和业务宣传费支出，一律不得在计算应纳税所得额时扣除。

【知识链接】企业申报扣除的广告费支出应与赞助支出严格区分。非广告性的赞助支出，税前不得扣除。

【点拨指导】企业在筹建期间发生的广告费和业务宣传费，可按实际发生额计入企业筹办费，并按有关规定在税前扣除。

【知识链接】广告费和业务宣传费的超标准部分可无限期向以后纳税年度结转，属于税法与会计之间的"暂时性差异"；而业务招待费的超标准部分不能向以后纳税年度结转，属于税法与会计之间的"永久性差异"。

【工作实例 4-6】　甲企业为一家居民企业，本年全年直接销售商品取得销售收入 12 000 万元，全年出租办公楼取得租金收入 320 万元。企业全年发生广告费和业务宣传费共计 2 800 万元，发生业务招待费 90 万元。

【工作要求】计算甲企业本年在计算应纳税所得额时准予扣除的广告费和业务宣传

费以及业务招待费。

【工作实施】

> 广告费和业务宣传费实际发生额＝2 800(万元)
> 扣除限额＝(12 000＋320)×15％＝1 848(万元)

由于1 848万元＜2 800万元，因此，可扣除1 848万元。

> 业务招待费实际发生额＝90(万元)
> 业务招待费实际发生额的60％＝90×60％＝54(万元)
> 扣除限额＝(12 000＋320)×5‰＝61.6(万元)

由于54万元＜61.6万元，因此，可扣除54万元。

9) 环境保护专项资金。企业依照法律、行政法规有关规定提取的用于环境保护、生态恢复等方面的专项资金，准予扣除。专项资金提取后改变用途的，不得扣除。

【特别提示】这里是提取数而不是发生数。也就是说，只提取未使用的环境保护专项资金也可以税前扣除。

10) 租赁费。企业根据生产经营活动的需要租入固定资产支付的租赁费，按照下列方法扣除：

①以经营租赁方式租入固定资产发生的租赁费支出，按照租赁期限均匀扣除。所谓经营租赁，是指所有权不转移的租赁。

【知识链接】如果交易合同或协议中规定租赁期限跨年度且租金提前一次性支付的，出租人可对上述已确认的收入，在租赁期内，分期均匀计入相关年度收入。

②以融资租赁方式租入固定资产发生的租赁费支出，按照规定构成融资租入固定资产价值的部分应当提取折旧费，分期扣除。所谓融资租赁，是指实质上转移了与资产所有权有关的全部风险和报酬的租赁。

11) 劳动保护费。企业发生的合理的劳动保护支出，准予扣除。

【点拨指导】劳动保护支出是指确因工作需要为雇员配备或提供工作服、手套、安全保护用品、防暑降温用品等所发生的支出。

12) 公益性捐赠支出。公益性捐赠是指企业通过公益性社会组织或者县级以上人民政府及其部门，用于符合法律规定的慈善活动、公益事业的捐赠。企业当年发生以及以前年度结转的公益性捐赠支出，不超过年度利润总额12％的部分，准予扣除；超过年度利润总额12％的部分，准予结转以后3年内在计算应纳税所得额时扣除。

【点拨指导】公益性社会组织，应当依法取得公益性捐赠税前扣除资格。

年度利润总额，是指企业依照国家统一会计制度的规定计算的年度会计利润。

【特别提示】纳税人"直接"向受赠人的捐赠属于非公益性捐赠，不得在企业所得税税前扣除。

企业当年发生及以前年度结转的公益性捐赠支出，准予在当年税前扣除的部分，不能超过企业当年年度利润总额的12％。

企业发生的公益性捐赠支出未在当年税前扣除的部分，准予向以后年度结转扣除，但结转年限自捐赠发生年度的次年起计算最长不得超过 3 年。

企业在对公益性捐赠支出计算扣除时，应先扣除以前年度结转的捐赠支出，再扣除当年发生的捐赠支出。

自 2019 年 1 月 1 日至 2022 年 12 月 31 日，企业通过公益性社会组织或者县级（含县级）以上人民政府及其组成部门，用于目标脱贫地区的扶贫捐赠支出，准予在计算企业所得税应纳税所得额时据实扣除。在政策执行期限内，目标脱贫地区实现脱贫的，可继续适用上述政策。企业同时发生扶贫捐赠支出和其他公益性捐赠支出，在计算公益性捐赠支出年度扣除限额时，符合条件的扶贫捐赠支出不计算在内。

【工作实例 4-7】　甲企业为一家居民企业，本年度实现利润总额 80 万元，通过公益性社会团体向某灾区捐赠 10 万元，直接向某学校捐款 8 万元。甲企业之前的年度未进行公益性捐赠。

【工作要求】 计算甲企业本年度在计算应纳税所得额时准予扣除的捐赠支出。

【工作实施】

公益性捐赠支出扣除限额＝80×12％＝9.6(万元)

公益性捐赠的实际捐赠支出 10 万元＞扣除限额 9.6 万元，本年度只能税前扣除 9.6 万元。直接向某学校的捐款 8 万元不能在税前扣除。

13）有关资产的费用。企业转让各类固定资产发生的费用，允许扣除。企业按规定计算的固定资产折旧费、无形资产和递延资产的摊销费，准予扣除。

【特别提示】 递延资产在会计上称为"长期待摊费用"。

14）总机构分摊的费用。非居民企业在中国境内设立的机构、场所，就其中国境外总机构发生的与该机构、场所生产经营有关的费用，能够提供总机构出具的费用汇集范围、定额、分配依据和方法等证明文件并合理分摊的，准予扣除。

15）资产损失。企业当期发生的固定资产和流动资产盘亏、毁损净损失，由其提供清查盘存资料，经主管税务机关审核后，准予扣除；企业因存货盘亏、毁损、报废等原因不得从销项税额中抵扣的进项税额，应视同企业财产损失，准予与存货损失一起在企业所得税税前按规定扣除。

【点拨指导】 对于存货损失，其进项税额是否可以作为损失额税前扣除，要区分以下两种情况：

（1）存货因管理不善损失，对应的进项税额不得抵扣，但可以在企业所得税税前扣除。

损失额＝存货成本＋不得抵扣的进项税额－责任人赔偿和保险赔款

（2）存货因不可抗力损失，对应的进项税额仍然可以抵扣。

损失额＝存货成本－责任人赔偿和保险赔款

【**特别提示**】资产损失取消了审批制度，取而代之的是申报扣除制度。企业发生的资产损失，应按规定的程序和要求向主管税务机关申报后方能在税前扣除。未经申报的损失，不得在税前扣除。

16）手续费及佣金支出。

①企业发生的与生产经营有关的手续费及佣金支出，不超过以下规定计算限额以内的部分，准予扣除。

保险企业：自2019年1月1日起，保险企业发生与其经营活动有关的手续费及佣金支出，不超过当年全部保费收入扣除退保金等后余额的18%（含本数）的部分，在计算应纳税所得额时准予扣除；超过部分，允许结转以后年度扣除。

其他企业：按其与具有合法经营资格中介服务机构或个人（不含交易双方及其雇员、代理人和代表人等）所签订服务协议或合同确认的收入金额的5%计算限额；超过部分，不得扣除。

②企业应与具有合法经营资格中介服务企业或个人签订代办协议或合同，并按国家有关规定支付手续费及佣金。除委托个人代理外，企业以现金等非转账方式支付的手续费及佣金不得在税前扣除。企业为发行权益性证券支付给有关证券承销机构的手续费及佣金不得在税前扣除。

③企业不得将手续费及佣金支出计入回扣、业务提成、返利、进场费等费用。

④企业已计入固定资产、无形资产等相关资产的手续费及佣金支出，应当通过折旧、摊销等方式分期扣除，不得在发生当期直接扣除。

⑤企业支付的手续费及佣金不得直接冲减服务协议或合同金额，应如实入账。

⑥企业应当如实向当地主管税务机关提供当年手续费及佣金计算分配表和其他相关资料，并依法取得合法真实凭证。

17）党组织工作经费。

①国有企业（包括国有独资、全资和国有资本绝对控股、相对控股企业）纳入管理费用的党组织工作经费，实际支出不超过职工年度工资薪金总额1%的部分，可以据实在企业所得税前扣除。

②非公有制企业党组织工作经费纳入企业管理费列支，不超过职工年度工资薪金总额1%的部分，可以据实在企业所得税前扣除。

18）其他项目。依照有关法律、行政法规和国家有关税法规定准予扣除的其他项目，如会员费、合理的会议费、差旅费、违约金、诉讼费用等。

【**归纳总结**】允许在以后纳税年度结转扣除的费用有：职工教育经费；广告费和业务宣传费支出；公益性捐赠；保险企业发生的与其经营活动有关的手续费及佣金支出。

五、不得扣除项目的确定

在计算应纳税所得额时，下列支出不得扣除：

（1）向投资者支付的股息、红利等权益性投资收益款项。

（2）企业所得税税款。

（3）税收滞纳金。它是指纳税人违反税收法规，被税务机关处以的滞纳金。

（4）罚金、罚款和被没收财物的损失。它是指纳税人违反国家有关法律法规规定，被有关部门处以的罚款，以及被司法机关处以的罚金和被没收财物的损失。

【理论答疑】行政罚款不得在企业所得税税前扣除，那么银行罚息可以在税前扣除吗？

答：根据《企业所得税法》第十条第四款的规定，"罚金、罚款和被没收财物的损失"属于行政处罚范畴，不得在税前扣除。但是，罚金、罚款和被罚没财物的损失，不包括纳税人按照经济合同规定支付的违约金（包括银行罚息）、罚款和诉讼费。

因此，银行罚息属于纳税人按照经济合同规定支付的违约金，不属于行政罚款，可以在税前扣除。

（5）超过规定标准的捐赠支出。

（6）赞助支出。它是指企业发生的与生产经营活动无关的各种非广告性质支出。

（7）未经核定的准备金支出。它是指不符合国务院财政、税务主管部门规定的各项资产减值准备、风险准备等准备金支出。

（8）企业之间支付的管理费、企业内营业机构之间支付的租金和特许权使用费，以及非银行企业内营业机构之间支付的利息。

（9）企业以其取得的不征税收入用于支出所形成的费用或资产（包括对资产计提的折旧、摊销）不得在税前扣除，但企业取得的各项免税收入所对应的各项成本费用，除另有规定外，可以在计算企业应纳税所得额时扣除。

（10）与取得收入无关的其他支出。

【特别提示】企业对内投资（包括购置或建造固定资产及购买或开发无形资产等的投资）以及对外投资（包括购买股票或债券等的投资）均不得税前扣除。对内投资只能通过对于固定资产的折旧或无形资产的摊销等方式税前扣除，对外投资只能在转让股票和债券时通过从转让收入中扣除当时购买时的投资成本的方式税前扣除。

六、亏损弥补

亏损是指企业依照《企业所得税法》的规定，将每一纳税年度的收入总额减除不征税收入、免税收入和各项扣除后小于零的数额。税法规定，企业某一纳税年度发生的亏损可以用下一年度的所得弥补，下一年度的所得不足以弥补的，可以逐年延续弥补，但最长不得超过 5 年。企业在汇总计算缴纳企业所得税时，其境外营业机构的亏损不得抵减境内营业机构的盈利。自 2018 年 1 月 1 日起，当年具备高新技术企业或科技型中小企业资格的企业，其具备资格年度之前 5 个年度发生的尚未弥补完的亏损，准予结转以后年度弥补，最长结转年限由 5 年延长至 10 年。

【点拨指导】亏损是指企业财务报表中的亏损额经主管税务机关按税法规定核实调整后的金额，即税法口径的亏损额。

【特别提示】5年内不论是盈利还是亏损，都作为实际弥补期限计算；先亏先补，后亏后补。

【点拨指导】亏损弥补期限是自亏损年度报告的下一年度起连续5年不间断地计算。

【知识链接】筹办期间不计算为亏损年度，企业应从开始生产经营的年度计算为损益年度。对于筹办期间发生的费用支出，可在开始经营之日的当年一次性扣除，也可以按照新税法有关长期待摊费用的处理规定处理，但一经选定，不得改变。

【工作实例4-8】 甲企业[①]为一家居民企业，一直执行5年亏损弥补规定，且20×0年首次出现亏损。经税务机关审定的甲企业连续7年应纳税所得额（未弥补亏损）情况如表4-3所示。

表4-3 经税务机关审定的甲企业连续7年应纳税所得额（未弥补亏损）情况 单位：万元

年度	20×0	20×1	20×2	20×3	20×4	20×5	20×6
应纳税所得额	−100	10	−20	30	20	30	80

【工作要求】计算甲企业7年间的应纳企业所得税。

【工作实施】关于20×0年的亏损，要用20×1年至20×5年的所得弥补，尽管其间20×2年亏损，但也要占用5年抵亏期的一个抵扣年度，且先亏先补，而且20×2年的亏损需在20×0年的亏损问题解决之后才能考虑。到了20×5年，20×0年的亏损未弥补完但已到5年抵亏期满，还有10万元亏损不得在企业所得税税前弥补。

20×3年至20×5年的所得，已被用于弥补20×0年的亏损，因此20×2年的亏损只能用20×6年的所得弥补。在弥补20×2年亏损后，20×6年还有所得60万元（80−20）需要计算纳税，则

$$应纳企业所得税＝60×25\%＝15（万元）$$

第3节 资产的税务处理

情境引例

我公司的设备使用一段时间后闲置，请问是否可以作为停止使用的固定资产停止计提折旧？

资产是由于资本投资而形成的财产，对于资本性支出以及无形资产受让、开办、开发费用，不允许作为成本、费用从纳税人的收入总额中作一次性扣除，只能采取分次计提折旧或分次摊销的方式予以扣除。即纳税人经营活动中使用的固定资产的折旧费用、

① 除非特别说明，本书例题中的企业均不符合小型微利企业的条件。

无形资产和长期待摊费用的摊销费用可以扣除。税法规定，纳入税务处理范围的资产形式主要有固定资产、生物资产、无形资产、长期待摊费用、投资资产、存货等，均以历史成本为计税基础。历史成本是指企业取得该项资产时实际发生的支出。企业持有各项资产期间资产增值或者减值，除国务院财政、税务主管部门规定可以确认损益外，不得调整该资产的计税基础。

一、固定资产的税务处理

固定资产是指企业为生产产品、提供劳务、出租或者经营管理而持有的，使用时间超过 12 个月的非货币性资产，包括房屋、建筑物、机器、机械、运输工具及其他与生产经营活动有关的设备、器具、工具等。

（一）固定资产计税基础

（1）外购的固定资产，以购买价款和支付的相关税费及直接归属于使该资产达到预定用途发生的其他支出为计税基础。

（2）自行建造的固定资产，以竣工结算前发生的支出为计税基础。

（3）融资租入的固定资产，以租赁合同约定的付款总额和承租人在签订租赁合同过程中发生的相关费用为计税基础；租赁合同未约定付款总额的，以该资产的公允价值和承租人在签订租赁合同过程中发生的相关费用为计税基础。

（4）盘盈的固定资产，以同类固定资产的重置完全价值为计税基础。

（5）通过捐赠、投资、非货币性资产交换、债务重组等方式取得的固定资产，以该资产的公允价值和支付的相关税费为计税基础。

（6）改建的固定资产，除已足额提取折旧的固定资产和租入的固定资产以外的其他固定资产，以改建过程中发生的改建支出增加为计税基础。

（二）固定资产折旧的范围

在计算应纳税所得额时，企业按照规定计提的固定资产折旧，准予扣除。下列固定资产不得计提折旧扣除：

（1）房屋、建筑物以外未投入使用的固定资产；

（2）以经营租赁方式租入的固定资产；

（3）以融资租赁方式租出的固定资产；

（4）已足额提取折旧仍继续使用的固定资产；

（5）与经营活动无关的固定资产；

（6）单独估价作为固定资产入账的土地；

（7）其他不得计算折旧扣除的固定资产。

【特别提示】 未投入使用的房屋、建筑物计提的折旧可以在税前扣除；房屋、建筑物以外未投入使用的固定资产，不得计提折旧扣除。

【点拨指导】 经营租赁方式租入资产：由出租人计提折旧，承租人不得计提折旧。融资租赁方式租出资产：由承租人计提折旧，出租人不得计提折旧。

（三）固定资产折旧的计提方法

（1）企业应当自固定资产投入使用月份的次月起计提折旧；停止使用的固定资产，应当自停止使用月份的次月起停止计提折旧。

（2）企业应当根据固定资产的性质和使用情况，合理确定固定资产的预计净残值。固定资产的预计净残值一经确定，不得变更。

（3）固定资产按照直线法计提的折旧，准予扣除。

【知识链接】符合采取加速折旧方法的，可以采取双倍余额递减法或者年数总和法。

【情境引例解析】

固定资产按照直线法计提的折旧，准予扣除。企业应当自固定资产投入使用月份的次月起计提折旧；停止使用的固定资产，应当自停止使用月份的次月起停止计提折旧。若该设备确实停止使用且企业设备管理部门出具了停止使用的相关证明，则应将该项设备作为停止使用的固定资产处理，停止计提折旧。

（四）固定资产折旧的计提年限

除国务院财政、税务主管部门另有规定外，固定资产计提折旧的最低年限如下：

（1）房屋、建筑物，为20年。

（2）飞机、火车、轮船、机器、机械和其他生产设备，为10年。

（3）与生产经营活动有关的器具、工具、家具等，为5年。

（4）飞机、火车、轮船以外的运输工具，为4年。

（5）电子设备，为3年。

从事开采石油、天然气等矿产资源的企业，在开始商业性生产前发生的费用和有关固定资产的折耗、折旧方法，由国务院财政、税务主管部门另行规定。

【工作实例4-9】 甲企业为一家居民企业，属于增值税一般纳税人，本年8月5日为其生产部门购进一台大型机器，取得增值税专用发票，注明价款1 200万元、税额156万元。假定该机器预计净残值率为5%，该企业按照机器的最低折旧年限采用直线法计提折旧。

【工作要求】计算甲企业购买的机器在计算应纳税所得额时准予扣除的折旧额。

【工作实施】机器折旧年限最低为10年。由于本年8月5日购买，因此从本年9月起开始计提折旧。

$$该机器账面成本＝1 200(万元)$$

$$当年依照税法规定可扣除的折旧额＝1 200\times(1-5\%)\div(10\times12)\times4=38(万元)$$

二、生物资产的税务处理

生物资产是指有生命的动物和植物，分为消耗性生物资产、生产性生物资产和公益性生物资产。上述三类生物资产中，只有生产性生物资产可以计提折旧。消耗性生物资产是指为出售而持有的或在将来收获为农产品的生物资产，包括生长中的农田作物、蔬菜、用材林以及存栏待售的牲畜等。生产性生物资产是指为产出农产品、提供劳务或出租等目的而持有的生物资产，包括经济林、薪炭林、产畜和役畜等。公益性生物资产是指以防护、环境保护为主要目的的生物资产，包括防风固沙林、水土保持林和水源涵养林等。

【点拨指导】蛋鸡为生产性生物资产；肉食鸡为消耗性生物资产。

（一）生物资产的计税基础

生产性生物资产按照以下方法确定计税基础：

（1）外购的生产性生物资产，以购买价款和支付的相关税费为计税基础。

（2）通过捐赠、投资、非货币性资产交换、债务重组等方式取得的生产性生物资产，以该资产的公允价值和支付的相关税费为计税基础。

（二）生物资产的折旧方法和折旧年限

生产性生物资产按照直线法计提的折旧，准予扣除。企业应当自生产性生物资产投入使用月份的次月起计提折旧；停止使用的生产性生物资产，应当自停止使用月份的次月起停止计提折旧。

企业应当根据生产性生物资产的性质和使用情况，合理确定生产性生物资产的预计净残值。生产性生物资产的预计净残值一经确定，不得变更。

生产性生物资产计提折旧的最低年限：（1）林木类生产性生物资产为 10 年；（2）畜类生产性生物资产为 3 年。

三、无形资产的税务处理

无形资产是指企业长期使用但没有实物形态的资产，包括专利权、商标权、著作权、土地使用权、非专利技术、商誉等。

（一）无形资产的计税基础

无形资产按照以下方法确定计税基础：

（1）外购的无形资产，以购买价款和支付的相关税费及直接归属于使该资产达到预定用途发生的其他支出为计税基础。

（2）自行开发的无形资产，以开发过程中该资产符合资本化条件后至达到预定用途前发生的支出为计税基础。

（3）通过捐赠、投资、非货币性资产交换、债务重组等方式取得的无形资产，以该资产的公允价值和支付的相关税费为计税基础。

（二）无形资产摊销的范围

在计算应纳税所得额时，企业按照规定计算的无形资产摊销费用，准予扣除。下列无形资产不得计算摊销费用扣除：

（1）自行开发的支出已在计算应纳税所得额时扣除的无形资产。

（2）自创商誉。

（3）与经营活动无关的无形资产。

（4）其他不得计算摊销费用扣除的无形资产。

【特别提示】自创商誉不得计算摊销费用扣除；外购商誉的支出，在企业整体转让或者清算时准予扣除。

（三）无形资产的摊销方法及年限

无形资产的摊销采取直线法计算，年限不得低于10年。作为投资或者受让的无形资产，有关法律规定或者合同约定了使用年限的，可以按照规定或者约定的使用年限分期摊销。外购商誉的支出，在企业整体转让或者清算时准予扣除。

四、长期待摊费用的税务处理

长期待摊费用是指企业发生的应在一个年度以上或几个年度进行摊销的费用。在计算应纳税所得额时，企业发生的下列支出作为长期待摊费用，按照规定摊销的，准予扣除。

（1）已足额提取折旧的固定资产的改建支出。

（2）租入固定资产的改建支出。

（3）固定资产的大修理支出。

（4）其他应当作为长期待摊费用的支出。

【特别提示】企业的固定资产修理支出（非固定资产大修理支出）可在发生当期直接扣除。固定资产的大修理支出，则要按照固定资产尚可使用年限分期摊销。

固定资产的改建支出是指改变房屋或者建筑物结构、延长使用年限等发生的支出。已足额提取折旧的固定资产的改建支出，按照固定资产预计尚可使用年限分期摊销；租入固定资产的改建支出，按照合同约定的剩余租赁期限分期摊销；改建的固定资产延长使用年限的，除已足额提取折旧的固定资产、租入固定资产的改建支出外，其他的固定资产发生改建支出，应当适当延长折旧年限。

大修理支出，按照固定资产尚可使用年限分期摊销。《企业所得税法》所指固定资产的大修理支出，是指同时符合以下条件的支出：1）修理支出达到取得固定资产时的计税基础50%以上；2）修理后固定资产的使用年限延长2年以上。

其他应当作为长期待摊费用的支出，自支出发生月份的次月起分期摊销，摊销年限不得低于3年。

【实务答疑】我公司电子信息系统的大额维护费用要按年度摊销，还是可以一次性在发生当年税前扣除？

答：对电子信息系统的维护费用如果是每年发生的常规维护费用，发生时直接计入当年损益；如果是应由本年度和以后年度负担的1年以上的维护费用，则应作为长期待摊费用申报税前扣除。

五、存货的税务处理

存货是指企业持有以备出售的产品或者商品、处在生产过程中的在产品、在生产或者提供劳务过程中耗用的材料和物料等。

（一）存货的计税基础

存货按照以下方法确定成本：

（1）通过支付现金方式取得的存货，以购买价款和支付的相关税费为成本。

（2）通过支付现金以外的方式取得的存货，以该存货的公允价值和支付的相关税费为成本。

（3）生产性生物资产收获的农产品，以产出或者采收过程中发生的材料费、人工费和分摊的间接费用等必要支出为成本。

（二）存货的成本计算方法

企业使用或者销售的存货的成本计算方法，可以在先进先出法、加权平均法、个别计价法中选用一种。成本计算方法一经选用，不得随意变更。

【特别提示】存货的计价方法中，没有后进先出法。

【归纳总结】企业转让资产，该项资产的净值准予在计算企业应纳税所得额时扣除。其中，资产的净值是指有关资产、财产的计税基础减除已经按照规定扣除的折旧、折耗、摊销、准备金等后的余额。

除国务院财政、税务主管部门另有规定外，企业在重组过程中，应当在交易发生时确认有关资产的转让所得或者损失，相关资产应当按照交易价格重新确定计税基础。

六、投资资产的税务处理

投资资产是指企业对外进行权益性投资和债权性投资而形成的资产。

（一）投资资产的成本

投资资产按以下方法确定投资成本：

（1）通过支付现金方式取得的投资资产，以购买价款为成本。

（2）通过支付现金以外的方式取得的投资资产，以该资产的公允价值和支付的相关税费为成本。

（二）投资资产成本的扣除方法

企业对外投资期间，投资资产的成本在计算应纳税所得额时不得扣除；企业在转让或者处置投资资产时，投资资产的成本准予扣除。

（三）投资企业撤回或减少投资的税务处理

自2011年7月1日起，投资企业从被投资企业撤回或减少投资，其取得的资产中，相当于初始出资的部分，应确认为投资收回；相当于被投资企业累计未分配利润和累计盈余公积按减少实收资本比例计算的部分，应确认为股息所得；其余部分确认为投资资产转让所得。

被投资企业发生的经营亏损，由被投资企业按规定结转弥补；投资企业不得调整降低其投资成本，也不得将其确认为投资损失。

第4节　企业重组的所得税处理

 情境引例

请问为什么企业合并的特殊性税务处理方法的前提中没有"收购企业购买的股权不低于被收购企业全部股权的50%"这一指标？

一、企业重组的认知

企业重组是指企业发生结构重大改变的交易，包括企业法律形式改变、债务重组、股权收购、资产收购、合并、分立等。

（1）企业法律形式改变。它是指企业注册名称、住所以及企业组织形式等的简单改变，但符合《财政部 国家税务总局关于企业重组业务企业所得税处理若干问题的通知》（财税〔2009〕59号）规定其他重组的类型除外。

（2）债务重组。它是指在债务人发生财务困难的情况下，债权人按照其与债务人达成的书面协议或者法院裁定书，就其债务人的债务作出让步的事项。

（3）股权收购。它是指一家企业（以下称收购企业）购买另一家企业（以下称被收购企业）的股权，以实现对被收购企业控制的交易。收购企业支付对价的形式包括股权支付、非股权支付或两者的组合。

（4）资产收购。它是指一家企业（以下称受让企业）购买另一家企业（以下称转让企业）实质经营性资产的交易。受让企业支付对价的形式包括股权支付、非股权支付或两者的组合。

（5）合并。它是指一家或多家企业（以下称被合并企业）将其全部资产和负债转让给另一家现存或新设企业（以下称合并企业），被合并企业股东换取合并企业的股权或非股权支付，实现两个或两个以上企业的依法合并。

（6）分立。它是指一家企业（以下称被分立企业）将部分或全部资产分离转让给现存或新设的企业（以下称分立企业），被分立企业股东换取分立企业的股权或非股权支付，实现企业的依法分立。

以上所说的股权支付是指企业重组中购买、换取资产的一方支付的对价中，以本企业或其控股企业的股权、股份作为支付的形式；非股权支付是指以本企业的现金、银行存款、应收款项、本企业或其控股企业股权和股份以外的有价证券、存货、固定资产、其他资产及承担债务等作为支付的形式。

二、企业重组的一般性税务处理

（1）企业由法人转变为个人独资企业、合伙企业等非法人组织，或将登记注册地转

移至中华人民共和国境外（包括我国港澳台地区），应视同企业进行清算、分配，股东重新投资成立新企业。企业的全部资产以及股东投资的计税基础均应以公允价值为基础确定。

企业发生其他法律形式简单改变的，可直接变更税务登记，除另有规定外，有关企业所得税纳税事项（包括亏损结转、税收优惠等权益和义务）由变更后的企业承继，但因住所发生变化而不符合税收优惠条件的除外。

（2）企业债务重组，相关交易应按以下规定处理：

1）以非货币资产清偿债务的，应当分解为转让（销售）相关非货币性资产、按非货币性资产公允价值清偿债务两项业务，确认相关资产的所得或损失。

2）发生债权转股权的，应当分解为债务清偿和股权投资两项业务，确认有关债务清偿所得或损失。

3）债务人应当按照支付的债务清偿额低于债务计税基础的差额，确认债务重组所得；债权人应当按照收到的债务清偿额低于债权计税基础的差额，确认债务重组损失。

4）债务人的相关所得税纳税事项原则上保持不变。

【工作实例4-10】 甲企业为一家居民企业，本年12月与乙企业达成债务重组协议，甲企业以一批库存商品抵偿所欠乙企业一年前发生的债务25.2万元。该批库存商品的账面成本为16万元，市场不含税售价为20万元，该批商品的增值税税率为13％。该企业适用25％的企业所得税税率。假定城市维护建设税和教育费附加不予考虑。

【工作要求】计算甲企业该项重组业务的应纳企业所得税、乙企业的债务重组损失。

【工作实施】（1）甲企业分解成两个行为的两项所得：

销售货物所得＝20－16＝4(万元)

债务清偿所得＝25.2－20×(1＋13％)＝2.6(万元)

因该重组事项一共应确认应纳税所得额＝4＋2.6＝6.6(万元)

6.6万元含两方面的所得：此项债务重组利得2.6万元和货物销售所得4万元。

甲企业应纳企业所得税＝6.6×25％＝1.65(万元)

（2）乙企业的债务重组损失＝25.2－20－20×13％＝2.6(万元)

（3）企业股权收购、资产收购重组交易，相关交易应按以下规定处理：

1）被收购方应确认股权、资产转让所得或损失。

2）收购方取得股权或资产的计税基础应以公允价值为基础确定。

3）被收购企业的相关所得税事项原则上保持不变。

【工作实例4-11】 A公司本年9月以500万元的银行存款购买取得B公司的部分经营性资产，A公司购买B公司该部分经营性资产的账面价值为420万元，计税基础为460万元，公允价值为500万元。

【工作要求】对A公司（受让方/收购方）、B公司（转让方/被收购方）的上述业务进行相关税务处理。

【工作实施】（1）B公司（转让方/被收购方）的税务处理。

B公司应确认资产转让所得＝500－460＝40（万元）

（2）A公司（受让方/收购方）的税务处理。A公司购买该经营性资产后，应以该资产的公允价值500万元为基础确定计税基础。

（4）企业合并，当事各方应按下列规定处理：

1）合并企业应按公允价值确定接受被合并企业各项资产和负债的计税基础。

2）被合并企业及其股东都应按清算进行所得税处理。

3）被合并企业的亏损不得在合并企业结转弥补。

（5）企业分立，当事各方应按下列规定处理：

1）被分立企业对分立出去的资产应按公允价值确认资产转让所得或损失。

2）分立企业应按公允价值确认接受资产的计税基础。

3）被分立企业继续存在时，其股东取得的对价应视同被分立企业分配进行处理。

4）被分立企业不再继续存在时，被分立企业及其股东都应按清算进行所得税处理。

5）企业分立相关企业的亏损不得相互结转弥补。

三、企业重组的特殊性税务处理

（1）企业重组同时符合下列条件的，适用特殊性税务处理规定：

1）具有合理的商业目的，且不以减少、免除或者推迟缴纳税款为主要目的。

2）被收购、合并或分立部分的资产或股权比例符合以下第（2）项规定的比例。

3）企业重组后连续12个月内不改变重组资产原来的实质性经营活动。

4）重组交易对价中涉及股权支付金额符合以下第（2）项规定的比例。

5）企业重组中取得股权支付的原主要股东，在重组后连续12个月内，不得转让所取得的股权。

（2）企业重组符合上述5个条件的，交易各方对其交易中的股权支付部分，可以按以下规定进行特殊性税务处理。

1）企业债务重组确认的应纳税所得额占该企业当年应纳税所得额50%以上，可以在5个纳税年度内，均匀计入各年度的应纳税所得额。

企业发生债权转股权业务的，对债务清偿和股权投资两项业务暂不确认有关债务清偿所得或损失，股权投资的计税基础以原债权的计税基础确定。企业的其他相关所得税事项保持不变。

2）股权收购。收购企业购买的股权不低于被收购企业全部股权的50%，且收购企业在该股权收购发生时的股权支付金额不低于其交易支付总额的85%，可以选择按以下规定处理：

①被收购企业的股东取得收购企业股权的计税基础，以被收购股权的原有计税基础确定。

②收购企业取得被收购企业股权的计税基础，以被收购股权的原有计税基础确定。

③收购企业、被收购企业的原有各项资产和负债的计税基础和其他相关所得税事项保持不变。

3）资产收购。受让企业收购的资产不低于转让企业全部资产的50%，且受让企业在该资产收购发生时的股权支付金额不低于其交易支付总额的85%，可以选择按以下规定处理：

①转让企业取得受让企业股权的计税基础，以被转让资产的原有计税基础确定。

②受让企业取得转让企业资产的计税基础，以被转让资产的原有计税基础确定。

4）企业合并。企业股东在该企业合并发生时取得的股权支付金额不低于其交易支付总额的85%，以及同一控制下且不需要支付对价的企业合并，可以选择按以下规定处理：

①合并企业接受被合并企业资产和负债的计税基础，以被合并企业的原有计税基础确定。

②被合并企业合并前的相关所得税事项由合并企业承继。

③可由合并企业弥补的被合并企业亏损的限额：被合并企业净资产公允价值×截至合并业务发生当年年末国家发行的最长期限的国债利率。

④被合并企业股东取得合并企业股权的计税基础，以其原持有的被合并企业股权的计税基础确定。

【情境引例解析】

企业合并实际上相当于收购企业购买了被收购企业的全部股权，即股权的100%，由于100%＞50%，因此自然会满足上述条件。

【工作实例4-12】　甲公司为一家生产摩托车的居民企业，本年10月合并乙股份公司，乙股份公司全部资产的公允价值为5 700万元，全部负债为3 200万元，未超过弥补年限的亏损额为620万元。合并时甲公司给乙股份公司的股权支付额为2 300万元、银行存款为200万元。由于2 300÷(2 300＋200)＝92%＞85%，因此该合并业务符合企业重组特殊性税务处理的条件且选择此方法执行（假定当年国家发行的最长期限的国债年利率为6%）。

【工作要求】计算可由合并企业弥补的被合并企业的亏损。

【工作实施】

可由合并企业弥补的被合并企业亏损的限额＝(5 700－3 200)×6%＝150(万元)

由于620万元＞150万元，因此可由合并企业弥补的被合并企业的亏损为150万元。

5）企业分立。被分立企业所有股东按原持股比例取得分立企业的股权，分立企业和被分立企业均不改变原来的实质经营活动，且被分立企业股东在该企业分立发生时取得的股权支付金额不低于其交易支付总额的85%，可以选择按以下规定处理。

①分立企业接受被分立企业资产和负债的计税基础，以被分立企业的原有计税基础确定。

②被分立企业已分立出去的资产相应的所得税事项由分立企业承继。

③被分立企业未超过法定弥补期限的亏损额可按分立资产占全部资产的比例进行分配，由分立企业继续弥补。

④被分立企业的股东取得分立企业的股权（以下称"新股"），如需部分或全部放弃原持有的被分立企业的股权（以下称"旧股"），"新股"的计税基础应以放弃"旧股"的计税基础确定。如不需放弃"旧股"，则其取得"新股"的计税基础可从以下两种方法中选择确定：直接将"新股"的计税基础确定为零；以被分立企业分立出去的净资产占被分立企业全部净资产的比例先调减原持有的"旧股"的计税基础，再将调减的计税基础平均分配到"新股"上。

6）重组交易各方按上述第1）至2）项规定对交易中股权支付暂不确认有关资产的转让所得或损失的，其非股权支付仍应在交易当期确认相应的资产转让所得或损失，并调整相应资产的计税基础。

$$\text{非股权支付对应的} \atop \text{资产转让所得或损失} = \left(\text{被转让资产} \atop \text{的公允价值} - \text{被转让资产} \atop \text{的计税基础}\right) \times \left(\text{非股权} \atop \text{支付金额} \div \text{被转让资产} \atop \text{的公允价值}\right)$$

【工作实例4-13】 甲公司为一家居民企业，共有股权1 000万股，为了更好地发展，欲将80%的股权由乙公司收购，从而成为乙公司的子公司。假定收购日甲公司每股资产的计税基础为7元，每股资产的公允价值为9元。在收购对价中乙公司以股权形式支付6 480万元，以银行存款支付720万元。

【工作要求】 计算甲公司该项业务的应纳税所得额及应纳企业所得税。

【工作实施】 甲公司取得非股权支付额对应的资产转让所得的计算如下：

从股权收购比重以及股权支付金额占交易额的比重看是否适用特殊性税务处理。

股权收购比重＝80%＞50%

股权支付金额占交易额的比重＝6 480÷（6 480＋720）＝90%＞85%

因此，适用企业重组的特殊性税务处理方法。

公允价值中高于原计税基础的增加值＝1 000×80%×（9－7）＝1 600（万元）

非股权支付比例＝720÷（6 480＋720）＝10%

甲公司取得股权支付额对应的所得不确认损益，但是非股权支付额对应的收益应确认资产转让所得，则

资产转让所得＝1 600×10%＝160（万元）

甲公司应纳企业所得税＝160×25%＝40（万元）

（3）企业发生涉及中国境内与境外（包括中国港澳台地区）之间的股权和资产收购交易，除应符合企业重组的特殊性税务处理中规定的条件外，还应同时符合下列条件，才可选择适用特殊性税务处理规定。

1）非居民企业向其 100％直接控股的另一非居民企业转让其拥有的居民企业股权，没有因此造成以后该项股权转让所得预提税负变化，并且转让方非居民企业向主管税务机关书面承诺在 3 年（含 3 年）内不转让其拥有受让方非居民企业的股权。

2）非居民企业向与其具有 100％直接控股关系的居民企业转让其拥有的另一居民企业股权。

3）居民企业以其拥有的资产或股权向其 100％直接控股的非居民企业进行投资。

4）财政部、国家税务总局核准的其他情形。

（4）在企业吸收合并中，合并后的存续企业性质及适用税收优惠的条件未发生改变的，可以继续享受合并前该企业剩余期限的税收优惠，其优惠金额按存续企业合并前一年的应纳税所得额（亏损计为零）计算。

在企业存续分立中，分立后的存续企业性质及适用税收优惠的条件未发生改变的，可以继续享受分立前该企业剩余期限的税收优惠，其优惠金额按该企业分立前一年的应纳税所得额（亏损计为零）乘以分立后存续企业资产占分立前该企业全部资产的比例计算。

（5）企业在重组发生前后连续 12 个月内，分步对其资产、股权进行交易，应根据实质重于形式原则将上述交易作为一项企业重组交易进行处理。

（6）企业发生符合规定的特殊性重组条件并选择特殊性税务处理的，当事各方应在该重组业务完成当年企业所得税年度申报时，向主管税务机关提交书面备案资料，证明其符合各类特殊性重组规定的条件。企业未按规定书面备案的一律不得按特殊性重组业务进行税务处理。

第 5 节　企业所得税的计算

 情 境 引 例

请问我公司取得的各项不征税收入和免税收入所对应的各项成本费用能否在企业所得税税前扣除？

一、居民企业以及在中国境内设立机构、场所且取得所得与该机构、场所有实际联系的非居民企业查账征收应纳税额的计算

居民企业以及在中国境内设立机构、场所且取得所得与该机构、场所有实际联系的非居民企业应纳所得税税额等于应纳税所得额乘以适用税率，其基本计算公式为：

应纳企业所得税＝应纳税所得额×适用税率－减免税额－抵免税额

由公式可以看出，应纳企业所得税的多少取决于应纳税所得额和适用税率两个因素。在实际中，应纳税所得额的计算一般有两种方法。

（一）直接计算法

在直接计算法下，企业每一纳税年度的收入总额减除不征税收入、免税收入、各项扣除以及允许弥补的以前年度亏损后的余额为应纳税所得额。其计算公式为：

应纳税所得额＝收入总额－不征税收入－免税收入－各项扣除金额－弥补亏损

（二）间接计算法

在间接计算法下，应纳税所得额是在会计利润总额的基础上加或减按照税法规定调整的项目金额后的金额。其计算公式为：

应纳税所得额＝会计利润总额±纳税调整项目金额

纳税调整项目金额包括两方面的内容：一是企业的财务会计处理和税收规定不一致的应予调整的金额；二是企业按税法规定准予扣除的税收金额。

【情境引例解析】

《财政部 国家税务总局关于财政性资金 行政事业性收费 政府性基金有关企业所得税政策问题的通知》（财税〔2008〕151 号）规定：企业的不征税收入用于支出所形成的费用，不得在计算应纳税所得额时扣除；企业的不征税收入用于支出所形成的资产，其计算的折旧、摊销不得在计算应纳税所得额时扣除。《国家税务总局关于贯彻落实企业所得税法若干税收问题的通知》（国税函〔2010〕79 号）指出，企业取得的各项免税收入所对应的各项成本费用，除另有规定外，可以在计算企业应纳税所得额时扣除。

【工作实例4-14】 甲企业为一家居民企业，本年发生经营业务如下：

（1）取得产品销售收入 4 000 万元。

（2）发生产品销售成本 2 600 万元。

（3）发生销售费用 770 万元（其中广告费和业务宣传费共计 650 万元）、管理费用 480 万元（其中业务招待费 25 万元）、财务费用 60 万元。

（4）发生销售税金 160 万元（含增值税 120 万元）。

（5）取得营业外收入 80 万元、营业外支出 50 万元（含通过公益性社会团体向贫困山区捐款 40 万元，支付税收滞纳金 6 万元）。

（6）计入成本、费用中的实发工资总额 200 万元，拨缴职工工会经费 5 万元，发生职工福利费 31 万元，发生职工教育经费 18 万元。

【工作要求】 计算甲企业本年的应纳企业所得税。

【工作实施】

会计利润总额＝4 000＋80－2 600－770－480－60－（160－120）－50

＝80（万元）

広告费和业务宣传费应调增所得额＝650－4 000×15％＝50（万元）

由于销售（营业）收入的 5‰＝4 000×5‰＝20（万元）＞25×60％＝15（万元），因此

业务招待费应调增所得额＝25－25×60％＝10（万元）

捐赠支出应调增所得额＝40－80×12％＝40－9.6＝30.4（万元）

税收滞纳金不得税前扣除，应调增所得额 6 万元。

工会经费应调增所得额＝5－200×2％＝1（万元）

职工福利费应调增所得额＝31－200×14％＝3（万元）

职工教育经费应调增所得额＝18－200×8％＝2（万元）

应纳税所得额＝80＋50＋10＋30.4＋6＋1＋3＋2＝182.4（万元）

甲企业本年应纳企业所得税＝182.4×25％＝45.6（万元）

二、境外所得抵扣税额的计算

企业取得的下列所得已在境外缴纳的所得税税额可以从其当期应纳税额中抵免，抵免限额为该项所得依照《企业所得税法》规定计算的应纳税额；超过抵免限额的部分，可以在以后 5 个年度内，用每年度抵免限额抵免当年应抵税额后的余额进行抵补。

（1）居民企业来源于中国境外的应税所得；

（2）非居民企业在中国境内设立机构、场所，取得发生在中国境外但与该机构、场所有实际联系的应税所得。

外国企业在境外实际缴纳的所得税税额中，属于居民企业从其直接或间接控制的外国企业分得的来源于中国境外的股息、红利等权益性投资收益负担的部分，可以作为该居民企业的可抵免境外所得税税额，在《企业所得税法》规定的抵免限额内抵免。

其中，直接控制是指居民企业直接持有外国企业 20％以上股份，间接控制是指居民企业以间接持股方式持有外国企业 20％以上股份，具体认定办法由国务院财政、税务主管部门另行制定。已在境外缴纳的所得税税额是指企业来源于中国境外的所得依照中国境外税收法律及相关规定应当缴纳并已经实际缴纳的企业所得税性质的税款。抵免限额是指企业来源于中国境外的所得，依照《企业所得税法》及其实施条例的规定计算的应纳税额。2016 年 12 月 31 日之前，除国务院财政、税务主管部门另有规定外，该抵免限额应当分国（地区）不分项计算，其计算公式如下：

$$抵免限额＝\frac{中国境内外所得依法计算的应纳税总额}{} × 来源于某国（地区）的应纳税所得额 ÷ \frac{中国境内外}{应纳税所得总额}$$

简化为：

抵免限额＝来源于某国（地区）的应纳税所得额×中国法定税率

自 2017 年 1 月 1 日起，企业可以选择按国（地区）别分别计算（即分国（地区）

不分项），或者不按国（地区）别汇总计算（即不分国（地区）不分项）其来源于境外的应纳税所得额，并按照上述公式中规定的税率，分别计算其可抵免境外所得税税额和抵免限额。上述方式一经选择，5年内不得改变。企业选择采用不同于以前年度的方式（以下称新方式）计算可抵免境外所得税税额和抵免限额时，对该企业以前年度按照财税〔2009〕125号文规定没有抵免完的余额，可在税法规定结转的剩余年限内，按新方式计算的抵免限额中继续结转抵免。

💻【工作实例4-15】　甲企业为一家居民企业，本年度境内应纳税所得额为200万元，适用25％的企业所得税税率。另外，甲企业分别在A，B两国设有分支机构（我国与A，B两国已经缔结避免双重征税协定），在A国的分支机构的应纳税所得额为100万元，A国企业所得税税率为20％；在B国的分支机构的应纳税所得额为60万元，B国企业所得税税率为30％。假设甲企业在A，B两国所得按我国税法计算的应纳税所得额和按A，B两国税法计算的应纳税所得额一致，两个分支机构在A，B两国分别缴纳了20万元和18万元的企业所得税。甲企业选择分国（地区）不分项的方法来计算其来源于境外的应纳税所得额。

【工作要求】计算甲企业汇总时在我国应纳企业所得税。

【工作实施】（1）甲企业按我国税法计算的境内外所得的应纳税额：

$$应纳税额＝(200＋100＋60)×25\%＝90（万元）$$

（2）A，B两国的抵免限额：

$$A国抵免限额＝90×[100÷(200＋100＋60)]＝25（万元）$$
或 $$＝100×25\%＝25（万元）$$
$$B国抵免限额＝90×[60÷(200＋100＋60)]＝15（万元）$$
或 $$＝60×25\%＝15（万元）$$

因此，在A国缴纳的企业所得税为20万元，低于抵免限额25万元，只能抵免20万元；在B国缴纳的企业所得税为18万元，高于抵免限额15万元，当年只能抵免15万元，其超过抵免限额的部分3万元（18－15）当年不能抵免，可以在以后5个年度内，用每年度抵免限额抵免当年应抵税额后的余额进行抵补。

（3）汇总时在我国应纳企业所得税＝90－20－15＝55（万元）

三、居民企业核定征收应纳税额的计算

为了加强企业所得税的征收管理，对部分中小企业采取核定征收的办法计算其应纳税额。

（一）确定所得税核定征收的范围

居民企业纳税人中，具有下列情形之一的，核定征收企业所得税：

（1）依照法律、行政法规的规定可以不设置账簿的；

（2）依照法律、行政法规的规定应当设置但未设置账簿的；

（3）擅自销毁账簿或者拒不提供纳税资料的；

（4）虽设置账簿，但账目混乱或者成本资料、收入凭证、费用凭证残缺不全，难以查账的；

（5）发生纳税义务，未按照规定的期限办理纳税申报，经税务机关责令限期申报，逾期仍不申报的；

（6）申报的计税依据明显偏低，又无正当理由的。

特殊行业、特殊类型的纳税人和一定规模以上的纳税人不属于所得税核定征收的范围。

（二）核定征收办法的有关规定

（1）纳税人具有下列情形之一的，核定其应税所得率：

1）能正确核算（查实）收入总额，但不能正确核算（查实）成本费用总额的；

2）能正确核算（查实）成本费用总额，但不能正确核算（查实）收入总额的；

3）通过合理方法，能计算和推定纳税人收入总额或成本费用总额的。

（2）纳税人不属于以上情形的，核定其应纳税额。

（3）税务机关采用下列方法核定征收企业所得税：

1）参照当地同类行业或者类似行业中经营规模和收入水平相近的纳税人的税负水平核定；

2）按照应税收入额或成本费用支出额定率核定；

3）按照耗用的原材料、燃料、动力等推算或测算核定；

4）按照其他合理方法核定。

采用一种方法不足以正确核定应纳税所得额或应纳税额的，可以同时采用两种以上的方法核定。采用两种以上方法测算的应纳税额不一致时，可按测算的应纳税额从高核定。

（4）采用应税所得率方式核定征收企业所得税的，应纳企业所得税的计算公式如下：

$$应纳企业所得税＝应纳税所得额×适用税率$$
$$应纳税所得额＝应税收入额×应税所得率$$
$$＝成本（费用）支出额÷（1－应税所得率）×应税所得率$$

式中　应税收入额＝收入总额－不征税收入－免税收入

应税所得率的范围如表4-4所示。

表4-4　应税所得率表

行业	应税所得率（%）
农、林、牧、渔业	3～10
制造业	5～15
批发和零售贸易业	4～15
交通运输业	7～15

续表

行业	应税所得率（%）
建筑业	8～20
饮食业	8～25
娱乐业	15～30
其他行业	10～30

四、在中国境内未设立机构、场所的，或者虽设立机构、场所但取得的所得与其所设机构、场所没有实际联系的非居民企业查账征收应纳税额的计算

对于在中国境内未设立机构、场所的，或者虽设立机构、场所但取得的所得与其所设机构、场所没有实际联系的非居民企业的所得，其来源于中国境内的所得按照下列方法计算应纳税所得额：

（1）股息、红利等权益性投资收益和利息、租金、特许权使用费所得，以收入全额为应纳税所得额；

（2）转让财产所得，以收入全额减除财产净值后的余额为应纳税所得额；

（3）其他所得，参照前两项规定的办法计算应纳税所得额。

其中，财产净值是指财产的计税基础减除已经按照规定扣除的折旧、折耗、摊销、准备金等后的余额。

对于在中国境内未设立机构、场所的，或者虽设立机构、场所但取得的所得与其所设机构、场所没有实际联系的非居民企业，应纳税额的计算公式为：

$$应纳税额＝年应纳税所得额×税率(减按10\%)$$

【工作实例4-16】 A国的甲企业在中国境内未设立机构、场所，但在本年从中国境内取得了下列所得：股息60万元、利息40万元、特许权使用费100万元；同时，该企业转让了其在中国境内的财产，转让收入为180万元，该财产的净值为150万元。

【工作要求】计算甲企业本年在中国境内的应纳企业所得税。

【工作实施】

甲企业取得的股息、利息和特许权使用费的应纳税所得额＝60＋40＋100＝200(万元)

甲企业取得财产转让所得的应纳税所得额＝180－150＝30(万元)

则　　应纳企业所得税＝(200＋30)×10%＝23(万元)

五、非居民企业采用核定征收方式征收企业所得税应纳税额的计算

非居民企业采用核定征收方式征收企业所得税应纳税额的计算公式为：

$$非居民企业采用核定征收方式征收企业所得税应纳税额＝核定的应纳税所得额×适用税率$$

非居民企业因会计账簿不健全，资料残缺难以查账，或者由于其他原因不能准确计

算并据实申报其应纳税所得额的，税务机关有权采取以下方法核定其应纳税所得额。

（1）按收入总额核定应纳税所得额：适用于能够正确核算收入或通过合理方法推定收入总额，但不能正确核算成本费用的非居民企业。其计算公式如下：

$$应纳税所得额＝收入总额×经税务机关核定的利润率$$

税务机关可按照以下标准确定非居民企业的利润率：

1）从事承包工程作业、设计和咨询劳务的，利润率为 15％～30％；

2）从事管理服务的，利润率为 30％～50％；

3）从事其他劳务或劳务以外经营活动的，利润率不低于 15％。

税务机关有根据认为非居民企业的实际利润率明显高于上述标准的，可以按照比上述标准更高的利润率核定其应纳税所得额。

（2）按成本费用核定应纳税所得额：适用于能够正确核算成本费用，但不能正确核算收入总额的非居民企业。其计算公式如下：

$$应纳税所得额＝成本费用总额÷\left(1-经税务机关核定的利润率\right)×经税务机关核定的利润率$$

（3）按经费支出换算收入核定应纳税所得额：适用于能够正确核算经费支出总额，但不能正确核算收入总额和成本费用的非居民企业。其计算公式如下：

$$应纳税所得额＝本期经费支出额÷(1-核定利润率)×核定利润率$$

（4）非居民企业与中国居民企业签订机器设备或货物销售合同，同时提供设备安装、装配、技术培训、指导、监督服务等劳务，其销售货物合同中未列明提供上述劳务服务收费金额，或者计价不合理的，主管税务机关可以根据实际情况，参照相同或相近业务的计价标准核定劳务收入。无参照标准的，以不低于销售货物合同总价款的 10％为原则，确定非居民企业的劳务收入。

（5）非居民企业为中国境内客户提供劳务取得的收入，凡其提供的劳务全部发生在中国境内的，应全额在中国境内申报缴纳企业所得税；凡其提供的劳务同时发生在中国境内外的，应以劳务发生地为原则划分其境内外收入，并就其在中国境内取得的劳务收入申报缴纳企业所得税。税务机关对其境内外收入划分的合理性和真实性有疑义的，可要求非居民企业提供真实有效的证明，并根据工作量、工作时间、成本费用等因素合理划分其境内外收入；如非居民企业不能提供真实有效的证明，税务机关可视同其提供的服务全部发生在中国境内，确定其劳务收入并据以征收企业所得税。

（6）采取核定征收方式征收企业所得税的非居民企业，在中国境内从事适用不同核定利润率的经营活动，并取得应税所得的，应分别核算并适用相应的利润率计算缴纳企业所得税；凡不能分别核算的，应从高适用利润率计算缴纳企业所得税。

（7）拟采取核定征收方式的非居民企业应填写"非居民企业所得税征收方式鉴定表"（简称"鉴定表"），报送主管税务机关。主管税务机关应对企业报送的鉴定表的适用行业及所适用的利润率进行审核，并签注意见。对经审核不符合核定征收条件的非居民企业，主管税务机关应自收到企业提交的鉴定表后 15 个工作日内向其下达税务事项通知书，将鉴定结果告知企业。非居民企业未在上述期限内收到税务事项通知书的，其征收方式视同已被认可。

（8）税务机关发现非居民企业采用核定征收方式计算申报的应纳税所得额不真实，或者明显与其承担的功能风险不相匹配的，有权予以调整。

第6节　特别纳税调整

情境引例

请问我公司由于企业所得税特别纳税调整被加收的利息可以在计算应纳税所得额时扣除吗？

一、调整范围

企业与其关联方之间的业务往来，不符合独立交易原则而减少企业或者其关联方应纳税收入或者所得额的，税务机关有权按照合理方法调整。

（一）关联方

关联方是指与企业有下列关联关系之一的企业、其他组织或者个人。

（1）在资金、经营、购销等方面存在直接或者间接的控制关系；

（2）直接或间接地同为第三者所控制；

（3）在利益上具有相关联的其他关系。

（二）关联企业之间关联业务的税务处理

（1）企业与其关联方共同开发、受让无形资产，或者共同提供、接受劳务发生的成本，在计算应纳税所得额时应当按照独立交易原则进行分摊。

（2）企业与其关联方分摊成本时，应当按照成本与预期收益相配比的原则进行分摊，并在税务机关规定的期限内，按照税务机关的要求报送有关资料。

（3）企业与其关联方分摊成本时违反以上第（1）、（2）项规定的，其自行分摊的成本不得在计算应纳税所得额时扣除。

（4）企业可以向税务机关提出与其关联方之间业务往来的定价原则和计算方法，税务机关与企业协商、确认后，达成预约定价安排。预约定价安排是指企业就其未来年度关联交易的定价原则和计算方法，向税务机关提出申请，与税务机关按照独立交易原则协商、确认后达成的协议。

（5）企业向税务机关报送年度企业所得税纳税申报表时，应当就其与关联方之间的业务往来，附送年度关联业务往来报告表。税务机关在进行关联业务调查时，企业及其关联方，以及与关联业务调查有关的其他企业应当按照规定提供相关资料。相关资料包括：

1）与关联业务往来有关的价格、费用的制定标准、计算方法和说明等同期资料。

2）关联业务往来所涉及的财产、财产使用权、劳务等的再销售（转让）价格或者最终销售（转让）价格的相关资料。

3）与关联业务调查有关的其他企业应当提供的与被调查企业可比的产品价格、定价方式及利润水平等资料。

4）其他与关联业务往来有关的资料。

（6）由居民企业，或者由居民企业和中国居民共同控制的设立在实际税负明显偏低的国家（地区）的企业，并非由于合理的经营需要而对利润不作分配或者减少分配的，上述利润中应归属于该居民企业的部分，应当计入该居民企业的当期收入。此处的控制包括：1）居民企业或中国居民直接或间接单一持有外国企业 10％以上有表决权股份，且由其共同持有该外国企业 50％以上股份；2）居民企业或居民企业和中国居民持股比例没有达到第 1）项规定的标准，但在股份、资金、经营、购销等方面对该外国企业构成实质控制。实际税负明显偏低是指实际税负明显低于《企业所得税法》规定的 25％税率的 50％。

（7）对资本弱化的行为的控制。

1）企业接受的投资类别。企业从其关联方接受的债权性投资是指企业直接或间接从关联方获得的，需要偿还本金和支付利息或者需要以其他具有支付利息性质的方式予以补偿的融资。企业间接从关联方获得的债权性投资包括：关联方通过无关联第三方提供的债权性投资；无关联第三方提供的、由关联方担保且负有连带责任的债权性投资；其他间接从关联方获得的具有负债实质的债权性投资。

企业的权益性投资是指企业接受的不需要偿还本金和支付利息，投资人对企业净资产拥有所有权的投资。

2）接受的债权性投资的利息支出。企业实际支付给关联方的利息支出，能够按照《企业所得税法》及其实施条例的有关规定提供相关资料，并证明相关交易活动符合独立交易原则的，或者该企业的实际税负不高于境内关联方的，其实际支付给境内关联方的利息支出，在计算应纳税所得额时准予扣除。除此之外，企业在计算应纳税所得额时，实际支付给关联方的利息支出，不超过规定比例（接受关联方债权性投资与权益性投资的比例为：金融企业 5∶1；其他企业 2∶1）和《企业所得税法》及其实施条例有关规定计算的部分，准予扣除；超过部分，不得在发生当期和以后年度扣除。

【点拨指导】企业实际支付给关联方的利息支出，除另有规定外，其接受关联方债权性投资与其权益性投资比例为：金融企业 5∶1；其他企业 2∶1。

企业同时从事金融业务和非金融业务，其实际支付给关联方的利息支出应按照合理方法分开计算；没有按照合理方法分开计算的，一律按上述比例计算准予税前扣除的利息支出。

3）债权性投资的利息收入。企业自关联方取得的不符合规定的利息收入应按照有关规定缴纳企业所得税。

（8）对母子公司间提供服务支付费用有关企业所得税的处理。

1）母公司为其子公司提供各种服务而发生的费用，应按照独立企业之间公平交易原则确定服务的价格，作为企业正常的劳务费用进行税务处理。母子公司未按照独立企业之间的业务往来收取价款的，税务机关有权予以调整。

2）母公司向其子公司提供各项服务，双方应签订服务合同或协议，明确规定提供服务的内容、收费标准及金额等，凡按上述合同或协议规定所发生的服务费，母公司应作为营业收入申报纳税；子公司作为成本费用在税前扣除。

3）母公司向其多个子公司提供同类服务，其收取的服务费可以采取分项签订合同或协议收取，也可以采取服务分摊协议的方式，即由母公司与各子公司签订服务费用分摊合同或协议，以母公司为其子公司提供服务所发生的实际费用并附加一定比例利润作为向子公司收取的总服务费，在各服务受益子公司（包括盈利企业、亏损企业和享受减免税企业）之间按《企业所得税法》第四十一条第二款的规定合理分摊。

4）母公司以管理费形式向子公司提取费用，子公司因此支付给母公司的管理费，不得在税前扣除。

5）子公司申报税前扣除向母公司支付的服务费用，应向主管税务机关提供与母公司签订的服务合同或协议等与税前扣除该项费用相关的材料。不能提供相关材料的，支付的服务费用不得税前扣除。

二、调整方法

关联企业所得不实的，调整方法如下：

（1）可比非受控价格法。它是指按照没有关联关系的交易各方进行相同或者类似业务往来的价格进行定价的方法。

（2）再销售价格法。它是指按照从关联方购进商品再销售给没有关联关系的交易方的价格，减去相同或者类似业务的销售毛利进行定价的方法。

（3）成本加成法。它是指按照成本加合理的费用和利润进行定价的方法。

（4）交易净利润法。它是指按照没有关联关系的交易各方进行相同或者类似业务往来取得的净利润水平确定利润的方法。

（5）利润分割法。它是指将企业与其关联方的合并利润或者亏损在各方之间采用合理标准进行分配的方法。

（6）其他符合独立交易原则的方法。

🖥️【工作实例 4-17】　甲公司为一家居民企业，本年 6 月申报以 25 万元从境外关联公司购入一批产品，又将这批产品以 23 万元转售给无关联公司。税务机关可按其转售给无关联公司的价格减去合理的销售毛利，来调整该公司与关联公司的交易价格。假定该公司合理的销售毛利率为 20%。

【工作要求】计算甲公司的应纳企业所得税。

【工作实施】

　　甲公司转售该批产品的合理进货价格＝23×(1－20%)＝18.4(万元)

税务机关可按这一价格调整该公司与关联公司的进货价格。

应纳企业所得税＝(23－18.4)×25％＝1.15(万元)

三、核定征收

企业不提供与其关联方之间业务往来资料，或者提供虚假、不完整资料，未能真实反映其关联业务往来情况的，税务机关有权依法核定其应纳税所得额。核定方法有：

(1) 参照同类或者类似企业的利润率水平核定；

(2) 按照企业成本加合理的费用和利润的方法核定；

(3) 按照关联企业集团整体利润的合理比例核定；

(4) 按照其他合理方法核定。

企业对税务机关按照上述规定的方法核定的应纳税所得额有异议的，应当提供相关证据，经税务机关认定后，调整核定的应纳税所得额。

【点拨指导】税务机关的纳税核定权是维护国家的财政利益、明确纳税人应当履行的举证责任以及解决反避税调查调整日趋复杂、案件旷日持久不能结案等困难的重要制度，是很多国家的通常做法。

四、加收利息和追溯时限

企业实施其他不具有合理商业目的的安排而减少其应纳税收入或者所得额的，税务机关有权按照合理方法调整。不具有合理商业目的是指以减少、免除或者推迟缴纳税款为主要目的。

(一) 特别纳税调整的加收利息

税务机关根据税法做出的纳税调整决定，应在补征税款的基础上，从每一调整年度次年 6 月 1 日起至补缴税款之日止的期限，按日加收利息。加收的利息，应当按照税款所属纳税年度中国人民银行公布的与补税期间同期的人民币贷款基准利率加 5 个百分点计算。

【情境引例解析】

按照规定，企业所得税特别纳税调整被加收的利息，不得在计算应纳税所得额时扣除。

(二) 特别纳税调整的追溯时限

企业与其关联方之间的业务往来，不符合独立交易原则，或者企业实施其他不具有合理商业目的的安排的，税务机关有权在该业务发生的纳税年度起 10 年内进行纳税调整。

【工作引例解析】

(1) 购买安全生产专用设备的支出，应计入固定资产的成本并分期折旧在税前扣除；当月购进的，次月开始计提折旧。由于本年 12 月购进，因此下年 1 月开始计提折旧。这样本年 12 月不能计提折旧，更不能一次性在成本中列支，所以利润总额要调增 550 万元。

调整后的利润总额＝270＋550＝820(万元)

(2) 业务招待费税前扣除限额＝5 600×5‰＝28(万元)

实际发生额的 $60\% = 120 \times 60\% = 72$（万元）$> 28$ 万元

所以准予在税前扣除业务招待费 28 万元。

（3）广告费和业务宣传费税前扣除限额 $= 5\ 600 \times 15\% = 840$（万元）

实际发生广告费和业务宣传费 $= 800 + 400 = 1\ 200$（万元）> 840 万元

因此，准予在企业所得税税前扣除的广告费和业务宣传费为 840 万元。

（4）支付给银行的 60 万元利息可以税前扣除。

银行同期同类贷款年利率 $= 60 \div 1\ 000 \times 100\% = 6\%$

支付给关联方的利息支出 $= 1\ 200 \div 400 = 3 > 2$

可以在税前扣除的支付给关联方的利息支出 $= 400 \times 2 \times 6\% = 48$（万元）

准予在企业所得税税前扣除的利息费用 $= 60 + 48 = 108$（万元）

（5）公益性捐赠支出税前扣除限额 $= (270 + 550) \times 12\% = 98.4$（万元）

实际发生公益性捐赠支出 $= 65$（万元）< 98.4 万元

因此，准予在税前扣除的公益性捐赠支出为 65 万元。

另外，因违反合同约定支付给其他企业的违约金 28 万元，可以在税前扣除；违反工商管理规定被工商部门处以的罚款 7 万元，属于行政性质的罚款，不得在税前扣除。所以

准予在税前扣除的营业外支出金额 $= 100 - 7 = 93$（万元）

（6）企业实际发生的合理的工资允许在税前据实扣除。

工会经费税前扣除限额 $= 500 \times 2\% = 10$（万元）

由于实际拨缴的 7 万元没有超过限额，因此可以在税前据实扣除。

职工福利费税前扣除限额 $= 500 \times 14\% = 70$（万元）$<$ 实际发生的 80 万元

因此只能在税前扣除 70 万元，则

应调增应纳税所得额 $= 80 - 70 = 10$（万元）

职工教育经费税前扣除限额 $= 500 \times 8\% = 40$（万元）$>$ 实际发生的 20 万元

因此，职工教育经费不需要调整。工资总额、工会经费、职工福利费和职工教育经费共应调增应纳税所得额 10 万元。

（7）国债利息收入免征企业所得税，应调减应纳税所得额 20 万元。

（8）该居民企业本年度境内应纳税所得额 $= 270 + 550 + (120 - 28) + (1\ 200 - 840)$
$+ (72 - 48) + (100 - 93) + 10 - 20$
$- 32 - 25 = 1\ 236$（万元）

以境内、境外全部生产经营活动有关的研究开发费用总额、总收入、销售收入总额、高新技术产品（服务）收入等指标申请并经认定的高新技术企业，其来源于境外的所得可以享受高新技术企业所得税优惠政策，即对其来源于境外所得可以按照 15% 的优惠税率缴

纳企业所得税，在计算境外抵免限额时，可按照15%的优惠税率计算境内外应纳税总额。

境外A国所得的抵免限额＝32÷（1－20%）×15%＝6（万元）

实际在A国缴纳的企业所得税＝32÷（1－20%）×20%＝8（万元）

由于在境外A国实际缴纳的税额8万元超过了抵免限额6万元，当年只能抵免6万元。超过抵免限额的部分2万元（8－6）当年不能抵免，可以在以后5个年度内，用每年度抵免限额抵免当年应抵税额后的余额进行抵补。因此当年也不需要在我国补缴企业所得税。

境外B国所得的抵免限额＝25÷（1－10%）×15%＝4.17（万元）

实际在B国缴纳的企业所得税＝25÷（1－10%）×10%＝2.78（万元）

由于在境外B国实际缴纳的税额2.78万元低于抵免限额4.17万元，因此只能抵免2.78万元。

需要在我国补缴的企业所得税＝4.17－2.78＝1.39（万元）

因此，该居民企业境外所得应在我国补缴的企业所得税为1.39万元。

（9）企业购置并实际使用符合《安全生产专用设备企业所得税优惠目录》规定的安全生产专用设备的，该专用设备的投资额的10%可以从企业当年的应纳税额中抵免，当年不足抵免的，可以在以后5个纳税年度结转抵免。

可抵免的应纳企业所得税＝550×10%＝55（万元）

该居民企业应补缴的企业所得税＝1 236×15%＋1.39－55－40.5＝91.29（万元）

第7节　企业所得税的征收管理

我公司设有不具有法人资格的营业机构。请问对于是否汇总纳税的问题，企业所得税与增值税的纳税方式一样吗？

一、企业所得税的征收管理

（一）纳税期限

企业所得税按年计征，分月或者分季预缴，年终汇算清缴，多退少补。

企业所得税的纳税年度是指自公历1月1日起至12月31日止。企业在一个纳税年度的中间开业，或者由于合并、关闭等原因终止经营活动，使该纳税年度的实际经营期不足12个月的，应当以其实际经营期为一个纳税年度。企业清算时，应当以清算期间作为一个纳税年度。

自年度终了之日起5个月内，向税务机关报送年度企业所得税纳税申报表，并汇算清缴，结清应缴企业所得税税款。

企业在年度中间终止经营活动的，应当自实际经营终止之日起60日内，向税务机关办理当期企业所得税汇算清缴。

【特别提示】2020年5月1日至2020年12月31日，小型微利企业在2020年剩余申报期按规定办理预缴申报后，可以暂缓缴纳当期的企业所得税，延迟至2021年首个申报期内一并缴纳。在预缴申报时，小型微利企业通过填写预缴纳税申报表相关行次，即可享受小型微利企业所得税延缓缴纳政策。

（二）纳税地点

除税收法规、行政法规另有规定外，居民企业以企业登记注册地为纳税地点；登记注册地在境外的，以实际管理机构所在地为纳税地点。企业登记注册地是指企业依照国家有关规定登记注册的住所地。

居民企业在中国境内设立不具有法人资格的营业机构的，应当汇总计算并缴纳企业所得税。企业汇总计算并缴纳企业所得税时，应当统一核算应纳税所得额。除国务院另有规定外，企业之间不得合并缴纳企业所得税。

【情境引例解析】

不一样。

对于企业所得税，居民企业在中国境内设立不具有法人资格的营业机构的，应当汇总计算并缴纳企业所得税。企业汇总计算并缴纳企业所得税时，应当统一核算应纳税所得额。对于增值税，总机构和分支机构不在同一县（市）的，应当分别向各自所在地主管税务机关申报纳税；经国务院财政、税务主管部门或者其授权的财政、税务机关批准，可以由总机构汇总向总机构所在地的主管税务机关申报纳税。

非居民企业在中国境内设立机构、场所的，应当就其所设机构、场所取得的来源于中国境内的所得，以及发生在中国境外但是与其所设机构、场所有实际联系的所得，以机构、场所所在地为纳税地点。非居民企业在中国境内设立两个或者两个以上的机构、场所的，经税务机关审核批准，可以选择由其主要机构、场所汇总缴纳企业所得税。非居民企业在中国未设立机构、场所的，或者虽然设立机构、场所但取得的所得与其所设机构、场所没有实际联系的，以扣缴义务人所在地为纳税地点。

（三）纳税申报的其他要求

（1）按月或按季预缴的，应当自月份或者季度终了之日起15日内，向税务机关报送"预缴企业所得税纳税申报表"，预缴税款。

（2）企业在报送企业所得税纳税申报表时，应当按照规定附送财务会计报告和其他有关资料。

（3）企业应当在办理注销登记前，就其清算所得向税务机关申报并依法缴纳企业所得税。

（4）依照《企业所得税法》缴纳的企业所得税，应当以人民币计算；所得以人民币以外的货币计算的，应当折合成人民币计算并缴纳税款。

（5）企业在纳税年度内无论盈利或者亏损，都应当依照《企业所得税法》第五十四条规定的期限，向税务机关报送"预缴企业所得税纳税申报表""年度企业所得税纳税申报表"及财务会计报告和税务机关规定应当报送的其他有关资料。

二、企业所得税的纳税申报

纳税人在纳税年度内无论盈利或亏损，都应当按照规定的期限，向当地主管税务机关报送企业所得税纳税申报表和年度会计报表。

纳税人进行清算时，应当在办理工商注销登记之前，向当地主管税务机关办理企业所得税纳税申报。

（一）企业所得税的预缴纳税申报

实行查账征收企业所得税的居民纳税人在月（季）度预缴企业所得税时，应当填报"中华人民共和国企业所得税月（季）度预缴纳税申报表（A 类）"（见表 4 - 5），以及附表——"不征税收入和税基类减免应纳税所得额明细表""固定资产加速折旧（扣除）明细表""减免所得税额明细表"（略）；实行核定征收管理办法缴纳企业所得税的纳税人在月（季）度预缴企业所得税时，应当填报"中华人民共和国企业所得税月（季）度和年度纳税申报表（B 类）"（略）。

表 4 - 5　中华人民共和国企业所得税月（季）度预缴纳税申报表（A 类）

税款所属期间：　　　年　　月　　日至　　　年　　月　　日

纳税人识别号（统一社会信用代码）：□□□□□□□□□□□□□□□□□□

纳税人名称：　　　　　　　　　　　　　　　　金额单位：人民币元（列至角分）

预缴方式	□ 按照实际利润额预缴		□ 按照上一纳税年度应纳税所得额平均额预缴			□ 按照税务机关确定的其他方法预缴	
企业类型	□ 一般企业		□ 跨地区经营汇总纳税企业总机构			□ 跨地区经营汇总纳税企业分支机构	
按季度填报信息							
项目	一季度		二季度		三季度	四季度	季度平均值
	季初	季末	季初	季末	季初　季末	季初　季末	
从业人数							
资产总额（万元）							
国家限制或禁止行业	□ 是　　□ 否		小型微利企业			□ 是　　□ 否	
预缴税款计算							
行次	项目						本年累计金额
1	营业收入						
2	营业成本						
3	利润总额						
4	加：特定业务计算的应纳税所得额						
5	减：不征税收入						
6	减：免税收入、减计收入、所得减免等优惠金额（填写 A201010）						

7	减：资产加速折旧、摊销（扣除）调减额（填写 A201020）	
8	减：弥补以前年度亏损	
9	实际利润额（3＋4－5－6－7－8）\ 按照上一纳税年度应纳税所得额平均额确定的应纳税所得额	
10	税率（25%）	
11	应纳所得税额（9×10）	
12	减：减免所得税额（填写 A201030）	
13	减：实际已缴纳所得税额	
14	减：特定业务预缴（征）所得税额	
L15	减：符合条件的小型微利企业延缓缴纳所得税额（是否延缓缴纳所得税 □ 是 □ 否）	
15	本期应补（退）所得税额（11－12－13－14－L15）\ 税务机关确定的本期应纳所得税额	
汇总纳税企业总分机构税款计算		
16		总机构本期分摊应补（退）所得税额（17＋18＋19）	
17	总机构填报	其中：总机构分摊应补（退）所得税额（15×总机构分摊比例__%）	
18		财政集中分配应补（退）所得税额（15×财政集中分配比例__%）	
19		总机构具有主体生产经营职能的部门分摊所得税额（15×全部分支机构分摊比例__%×总机构具有主体生产经营职能部门分摊比例__%）	
20	分支机构填报	分支机构本期分摊比例	
21		分支机构本期分摊应补（退）所得税额	
附报信息			
高新技术企业	□ 是 □ 否	科技型中小企业	□ 是 □ 否
技术入股递延纳税事项	□ 是 □ 否		

谨声明：本纳税申报表是根据国家税收法律法规及相关规定填报的，是真实的、可靠的、完整的。

纳税人（签章）：　　　　年　月　日

经办人：
经办人身份证号：
代理机构签章：
代理机构统一社会信用代码：

受理人：
受理税务机关（章）：
受理日期：　　年　月　日

国家税务总局监制

（二）企业所得税的年度汇算清缴纳税申报

实行查账征收企业所得税的居民纳税人在年度企业所得税汇算清缴时，应当填报"中华人民共和国企业所得税年度纳税申报表（A类）"（见表4-6）和"企业所得税年度纳税申报表附表"（略）。

表 4-6　中华人民共和国企业所得税年度纳税申报表（A 类）

行次	类别	项目	金额
1	利润总额计算	一、营业收入（填写 A101010 \ 101020 \ 103000）	
2		减：营业成本（填写 A102010 \ 102020 \ 103000）	
3		减：税金及附加	
4		减：销售费用（填写 A104000）	
5		减：管理费用（填写 A104000）	
6		减：财务费用（填写 A104000）	
7		减：资产减值损失	
8		加：公允价值变动收益	
9		加：投资收益	
10		二、营业利润（1－2－3－4－5－6－7＋8＋9）	
11		加：营业外收入（填写 A101010 \ 101020 \ 103000）	
12		减：营业外支出（填写 A102010 \ 102020 \ 103000）	
13		三、利润总额（10＋11－12）	
14	应纳税所得额计算	减：境外所得（填写 A108010）	
15		加：纳税调整增加额（填写 A105000）	
16		减：纳税调整减少额（填写 A105000）	
17		减：免税、减计收入及加计扣除（填写 A107010）	
18		加：境外应税所得抵减境内亏损（填写 A108000）	
19		四、纳税调整后所得（13－14＋15－16－17＋18）	
20		减：所得减免（填写 A107020）	
21		减：弥补以前年度亏损（填写 A106000）	
22		减：抵扣应纳税所得额（填写 A107030）	
23		五、应纳税所得额（19－20－21－22）	
24	应纳税额计算	税率（25%）	
25		六、应纳所得税额（23×24）	
26		减：减免所得税额（填写 A107040）	
27		减：抵免所得税额（填写 A107050）	
28		七、应纳税额（25－26－27）	
29		加：境外所得应纳所得税额（填写 A108000）	
30		减：境外所得抵免所得税额（填写 A108000）	
31		八、实际应纳所得税额（28＋29－30）	
32		减：本年累计实际已预缴的所得税额	
33		九、本年应补（退）所得税额（31－32）	
34		其中：总机构分摊本年应补（退）所得税额（填写 A109000）	
35		财政集中分配本年应补（退）所得税额（填写 A109000）	
36		总机构主体生产经营部门分摊本年应补（退）所得税额（填写 A109000）	

技能训练

1. 甲软件生产企业为一家居民企业，本年实际发生的工资支出为180万元，职工福利费为38万元，职工教育经费为25万元，其中职工培训费用为10万元。要求：计算甲企业本年计算应纳税所得额时应调增的应纳税所得额。

2. 甲企业为一家居民企业，本年实现商品销售收入2 800万元，发生现金折扣50万元，接受捐赠收入50万元，转让无形资产所有权收入10万元。该企业当年实际发生业务招待费15万元、广告费420万元、业务宣传费40万元。要求：计算本年度甲企业在计算应纳税所得额时准予扣除的业务招待费、广告费、业务宣传费的合计额。

3. 甲企业为一家居民企业，符合小型微利企业的条件。甲企业本年度会计利润为20万元，当年1月购入一办公家具，价值为4 800元，未计提折旧，并在计算会计利润时全额扣除。假设除上述事项外该企业无纳税调整项目。要求：计算甲企业本年度应纳企业所得税。

实战演练

位于市区的甲制药公司由外商持股75%且为增值税一般纳税人，是一家居民企业。甲制药公司本年主营业务收入为5 500万元，其他业务收入为360万元，营业外收入为300万元，主营业务成本为2 800万元，其他业务成本为300万元，营业外支出为210万元，税金及附加为420万元，管理费用为550万元，销售费用为900万元，财务费用为180万元，投资收益为120万元。

当年发生的部分具体业务如下：

（1）向境外股东企业支付全年技术咨询指导费150万元。境外股东企业常年派遣指导专员驻甲制药公司，并对其工作成果承担全部责任和风险，以及对其业绩进行考核评估。

（2）实际发放职工工资1 500万元（其中残疾人员工资50万元），发生职工福利费支出250万元，拨缴工会经费35万元并取得专用收据，发生职工教育经费支出100万元，以前年度累计结转至本年的职工教育经费未扣除额为5万元。另为投资者支付商业保险费10万元。

（3）发生广告费支出640万元、非广告性质的赞助支出50万元，发生业务招待费支出72万元。

（4）从事《国家重点支持的高新技术领域》规定项目的研究开发活动，对研发费用实行专账管理，发生研发费用支出100万元且未形成无形资产。

（5）对外捐赠货币资金140万元（通过县级政府向贫困地区捐赠120万元，直接向某学校捐赠20万元）。

（6）为治理污水排放，当年购置污水处理设备并投入使用，设备购置价为 300 万元（含增值税且已作进项税额抵扣，增值税税率为 13%）。处理公共污水，当年取得收入 30 万元，相应的成本费用支出为 22 万元。

（7）撤回对某公司的股权投资取得 120 万元，其中含原投资成本 80 万元，相当于被投资公司累计未分配利润和累计盈余公积按减少实收资本比例计算的部分 10 万元。

其他相关资料：除非特别说明，各扣除项目均已取得有效凭证，相关优惠已办理必要手续；因境外股东企业在中国境内会计账簿不健全，主管税务机关核定技术咨询指导劳务的利润率为 20%，且指定甲制药公司为其税款扣缴义务人；购进的污水处理设备为《环境保护专用设备企业所得税优惠目录》所列设备。

任务要求：

（1）分别计算在业务（1）中甲制药公司应当扣缴的企业所得税、增值税、城市维护建设税、教育费附加及地方教育附加金额。

（2）计算业务（2）应调整的应纳税所得额。

（3）计算业务（3）应调整的应纳税所得额。

（4）计算业务（4）应调整的应纳税所得额。

（5）计算业务（5）应调整的应纳税所得额。

（6）计算业务（6）应调整的应纳税所得额和应调整的应纳企业所得税。

（7）计算业务（7）应调整的应纳税所得额。

（8）计算甲制药公司本年度应纳企业所得税。

我就我的收入纳税，这是我生命中最重要的事，让我感到无上光荣。

——马克·吐温

第5章

个人所得税法

 能力目标

（1）会界定个人所得税纳税人，会判断哪些业务应当缴纳个人所得税，会选择个人所得税适用税率，能充分运用个人所得税优惠政策。

（2）能根据相关业务资料计算工资、薪金所得，劳务报酬所得，稿酬所得，特许权使用费所得（统称为综合所得）的应纳税额，经营所得的应纳税额，财产租赁所得的应纳税额，财产转让所得的应纳税额，利息、股息、红利所得的应纳税额，偶然所得的应纳税额，以及个人所得税几种特殊情况的应纳税额。

（3）能确定个人所得税的纳税义务发生时间、纳税期限和纳税地点。

工作引例

个人所得税的计算

居民个人张某为中国境内甲公司员工，本年取得的收入情况如下：

（1）每月取得中国境内甲公司支付的税前工资、薪金收入 40 000 元。

（2）2 月，为中国境内乙公司提供咨询服务取得税前劳务报酬收入 40 000 元。

（3）4 月，出版小说一部，取得中国境内丙出版社支付的税前稿酬收入 3 000 元。

（4）8 月，取得中国境内丁公司支付的税前特许权使用费收入 80 000 元。

（5）9 月，将所租入中国境内的一套住房转租，当月向出租方支付月租金 4 500 元，转租收取月租金 6 500 元，当月实际支付房屋租赁过程中的可以从租金收入中扣除的各种税费 500 元，并取得有效凭证。

（6）10 月，以 150 万元的价格转让一套两年前无偿受赠获得的中国境内房产。该套房产受赠时市场价格为 85 万元，受赠及转让房产过程中已缴纳的税费为 10 万元。

（7）11 月，在中国境内戊商场取得按消费积分反馈的价值 1 300 元的礼品，同时参加戊商场举行的抽奖活动，抽中价值 6 820 元的奖品。

张某本年专项扣除、专项附加扣除和依法确定的其他扣除共计 50 000 元；张某工资、薪金所得已经由甲公司预扣预缴个人所得税 60 580 元；劳务报酬所得已经由乙公司预扣预缴个人所得税 7 600 元；稿酬所得已经由丙出版社预扣预缴个人所得税 308 元；特许权使用费已经由丁公司预扣预缴个人所得税 12 800 元。

工作要求

（1）计算张某本年综合所得汇算清缴应补缴（退回）的个人所得税。

（2）计算张某 9 月转租住房取得的租金收入的应纳个人所得税。

（3）计算张某 10 月转让受赠房产时计算缴纳个人所得税的应纳税所得额。

（4）计算张某 11 月取得商场按消费积分反馈礼品和抽奖所获奖品的应纳个人所得税。

工作引例解析　见本章第 2 节。

第 1 节　个人所得税的认知

居民个人作为企业员工向本企业内设工会缴纳的工会费，是否可以在综合所得的个人所得税税前扣除？

一、个人所得税纳税人的确定

个人所得税是对个人取得的各项应税所得征收的一种所得税。

在我国，依据住所和居住时间两个标准，将个人所得税的纳税人分为居民个人和非居民个人两大类，各自承担不同的纳税义务。个人所得税的纳税义务人具体包括中国公民（含香港、澳门、台湾同胞）、个体工商户、个人独资企业投资者和合伙企业自然人合伙人等。对于个人独资企业和合伙企业，不缴纳企业所得税，只对投资者个人取得的生产、经营所得征收个人所得税。

【特别提示】我国税法采用了"住所"和"居住时间"两个标准对居民纳税人和非居民纳税人进行界定。

（一）居民个人

在中国境内有住所，或者无住所而一个纳税年度内在中国境内居住累计满 183 天的个人，为居民个人。居民个人从中国境内和境外取得的所得，依照《个人所得税法》的规定缴纳个人所得税。

【特别提示】在中国境内有住所，是指因户籍、家庭、经济利益关系而在中国境内习惯性居住；从中国境内和境外取得的所得，分别是指来源于中国境内的所得和来源于中国境外的所得。

【点拨指导】除国务院财政、税务主管部门另有规定外，下列所得，不论支付地点是否在中国境内，均为来源于中国境内的所得：

（1）因任职、受雇、履约等在中国境内提供劳务取得的所得；

（2）将财产出租给承租人在中国境内使用而取得的所得；

（3）许可各种特许权在中国境内使用而取得的所得；

（4）转让中国境内的不动产等财产或者在中国境内转让其他财产取得的所得；

（5）从中国境内企业、事业单位、其他组织以及居民个人取得的利息、股息、红利所得。

（二）非居民个人

在中国境内无住所又不居住，或者无住所而一个纳税年度内在中国境内居住累计不满183天的个人，为非居民个人。非居民个人从中国境内取得的所得，依照《个人所得税法》的规定缴纳个人所得税。

【点拨指导】上述纳税年度，自公历1月1日起至12月31日止。

【特别提示】在中国境内无住所的个人，在中国境内居住累计满183天的年度连续不满6年的，经向主管税务机关备案，其来源于中国境外且由境外单位或者个人支付的所得，免予缴纳个人所得税；在中国境内居住累计满183天的任一年度中有1次离境超过30天的，其在中国境内居住累计满183天的年度的连续年限重新起算。

在中国境内无住所的个人，在一个纳税年度内在中国境内居住累计不超过90天的，其来源于中国境内的所得，由境外雇主支付并且不由该雇主在中国境内的机构、场所负担的部分，免予缴纳个人所得税。

在中国境内无住所的个人（无住所个人）居住时间的判定标准如下：无住所个人一个纳税年度在中国境内累计居住满183天的，如果此前6年在中国境内每年累计居住天数都满183天而且没有任何一年单次离境超过30天，该纳税年度来源于中国境内、境外的所得应当缴纳个人所得税；如果此前6年的任一年在中国境内累计居住天数不满183天或者单次离境超过30天，该纳税年度来源于中国境外且由境外单位或者个人支付的所得，免予缴纳个人所得税。这里的"此前6年"，是指该纳税年度的前1年至前6年的连续6个年度，此前6年的起始年度自2019年（含）以后年度开始计算。无住所个人一个纳税年度内在中国境内累计居住天数，按照个人在中国境内累计停留的天数计算。在中国境内停留的当天满24小时的，计入中国境内居住天数；在中国境内停留的当天不足24小时的，不计入中国境内居住天数。

（三）扣缴义务人

个人所得税以支付所得的单位或者个人为扣缴义务人。纳税人有中国公民身份号码的，以中国公民身份号码为纳税人识别号；纳税人没有中国公民身份号码的，由税务机关赋予其纳税人识别号。扣缴义务人扣缴税款时，纳税人应当向扣缴义务人提供纳税人识别号，扣缴义务人应当按照国家规定办理全员全额扣缴申报，并向纳税人提供其个人所得和已扣缴税款等信息。扣缴义务人在向纳税人支付各项应纳税所得时，必须履行代扣代缴税款的义务。

【特别提示】对扣缴义务人按照所扣缴的税款，税务机关应付给 2% 的手续费。

二、个人所得税征税对象的确定

个人所得税的征税对象是个人取得的应税所得。个人所得的形式，包括现金、实物、有价证券和其他形式的经济利益。所得为实物的，应当按照取得的凭证上所注明的价格计算应纳税所得额；无凭证的实物或者凭证上所注明的价格明显偏低的，参照市场价格核定应纳税所得额。所得为有价证券的，根据票面价格和市场价格核定应纳税所得额。所得为其他形式的经济利益的，参照市场价格核定应纳税所得额。

（一）工资、薪金所得

工资、薪金所得是指个人因任职或者受雇而取得的工资、薪金、奖金、年终加薪、劳动分红、津贴、补贴，以及与任职或者受雇有关的其他所得。

年终加薪、劳动分红不分种类和取得情况，一律按工资、薪金所得征税。

不属于工资、薪金性质的补贴、津贴，不征收个人所得税，具体包括：（1）独生子女补贴；（2）执行公务员工资制度未纳入基本工资总额的补贴、津贴差额和家属成员的副食补贴；（3）托儿补助费；（4）差旅费津贴、误餐补助。

【特别提示】误餐补助是指按照财政部规定，个人因公在城区、郊区工作，不能在工作单位或返回就餐的，根据实际误餐顿数，按规定的标准领取的误餐费。单位以误餐补助名义发给职工的补助、津贴不包括在内，应当并入当月工资、薪金所得计征个人所得税。

退休人员再任职取得的收入，在减除按税法规定的费用扣除标准后，按工资、薪金所得项目缴纳个人所得税。

离退休人员按规定领取离退休工资或养老金外，另从原任职单位取得的各类补贴、奖金、实物，不属于免税项目，应按工资、薪金所得应税项目的规定缴纳个人所得税。

对商品营销活动中，企业对营销业绩突出的雇员以培训班、研讨会、工作考察等名义组织旅游活动，通过免收差旅费、旅游费对个人实行的营销业绩奖励（包括实物、有价证券等），应根据所发生费用的金额并入营销人员当期的工资、薪金所得，按照工资、薪金所得项目征收个人所得税。

【情境引例解析】

《个人所得税法》第六条规定，居民个人的综合所得，以每一纳税年度的收入额减除费用 6 万元以及专项扣除、专项附加扣除和依法确定的其他扣除后的余额，为应纳税所得额。专项扣除包括居民个人按照国家规定的范围和标准缴纳的基本养老保险、基本医疗保险、失业保险等社会保险费和住房公积金等；专项附加扣除包括子女教育、继续教育、大病医疗、住房贷款利息或者住房租金、赡养老人等支出，具体范围、标准和实施步骤由国务院确定，并报全国人民代表大会常务委员会备案。

因此，居民个人作为企业员工向本企业内设工会缴纳的工会费不属于上述文件列举的扣除范围，不得在计算综合所得的个人所得税税前扣除。

（二）劳务报酬所得

劳务报酬所得是指个人从事劳务取得的所得，包括从事设计、装潢、安装、制图、化验、测试、医疗、法律、会计、咨询、讲学、翻译、审稿、书画、雕刻、影视、录音、录像、演出、表演、广告、展览、技术服务、介绍服务、经纪服务、代办服务以及其他劳务取得的所得。

【特别提示】个人担任董事职务所取得的董事费收入，属于劳务报酬性质，按劳务报酬所得项目征税。

上述各项所得一般属于个人独立从事自由职业取得的所得或属于独立个人劳动所得。

【点拨指导】区分劳务报酬所得和工资、薪金所得，主要看是否存在雇佣与被雇佣的关系。对于工资、薪金所得，单位与个人存在雇佣与被雇佣的关系；而对于劳务报酬所得，单位与个人不存在雇佣与被雇佣的关系。

【实务答疑】我临时提供收派服务，请问应按照何种税目缴纳个人所得税？

答：个人如与单位没有雇佣关系而临时提供收派服务，应当按照劳务报酬所得项目缴纳个人所得税。

在校学生因参与勤工俭学活动（包括参与学校组织的勤工俭学活动）而取得属于《个人所得税法》规定的应税所得项目的所得，应依法缴纳个人所得税。

对商品营销活动中，企业和单位对营销业绩突出的非雇员以培训班、研讨会、工作考察等名义组织旅游活动，通过免收差旅费、旅游费对个人实行的营销业绩奖励（包括实物、有价证券等），应根据所发生费用的全额作为该营销人员当期的劳务收入，按照劳务报酬所得项目征收个人所得税，并由提供上述费用的企业和单位代扣代缴。

【归纳总结】见表5-1。

表5-1　工资、薪金所得与劳务报酬所得项目的辨析举例

职业	收入来源	项目
演员、教师	在本单位演出、授课	工资、薪金所得
	在其他单位演出、授课	劳务报酬所得
个人	兼职	劳务报酬所得
受雇于律师个人	为律师个人工作	劳务报酬所得
保险营销员、证券经纪人	从证券公司取得佣金	劳务报酬所得

续表

职业	收入来源	项目
董事、监事	从任职公司（包括关联公司）取得	工资、薪金所得
	从非任职受雇单位取得	劳务报酬所得
商品营销奖励	雇员从单位取得	工资、薪金所得
	非雇员从单位取得	劳务报酬所得

（三）稿酬所得

稿酬所得是指个人因其作品以图书、报刊等形式出版、发表而取得的所得。作品包括文学作品、书画作品、摄影作品，以及其他作品。作者去世后，财产继承人取得的遗作稿酬，也应征收个人所得税。

【点拨指导】《个人所得税法》将具有特许权使用费和劳务报酬性质的稿酬所得单独列为一个独立的税目，不仅因为稿酬所得有着不完全等同于特许权使用费所得和一般劳务报酬所得的特点，而且有利于单独制定征税办法，体现国家的优惠政策。

（四）特许权使用费所得

特许权使用费所得是指个人提供专利权、商标权、著作权、非专利技术以及其他特许权的使用权取得的所得。提供著作权的使用权取得的所得，不包括稿酬所得。

对于作者将自己的文字作品手稿原件或复印件公开拍卖（竞价）取得的所得，属于提供著作权的使用权所得，应按特许权使用费所得项目征收个人所得税。

个人取得特许权的经济赔偿收入，应按特许权使用费所得项目缴纳个人所得税，税款由支付赔偿的单位或个人代扣代缴。

从 2005 年 5 月 1 日起，编剧从电视剧的制作单位取得的剧本使用费，不再区分剧本的使用方是否为其任职单位，统一按特许权使用费所得项目征收个人所得税。

【实务答疑】个人转让专利权、商标权、著作权、非专利技术以及其他特许权的使用权取得的所得，按照特许权使用费所得项目缴纳个人所得税。个人转让专利权、商标权、著作权、非专利技术的所有权取得的所得，是按照财产转让所得项目缴纳个人所得税，还是按照特许权使用费所得项目缴纳个人所得税？

答：根据 12366 北京中心的答复，个人转让专利权、商标权、著作权、非专利技术的所有权取得的所得，按照财产转让所得缴纳个人所得税。

【点拨指导】一般情况下无形资产使用权的转让按特许权使用费所得征税，但土地使用权、股权例外，土地使用权、股权的转让按财产转让所得征税。

【特别提示】特许权使用费所得不包括稿酬所得（出版、发表）。

【点拨指导】作者将自己的文字作品手稿原件或复印件公开拍卖取得的所得，按特许权使用费所得计税。

【归纳总结】见表 5-2。

表5-2　转让或者提供专利权、商标权、著作权、非专利技术以及其他特许权的
所有权和使用权企业所得税和个人所得税的不同

项目	企业所得税	个人所得税
转让专利权、商标权、著作权、非专利技术以及其他特许权的所有权	转让财产收入	财产转让所得
提供专利权、商标权、著作权、非专利技术以及其他特许权的使用权	特许权使用费收入	特许权使用费所得

（五）经营所得

经营所得是指：（1）个体工商户从事生产、经营活动取得的所得，个人独资企业投资人、合伙企业的个人合伙人来源于境内注册的个人独资企业、合伙企业生产、经营的所得；（2）个人依法从事办学、医疗、咨询以及其他有偿服务活动取得的所得；（3）个人对企业、事业单位承包经营、承租经营以及转包、转租取得的所得；（4）个人从事其他生产、经营活动取得的所得。

个体工商户、个人独资企业和合伙企业或个人从事种植业、养殖业、饲养业、捕捞业取得的所得，暂不征收个人所得税。

个体工商户和从事生产经营的个人，取得与生产、经营活动无关的其他各项应税所得，应分别按照有关规定，计算征收个人所得税。

出租车归属为个人的，属于经营所得，包括：从事个体出租车运营的出租车驾驶员取得的收入；出租车属个人所有，但挂靠出租汽车经营单位或企事业单位，驾驶员向挂靠单位缴纳管理费；出租汽车经营单位将出租车所有权转移给驾驶员，出租车驾驶员从事客货运营取得的收入。

出租汽车经营单位对出租车驾驶员采取单车承包或承租方式运营，出租车驾驶员从事客运取得的收入，按工资、薪金所得项目征收个人所得税。

（六）财产租赁所得

财产租赁所得是指个人出租不动产、机器设备、车船以及其他财产而取得的所得。

【理论答疑】请问有条件优惠价格协议购买商店如何征收个人所得税？

答：根据《国家税务总局关于个人与房地产开发企业签订有条件优惠价格协议购买商店征收个人所得税问题的批复》（国税函〔2008〕576号）的规定，房地产开发企业与商店购买者个人签订协议规定，房地产开发企业按优惠价格出售其开发的商店给购买者个人，但购买者个人在一定期限内必须将购买的商店无偿提供给房地产开发企业对外出租使用。其实质是购买者个人以所购商店交由房地产开发企业出租而取得的房屋租赁收入支付了部分购房价款。

根据个人所得税的有关规定，对上述情形的购买者个人少支出的购房价款，应视同个人财产租赁所得，按照财产租赁所得项目征收个人所得税。每次财产租赁所得的收入额，按照少支出的购房价款和协议规定的租赁月份数平均计算确定。

（七）财产转让所得

财产转让所得是指个人转让有价证券、股权、合伙企业中的财产份额、不动产、机器设备、车船以及其他财产取得的所得。转让境内上市公司股票净所得暂免征收个人所得税，但 2010 年 1 月 1 日起，对个人转让上市公司限售股征收个人所得税。转让境外上市公司股票所得按照财产转让所得项目缴纳个人所得税。

【特别提示】个人通过招标、竞拍或其他方式购置债权以后，通过相关司法或行政程序主张债权而取得的所得，应按照财产转让所得项目缴纳个人所得税。

个人通过网络收购玩家的虚拟货币，加价后向他人出售取得的收入，属于个人所得税应税所得，应按照财产转让所得项目计算缴纳个人所得税。

个人以非货币性资产投资，属于个人转让非货币性资产和投资同时发生。对个人转让非货币性资产的所得，应按照财产转让所得项目依法计算缴纳个人所得税。

【实务答疑】请问我以无形资产投资入股是否需要缴纳个人所得税？

答：《财政部 国家税务总局关于个人非货币性资产投资有关个人所得税政策的通知》（财税〔2015〕41 号）第一条规定，个人以非货币性资产投资，属于个人转让非货币性资产和投资同时发生。对个人转让非货币性资产的所得，应按照财产转让所得项目依法计算缴纳个人所得税。

（八）利息、股息、红利所得

利息、股息、红利所得是指个人拥有债权、股权等而取得的利息、股息、红利所得。

【点拨指导】利息一般是指存款、贷款和债券的利息。

股息、红利是指个人拥有股权取得的公司、企业分红。按照一定的比率派发的每股息金，称为股息。根据公司、企业应分配的超过股息部分的利润，按股派发的红股，称为红利。

个人取得国债利息、国家发行的金融债券利息、教育储蓄存款利息，均免征个人所得税。

储蓄存款在 1999 年 10 月 31 日前孳生的利息，不征收个人所得税；储蓄存款在 1999 年 11 月 1 日至 2007 年 8 月 14 日孳生的利息，按照 20％的税率征收个人所得税；储蓄存款在 2007 年 8 月 15 日至 2008 年 10 月 8 日孳生的利息，按照 5％的税率征收个人所得税；储蓄存款在 2008 年 10 月 9 日后（含 10 月 9 日）孳生的利息，暂免征收个人所得税。

自 2015 年 9 月 8 日起，个人从公开发行和转让市场取得的上市公司股票，持股期限超过 1 年的，股息、红利所得暂免征收个人所得税。个人从公开发行和转让市场取得的上市公司股票，持股期限在 1 个月以内（含 1 个月）的，其股息、红利所得全额计入应纳税所得额；持股期限在 1 个月以上至 1 年（含 1 年）的，暂减按 50％计入应纳税所得额。上述所得统一适用 20％的税率计征个人所得税。

【点拨指导】上述规定仅适用于个人从公开发行和转让市场取得的上市公司股票的

股息、红利。

【特别提示】对个人持有的上市公司限售股，解禁后取得的股息、红利，按照上市公司股息、红利差别化个人所得税政策规定计算纳税，持股时间自解禁日起计算；解禁前取得的股息、红利继续暂减按50%计入应纳税所得额，适用20%的税率计征个人所得税。

【实务答疑】我公司车辆登记人为本公司的股东张某，请问张某是否要缴纳个人所得税？

答：《财政部 国家税务总局关于企业为个人购买房屋或其他财产征收个人所得税问题的批复》（财税〔2008〕83号）指出，符合以下情形的房屋或其他财产，不论所有权人是否将财产无偿或有偿交付企业使用，其实质均为企业对个人进行了实物性质的分配，应依法计征个人所得税。（1）企业出资购买房屋及其他财产，将所有权登记为投资者个人、投资者家庭成员或企业其他人员的；（2）企业投资者个人、投资者家庭成员或企业其他人员向企业借款用于购买房屋及其他财产，将所有权登记为投资者个人、投资者家庭成员或企业其他人员，且借款年度终了后未归还借款的。具体来说，对个人独资企业、合伙企业的个人投资者或其家庭成员取得的上述所得，视为企业对个人投资者的利润分配，按照经营所得项目计征个人所得税。对除个人独资企业、合伙企业以外其他企业的个人投资者或其家庭成员取得的上述所得，视为企业对个人投资者的红利分配，按照利息、股息、红利所得项目计征个人所得税；对企业其他人员取得的上述所得，按照工资、薪金所得项目计征个人所得税。

因此，股东张某应按照利息、股息、红利所得项目计算缴纳个人所得税。

（九）偶然所得

偶然所得是指个人得奖、中奖、中彩以及其他偶然性质的所得。

【点拨指导】得奖是指参加各种有奖竞赛活动，取得名次得到的奖金；中奖、中彩是指参加各种有奖活动，如有奖储蓄，或者购买彩票，经过规定程序，抽中、摇中号码而取得的奖金。

个人为单位或他人提供担保获得收入，按照偶然所得项目计算缴纳个人所得税。房屋产权所有人将房屋产权无偿赠与他人的，受赠人因无偿受赠房屋取得的受赠收入，按照偶然所得项目计算缴纳个人所得税。企业对累积消费达到一定额度的顾客，给予额外抽奖机会，个人的获奖所得，按照偶然所得项目全额适用20%的税率缴纳个人所得税。企业在业务宣传、广告等活动中，随机向本单位以外的个人赠送礼品（包括网络红包，下同），以及企业在年会、座谈会、庆典及其他活动中向本单位以外的个人赠送礼品，个人取得的礼品收入，按照偶然所得项目计算缴纳个人所得税，但企业赠送的具有价格折扣或折让性质的消费券、代金券、抵用券、优惠券等礼品除外。

个人取得单张有奖发票奖金所得超过800元的，应全额按照偶然所得项目征收个人所得税。税务机关或其指定的有奖发票兑奖机构，是有奖发票奖金所得个人所得税的扣缴义务人。

【特别提示】个人取得的所得，难以界定应纳税所得项目的，由国务院税务主管部门确定。

三、个人所得税税率的判定

个人所得税分别按不同个人所得项目，规定了超额累进税率和比例税率两种形式。

（一）工资、薪金所得，劳务报酬所得，稿酬所得，特许权使用费所得个人所得税的预扣率（预扣预缴）

1. 居民个人工资、薪金所得预扣预缴个人所得税的预扣率

居民个人工资、薪金所得预扣预缴个人所得税的预扣率表如表 5-3 所示。

表 5-3　居民个人工资、薪金所得预扣预缴个人所得税的预扣率表

级数	累计预扣预缴应纳税所得额	预扣率（%）	速算扣除数（元）
1	不超过 36 000 元的部分	3	0
2	超过 36 000 元至 144 000 元的部分	10	2 520
3	超过 144 000 元至 300 000 元的部分	20	16 920
4	超过 300 000 元至 420 000 元的部分	25	31 920
5	超过 420 000 元至 660 000 元的部分	30	52 920
6	超过 660 000 元至 960 000 元的部分	35	85 920
7	超过 960 000 元的部分	45	181 920

2. 居民个人劳务报酬所得预扣预缴个人所得税的预扣率

居民个人劳务报酬所得预扣预缴个人所得税的预扣率表如表 5-4 所示。

表 5-4　居民个人劳务报酬所得预扣预缴个人所得税的预扣率表

级数	预扣预缴应纳税所得额	预扣率（%）	速算扣除数（元）
1	不超过 20 000 元的	20	0
2	超过 20 000 元至 50 000 元的部分	30	2 000
3	超过 50 000 元的部分	40	7 000

3. 居民个人稿酬所得、特许权使用费所得预扣预缴个人所得税的预扣率

居民个人稿酬所得、特许权使用费所得适用 20% 的比例预扣率。

（二）工资、薪金所得，劳务报酬所得，稿酬所得，特许权使用费所得个人所得税的适用税率（非预扣预缴）

1. 居民个人综合所得个人所得税的适用税率（按年汇算清缴）

工资、薪金所得，劳务报酬所得，稿酬所得，特许权使用费所得统称为综合所得。综合所得适用 3%～45% 七级超额累进税率。居民个人综合所得个人所得税的税率表（按年）如表 5-5 所示。

表5-5　居民个人综合所得个人所得税的税率表（按年）

级数	全年应纳税所得额	税率（%）	速算扣除数（元）
1	不超过36 000元的	3	0
2	超过36 000元至144 000元的部分	10	2 520
3	超过144 000元至300 000元的部分	20	16 920
4	超过300 000元至420 000元的部分	25	31 920
5	超过420 000元至660 000元的部分	30	52 920
6	超过660 000元至960 000元的部分	35	85 920
7	超过960 000元的部分	45	181 920

说明：表5-5所称全年应纳税所得额是指依照《个人所得税法》第六条的规定，居民个人取得综合所得以每一纳税年度收入额减除费用60 000元以及专项扣除、专项附加扣除和依法确定的其他扣除后的余额。

2. 非居民个人工资、薪金所得，劳务报酬所得，稿酬所得，特许权使用费所得个人所得税的适用税率

非居民个人工资、薪金所得，劳务报酬所得，稿酬所得，特许权使用费所得个人所得税的税率表如表5-6①所示（依照表5-5按月换算后）。

表5-6　非居民个人工资、薪金所得，劳务报酬所得，稿酬所得，
特许权使用费所得个人所得税的税率表

级数	应纳税所得额	税率（%）	速算扣除数（元）
1	不超过3 000元的	3	0
2	超过3 000元至12 000元的部分	10	210
3	超过12 000元至25 000元的部分	20	1 410
4	超过25 000元至35 000元的部分	25	2 660
5	超过35 000元至55 000元的部分	30	4 410
6	超过55 000元至80 000元的部分	35	7 160
7	超过80 000元的部分	45	15 160

（三）经营所得的适用税率

经营所得适用5%～35%五级超额累进税率。经营所得个人所得税的税率表如表5-7所示。

表5-7　经营所得个人所得税的税率表

级数	全年应纳税所得额	税率（%）	速算扣除数（元）
1	不超过30 000元的	5	0

---

① 居民个人取得全年一次性奖金，在2021年12月31日前，可以选择不并入当年综合所得，以全年一次性奖金收入除以12个月得到的数额，按照按月换算后的综合所得税率表（简称月度税率表，见表5-6），确定适用税率和速算扣除数，单独计算纳税。

续表

级数	全年应纳税所得额	税率（％）	速算扣除数（元）
2	超过 30 000 元至 90 000 元的部分	10	1 500
3	超过 90 000 元至 300 000 元的部分	20	10 500
4	超过 300 000 元至 50 0000 元的部分	30	40 500
5	超过 500 000 元的部分	35	65 500

（四）财产租赁所得，财产转让所得，利息、股息、红利所得和偶然所得的适用税率

财产租赁所得，财产转让所得，利息、股息、红利所得和偶然所得，适用比例税率，税率为 20％。

【特别提示】为了配合国家住房制度改革，支持住房租赁市场的健康发展，从 2008 年 3 月 1 日起，对个人出租住房取得的所得暂减按 10％的税率征收个人所得税。

四、个人所得税优惠政策的运用

（一）免税项目

（1）省级人民政府、国务院部委和中国人民解放军军以上单位，以及外国组织、国际组织颁发的科学、教育、技术、文化、卫生、体育、环境保护等方面的奖金。

【特别提示】省级人民政府给奥运会冠军颁发的体育奖金免征个人所得税，但县级人民政府给奥运会冠军颁发的体育奖金仍需缴纳个人所得税。

（2）国债和国家发行的金融债券的利息。

【点拨指导】国债利息是指个人持有财政部发行的债券而取得的利息；国家发行的金融债券利息是指个人持有经国务院批准发行的金融债券而取得的利息所得。

（3）按照国家统一规定发给的补贴、津贴。

【点拨指导】按照国家统一规定发给的补贴、津贴是指按照国务院规定发给的政府特殊津贴、院士津贴，以及国务院规定免予缴纳个人所得税的其他补贴、津贴。

（4）福利费、抚恤金、救济金。

【点拨指导】福利费是指根据国家有关规定，从企业、事业单位、国家机关、社会团体提留的福利费或者从工会经费中支付给个人的生活补助费；抚恤金是指国家或组织发给因公受伤或残疾的人员、因公牺牲以及病故人员的家属的费用；救济金是指国家各级人民政府民政部门支付给个人的生活困难补助费。

（5）保险赔款。

（6）军人的转业费、复员费、退役金。

（7）按照国家统一规定发给干部、职工的安家费、退职费、基本养老金或者退休费、离休费、离休生活补助费。

【点拨指导】退职费是指符合《国务院关于工人退休、退职的暂行办法》规定的退职条件，并按该办法规定的退职费标准所领取的退职费。

（8）依照有关法律规定应予免税的各国驻华使馆、领事馆的外交代表、领事官员和其他人员的所得。

【点拨指导】依照有关法律规定应予免税的各国驻华使馆、领事馆的外交代表、领事官员和其他人员的所得，是指依照《中华人民共和国外交特权与豁免条例》和《中华人民共和国领事特权与豁免条例》规定免税的所得。

（9）中国政府参加的国际公约、签订的协议中规定免税的所得。

（10）国务院规定的其他免税所得。

【理论答疑】请问职工取得一次性工伤医疗补助金是否需要缴纳个人所得税？

答：根据《财政部 国家税务总局关于工伤职工取得的工伤保险待遇有关个人所得税政策的通知》（财税〔2012〕40号）的有关规定，对工伤职工及其近亲属按照《工伤保险条例》规定取得的工伤保险待遇，免征个人所得税。工伤保险待遇，包括工伤职工按照《工伤保险条例》规定取得的一次性伤残补助金、伤残津贴、一次性工伤医疗补助金、一次性伤残就业补助金、工伤医疗待遇、住院伙食补助费、外地就医交通食宿费用、工伤康复费用、辅助器具费用、生活护理费等，以及职工因工死亡，其近亲属按照《工伤保险条例》规定取得的丧葬补助金、供养亲属抚恤金和一次性工亡补助金等。

（二）减税项目

有下列情形之一的，可以减征个人所得税，具体幅度和期限，由省、自治区、直辖市人民政府规定，并报同级人民代表大会常务委员会备案。

（1）残疾、孤老人员和烈属的所得。

【特别提示】对残疾人个人取得的劳动所得才能适用减税规定，具体所得项目为：工资、薪金所得，劳务报酬所得，稿酬所得，特许权使用费所得和经营所得。

（2）因自然灾害遭受重大损失的。

国务院可以规定其他减税情形，报全国人民代表大会常务委员会备案。

（三）暂免征税项目

（1）外籍个人以非现金形式或实报实销形式取得的住房补贴、伙食补贴、搬迁费、洗衣费。

（2）外籍个人按合理标准取得的境内、境外出差补贴。

（3）外籍个人取得的语言训练费、子女教育费等，经当地税务机关审核批准为合理的部分。

（4）外籍个人从外商投资企业取得的股息、红利所得。

【特别提示】2019年1月1日至2021年12月31日期间，外籍个人符合居民个人条件的，可以选择享受个人所得税专项附加扣除，也可以选择按照相关法律文件规定，享受住房补贴、语言训练费、子女教育费等津补贴免税优惠政策，但不得同时享受。外籍个人一经选择，在一个纳税年度内不得变更。

自2022年1月1日起，外籍个人不再享受住房补贴、语言训练费、子女教育费津补贴免税优惠政策，应按规定享受专项附加扣除。

（5）个人在上海、深圳证券交易所转让从上市公司公开发行和转让市场取得的股票，转让所得暂不征收个人所得税。

（6）自 2018 年 11 月 1 日（含）起，对个人转让全国中小企业股份转让系统（新三板）挂牌公司非原始股取得的所得，暂免征收个人所得税。非原始股是指个人在新三板挂牌公司挂牌后取得的股票，以及由上述股票孳生的送、转股。

（7）个人举报、协查各种违法、犯罪行为而获得的奖金。

（8）个人转让自用达 5 年以上，并且是唯一的家庭生活用房取得的所得。

（9）对个人购买福利彩票、赈灾彩票、体育彩票，一次中奖收入在 1 万元以下（含 1 万元）的，暂免征收个人所得税；超过 1 万元的，全额征收个人所得税。

（10）达到离休、退休年龄，但确因工作需要，适当延长离休、退休年龄的高级专家（指享受国家发放的政府特殊津贴的专家、学者），其在延长离休、退休期间的工资、薪金所得，视同离休、退休工资。

（11）对国有企业职工，因企业依法被宣告破产，从破产企业取得的一次性安置费收入。

（12）职工与用人单位解除劳动关系取得的一次性补偿收入（包括用人单位发放的经济补偿金、生活补助费和其他补助费用），在当地上年职工年平均工资 3 倍数额以内的部分，可免征个人所得税；超过该标准的一次性补偿收入，应按照国家有关规定征收个人所得税。

（13）城镇企业、事业单位及其职工个人按照《失业保险条例》规定的比例，实际缴付的失业保险费，均不计入职工个人当期的工资、薪金所得，免予征收个人所得税。城镇企业、事业单位和职工个人超过上述规定的比例缴付失业保险费的，将其超过规定比例缴付的部分计入职工个人当期的工资、薪金所得，依法计征个人所得税。

（14）企业和个人按照国家或地方政府规定的比例，提取并向指定金融机构实际缴付的住房公积金、医疗保险金、基本养老保险金。

（15）个人领取原提存的住房公积金、医疗保险金、基本养老保险金，以及具备《失业保险条例》中规定条件的失业人员领取的失业保险金。

（16）个人取得的教育储蓄存款利息所得和按照国家或省级人民政府规定的比例缴付的住房公积金、医疗保险金、基本养老保险金、失业保险金存入银行个人账户所取得的利息所得。

（17）自 2008 年 10 月 9 日（含）起，对储蓄存款利息所得暂免征收个人所得税。

（18）自 2019 年 7 月 1 日至 2024 年 6 月 30 日，个人持有全国中小企业股份转让系统挂牌公司的股票，持股期限超过 1 年的，对股息、红利所得暂免征收个人所得税。

（19）对被拆迁人按照国家有关城镇房屋拆迁管理办法规定的标准取得的拆迁补偿款，免征个人所得税。

（20）自 2009 年 5 月 25 日（含）起，以下情形的房屋产权无偿赠与，对当事双方不征收个人所得税。

1）房屋产权所有人将房屋产权无偿赠与配偶、父母、子女、祖父母、外祖父母、孙子女、外孙子女、兄弟姐妹；

2）房屋产权所有人将房屋产权无偿赠与对其承担直接抚养或者赡养义务的抚养人或者赡养人；

3）房屋产权所有人死亡，依法取得房屋产权的法定继承人、遗嘱继承人或者受遗赠人。

（21）个体工商户、个人独资企业和合伙企业或个人从事种植业、养殖业、饲养业、捕捞业取得的所得。

（22）企业在销售商品（产品）和提供服务过程中向个人赠送礼品，属于下列情形之一的，不征收个人所得税。

1）企业通过价格折扣、折让方式向个人销售商品（产品）和提供服务；

2）企业在向个人销售商品（产品）和提供服务的同时给予赠品，如通信企业对个人购买手机赠话费、入网费，或者购话费赠手机等；

3）企业对累积消费达到一定额度的个人按消费积分反馈礼品。

（23）自2019年1月1日至2023年12月31日，广东省、深圳市按内地与香港个人所得税税负差额，对在大湾区工作的境外（含港澳台，下同）高端人才和紧缺人才给予补贴，该补贴免征个人所得税。

在大湾区工作的境外高端人才和紧缺人才的认定和补贴办法，按照广东省、深圳市的有关规定执行。以上规定适用范围包括广东省广州市、深圳市、珠海市、佛山市、惠州市、东莞市、中山市、江门市和肇庆市等大湾区珠三角九市。

（24）自2020年1月1日至2024年12月31日，对在海南自由贸易港工作的高端人才和紧缺人才，其个人所得税实际税负超过15%的部分，予以免征。

【特别提示】享受上述优惠政策的所得包括来源于海南自由贸易港的综合所得（包括工资薪金、劳务报酬、稿酬、特许权使用费四项所得）、经营所得以及经海南省认定的人才补贴性所得。

【点拨指导】纳税人在海南省办理个人所得税年度汇算清缴时享受上述优惠政策。

【特别提示】对享受上述优惠政策的高端人才和紧缺人才实行清单管理，由海南省商财政部、税务总局制定具体管理办法。

（25）自2019年1月1日至2023年12月31日，一个纳税年度内在船航行时间累计满183天的远洋船员，其取得的工资薪金收入减按50%计入应纳税所得额，依法缴纳个人所得税。

远洋船员是指在海事管理部门依法登记注册的国际航行船舶船员和在渔业管理部门依法登记注册的远洋渔业船员。

在船航行时间是指远洋船员在国际航行或作业船舶和远洋渔业船舶上的工作天数。一个纳税年度内的在船航行时间为一个纳税年度内在船航行时间的累计天数。

【特别提示】远洋船员可选择在当年预扣预缴税款或者次年个人所得税汇算清缴时享受上述优惠政策。

【特别提示】税收法律、行政法规、部门规章和规范性文件中未明确规定纳税人享受减免税必须经税务机关审批，且纳税人取得的所得完全符合减免税条件的，无须经主管税务机关审核，纳税人可自行享受减免税。

税收法律、行政法规、部门规章和规范性文件中明确规定纳税人享受减免税必须经税务机关审批的，或者纳税人无法准确判断其取得的所得是否应享受个人所得税减免的，必须经主管税务机关按照有关规定审核或批准后，方可减免个人所得税。

第2节 个人所得税的计算

本人有多套房产，本年取得了房产租赁收入和房产转让收入，并在取得收入的同时申报缴纳了个人所得税，此外没有其他收入。请问本人需要按纳税年度合并计算个人所得税吗？

一、居民个人综合所得应纳税额的计算

（一）居民个人综合所得预扣预缴个人所得税的计算

自2019年1月1日起，扣缴义务人向居民个人支付工资、薪金所得，劳务报酬所得，稿酬所得，特许权使用费所得时，按以下方法预扣预缴个人所得税，并向主管税务机关报送"个人所得税扣缴申报表"。年度预扣预缴税额与年度应纳税额不一致的，由居民个人于次年3月1日至6月30日向主管税务机关办理综合所得年度汇算清缴，税款多退少补。

1. 扣缴义务人向居民个人支付工资、薪金所得预扣预缴个人所得税的计算

扣缴义务人向居民个人支付工资、薪金所得时，应当按照累计预扣法计算预扣税款，并按月办理全员全额扣缴申报。具体计算公式如下：

$$本期应预扣预缴税额 = \left(累计预扣预缴应纳税所得额 \times 预扣率 - 速算扣除数\right) - 累计减免税额 - 累计已预扣预缴税额$$

$$累计预扣预缴应纳税所得额 = 累计收入 - 累计免税收入 - 累计减除费用 - 累计专项扣除 - 累计专项附加扣除 - 累计依法确定的其他扣除$$

式中，累计减除费用，按照5 000元/月乘以纳税人当年截至本月在本单位的任职受雇月份数计算；专项扣除，包括居民个人按照国家规定的范围和标准缴纳的基本养老保险、基本医疗保险、失业保险等社会保险费和住房公积金等；专项附加扣除，包括子女

教育、继续教育、大病医疗、住房贷款利息或者住房租金、赡养老人等支出，具体范围、标准和实施步骤由国务院确定，并报全国人民代表大会常务委员会备案。

上述公式中，计算居民个人工资、薪金所得预扣预缴税额的预扣率、速算扣除数，按表5-3执行。

享受子女教育、继续教育、住房贷款利息或者住房租金、赡养老人专项附加扣除的纳税人，自符合条件开始，可以向支付工资、薪金所得的扣缴义务人提供上述专项附加扣除有关信息，由扣缴义务人在预扣预缴税款时，按其在本单位本年可享受的累计扣除额办理扣除；也可以在次年3月1日至6月30日内，向汇缴地主管税务机关办理汇算清缴申报时扣除。享受大病医疗专项附加扣除的纳税人，由其在次年3月1日至6月30日内，自行向汇缴地主管税务机关办理汇算清缴申报时扣除。

【点拨指导】纳税人选择在扣缴义务人发放工资、薪金所得时享受专项附加扣除的，首次享受时应当填写并向扣缴义务人报送"扣除信息表"。纳税年度中间相关信息发生变化的，纳税人应当更新"扣除信息表"相应栏次，并及时报送给扣缴义务人。

更换工作单位的纳税人，需要由新任职、受雇扣缴义务人办理专项附加扣除的，应当在入职的当月，填写并向扣缴义务人报送"扣除信息表"。

纳税人次年需要由扣缴义务人继续办理专项附加扣除的，应当于每年12月对次年享受专项附加扣除的内容进行确认，并报送至扣缴义务人。纳税人未及时确认的，扣缴义务人于次年1月起暂停扣除，待纳税人确认后再行办理专项附加扣除。

扣缴义务人应当将纳税人报送的专项附加扣除信息，在次月办理扣缴申报时一并报送至主管税务机关。

纳税人选择在汇算清缴申报时享受专项附加扣除的，应当填写并向汇缴地主管税务机关报送"扣除信息表"。

【特别提示】纳税人同时从两处以上取得工资、薪金所得，并由扣缴义务人减除专项附加扣除的，对同一专项附加扣除项目，在一个纳税年度内只能选择从一处取得的所得中减除。

居民个人向扣缴义务人提供有关信息并依法要求办理专项附加扣除的，扣缴义务人应当按照规定在工资、薪金所得按月预扣预缴税款时予以扣除，不得拒绝。居民个人未取得工资、薪金所得，仅取得劳务报酬所得、稿酬所得、特许权使用费所得，需要享受专项附加扣除的，应当在次年3月1日至6月30日内，自行向汇缴地主管税务机关报送"扣除信息表"，并在办理汇算清缴申报时扣除。一个纳税年度内，纳税人在扣缴义务人预扣预缴税款环节未享受或未足额享受专项附加扣除的，可以在当年内向支付工资、薪金的扣缴义务人申请在剩余月份发放工资、薪金时补充扣除，也可以在次年3月1日至6月30日内，向汇缴地主管税务机关办理汇算清缴时申报扣除。

扣缴义务人办理工资、薪金所得预扣预缴税款时，应当根据纳税人报送的"扣除信息表"为纳税人办理专项附加扣除。

纳税人年度中间更换工作单位的，在原单位任职、受雇期间已享受的专项附加扣除金额，不得在新任职、受雇单位扣除。原扣缴义务人应当自纳税人离职不再发放工资薪金所得的当月起，停止为其办理专项附加扣除。

【点拨指导】《个人所得税专项附加扣除暂行办法》和《个人所得税专项附加扣除操作办法（试行）》的主要内容如下。

1. 子女教育

纳税人的子女接受全日制学历教育的相关支出，按照每个子女每月1000元的标准定额扣除。

学历教育包括义务教育（小学、初中教育）、高中阶段教育（普通高中、中等职业、技工教育）、高等教育（大学专科、大学本科、硕士研究生、博士研究生教育）。

年满3岁至小学入学前处于学前教育阶段的子女，按上述规定执行。

父母可以选择由其中一方按扣除标准的100%扣除，也可以选择由双方分别按扣除标准的50%扣除，具体扣除方式在一个纳税年度内不能变更。

纳税人子女在中国境外接受教育的，纳税人应当留存境外学校录取通知书、留学签证等相关教育的证明资料备查。

计算时间认定：学前教育阶段，为子女年满3周岁当月至小学入学前一月。学历教育，为子女接受全日制学历教育入学的当月至全日制学历教育结束的当月。学历教育的期间，包含因病或其他非主观原因休学但学籍继续保留的休学期间，以及施教机构按规定组织实施的寒暑假等假期。

2. 继续教育

纳税人在中国境内接受学历（学位）继续教育的支出，在学历（学位）教育期间按照每月400元定额扣除。同一学历（学位）继续教育的扣除期限不能超过48个月。纳税人接受技能人员职业资格继续教育、专业技术人员职业资格继续教育的支出，在取得相关证书的当年，按照3600元定额扣除。

个人接受本科及以下学历（学位）继续教育，符合《个人所得税专项附加扣除暂行办法》规定扣除条件的，可以选择由其父母扣除，也可以选择由本人扣除。

纳税人接受技能人员职业资格继续教育、专业技术人员职业资格继续教育的，应当留存相关证书等资料备查。

计算时间认定：学历（学位）继续教育，为在中国境内接受学历（学位）继续教育入学的当月至学历（学位）继续教育结束的当月，同一学历（学位）继续教育的扣除期限最长不得超过48个月。学历（学位）继续教育的期间，包含因病或其他非主观原因休学但学籍继续保留的休学期间，以及施教机构按规定组织实施的寒暑假等假期。技能人员职业资格继续教育、专业技术人员职业资格继续教育，为取得相关证书的当年。

3. 大病医疗

在一个纳税年度内，纳税人发生的与基本医保相关的医药费用支出，扣除医保报销后个人负担（指医保目录范围内的自付部分）累计超过15000元的部分，由纳税人在办理年度汇算清缴时，在80000元限额内据实扣除。

纳税人发生的医药费用支出可以选择由本人或者其配偶扣除；未成年子女发生的医药费用支出可以选择由其父母一方扣除。

纳税人及其配偶、未成年子女发生的医药费用支出，按《个人所得税专项附加扣除暂行办法》第十一条的规定分别计算扣除额。

纳税人应当留存医药服务收费及医保报销相关票据原件（或者复印件）等资料备查。医疗保障部门应当向患者提供在医疗保障信息系统记录的本人年度医药费用信息查询服务。

计算时间认定：为医疗保障信息系统记录的医药费用实际支出的当年。

4. 住房贷款利息

纳税人本人或者配偶单独或者共同使用商业银行或者住房公积金个人住房贷款为本人或者其配偶购买中国境内住房，发生的首套住房贷款利息支出，在实际发生贷款利息的年度，按照每月1 000元的标准定额扣除，扣除期限最长不超过240个月。纳税人只能享受一次首套住房贷款的利息扣除。

首套住房贷款是指购买住房享受首套住房贷款利率的住房贷款。

经夫妻双方约定，可以选择由其中一方扣除，具体扣除方式在一个纳税年度内不能变更。

夫妻双方婚前分别购买住房发生的首套住房贷款，其贷款利息支出，婚后可以选择其中一套购买的住房，由购买方按扣除标准的100%扣除，也可以由夫妻双方对各自购买的住房分别按扣除标准的50%扣除，具体扣除方式在一个纳税年度内不能变更。

纳税人应当留存住房贷款合同、贷款还款支出凭证备查。

计算时间认定：为贷款合同约定开始还款的当月至贷款全部归还或贷款合同终止的当月，扣除期限最长不得超过240个月。

5. 住房租金

纳税人在主要工作城市没有自有住房而发生的住房租金支出，可以按照以下标准定额扣除：

（1）直辖市、省会（首府）城市、计划单列市以及国务院确定的其他城市，扣除标准为每月1 500元。

（2）除（1）所列城市以外，市辖区户籍人口超过100万的城市，扣除标准为每月1 100元；市辖区户籍人口不超过100万的城市，扣除标准为每月800元。

纳税人的配偶在纳税人的主要工作城市有自有住房的，视同纳税人在主要工作城市有自有住房。

市辖区户籍人口，以国家统计局公布的数据为准。

主要工作城市是指纳税人任职受雇的直辖市、计划单列市、副省级城市、地级市（地区、州、盟）全部行政区域范围；纳税人无任职受雇单位的，为受理其综合所得汇算清缴的税务机关所在城市。

夫妻双方主要工作城市相同的，只能由一方扣除住房租金支出。

住房租金支出由签订租赁住房合同的承租人扣除。

纳税人及其配偶在一个纳税年度内不能同时分别享受住房贷款利息和住房租金专项附加扣除。

纳税人应当留存住房租赁合同、协议等有关资料备查。

计算时间认定：为租赁合同（协议）约定的房屋租赁期开始的当月至租赁期结束的当月。提前终止合同（协议）的，以实际租赁期限为准。

6．赡养老人

纳税人赡养 1 位及以上被赡养人的赡养支出，统一按照以下标准定额扣除：

（1）纳税人为独生子女的，按照每月 2 000 元的标准定额扣除。

（2）纳税人为非独生子女的，由其与兄弟姐妹分摊每月 2 000 元的扣除额度，每人分摊的额度不能超过每月 1 000 元。可以由赡养人均摊或者约定分摊，也可以由被赡养人指定分摊。约定或者指定分摊的须签订书面分摊协议，指定分摊优先于约定分摊。具体分摊方式和额度在一个纳税年度内不能变更。

被赡养人是指年满 60 岁的父母，以及子女均已去世的年满 60 岁的祖父母、外祖父母。

计算时间认定：为被赡养人年满 60 周岁的当月至赡养义务终止的年末。

【实务答疑】赡养岳父母或公婆的费用是否可以享受个人所得税附加扣除？

答：《个人所得税专项附加扣除暂行办法》第二十三条规定："本办法所称被赡养人是指年满 60 岁的父母，以及子女均已去世的年满 60 岁的祖父母、外祖父母。"因此，赡养岳父母或公婆的费用不可以享受个人所得税专项附加扣除。

【实务答疑】住房租金要求留存备查的合同，有模板格式要求吗？

答：《国家税务总局关于发布〈个人所得税专项附加扣除操作办法（试行）〉的公告》（国家税务总局公告 2018 年第 60 号）第十五条规定："纳税人享受住房租金专项附加扣除，应当填报主要工作城市、租赁住房坐落地址、出租人姓名及身份证件类型和号码或者出租方单位名称及纳税人识别号（社会统一信用代码）、租赁起止时间等信息；纳税人有配偶的，填写配偶姓名、身份证件类型及号码。"而留存备查的住房租赁合同或协议，并无统一的模板要求，纳税人应参照以上规定，签订真实的租赁合同或协议，完整披露以上信息。

【工作实例 5-1】 中国居民个人张某为独生子女，就职于中国的甲公司。本年每月税前工资、薪金收入为 30 000 元，每月减除费用为 5 000 元。张某个人每月负担的基本养老保险为 2 400 元，基本医疗保险为 600 元，失业保险为 150 元，住房公积金为 2 400 元，"三险一金"合计为 5 550 元。① 假设赡养老人每月专项附加扣除金额为 2 000 元，张某没有其他专项附加扣除和依法确定的其他扣除。居民个人工资、薪金所得预扣预缴个人所得税的预扣率表如表 5-3 所示。

---

① 该"三险一金"数据是理论数据，没有考虑实务中"三险一金"的缴费基数不能超过上年度本市职工平均工资的 300%，下同。

【工作要求】 计算张某本年每月工资、薪金所得应由甲公司预扣预缴的个人所得税。

【工作实施】

张某1月工资、薪金所得应由甲公司预扣预缴的个人所得税
$$=(30\,000-5\,000-5\,550-2\,000)\times3\%$$
$$=523.5(元)$$

张某2月工资、薪金所得应由甲公司预扣预缴的个人所得税
$$=(30\,000\times2-5\,000\times2-5\,550\times2-2\,000\times2)\times3\%-523.5$$
$$=523.5(元)$$

张某3月工资、薪金所得应由甲公司预扣预缴的个人所得税
$$=(30\,000\times3-5\,000\times3-5\,550\times3-2\,000\times3)\times10\%-2\,520-523.5-523.5$$
$$=1\,668(元)$$

张某4月工资、薪金所得应由甲公司预扣预缴的个人所得税
$$=(30\,000\times4-5\,000\times4-5\,550\times4-2\,000\times4)\times10\%-2\,520-523.5-523.5-1\,668$$
$$=1\,745(元)$$

张某5月工资、薪金所得应由甲公司预扣预缴的个人所得税
$$=(30\,000\times5-5\,000\times5-5\,550\times5-2\,000\times5)\times10\%-2\,520-523.5-523.5-1\,668-1\,745$$
$$=1\,745(元)$$

张某6月工资、薪金所得应由甲公司预扣预缴的个人所得税
$$=(30\,000\times6-5\,000\times6-5\,550\times6-2\,000\times6)\times10\%-2\,520-523.5-523.5-1\,668-1\,745-1\,745$$
$$=1\,745(元)$$

张某7月工资、薪金所得应由甲公司预扣预缴的个人所得税
$$=(30\,000\times7-5\,000\times7-5\,550\times7-2\,000\times7)\times10\%-2\,520-523.5-523.5-1\,668-1\,745-1\,745-1\,745$$
$$=1\,745(元)$$

张某8月工资、薪金所得应由甲公司预扣预缴的个人所得税
$$=(30\,000\times8-5\,000\times8-5\,550\times8-2\,000\times8)\times10\%-2\,520-523.5-523.5-1\,668-1\,745-1\,745-1\,745-1\,745$$
$$=1\,745(元)$$

张某9月工资、薪金所得应由甲公司预扣预缴的个人所得税
$$=(30\,000\times9-5\,000\times9-5\,550\times9$$

$$-2\ 000\times9)\times20\%-16\ 920-523.5$$
$$-523.5-1\ 668-1\ 745-1\ 745-1\ 745$$
$$-1\ 745-1\ 745$$
$$=3\ 050(元)$$

张某 10 月工资、薪金所得应由甲公司预扣预缴的个人所得税

$$=(30\ 000\times10-5\ 000\times10-5\ 550\times10$$
$$-2\ 000\times10)\times20\%-16\ 920-523.5$$
$$-523.5-1\ 668-1\ 745-1\ 745-1\ 745$$
$$-1\ 745-1\ 745-3\ 050$$
$$=3\ 490(元)$$

张某 11 月工资、薪金所得应由甲公司预扣预缴的个人所得税

$$=(30\ 000\times11-5\ 000\times11-5\ 550\times11$$
$$-2\ 000\times11)\times20\%-16\ 920-523.5$$
$$-523.5-1\ 668-1\ 745-1\ 745-1\ 745$$
$$-1\ 745-1\ 745-3\ 050-3\ 490$$
$$=3\ 490(元)$$

张某 12 月工资、薪金所得应由甲公司预扣预缴的个人所得税

$$=(30\ 000\times12-5\ 000\times12-5\ 550\times12$$
$$-2\ 000\times12)\times20\%-16\ 920-523.5$$
$$-523.5-1\ 668-1\ 745-1\ 745-1\ 745$$
$$-1\ 745-1\ 745-3\ 050-3\ 490-3\ 490$$
$$=3\ 490(元)$$

张某本年工资、薪金所得应由甲公司预扣预缴的个人所得税合计

$$=523.5+523.5+1\ 668+1\ 745+1\ 745$$
$$+1\ 745+1\ 745+1\ 745+3\ 050+3\ 490$$
$$+3\ 490+3\ 490$$
$$=24\ 960(元)$$

2. 扣缴义务人向居民个人支付劳务报酬所得、稿酬所得、特许权使用费所得预扣预缴个人所得税的计算

扣缴义务人向居民个人支付劳务报酬所得、稿酬所得、特许权使用费所得，按次或者按月预扣预缴个人所得税。具体预扣预缴方法如下：

劳务报酬所得、稿酬所得、特许权使用费所得以收入减除费用后的余额为收入额。其中，稿酬所得的收入额减按 70% 计算。

劳务报酬所得、稿酬所得、特许权使用费所得每次收入不超过 4 000 元的，减除费用按 800 元计算；每次收入 4 000 元以上的，减除费用按 20% 计算。

【点拨指导】劳务报酬所得、稿酬所得、特许权使用费所得，属于一次性收入的，以取得该项收入为一次；属于同一项目连续性收入的，以一个月内取得的收入为

一次。

劳务报酬所得、稿酬所得、特许权使用费所得，以每次收入额为预扣预缴应纳税所得额。劳务报酬所得适用20%～40%的超额累进预扣率（见表5-4），稿酬所得、特许权使用费所得适用20%的比例预扣率。

劳务报酬所得应预扣预缴税额＝预扣预缴应纳税所得额×预扣率－速算扣除数
稿酬所得、特许权使用费所得应预扣预缴税额＝预扣预缴应纳税所得额×20%

【点拨指导】保险营销员、证券经纪人取得的佣金收入，属于劳务报酬所得，以不含增值税的收入减除20%的费用后的余额为收入额，收入额减去展业成本以及附加税费后，并入当年综合所得，计算缴纳个人所得税。保险营销员、证券经纪人展业成本按照收入额的25%计算。扣缴义务人向保险营销员、证券经纪人支付佣金收入时，应按照《个人所得税扣缴申报管理办法（试行）》（国家税务总局公告2018年第61号）规定的累计预扣法计算预扣税款。

【工作实例5-2】 接工作实例5-1，居民个人张某本年3月从兼职单位乙公司取得一次性劳务报酬收入40 000元，本年6月从丙出版社取得一次性稿酬收入12 000元，本年10月转让给丁公司专利权取得一次性特许权使用费收入3 000元。上述收入均为税前收入，且均来源于中国境内。假设不考虑增值税等因素。居民个人劳务报酬所得预扣预缴个人所得税的预扣率如表5-4所示。

【工作要求】计算回答下列问题：

(1) 计算张某劳务报酬所得应由乙公司预扣预缴的个人所得税。

(2) 计算张某稿酬所得应由丙出版社预扣预缴的个人所得税。

(3) 计算张某特许权使用费所得应由丁公司预扣预缴的个人所得税。

【工作实施】

(1) 张某劳务报酬所得应由乙公司预扣预缴的个人所得税＝40 000×(1－20%)×30%－2 000

＝7 600(元)

(2) 张某稿酬所得应由丙出版社预扣预缴的个人所得税＝12 000×(1－20%)×70%×20%

＝1 344(元)

(3) 张某特许权使用费所得应由丁公司预扣预缴的个人所得税＝(3 000－800)×20%

＝440(元)

（二）居民个人综合所得汇算清缴个人所得税的计算

自2019年1月1日起，居民个人的综合所得（工资、薪金所得，劳务报酬所得，稿酬所得，特许权使用费所得），以每一纳税年度的收入额减除费用60 000元以及专项扣除、专项附加扣除和依法确定的其他扣除后的余额，为应纳税所得额。各项所得的计算，以人民币为单位。所得为人民币以外的货币的，按照人民币汇率中间价折合成人民币缴纳税款。

【点拨指导】所得为人民币以外货币的，按照办理纳税申报或者扣缴申报的上一月最后一日人民币汇率中间价，折合成人民币计算应纳税所得额。年度终了后办理汇算清缴的，对已经按月、按季或者按次预缴税款的人民币以外货币所得，不再重新折算；对应当补缴税款的所得部分，按照上一纳税年度最后一日人民币汇率中间价，折合成人民币计算应纳税所得额。

居民个人的综合所得适用七级超额累进税率，其应纳税额的计算公式为：

$$应纳个人所得税 = 年应纳税所得额 \times 适用税率 - 速算扣除数$$

$$= \left(\begin{array}{c} 每一纳税年度的 \\ 收入额 \end{array} - 60\,000 - \begin{array}{c} 专项扣除、专项附加扣除 \\ 和依法确定的其他扣除 \end{array} \right)$$
$$\times 适用税率 - 速算扣除数$$

$$= \left[\begin{array}{c} 工资、薪金 \\ 收入额 \end{array} + \begin{array}{c} 劳务 \\ 报酬收入 \end{array} \times (1-20\%) + \begin{array}{c} 稿酬 \\ 收入 \end{array} \times (1-20\%) \times 70\% \right.$$
$$\left. + \begin{array}{c} 特许权 \\ 使用费收入 \end{array} \times (1-20\%) - 60\,000 - \begin{array}{c} 专项扣除、专项附加扣除 \\ 和依法确定的其他扣除 \end{array} \right]$$
$$\times 适用税率 - 速算扣除数$$

【特别提示】劳务报酬所得、稿酬所得、特许权使用费所得以收入减除20%的费用后的余额为收入额。稿酬所得的收入额减按70%计算。

专项扣除，包括居民个人按照国家规定的范围和标准缴纳的基本养老保险、基本医疗保险、失业保险等社会保险费和住房公积金等；专项附加扣除，包括子女教育、继续教育、大病医疗、住房贷款利息或者住房租金、赡养老人等支出，具体范围、标准和实施步骤由国务院确定，并报全国人民代表大会常务委员会备案。其他扣除，包括个人缴付符合国家规定的企业年金、职业年金，个人购买符合国家规定的商业健康保险、税收递延型商业养老保险的支出，以及国务院规定可以扣除的其他项目。

【特别提示】专项扣除、专项附加扣除和依法确定的其他扣除，以居民个人一个纳税年度的应纳税所得额为限额；一个纳税年度扣除不完的，不结转以后年度扣除。

【工作实例5-3】 接工作实例5-1、工作实例5-2，居民个人张某次年3月1日至6月30日内办理汇算清缴。居民个人综合所得个人所得税的税率表（按年）如表5-5所示。

【工作要求】计算张某次年3月1日至6月30日内汇算清缴应补缴（或申请退回）的个人所得税。

【工作实施】

$$\begin{array}{c} 本年张某综合所得 \\ 应纳税所得额 \end{array} = 30\,000 \times 12 + 40\,000 \times (1-20\%) + 12\,000 \times (1-20\%) \times 70\%$$
$$+ 3\,000 \times (1-20\%) - 60\,000 - 5\,550 \times 12 - 2\,000 \times 12$$
$$= 250\,520（元）$$

本年张某综合所得应纳个人所得税＝250 520×20％－16 920＝33 184(元)

本年各相关单位预扣预缴个人所得税合计＝24 960＋7 600＋1 344＋440

＝34 344(元)

因此次年3月1日至6月30日内汇算清缴时，张某可申请退回个人所得税：

张某应申请退回个人所得税＝34 344－33 184＝1 160(元)

二、非居民个人工资、薪金所得，劳务报酬所得，稿酬所得，特许权使用费所得应纳税额的计算

扣缴义务人向非居民个人支付工资、薪金所得，劳务报酬所得，稿酬所得和特许权使用费所得时，应当按以下方法按月或者按次代扣代缴个人所得税：

（1）非居民个人的工资、薪金所得，以每月收入额减除费用5 000元后的余额为应纳税所得额。

（2）劳务报酬所得、稿酬所得、特许权使用费所得，以每次收入额为应纳税所得额，适用按月换算后的非居民个人月度税率表（见表5-6）计算应纳税额。其中，劳务报酬所得、稿酬所得、特许权使用费所得以收入减除20％的费用后的余额为收入额。稿酬所得的收入额减按70％计算。

非居民个人工资、薪金所得，劳务报酬所得，稿酬所得，特许权使用费所得应纳税额的计算公式为：

应纳个人所得税＝应纳税所得额×税率－速算扣除数

具体如下：

（1）非居民个人的工资、薪金所得适用七级超额累进税率，其应纳税额的计算公式为：

应纳个人所得税＝月应纳税所得额×适用税率－速算扣除数

＝(每月工资、薪金收入额－5 000)×适用税率－速算扣除数

（2）非居民个人的劳务报酬所得适用七级超额累进税率，其应纳税额的计算公式为：

应纳个人所得税＝应纳税所得额×适用税率－速算扣除数

＝每次收入额×适用税率－速算扣除数

＝劳务报酬收入×(1－20％)×适用税率－速算扣除数

（3）非居民个人的稿酬所得适用七级超额累进税率，其应纳税额的计算公式为：

应纳个人所得税＝应纳税所得额×适用税率－速算扣除数

＝每次收入额×适用税率－速算扣除数

＝稿酬收入×(1－20％)×70％×适用税率－速算扣除数

（4）非居民个人的特许权使用费所得适用七级超额累进税率，其应纳税额的计算公式为：

$$应纳个人所得税＝应纳税所得额×适用税率－速算扣除数$$
$$＝每次收入额×适用税率－速算扣除数$$
$$＝特许权使用费收入×（1－20\%）×适用税率－速算扣除数$$

【知识链接】非居民个人取得工资、薪金所得，劳务报酬所得，稿酬所得，特许权使用费所得，有扣缴义务人的，由扣缴义务人按月或者按次代扣代缴税款，不办理汇算清缴。

💻【工作实例5-4】 本年1月，非居民个人杰克从任职单位取得税前工资、薪金收入12 000元。上述收入来源于中国境内，且不享受免税优惠政策。非居民个人工资、薪金所得，劳务报酬所得，稿酬所得，特许权使用费所得个人所得税的适用税率如表5-6所示。

【工作要求】计算杰克本年1月的应纳个人所得税。

【工作实施】

　　杰克本年1月工资、薪金所得的应纳税所得额＝12 000－5 000＝7 000（元）

$$\begin{matrix}杰克本年1月工资、薪金所得应纳\\（任职单位应代扣代缴）个人所得税\end{matrix}＝7 000×10\%－210＝490（元）$$

💻【工作实例5-5】 本年1月，非居民个人玛丽取得一次性劳务报酬收入18 000元；取得一次性稿酬收入6 000元；取得一次性特许权使用费收入3 500元。上述收入均为税前收入，均来源于中国境内，且不享受免税优惠政策。假设不考虑增值税等因素。非居民个人工资、薪金所得，劳务报酬所得，稿酬所得，特许权使用费所得个人所得税的适用税率如表5-6所示。

【工作要求】计算玛丽本年1月的应纳个人所得税。

【工作实施】

　　玛丽本年1月劳务报酬所得的应纳税所得额＝18 000×（1－20\%）＝14 400（元）

$$\begin{matrix}玛丽本年1月劳务报酬所得应纳\\（支付所得的单位应代扣代缴）个人所得税\end{matrix}＝14 400×20\%－1 410＝1 470（元）$$

　　玛丽本年1月稿酬所得的应纳税所得额＝6 000×（1－20\%）×70\%＝3 360（元）

$$\begin{matrix}玛丽本年1月稿酬所得应纳\\（支付所得的单位应代扣代缴）个人所得税\end{matrix}＝3 360×10\%－210＝126（元）$$

　　玛丽本年1月特许权使用费所得的应纳税所得额＝3 500×（1－20\%）＝2 800（元）

$$\begin{matrix}玛丽本年1月特许权使用费所得应纳\\（支付所得的单位应代扣代缴）个人所得税\end{matrix}＝2 800×3\%＝84（元）$$

$$\begin{matrix}玛丽本年1月应纳\\（支付所得的单位应代扣代缴）个人所得税合计\end{matrix}＝1 470＋126＋84＝1 680（元）$$

三、经营所得应纳税额的计算

经营所得，以每一纳税年度的收入总额减除成本、费用以及损失后的余额，为应纳税所得额。

经营所得个人所得税的计算公式为：

应纳个人所得税＝应纳税所得额×适用税率－速算扣除数

＝（全年收入总额－成本、费用、损失）×适用税率－速算扣除数

式中，成本、费用是指生产、经营活动中发生的各项直接支出和分配计入成本的间接费用以及销售费用、管理费用、财务费用；损失是指生产、经营活动中发生的固定资产和存货的盘亏、毁损、报废损失，转让财产损失，坏账损失，自然灾害等不可抗力因素造成的损失以及其他损失。

取得经营所得的个人，没有综合所得的，计算其每一纳税年度的应纳税所得额时，应当减除费用6万元、专项扣除、专项附加扣除以及依法确定的其他扣除。专项附加扣除在办理汇算清缴时减除。

【点拨指导】从事生产、经营活动，未提供完整、准确的纳税资料，不能正确计算应纳税所得额的，由主管税务机关核定应纳税所得额或者应纳税额。

【知识链接】纳税人取得经营所得，按年计算个人所得税，由纳税人在月度或者季度终了后15日内向税务机关报送纳税申报表，并预缴税款；在取得所得的次年3月31日前办理汇算清缴。

四、财产租赁所得应纳税额的计算

（一）应纳税所得额的计算

财产租赁所得，以一个月内取得的收入为一次。财产租赁所得，每次收入不超过4 000元的，减除费用800元；4 000元以上的，减除20％的费用，其余额为应纳税所得额。其计算公式如下：

（1）每次（月）收入不超过4 000元的：

应纳税所得额＝每次（月）收入额－准予扣除项目－修缮费用（800为限）－800

（2）每次（月）收入超过4 000元的：

应纳税所得额＝［每次（月）收入额－准予扣除项目－修缮费用（800为限）］×（1－20％）

个人出租财产取得的财产租赁收入，在计算缴纳个人所得税时，应依次扣除以下费用：

（1）准予扣除项目：主要指财产租赁过程中缴纳的税费。

（2）由纳税人负担的该出租财产实际开支的修缮费用。修缮费的扣除以每次800元为限，一次扣除不完的，准予在下一次继续扣除，直到扣完为止。

（3）税法规定的费用扣除标准（即定额减除费用 800 元或定率减除 20% 的费用）。

个人出租房屋的个人所得税应税收入不含增值税，计算房屋出租所得可扣除的税费不包括本次出租缴纳的增值税。个人转租房屋的，其向房屋出租方支付的租金及增值税税额，在计算转租所得时予以扣除。免征增值税的，确定计税依据时，租金收入不扣减增值税税额。

（二）应纳税额的计算

财产租赁所得适用 20% 的比例税率，但对个人出租住房取得的所得暂减按 10% 的税率征收个人所得税。其应纳税额的计算公式如下：

（1）每次（月）收入不超过 4 000 元的：

$$应纳个人所得税 = 应纳税所得额 \times 适用税率(20\% 或 10\%)$$

或

$$= [每次(月)收入额 - 准予扣除项目 - 修缮费用(800 为限) - 800]$$
$$\times 适用税率(20\% 或 10\%)$$

（2）每次（月）收入超过 4 000 元的：

$$应纳个人所得税 = 应纳税所得额 \times 适用税率(20\% 或 10\%)$$

或

$$= [每次(月)收入额 - 准予扣除项目 - 修缮费用(800 为限)]$$
$$\times (1 - 20\%) \times 适用税率(20\% 或 10\%)$$

【实务答疑】财产租赁所得每次收入不超过 4 000 元的，定额减除费用 800 元；每次收入在 4 000 元以上的，定率减除 20% 的费用。修缮费的扣除以每次（月）800 元为限，一次扣除不完的，准予在下一次继续扣除，直到扣完为止。在存在财产租赁过程中缴纳的税费和修缮费用的情况下，请问每次（月）财产租赁所得是根据扣除财产租赁过程中缴纳的税费和修缮费用之后的金额去判断是否不超过 4 000 元，还是根据扣除财产租赁过程中缴纳的税费和修缮费用之前的金额去判断是否不超过 4 000 元？

答：2009 年 11 月 26 日，国家税务总局办公厅发布的《关于个人转租房屋取得收入征收个人所得税问题解读稿》指出，国家税务总局下发《关于个人转租房屋取得收入征收个人所得税问题的通知》（国税函〔2009〕639 号），明确了对个人转租房屋取得收入征收个人所得税问题，现解读如下：

当前，一些纳税人出于谋利或者其他目的，将所承租房屋转租给第三方赚取租金差价的情况时有发生，针对这类现象，国家税务总局按照现行个人所得税有关政策规定，对个人转租房屋取得的租金收入如何征收个人所得税作了明确规定。考虑到个人转租房屋所支付的租金是财产租赁所得的成本，该通知明确规定，转租房屋所支付的租金允许在个人所得税税前扣除。同时，为便于管理和堵塞漏洞，要求纳税人必须提交房屋租赁合同和支付租金的合法凭据，否则，不允许扣除租金。

此外，为便于政策衔接，对财产租赁所得个人所得税税前扣除税费的扣除次序问题也重新进行了明确，即在计算财产租赁所得个人所得税时，应首先扣除财产租赁过程中缴纳的税费；其次扣除个人向出租方支付的租金；再次扣除由纳税人负担的该出租财产实际开支的修缮费用；最后减除税法规定的费用扣除标准。经上述减除后，如果余额不足 4 000 元，则减去 800 元，如果余额超过 4 000 元，则减去 20%。

国家税务总局的这项规定不仅规范了税收政策，减轻了个人承租房屋再行转租的税负，同时规范了税收管理，有利于减少税收流失。

因此，在存在财产租赁过程中缴纳的税费和修缮费用的情况下，每次（月）财产租赁所得是根据扣除财产租赁过程中缴纳的税费和修缮费用之后的全额去判断是否不超过 4 000 元。

【工作实例 5－6】 李某本年 10 月将其原居住的房屋租给张某用于居住，每月租金为 4 600 元（不含增值税），租金按月收取。本年 10 月发生修缮费用 1 200 元，相关税费为 200 元。

【工作要求】 计算本年 10 月李某上述业务的应纳个人所得税。

【工作实施】 修缮费的扣除以每次 800 元为限，一次扣除不完的，准予在下次继续扣除，直到扣完为止。对个人出租住房取得的所得暂减按 10% 的税率征收个人所得税。

$$4\ 600-200-800=3\ 600(元)<4\ 000\ 元$$
$$应纳个人所得税=[(4\ 600-200-800)-800]\times 10\%$$
$$=280(元)$$

五、财产转让所得应纳税额的计算

（一）应纳税所得额的计算

1. 一般情况下财产转让所得应纳税所得额的计算

财产转让所得，以转让财产的收入额减除财产原值和合理费用后的余额，为应纳税所得额。其计算公式为：

$$应纳税所得额=收入总额-财产原值-合理费用$$

财产原值，按照下列方法确定：

（1）有价证券，为买入价以及买入时按照规定缴纳的有关费用；

（2）建筑物，为建造费或者购进价格以及其他有关费用；

（3）土地使用权，为取得土地使用权所支付的金额、开发土地的费用以及其他有关费用；

（4）机器设备、车船，为购进价格、运输费、安装费以及其他有关费用。

其他财产，参照上述规定的方法确定财产原值。

纳税人未提供完整、准确的财产原值凭证，不能按照以上规定的方法确定财产原值的，由主管税务机关核定财产原值。

合理费用是指卖出财产时按照规定支付的有关税费。

【点拨指导】 财产转让所得，按照一次转让财产的收入额减除财产原值和合理费用后的余额计算纳税。

个人转让房屋的个人所得税应税收入不含增值税，其取得房屋时所支付价款中包含的增值税计入财产原值，计算转让所得时可扣除的税费不包括本次转让缴纳的增值税。

免征增值税的，确定计税依据时，转让房地产取得的收入不扣减增值税税额。

财产转让所得同样采取按次计征的方式，以一件财产的所有权一次转让取得的收入为一次。

2. 个人无偿受赠房屋有关个人所得税的计算

以下情形的房屋产权无偿赠与，对当事双方不征收个人所得税：

（1）房屋产权所有人将房屋产权无偿赠与配偶、父母、子女、祖父母、外祖父母、孙子女、外孙子女、兄弟姐妹；

（2）房屋产权所有人将房屋产权无偿赠与对其承担直接抚养或者赡养义务的抚养人或者赡养人；

（3）房屋产权所有人死亡，依法取得房屋产权的法定继承人、遗嘱继承人或者受遗赠人。

除上述情形以外，房屋产权所有人将房屋产权无偿赠与他人的，受赠人因无偿受赠房屋取得的受赠所得，按照经国务院财政部门确定征税的其他所得项目缴纳个人所得税，税率为20%。

对受赠人无偿受赠房屋计征个人所得税时，其应纳税所得额为房地产赠与合同上标明的赠与房屋价值减除赠与过程中受赠人支付的相关税费后的余额。赠与合同标明的房屋价值明显低于市场价格或房地产赠与合同未标明赠与房屋价值的，税务机关可依据受赠房屋的市场评估价格或采取其他合理方式确定受赠人的应纳税所得额。

受赠人转让受赠房屋的，以其转让受赠房屋的收入减除原捐赠人取得该房屋的实际购置成本以及赠与和转让过程中受赠人支付的相关税费后的余额，为受赠人的应纳税所得额，依法计征个人所得税。受赠人转让受赠房屋价格明显偏低且无正当理由的，税务机关可以依据该房屋的市场评估价格或其他合理方式确定的价格核定其转让收入。

（二）应纳税额的计算

财产转让所得应纳税额的计算公式为：

$$应纳个人所得税＝应纳税所得额×适用税率$$
$$＝（收入总额－财产原值－合理税费）×20\%$$

【工作实例5-7】 刘某于本年1月转让私有住房一套，取得转让收入240 000元。该套住房购进时的原价为180 000元，转让时支付有关税费16 000元。

【工作要求】计算刘某转让其私有住房取得收入的应纳个人所得税。

【工作实施】

$$应纳个人所得税＝（240\ 000－180\ 000－16\ 000）×20\%＝8\ 800（元）$$

六、利息、股息、红利所得和偶然所得应纳税额的计算

利息、股息、红利所得和偶然所得个人所得税按次征收。利息、股息、红利所得，以支付利息、股息、红利时取得的收入为一次；偶然所得，以每次取得该项收入为一次。

利息、股息、红利所得和偶然所得的应纳税所得额即为每次收入额。其计算公式为：

$$应纳个人所得税＝应纳税所得额×适用税率＝每次收入额×20\%$$

【实务答疑】我公司为股东个人购买汽车，请问是否需要缴纳个人所得税？

答：《国家税务总局关于企业为股东个人购买汽车征收个人所得税的批复》（国税函〔2005〕364号）规定：依据《个人所得税法》以及有关规定，企业购买车辆并将车辆所有权办到股东个人名下，其实质为企业对股东进行了红利性质的实物分配，应按照利息、股息、红利所得项目征收个人所得税。考虑到该股东个人名下的车辆同时也为企业经营使用的实际情况，允许合理减除部分所得；减除的具体数额由主管税务机关根据车辆的实际使用情况合理确定。

【情境引例解析】

《个人所得税法》规定，下列各项个人所得，应当缴纳个人所得税：（1）工资、薪金所得；（2）劳务报酬所得；（3）稿酬所得；（4）特许权使用费所得；（5）经营所得；（6）利息、股息、红利所得；（7）财产租赁所得；（8）财产转让所得；（9）偶然所得。

居民个人取得以上第（1）项至第（4）项所得（称综合所得），按纳税年度合并计算个人所得税；非居民个人取得以上第（1）项至第（4）项所得，按月或者按次分项计算个人所得税。纳税人取得以上第（5）项至第（9）项所得，依照该法的规定分别计算个人所得税。

因此，你取得的房产租赁收入和房产转让收入分别属于财产租赁所得和财产转让所得，只需要分别计算个人所得税，不需要按纳税年度合并计算个人所得税。

【工作实例5-8】郑某本年3月在某公司举行的有奖销售活动中获得奖金15 000元，领奖时发生交通费600元、食宿费400元（均由郑某承担）。在颁奖现场郑某直接向某大学图书馆捐款3 000元。已知偶然所得适用的个人所得税税率为20%。

【工作要求】计算郑某中奖收入的应纳个人所得税。

【工作实施】偶然所得按收入全额计征个人所得税，不扣除任何费用；非公益性的直接捐赠税前不得扣除。

$$应纳个人所得税＝15 000×20\%＝3 000(元)$$

七、个人所得税几种特殊情况应纳税额的计算

（一）全年一次性奖金及其他奖金应纳税额的计算

居民个人取得全年一次性奖金，符合《国家税务总局关于调整个人取得全年一次性奖金等计算征收个人所得税方法问题的通知》（国税发〔2005〕9号）规定的，在2021年12月31日前，不并入当年综合所得，以全年一次性奖金收入除以12个月得到的数额，按照按月换算后的综合所得税率表（见表5-6），确定适用税率和速算扣除数，单独计算纳税。计算公式为：

$$应纳个人所得税＝全年一次性奖金收入×适用税率－速算扣除数$$

居民个人取得全年一次性奖金，也可以选择并入当年综合所得计算纳税。

自2022年1月1日起，居民个人取得全年一次性奖金，应并入当年综合所得计算缴纳个人所得税。

雇员取得除全年一次性奖金以外的其他各种名目奖金，如半年奖、季度奖、加班奖、先进奖、考勤奖等，一律与当月工资、薪金收入合并，按税法规定缴纳个人所得税。

【工作实例5-9】 中国居民个人王某本年10月取得全年一次性奖金48 000元（税前奖金）。王某选择该全年一次性奖金不并入当年综合所得计算缴纳个人所得税。按月换算后的综合所得税率表如表5-6所示。

【工作要求】 计算王某本年10月全年一次性奖金的应纳个人所得税。

【工作实施】

48 000÷12＝4 000（元）

查表可知适用税率为10%，速算扣除数为210。

王某本年10月全年一次性奖金的应纳个人所得税＝48 000×10%－210＝4 590（元）

（二）公益慈善事业的捐赠支出的扣除

自2019年1月1日起，公益慈善事业捐赠有关个人所得税政策规定如下：

（1）个人通过中华人民共和国境内公益性社会组织、县级以上人民政府及其部门等国家机关，向教育、扶贫、济困等公益慈善事业的捐赠（以下简称公益捐赠），发生的公益捐赠支出，可以按照个人所得税法有关规定在计算应纳税所得额时扣除。

【特别提示】 境内公益性社会组织，包括依法设立或登记并按规定条件和程序取得公益性捐赠税前扣除资格的慈善组织、其他社会组织和群众团体。

（2）个人发生的公益捐赠支出金额，按照以下规定确定：

1）捐赠货币性资产的，按照实际捐赠金额确定；

2）捐赠股权、房产的，按照个人持有股权、房产的财产原值确定；

3）捐赠除股权、房产以外的其他非货币性资产的，按照非货币性资产的市场价格确定。

（3）居民个人按照以下规定扣除公益捐赠支出：

1）居民个人发生的公益捐赠支出可以在财产租赁所得、财产转让所得、利息股息红利所得、偶然所得（以下统称分类所得）、综合所得或者经营所得中扣除。在当期一个所得项目扣除不完的公益捐赠支出，可以按规定在其他所得项目中继续扣除。

2）居民个人发生的公益捐赠支出，在综合所得、经营所得中扣除的，扣除限额分别为当年综合所得、当年经营所得应纳税所得额的30%；在分类所得中扣除的，扣除限额为当月分类所得应纳税所得额的30%。

3）居民个人根据各项所得的收入、公益捐赠支出、适用税率等情况，自行决定在综合所得、分类所得、经营所得中扣除的公益捐赠支出的顺序。

（4）居民个人在综合所得中扣除公益捐赠支出的，应按照以下规定处理：

1）居民个人取得工资、薪金所得的，可以选择在预扣预缴时扣除，也可以选择在年度汇算清缴时扣除。

居民个人选择在预扣预缴时扣除的，应按照累计预扣法计算扣除限额，其捐赠当月的扣除限额为截止当月累计应纳税所得额的30％（全额扣除的从其规定，下同）。个人从两处以上取得工资、薪金所得，选择其中一处扣除，选择后当年不得变更。

2）居民个人取得劳务报酬所得、稿酬所得、特许权使用费所得的，预扣预缴时不扣除公益捐赠支出，统一在汇算清缴时扣除。

3）居民个人取得全年一次性奖金、股权激励等所得，且按规定采取不并入综合所得而单独计税方式处理的，公益捐赠支出扣除比照上述分类所得的扣除规定处理。

（5）居民个人发生的公益捐赠支出，可在捐赠当月取得的分类所得中扣除。当月分类所得应扣除未扣除的公益捐赠支出，可以按照以下规定追补扣除：

1）扣缴义务人已经代扣但尚未解缴税款的，居民个人可以向扣缴义务人提出追补扣除申请，退还已扣税款。

2）扣缴义务人已经代扣且解缴税款的，居民个人可以在公益捐赠之日起90日内提请扣缴义务人向征收税款的税务机关办理更正申报追补扣除，税务机关和扣缴义务人应当予以办理。

3）居民个人自行申报纳税的，可以在公益捐赠之日起90日内向主管税务机关办理更正申报追补扣除。

居民个人捐赠当月有多项多次分类所得的，应先在其中一项一次分类所得中扣除。已经在分类所得中扣除的公益捐赠支出，不再调整到其他所得中扣除。

（6）在经营所得中扣除公益捐赠支出，应按以下规定处理：

1）个体工商户发生的公益捐赠支出，在其经营所得中扣除。

2）个人独资企业、合伙企业发生的公益捐赠支出，其个人投资者应当按照捐赠年度合伙企业的分配比例（个人独资企业分配比例为100％），计算归属于每一个人投资者的公益捐赠支出，个人投资者应将其归属的个人独资企业、合伙企业公益捐赠支出和本人需要在经营所得中扣除的其他公益捐赠支出合并，在其经营所得中扣除。

3）在经营所得中扣除公益捐赠支出的，可以选择在预缴税款时扣除，也可以选择在汇算清缴时扣除。

4）经营所得采取核定征收方式的，不扣除公益捐赠支出。

（7）非居民个人发生的公益捐赠支出，未超过其在公益捐赠支出发生的当月应纳税所得额30％的部分，可以从其应纳税所得额中扣除。扣除不完的公益捐赠支出，可以在经营所得中继续扣除。

非居民个人按规定可以在应纳税所得额中扣除公益捐赠支出而未实际扣除的，可按照上述第（5）条规定追补扣除。

（8）国务院规定对公益捐赠全额税前扣除的，按照规定执行。个人同时发生按30％扣除和全额扣除的公益捐赠支出，自行选择扣除次序。

（9）公益性社会组织、国家机关在接受个人捐赠时，应当按照规定开具捐赠票据；

个人索取捐赠票据的，应予以开具。

个人发生公益捐赠时不能及时取得捐赠票据的，可以暂时凭公益捐赠银行支付凭证扣除，并向扣缴义务人提供公益捐赠银行支付凭证复印件。个人应在捐赠之日起 90 日内向扣缴义务人补充提供捐赠票据，如果个人未按规定提供捐赠票据的，扣缴义务人应在 30 日内向主管税务机关报告。

机关、企事业单位统一组织员工开展公益捐赠的，纳税人可以凭汇总开具的捐赠票据和员工明细单扣除。

（10）个人通过扣缴义务人享受公益捐赠扣除政策，应当告知扣缴义务人符合条件可扣除的公益捐赠支出金额，并提供捐赠票据的复印件，其中捐赠股权、房产的还应出示财产原值证明。扣缴义务人应当按照规定在预扣预缴、代扣代缴税款时予以扣除，并将公益捐赠扣除金额告知纳税人。

个人自行办理或扣缴义务人为个人办理公益捐赠扣除的，应当在申报时一并报送"个人所得税公益慈善事业捐赠扣除明细表"。个人应留存捐赠票据，留存期限为 5 年。

【工作实例 5－10】　中国居民王华本年 1 月取得福利彩票中奖所得 100 000 元，当场拿出 40 000 元通过国家机关对贫困地区进行捐赠。

【工作要求】计算王华当月的应纳个人所得税。

【工作实施】（1）计算应纳税所得额。

未扣除捐赠前的应纳税所得额＝100 000（元）

（2）计算捐赠扣除限额，确定扣除额。

捐赠扣除限额＝100 000×30％＝30 000（元）

40 000 元＞30 000 元，只能扣除 30 000 元。

（3）计算应纳税额。

扣除允许扣除的捐赠后的应纳税所得额＝100 000－30 000＝70 000（元）

适用 20％的税率，则

应纳个人所得税＝70 000×20％＝14 000（元）

（三）两个或两个以上的个人共同取得一项收入的个人所得税的计算

两个以上的个人共同取得同一项收入的，应当对每个人取得的收入分别按照个人所得税法的规定计算纳税，即按"先分、后扣、再税"的办法计算各自应该缴纳的个人所得税。

【工作实例 5－11】　张某和李某为灵活就业者，本年受甲公司邀请提供会计培训，张某负责培训理论部分，李某负责培训实务部分，张某和李某与甲公司签订劳务合同，约定甲公司本年支付给张某和李某劳务报酬收入共计 30 万元，其中张某分得 16 万元，李某分得 14 万元。当年张某的专项扣除、专项附加扣除和依法确定的其他扣除合计额为 40 000 元。当年李某的专项扣除、专项附加扣除和依法确定的其他扣除合计额为 38 000 元。当年张某和李某均无其他收入，假设不考虑增值税因素。

【工作要求】 计算张某和李某综合所得的应纳个人所得税。

【工作实施】

本年张某综合所得的应纳税所得额＝160 000×(1−20%)−60 000−40 000

＝28 000(元)

本年张某综合所得的应纳个人所得税＝28 000×3%＝840(元)

本年李某综合所得的应纳税所得额＝140 000×(1−20%)−60 000−38 000

＝14 000(元)

本年李某综合所得的应纳个人所得税＝14 000×3%＝420(元)

(四) 境外所得已纳税款抵免的计算

下列所得，为来源于中国境外的所得：

(1) 因任职、受雇、履约等在中国境外提供劳务取得的所得；

(2) 中国境外企业以及其他组织支付且负担的稿酬所得；

(3) 许可各种特许权在中国境外使用而取得的所得；

(4) 在中国境外从事生产、经营活动而取得的与生产、经营活动相关的所得；

(5) 从中国境外企业、其他组织以及非居民个人取得的利息、股息、红利所得；

(6) 将财产出租给承租人在中国境外使用而取得的所得；

(7) 转让中国境外的不动产、转让对中国境外企业以及其他组织投资形成的股票、股权以及其他权益性资产（以下称权益性资产）或者在中国境外转让其他财产取得的所得，但转让对中国境外企业以及其他组织投资形成的权益性资产，该权益性资产被转让前3年（连续36个公历月份）内的任一时间，被投资企业或其他组织的资产公允价值50%以上直接或间接来自位于中国境内的不动产的，取得的所得为来源于中国境内的所得；

(8) 中国境外企业、其他组织以及非居民个人支付且负担的偶然所得；

(9) 财政部、税务总局另有规定的，按照相关规定执行。

居民个人从中国境外取得的所得，可以从其应纳税额中抵免已在境外缴纳的个人所得税税额，但抵免额不得超过该纳税人境外所得依照我国《个人所得税法》规定计算的应纳税额。

【点拨指导】 已在境外缴纳的个人所得税税额是指居民个人来源于中国境外的所得，依照该所得来源国家（地区）的法律应当缴纳并且实际已经缴纳的个人所得税税额。

居民个人从中国境内和境外取得的综合所得、经营所得，应当分别合并计算应纳税额；从中国境内和境外取得的其他所得，应当分别单独计算应纳税额。

纳税人境外所得依照个人所得税法规定计算的应纳税额，是居民个人抵免已在境外缴纳的综合所得、经营所得以及其他所得的个人所得税税额的限额（以下简称抵免限额）。除国务院财政、税务主管部门另有规定外，来源于中国境外一个国家（地区）的综合所得抵免限额、经营所得抵免限额以及其他所得抵免限额之和，为来源于该国家

（地区）所得的抵免限额。

居民个人在中国境外一个国家（地区）实际已经缴纳的个人所得税税额，低于依照以上规定计算出的来源于该国家（地区）所得的抵免限额的，应当在中国缴纳差额部分的税款；超过来源于该国家（地区）所得的抵免限额的，其超过部分不得在本纳税年度的应纳税额中抵免，但是可以在以后纳税年度来源于该国家（地区）所得的抵免限额的余额中补扣。补扣期限最长不得超过 5 年。

【特别提示】居民个人申请抵免已在境外缴纳的个人所得税税额，应当提供境外税务机关出具的税款所属年度的有关纳税凭证。

【工作实例 5-12】　中国居民个人张某在本年度从 A 国取得彩票收入 20 000元。张某在 A 国已经缴纳个人所得税 3 000 元。张某在 A 国没有其他收入。

【工作要求】计算张某在 A 国取得的彩票收入在我国应当补缴的个人所得税。

【工作实施】

$$\text{张某偶然所得个人所得税扣除限额}\atop\text{（按照我国税法规定应纳个人所得税）}=20\,000\times20\%=4\,000(元)$$

张某在我国应补缴个人所得税 $=4\,000-3\,000=1\,000(元)$

八、个人所得税的纳税调整

有下列情形之一的，税务机关有权按照合理方法进行纳税调整：

（1）个人与其关联方之间的业务往来不符合独立交易原则而减少本人或者其关联方应纳税额，且无正当理由；

（2）居民个人控制的，或者居民个人和居民企业共同控制的设立在实际税负明显偏低的国家（地区）的企业，无合理经营需要，对应当归属于居民个人的利润不作分配或者减少分配；

（3）个人实施其他不具有合理商业目的的安排而获取不当税收利益。

税务机关依照以上规定作出纳税调整，需要补征税款的，应当补征税款，并依法加收利息。

【点拨指导】上述利息，应当按照税款所属纳税申报期最后一日中国人民银行公布的与补税期间同期的人民币贷款基准利率计算，自税款纳税申报期满次日起至补缴税款期限届满之日止按日加收。纳税人在补缴税款期限届满前补缴税款的，利息加收至补缴税款之日。

九、个人所得税的信息管理规定

公安、中国人民银行、金融监督管理等相关部门应当协助税务机关确认纳税人的身份、金融账户信息。教育、卫生、医疗保障、民政、人力资源和社会保障、住房和城乡建设、公安、中国人民银行、金融监督管理等相关部门应当向税务机关提供纳税人子女教育、继续教育、大病医疗、住房贷款利息、住房租金、赡养老人等专项附加扣除信息。

个人转让不动产的，税务机关应当根据不动产登记等相关信息核验应缴的个人所得税，登记机构办理转移登记时，应当查验与该不动产转让相关的个人所得税的完税凭证。个人转让股权办理变更登记的，市场主体登记机关应当查验与该股权交易相关的个人所得税的完税凭证。

有关部门依法将纳税人、扣缴义务人遵守《个人所得税法》的情况纳入信用信息系统，并实施联合激励或者惩戒。

【工作引例解析】

(1) 本年综合所得应纳税所得额$=40\,000\times12+40\,000\times(1-20\%)+3\,000\times(1-20\%)\times70\%$

$$+80\,000\times(1-20\%)-60\,000-50\,000$$

$$=467\,680(元)$$

本年综合所得应纳个人所得税$=467\,680\times30\%-52\,920=87\,384(元)$

本年综合所得汇算清缴应补缴的个人所得税$=87\,384-60\,580-7\,600-308-12\,800=6\,096(元)$

(2) 在计算财产租赁所得个人所得税时，应首先扣除财产租赁过程中缴纳的税费；其次扣除个人向出租方支付的租金（转租房屋所支付的租金）；再次扣除由纳税人负担的该出租财产实际开支的修缮费用；最后减除税法规定的费用扣除标准，即经上述减除后，如果余额不足4\,000元，则减去800元，如果余额超过4\,000元，则减去20\%。

转租住房应纳个人所得税$=(6\,500-500-4\,500-800)\times10\%=70(元)$

(3) 受赠人转让受赠房屋的，以其转让受赠房屋的收入减除原捐赠人取得该房屋的实际购置成本以及赠与和转让过程中受赠人支付的相关税费后的余额，为受赠人的应纳税所得额，依法计征个人所得税。

转让受赠房产的应纳税所得额$=1\,500\,000-850\,000-100\,000=550\,000(元)$

(4) 企业对累计消费达到一定额度的个人按消费积分反馈礼品，不征收个人所得税。

抽奖所获奖品的中奖所得应纳个人所得税$=6\,820\times20\%=1\,364(元)$

第3节 个人所得税的征收管理

 情境引例

本人取得了中奖所得，发奖方未扣缴个人所得税，请问本人需要自行申报吗？

一、个人所得税的代扣代缴

（一）个人所得税的扣缴义务人

我国实行个人所得税代扣代缴和个人自行申报纳税相结合的征收管理制度。个人所

得税采取代扣代缴办法，有利于控制税源，保证税收收入，简化征纳手续，加强个人所得税管理。税法规定，个人所得税以支付所得的单位或者个人为扣缴义务人。纳税人有中国公民身份号码的，以中国公民身份号码为纳税人识别号；纳税人没有中国公民身份号码的，由税务机关赋予其纳税人识别号。扣缴义务人扣缴税款时，纳税人应当向扣缴义务人提供纳税人识别号，扣缴义务人应当按照国家规定办理全员全额扣缴申报，并向纳税人提供其个人所得和已扣缴税款等信息。扣缴义务人在向纳税人支付各项应纳税所得时，必须履行代扣代缴税款的义务。扣缴义务人对纳税人的应扣未扣税款应由纳税人予以补缴。

对扣缴义务人按照所扣缴的税款，税务机关应付给 2% 的手续费。不包括税务机关、司法机关等查补或者责令补扣的税款。

【特别提示】扣缴义务人领取的扣缴手续费可用于提升办税能力、奖励办税人员。

【点拨指导】全员全额扣缴申报是指扣缴义务人在代扣税款的次月 15 日内，向主管税务机关报送其支付所得的所有个人的有关信息、支付所得数额、扣除事项和数额、扣缴税款的具体数额和总额以及其他相关涉税信息资料。

【特别提示】除了代扣代缴和自行纳税申报外，一些地方为了提高征管效率，方便纳税人，对个别应税所得项目采取了委托代征的方式。

【特别提示】扣缴义务人应当按照纳税人提供的信息计算税款、办理扣缴申报，不得擅自更改纳税人提供的信息。

扣缴义务人发现纳税人提供的信息与实际情况不符的，可以要求纳税人修改。纳税人拒绝修改的，扣缴义务人应当报告税务机关，税务机关应当及时处理。

纳税人发现扣缴义务人提供或者扣缴申报的个人信息、支付所得、扣缴税款等信息与实际情况不符的，有权要求扣缴义务人修改。扣缴义务人拒绝修改的，纳税人应当报告税务机关，税务机关应当及时处理。

【点拨指导】纳税人需要享受税收协定待遇的，应当在取得应税所得时主动向扣缴义务人提出，并提交相关信息、资料，扣缴义务人代扣代缴税款时按照享受税收协定待遇有关办法办理。

【特别提示】扣缴义务人依法履行代扣代缴义务，纳税人不得拒绝。纳税人拒绝的，扣缴义务人应当及时报告税务机关。

扣缴义务人有未按照规定向税务机关报送资料和信息、未按照纳税人提供信息虚报虚扣专项附加扣除、应扣未扣税款、不缴或少缴已扣税款、借用或冒用他人身份等行为的，依照《税收征收管理法》等相关法律、行政法规处理。

(二) 个人所得税代扣代缴的范围

居民个人取得综合所得，按年计算个人所得税；有扣缴义务人的，由扣缴义务人按月或者按次预扣预缴税款；需要办理汇算清缴的，应当在取得所得的次年 3 月 1 日至 6 月 30 日内办理汇算清缴。预扣预缴办法由国务院税务主管部门制定。

居民个人向扣缴义务人提供专项附加扣除信息的，扣缴义务人按月预扣预缴税款时应当按照规定予以扣除，不得拒绝。

非居民个人取得工资、薪金所得，劳务报酬所得，稿酬所得和特许权使用费所得，有扣缴义务人的，由扣缴义务人按月或者按次代扣代缴税款，不办理汇算清缴。

纳税人取得利息、股息、红利所得，财产租赁所得，财产转让所得和偶然所得，按月或者按次计算个人所得税，有扣缴义务人的，由扣缴义务人按月或者按次代扣代缴税款。

扣缴义务人向个人支付应纳税所得（包括现金、实物和有价证券）时，不论纳税人是否属于本单位人员，均应代扣代缴其应纳的个人所得税税款。

扣缴义务人首次向纳税人支付所得时，应当按照纳税人提供的纳税人识别号等基础信息，填写"个人所得税基础信息表（A表）"，并于次月扣缴申报时向税务机关报送。

扣缴义务人对纳税人向其报告的相关基础信息变化情况，应当于次月扣缴申报时向税务机关报送。

【点拨指导】实行个人所得税全员全额扣缴申报的应税所得包括：

(1) 工资、薪金所得；

(2) 劳务报酬所得；

(3) 稿酬所得；

(4) 特许权使用费所得；

(5) 利息、股息、红利所得；

(6) 财产租赁所得；

(7) 财产转让所得；

(8) 偶然所得。

【特别提示】纳税人、扣缴义务人应当按照规定保存与专项附加扣除相关的资料。税务机关可以对纳税人提供的专项附加扣除信息进行抽查，具体办法由国务院税务主管部门另行规定。税务机关发现纳税人提供虚假信息的，应当责令改正并通知扣缴义务人；情节严重的，有关部门应当依法予以处理，纳入信用信息系统并实施联合惩戒。

(三) 个人所得税的代扣代缴期限

扣缴义务人每月或者每次预扣、代扣的税款，应当在次月15日内缴入国库，并向税务机关报送"个人所得税扣缴申报表"。

【特别提示】支付工资、薪金所得的扣缴义务人应当于年度终了后两个月内，向纳税人提供其个人所得和已扣缴税款等信息。纳税人年度中间需要提供上述信息的，扣缴义务人应当提供。

【点拨指导】纳税人取得除工资、薪金所得以外的其他所得，扣缴义务人应当在扣缴税款后，及时向纳税人提供其个人所得和已扣缴税款等信息。

(四) 个人所得税代扣代缴的纳税申报

扣缴义务人代扣代缴个人所得税时，应当填报"个人所得税基础信息表（A表）（B表）"（略）、"个人所得税扣缴申报表"（见表5-8）。

表 5 - 8　个人所得税扣缴申报表

税款所属期：　年　月　日 至　年　月　日
扣缴义务人名称：
扣缴义务人纳税人识别号（统一社会信用代码）：□□□□□□□□□□□□□□□□□□
金额单位：人民币元（列至角分）

序号	姓名	身份证件类型	身份证件号码	纳税人识别号	是否为非居民个人	所得项目	本月（次）情况														累计情况（工资、薪金）									减按计税比例	准予扣除的捐赠额	应纳税所得额	税款计算						备注
							收入额计算				专项扣除				其他扣除						累计收入额	累计减除费用	累计专项扣除	累计专项附加扣除					累计其他扣除				税率/预扣率	速算扣除数	应纳税额	减免税额	已扣缴税额	应补（退）税额	
							收入	费用	免税收入	减除费用	基本养老保险费	基本医疗保险费	失业保险费	住房公积金	年金	商业健康保险	税延养老保险	财产原值	允许扣除的税费	其他				子女教育	赡养老人	住房贷款利息	住房租金	继续教育											
	1	2	3	4	5	6	7	8	9	10	11	12	13	14	15	16	17	18	19	20	21	22	23	24	25	26	27	28	29	30	31	32	33	34	35	36	37	38	39	40
1																																								
合计																																								

谨声明：本扣缴申报表是根据国家税收法律法规及相关规定填报的，是真实的、可靠的、完整的。

扣缴义务人（签章）：

代理机构签章：
代理机构统一社会信用代码：
经办人签字：
经办人身份证件号码：

受理人：
受理税务机关（章）：
受理日期：　年　月　日

二、个人所得税的自行申报

（一）个人所得税自行申报的范围

有下列情形之一的，纳税人应当依法办理纳税申报：

（1）取得综合所得需要办理汇算清缴；

（2）取得应税所得没有扣缴义务人；

（3）取得应税所得，扣缴义务人未扣缴税款；

（4）取得境外所得；

（5）因移居境外注销中国户籍；

（6）非居民个人在中国境内从两处以上取得工资、薪金所得；

（7）国务院规定的其他情形。

【点拨指导】取得综合所得需要办理汇算清缴的情形包括：

（1）从两处以上取得综合所得，且综合所得年收入额减除专项扣除的余额超过6万元；

（2）取得劳务报酬所得、稿酬所得、特许权使用费所得中一项或者多项所得，且综合所得年收入额减除专项扣除的余额超过6万元；

（3）纳税年度内预缴税额低于应纳税额；

（4）纳税人申请退税。

纳税人申请退税，应当提供其在中国境内开设的银行账户，并在汇算清缴地就地办理税款退库。

纳税人办理综合所得汇算清缴，应当准备与收入、专项扣除、专项附加扣除、依法确定的其他扣除、捐赠、享受税收优惠等相关的资料，并按规定留存备查或报送。

【特别提示】纳税人申请退税时提供的汇算清缴信息有误，税务机关应当告知其更正；纳税人更正的，税务机关应当及时办理退税。

扣缴义务人未将扣缴的税款解缴入库的，不影响纳税人按照规定申请退税，税务机关应当凭纳税人提供的有关资料办理退税。

纳税人可以委托扣缴义务人或者其他单位和个人办理汇算清缴。

【点拨指导】2019年1月1日至2020年12月31日居民个人取得的综合所得，年度综合所得收入不超过12万元且需要汇算清缴补税的，或者年度汇算清缴补税金额不超过400元的，居民个人可免于办理个人所得税综合所得汇算清缴。居民个人取得综合所得时存在扣缴义务人未依法预扣预缴税款的情形除外。

【特别提示】2019年度个人所得税综合所得汇算清缴的内容。

依据税法规定，2019年度终了后，居民个人（以下称"纳税人"）需要汇总2019年1月1日至12月31日取得的工资薪金、劳务报酬、稿酬、特许权使用费等四项所得（以下称"综合所得"）的收入额，减除费用6万元以及专项扣除、专项附加扣除、依法确定的其他扣除和符合条件的公益慈善事业捐赠（以下简称"捐赠"）后，适用综合所得个人所得税税率并减去速算扣除数，计算本年度最终应纳税额，再减去 2019 年度已预缴税额，得出本年度应退或应补税额，向税务机关申报并办理退税或补税。具体计算公式如下：

$$\begin{aligned}\text{2019 年度汇算应退}\atop\text{或应补税额}=&\left[\left(\text{综合所得收入额}-60\,000\ \text{元}-\text{``三险一金''等专项扣除}\right.\right.\\&\left.-\text{子女教育等专项附加扣除}-\text{依法确定的其他扣除}-\text{捐赠}\right)\\&\left.\times\text{适用税率}-\text{速算扣除数}\right]-\text{2019 年已预缴税额}\end{aligned}$$

依据税法规定，2019 年度汇算仅计算并结清本年度综合所得的应退或应补税款，不涉及以前或往后年度，也不涉及财产租赁等分类所得，以及纳税人按规定选择不并入综合所得计算纳税的全年一次性奖金等所得。

【特别提示】2019 年度无须办理个人所得税综合所得汇算清缴的纳税人。

经国务院批准，依据《财政部 税务总局关于个人所得税综合所得汇算清缴涉及有关政策问题的公告》（2019 年第 94 号）有关规定，纳税人在 2019 年度已依法预缴个人所得税且符合下列情形之一的，无需办理年度汇算：（1）纳税人年度汇算需补税但年度综合所得收入不超过 12 万元的；（2）纳税人年度汇算需补税金额不超过 400 元的；（3）纳税人已预缴税额与年度应纳税额一致或者不申请年度汇算退税的。

【特别提示】2019 年度需要办理个人所得税综合所得汇算清缴的纳税人。

依据税法规定，符合下列情形之一的，纳税人需要办理年度汇算：

（1）2019 年度已预缴税额大于年度应纳税额且申请退税的。包括 2019 年度综合所得收入额不超过 6 万元但已预缴个人所得税；年度中间劳务报酬、稿酬、特许权使用费适用的预扣率高于综合所得年适用税率；预缴税款时，未申报扣除或未足额扣除减除费用、专项扣除、专项附加扣除、依法确定的其他扣除或捐赠，以及未申报享受或未足额享受综合所得税收优惠等情形。

（2）2019 年度综合所得收入超过 12 万元且需要补税金额超过 400 元的。包括取得两处及以上综合所得，合并后适用税率提高导致已预缴税额小于年度应纳税额等情形。

【特别提示】2019 年度办理个人所得税综合所得汇算清缴时可享受的税前扣除或补充扣除项目。

下列未申报扣除或未足额扣除的税前扣除项目，纳税人可在年度汇算期间办理扣除或补充扣除：

（1）纳税人及其配偶、未成年子女在 2019 年度发生的、符合条件的大病医疗支出；

（2）纳税人在 2019 年度未申报享受或未足额享受的子女教育、继续教育、住房贷款利息或住房租金、赡养老人专项附加扣除，以及减除费用、专项扣除、依法确定的其他扣除；

（3）纳税人在 2019 年度发生的符合条件的捐赠支出。

（二）个人所得税自行申报的期限

居民个人取得综合所得，按年计算个人所得税；有扣缴义务人的，由扣缴义务人按月或者按次预扣预缴税款；需要办理汇算清缴的，应当在取得所得的次年 3 月 1 日至 6 月 30 日内办理汇算清缴。预扣预缴办法由国务院税务主管部门制定。

纳税人取得经营所得，按年计算个人所得税，由纳税人在月度或者季度终了后 15 日内向税务机关报送纳税申报表，并预缴税款；在取得所得的次年 3 月 31 日前办理汇算清缴。

【特别提示】2020 年 5 月 1 日至 2020 年 12 月 31 日，个体工商户在 2020 年剩余申报期按规定办理个人所得税经营所得纳税申报后，可以暂缓缴纳当期的个人所得税，延迟至 2021 年首个申报期内一并缴纳。其中，个体工商户实行简易申报的，2020 年 5 月 1 日至 2020 年 12 月 31 日期间暂不扣划个人所得税，延迟至 2021 年首个申报期内一并划缴。

纳税人取得应税所得没有扣缴义务人的，应当在取得所得的次月 15 日内向税务机关报送纳税申报表，并缴纳税款。

【特别提示】纳税人取得应税所得，扣缴义务人未扣缴税款的，纳税人应当在取得所得的次年 6 月 30 日前，缴纳税款；税务机关通知限期缴纳的，纳税人应当按照期限缴纳税款。

【情境引例解析】

《个人所得税法》第十条规定，取得应税所得，扣缴义务人未扣缴税款，纳税人应当依法办理纳税申报。《个人所得税法》第十三条规定，纳税人取得应税所得，扣缴义务人未扣缴税款的，纳税人应当在取得所得的次年 6 月 30 日前，缴纳税款；税务机关通知限期缴纳的，纳税人应当按照期限缴纳税款。因此你需要自行办理纳税申报。

居民个人从中国境外取得所得的，应当在取得所得的次年 3 月 1 日至 6 月 30 日内申报纳税。

非居民个人在中国境内从两处以上取得工资、薪金所得的，应当在取得所得的次月 15 日内申报纳税。

纳税人因移居境外注销中国户籍的，应当在注销中国户籍前办理税款清算。

纳税人办理汇算清缴退税或者扣缴义务人为纳税人办理汇算清缴退税的，税务机关审核后，按照国库管理的有关规定办理退税。

【特别提示】纳税人可以采用远程办税端、邮寄等方式申报，也可以直接到主管税务机关申报。

（三）个人所得税自行申报的地点及其他要求

（1）需要办理汇算清缴的纳税人，应当在取得所得的次年 3 月 1 日至 6 月 30 日内，向任职、受雇单位所在地主管税务机关办理纳税申报，并报送"个人所得税年度自行纳税申报表"。

（2）纳税人有两处以上任职、受雇单位的，选择向其中一处任职、受雇单位所在地主管税务机关办理纳税申报。

（3）纳税人没有任职、受雇单位的，向户籍所在地或经常居住地主管税务机关办理纳税申报。

（4）纳税人取得经营所得，按年计算个人所得税，由纳税人在月度或季度终了后15 日内，向经营管理所在地主管税务机关办理预缴纳税申报，并报送"个人所得税经营所得纳税申报表（A 表）"。在取得所得的次年 3 月 31 日前，向经营管理所在地主管税务机关办理汇算清缴，并报送"个人所得税经营所得纳税申报表（B 表）"；从两处以上取得经营所得的，选择向其中一处经营管理所在地主管税务机关办理年度汇总申报，并报送"个人所得税经营所得纳税申报表（C 表）"。

（5）纳税人取得应税所得，扣缴义务人未扣缴税款的，应当区别以下情形办理纳税申报：

1）居民个人取得综合所得的，按照上述第（1）、（2）、（3）项办理。

2）非居民个人取得工资、薪金所得，劳务报酬所得，稿酬所得，特许权使用费所得的，应当在取得所得的次年 6 月 30 日前，向扣缴义务人所在地主管税务机关办理纳税申报，并报送"个人所得税自行纳税申报表（A 表）"。有两个以上扣缴义务人均未扣缴税款的，选择向其中一处扣缴义务人所在地主管税务机关办理纳税申报。

非居民个人在次年 6 月 30 日前离境（临时离境除外）的，应当在离境前办理纳税申报。

3）纳税人取得利息、股息、红利所得，财产租赁所得，财产转让所得和偶然所得的，应当在取得所得的次年 6 月 30 日前，按相关规定向主管税务机关办理纳税申报，并报送"个人所得税自行纳税申报表（A 表）"。

税务机关通知限期缴纳的，纳税人应当按照期限缴纳税款。

（6）居民个人从中国境外取得所得的，应当在取得所得的次年 3 月 1 日至 6 月 30日内，向中国境内任职、受雇单位所在地主管税务机关办理纳税申报；在中国境内没有任职、受雇单位的，向户籍所在地或中国境内经常居住地主管税务机关办理纳税申报；户籍所在地与中国境内经常居住地不一致的，选择其中一地主管税务机关办理纳税申报；在中国境内没有户籍的，向中国境内经常居住地主管税务机关办理纳税申报。

（7）纳税人因移居境外注销中国户籍的，应当在申请注销中国户籍前，向户籍所在地主管税务机关办理纳税申报，进行税款清算。

1）纳税人在注销户籍年度取得综合所得的，应当在注销户籍前，办理当年综合所得的汇算清缴，并报送"个人所得税年度自行纳税申报表"。尚未办理上一年度综合所得汇算清缴的，应当在办理注销户籍纳税申报时一并办理。

2）纳税人在注销户籍年度取得经营所得的，应当在注销户籍前，办理当年经营所得的汇算清缴，并报送"个人所得税经营所得纳税申报表（B 表）"。从两处以上取得经营所得的，还应当一并报送"个人所得税经营所得纳税申报表（C 表）"。尚未办理上一年度经营所得汇算清缴的，应当在办理注销户籍纳税申报时一并办理。

3）纳税人在注销户籍当年取得利息、股息、红利所得，财产租赁所得，财产转让所得和偶然所得的，应当在注销户籍前，申报当年上述所得的完税情况，并报送"个人所得税自行纳税申报表（A 表）"。

4）纳税人有未缴或者少缴税款的，应当在注销户籍前，结清欠缴或未缴的税款。纳税人存在分期缴税且未缴纳完毕的，应当在注销户籍前，结清尚未缴纳的税款。

5）纳税人办理注销户籍纳税申报时，需要办理专项附加扣除、依法确定的其他扣除的，应当向税务机关报送"个人所得税专项附加扣除信息表""商业健康保险税前扣除情况明细表""个人税收递延型商业养老保险税前扣除情况明细表"等。

（8）非居民个人在中国境内从两处以上取得工资、薪金所得的，应当在取得所得的次月15日内，向其中一处任职、受雇单位所在地主管税务机关办理纳税申报，并报送"个人所得税自行纳税申报表（A表）"。

【特别提示】残疾、孤老人员和烈属取得综合所得办理汇算清缴时，汇算清缴地与预扣预缴地规定不一致的，用预扣预缴地规定计算的减免税额与用汇算清缴地规定计算的减免税额相比较，按照孰高值确定减免税额。

（四）个人所得税的纳税申报（自行申报）

纳税人自行申报个人所得税时，根据不同情况应当分别填报"个人所得税自行纳税申报表（A表）"（略）、"个人所得税年度自行纳税申报表（A表）（仅取得境内综合所得年度汇算适用）"（见表5-9）、"个人所得税经营所得纳税申报表（A表）（B表）（C表）"（略）等。

表5-9　个人所得税年度自行纳税申报表（A表）
（仅取得境内综合所得年度汇算适用）

税款所属期：　　年　　月　　日至　　年　　月　　日
纳税人姓名：
纳税人识别号：□□□□□□□□□□□□□□□□□□-□□　　　金额单位：人民币元（列至角分）

基本情况					
手机号码		电子邮箱		邮政编码	□□□□□□
联系地址	___省（区、市）___市___区（县）___街道（乡、镇）___				
纳税地点（单选）					
1. 有任职受雇单位的，需选本项并填写"任职受雇单位信息"：			□任职受雇单位所在地		
任职受雇单位信息	名称				
	纳税人识别号	□□□□□□□□□□□□□□□□□□			
2. 没有任职受雇单位的，可以从本栏次选择一地：□户籍所在地　　□经常居住地					
户籍所在地/经常居住地	___省（区、市）___市___区（县）___街道（乡、镇）___				
申报类型（单选）					
□首次申报　　　　　　　　　　　□更正申报					
综合所得个人所得税计算					
项目				行次	金额
一、收入合计（第1行=第2行+第3行+第4行+第5行）				1	
（一）工资、薪金				2	
（二）劳务报酬				3	
（三）稿酬				4	

（四）特许权使用费	5	
二、费用合计［第 6 行＝（第 3 行＋第 4 行＋第 5 行）×20%］	6	
三、免税收入合计（第 7 行＝第 8 行＋第 9 行）	7	
（一）稿酬所得免税部分［第 8 行＝第 4 行×（1－20%）×30%］	8	
（二）其他免税收入（附报《个人所得税减免税事项报告表》）	9	
四、减除费用	10	
五、专项扣除合计（第 11 行＝第 12 行＋第 13 行＋第 14 行＋第 15 行）	11	
（一）基本养老保险费	12	
（二）基本医疗保险费	13	
（三）失业保险费	14	
（四）住房公积金	15	
六、专项附加扣除合计（附报《个人所得税专项附加扣除信息表》）（第 16 行＝第 17 行＋第 18 行＋第 19 行＋第 20 行＋第 21 行＋第 22 行）	16	
（一）子女教育	17	
（二）继续教育	18	
（三）大病医疗	19	
（四）住房贷款利息	20	
（五）住房租金	21	
（六）赡养老人	22	
七、其他扣除合计（第 23 行＝第 24 行＋第 25 行＋第 26 行＋第 27 行＋第 28 行）	23	
（一）年金	24	
（二）商业健康保险（附报《商业健康保险税前扣除情况明细表》）	25	
（三）税延养老保险（附报《个人税收递延型商业养老保险税前扣除情况明细表》）	26	
（四）允许扣除的税费	27	
（五）其他	28	
八、准予扣除的捐赠额（附报《个人所得税公益慈善事业捐赠扣除明细表》）	29	
九、应纳税所得额（第 30 行＝第 1 行－第 6 行－第 7 行－第 10 行－第 11 行－第 16 行－第 23 行－第 29 行）	30	
十、税率（%）	31	
十一、速算扣除数	32	
十二、应纳税额（第 33 行＝第 30 行×第 31 行－第 32 行）	33	
全年一次性奖金个人所得税计算（无住所居民个人预判为非居民个人取得的数月奖金，选择按全年一次性奖金计税的填写本部分）		
一、全年一次性奖金收入	34	

二、准予扣除的捐赠额（附报《个人所得税公益慈善事业捐赠扣除明细表》）	35	
三、税率（%）	36	
四、速算扣除数	37	
五、应纳税额[第38行＝(第34行－第35行)×第36行－第37行]	38	
税额调整		
一、综合所得收入调整额（需在"备注"栏说明调整具体原因、计算方式等）	39	
二、应纳税额调整额	40	
应补/退个人所得税计算		
一、应纳税额合计（第41行＝第33行＋第38行＋第40行）	41	
二、减免税额（附报《个人所得税减免税事项报告表》）	42	
三、已缴税额	43	
四、应补/退税额（第44行＝第41行－第42行－第43行）	44	

无住所个人附报信息			
纳税年度内在中国境内居住天数		已在中国境内居住年数	

退税申请
（应补/退税额小于0的填写本部分）

□ 申请退税（需填写"开户银行名称""开户银行省份""银行账号"）		□ 放弃退税
开户银行名称		开户银行省份	
银行账号	

备注

　　谨声明：本表是根据国家税收法律法规及相关规定填报的，本人对填报内容（附带资料）的真实性、可靠性、完整性负责。

　　　　　　　　　　　　　　　　纳税人签字：　　　　　　　年　　月　　日

经办人签字： 经办人身份证件类型： 经办人身份证件号码： 代理机构签章： 代理机构统一社会信用代码：	受理人： 受理税务机关（章）： 受理日期：　　年　月　日

国家税务总局监制

技能训练

1. 中国公民黄某本年 1—12 月每月取得税前工资、薪金收入 10 000 元，8 月取得税前劳务报酬收入 24 000 元，10 月取得税前福利彩票中奖收入 28 000 元。黄某本年专项扣除、专项附加扣除和依法确定的其他扣除共计 40 000 元。假设不考虑增值税因素。要求：计算黄某本年的应纳个人所得税。

2. 非居民个人汤姆于本年 2 月在中国进行营业性演出，一次性取得税前劳务报酬收入 68 000 元。上述收入为税前收入，均来源于中国境内，且不享受免税优惠政策。假设不考虑增值税因素。要求：计算汤姆本年 2 月的应纳个人所得税。

实战演练

中国公民李某任职于境内甲企业，同时为乙企业的个人大股东。本年 1—12 月李某取得以下收入（均为税前收入）：

(1) 每月工资、薪金收入 12 000 元。

(2) 甲企业支付的独生子女补贴 1 000 元。

(3) 兼职劳务报酬收入 36 000 元。

(4) 保险赔款 5 000 元。

(5) 购买福利彩票，一次中奖收入 25 000 元。

(6) 5 月因持有某上市公司股票而取得红利 12 000 元，已知该股票为李某上年 1 月从公开发行和转让市场中取得的。

(7) 8 月将其拥有的两处住房中的一套已使用 7 年的住房出售，转让收入 200 000 元，该房产买价为 120 000 元，另支付其他可以扣除的相关税费 8 000 元。

(8) 10 月乙企业为李某购买了一辆小轿车并将所有权归到李某名下，已知该车购买价为 300 000 元。经当地税务机关核定，乙企业在代扣个人所得税税款时允许税前减除的数额为 100 000 元。

李某本年专项扣除、专项附加扣除和依法确定的其他扣除共计 40 000 元。假设不考虑增值税因素。

任务要求：

(1) 李某综合所得的应纳个人所得税。

(2) 李某取得的保险赔款和福利彩票中奖收入的应纳个人所得税。

(3) 李某取得的红利所得的应纳个人所得税。

(4) 李某出售住房的应纳个人所得税。

(5) 李某取得车辆所有权的应纳个人所得税。

只要是交给一个友好的政府，我愿意纳税。

——狄克·格利高里

第**6**章

其他税种税法（上）

 能力目标

（1）能判定哪些业务应缴纳关税，能根据相关业务资料计算关税，能确定关税的纳税义务发生时间、纳税期限和纳税地点。

（2）能判定哪些业务应缴纳船舶吨税，能根据相关业务资料计算船舶吨税，能确定船舶吨税的纳税义务发生时间、纳税期限和纳税地点。

（3）能判定哪些业务应缴纳城市维护建设税、教育费附加和地方教育附加，能根据相关业务资料计算城市维护建设税、教育费附加和地方教育附加，能确定城市维护建设税、教育费附加和地方教育附加的纳税义务发生时间、纳税期限和纳税地点。

（4）能判定哪些业务应缴纳资源税，能根据相关业务资料计算资源税，能确定资源税的纳税义务发生时间、纳税期限和纳税地点。

（5）能判定哪些业务应缴纳土地增值税，能根据相关业务资料计算土地增值税，能确定土地增值税的纳税义务发生时间、纳税期限和纳税地点。

（6）能判定哪些业务应缴纳城镇土地使用税，能根据相关业务资料计算城镇土地使用税，能确定城镇土地使用税的纳税义务发生时间、纳税期限和纳税地点。

（7）能判定哪些业务应缴纳耕地占用税，能根据相关业务资料计算耕地占用税，能确定耕地占用税的纳税义务发生时间、纳税期限和纳税地点。

工作引例

关税的计算

甲电视台本年2月进口两台日本生产的电视摄像机，每台价格为20 000美元，原产

于日本的电视摄像机适用最惠国税率：每台完税价格低于或等于5 000美元的，适用从价税，税率为35％；每台完税价格高于5 000美元的，其税率为每台13 280元的从量税，加上3％的从价税。海关填发缴款书之日人民币与美元兑换率为6.5∶1。

工作要求 计算甲电视台上述进口业务的应纳进口关税。

工作引例解析 见本章第1节。

第1节 关税法

甲认为关境即为国境，乙认为关境有时大于国境，丙认为国境有时大于关境。请问谁的说法是正确的？

一、关税的认知

关税是海关依法对进出境货物、物品征收的一种税。所谓境是指关境，又称海关境域或关税领域，是国家《海关法》全面实施的领域。

在通常情况下，一国关境与国境是一致的，包括国家全部的领土、领海和领空。

在特殊情况下，一方面如果某一国家在国境内设立了自由港、自由贸易区等，这些区域就进出口关税而言处在关境之外，这时，该国的关境小于国境；另一方面如果几个国家结成关税同盟，组成共同的关境，实施统一的关税法令和统一的对外税则，这些国家彼此之间货物进出国境不征收关税，只对来自或运往其他国家的货物进出共同关境时征收关税，这些国家的关境大于国境。

【情境引例解析】

乙和丙的说法是正确的。根据《中华人民共和国香港特别行政区基本法》和《中华人民共和国澳门特别行政区基本法》，香港和澳门保持自由港地位，为我国单独的关税地区，即单独关境区。单独关境区是不完全适用该国海关法律、法规或实施单独海关管理制度的区域。因此我国的关境小于国境。而欧盟国家都位于同一关境内，但是不同国境，因此其关境大于国境。

（一）关税纳税人的确定

进口货物的收货人、出口货物的发货人、进出境物品的所有人，是关税的纳税义务人。进出口货物的收货人、发货人是依法取得对外贸易经营权并进口或出口货物的法人或其他社会团体。进出境物品的所有人包括该物品的所有人和推定为所有人的人。一般情况下，对于携带进境的物品，推定其携带人为所有人；对于分离运输的行李，推定相应的进出境旅客为所有人；对于以邮递方式进境的物品，推定其收件人为所有人；对于以邮递或其他运输方式出境的物品，推定其寄件人或托运人为所有人。

【特别提示】接受纳税人委托办理货物报关等有关手续的代理人，可以代办纳税手续，但不是纳税义务人。

（二）关税征税对象的确定

我国关税的征税对象是指准许进出我国关境的货物和物品。货物是指贸易性商品；物品是指入境旅客随身携带的行李物品、个人邮递物品、各种运输工具上的服务人员携带进口的自用物品、馈赠物品以及其他方式进境的个人物品。

（三）关税的税则、税目的划分

关税税则是一国对进出口商品计征关税的规章和对进出口的应税与免税商品加以系统分类的一览表。海关凭以征收关税，是关税政策的具体体现。《中华人民共和国海关进出口税则》是确定商品归类、适用税率的法律文件。现行关税税则包括两个部分：一部分是海关计征关税的规章条例及说明；另一部分是关税税目、税则号列和税率。

《海关进出口税则》是以《商品名称及编码协调制度》为基础，结合我国进出口商品的实际而编排的。全部应税商品共分为21大类。在21类商品之下，分为97章，每章商品又细分为若干商品项数。这些商品项数分别用8位数字组成的代码表示，或称为税则号列。每个税则号列后还要对商品进行基本描述，并标明该税则号列商品适用的税率。我国2020年版进出口税则税目维持不变，共计8 549个。

二、关税的计算

（一）关税完税价格的确定

1. 一般进口货物的完税价格

（1）成交价格为基础的完税价格。进口货物的完税价格是指进口货物的计税价格。正常情况下，进口货物采用以成交价格为基础的完税价格。进口货物的完税价格包括货物的货价、货物运抵我国输入地点起卸前的运输及相关费用、保险费。对进口成交价格而言，交易应是真实的，价格应是能确定的、完整的、不扭曲的。

（2）对实付或应付价格调整的有关规定。进口货物的完税价格中的计算因素有：货物价格应该是完整的，包括应由买方负担和支付的佣金、经纪费、包装费用、容器费用和其他经济利益，但不包括买方向自己的采购代理人支付的购货佣金和劳务费用，也不包括货物进口后发生的安装、运输费用。

为了便于理解，可以把进口货物的完税价格简单归纳为正常的CIF，其中C是完整的货价，包含支付的佣金（支付给自己的采购代理人的购货佣金除外）；I是保险费，包含在出口国和进口途中的保险费；F是运费和其他费用，包含在出口国和进口途中的运费和其他费用。计算进口货物关税的完税价格，CIF三项缺一不可。如果价格不正常或不完整，则需要进行调整。

【特别提示】货物运抵我国关境内输入地点起卸后发生的通关费、运费等不能计入关税完税价格。

【点拨指导】为避免低报、瞒报价格偷逃关税，进口货物的到岸价格不能确定时，本着公正、合理原则，海关应当按照规定估定完税价格。

【工作实例6-1】甲进出口公司从美国进口一批化工原料，共500吨。货物以境外口岸离岸价格成交，单价折合每吨人民币 20 000 元；买方承担的包装费为每吨人民币 500 元；向卖方支付的佣金为每吨人民币 1 000 元；向自己的采购代理人支付的佣金为人民币 5 000 元。已知该货物运抵中国海关境内输入地点起卸前的包装、运输、保险和其他劳务费用为每吨人民币 2 000 元，进口后另发生运输和装卸费用人民币 300 元。

【工作要求】计算甲进出口公司该批化工原料的关税完税价格。

【工作实施】

$$该批化工原料的关税完税价格＝(20\,000＋500＋1\,000＋2\,000)×500$$
$$＝1\,175(万元)$$

（3）进口货物的海关估价方法。对于价格不符合成交条件或成交价格不能确定的进口货物，由海关估价确定。海关估价依次使用的方法包括：1）相同或类似货物成交价格方法；2）倒扣价格方法；3）计算价格方法；4）其他合理的方法。使用其他合理方法时，应当根据《中华人民共和国海关审定进出口货物完税价格办法》规定的估价原则，以在境内获得的数据资料为基础估定完税价格。但不得使用以下价格：1）境内生产的货物在境内的销售价格；2）可供选择的价格中较高的价格；3）货物在出口地市场的销售价格；4）以计算价格方法规定的有关各项之外的价值或费用计算的价格；5）出口到第三国或地区的货物的销售价格；6）最低限价或武断虚构的价格。

2. 特殊进口货物的完税价格

特殊进口货物的完税价格涉及加工贸易进口料件及其制成品、保税区及出口加工区货物、运往境外修理和加工的货物、暂时进境的货物、租赁方式进口的货物、留购的进口货样、予以补税的进口货样、其他特殊方式进口的货物等，有特别的规定。本书从略。

减税或免税进口的货物需补税时，应以海关审定的该货物原进口时的价格，扣除折旧部分价值作为完税价格，其计算公式如下：

$$\frac{完税}{价格}＝\frac{海关审定的该货物}{原进口时的价格}×\left[1－\frac{申请补税时实际}{已使用的时间(月)}÷\left(\frac{监管}{年限}×12\right)\right]$$

减免税货物转让或改变成不免税用途的，适用海关接受纳税人再次填写报关单申报办理纳税及有关手续之日实施的税率。

3. 出口货物的完税价格

出口货物的完税价格是以成交价格为基础的完税价格，不含出口关税和单独列明的支付给境外的佣金。其计算公式为：

$$完税价格＝(离岸价格－单独列明的支付给境外的佣金)÷(1＋出口税率)$$

出口货物的成交价格不能确定时，完税价格由海关依次使用下列方法估定：

(1) 同时或大约同时向同一国家或地区出口的相同货物的成交价格；

(2) 同时或大约同时向同一国家或地区出口的类似货物的成交价格；

(3) 根据境内生产相同或类似货物的成本、利润和一般费用、境内发生的运输及其相关费用、保险费计算所得的价格；

(4) 按照合理方法估定的价格。

4. 进出口货物完税价格中运输及相关费用、保险费的计算

(1) 一般进口。海运进口的，算至运抵境内的卸货口岸；陆运进口的，算至运抵关境的第一口岸或目的口岸；空运进口的，算至进入境内的第一口岸或目的口岸。

一般进口方式进口货物，完税价格包括货价、抵达口岸前的运费和保险费。无法确定实际运输及相关费用、保险费的，按照同期同行业运费率计算运费，按照(货价＋运费)×3‰计算保险费，将计算出的运输及相关费用、保险费计入完税价格。

(2) 其他方式进口。邮运进口的按邮费作为运输及其相关费用、保险费；境外口岸成交的按货价1‰计算；自驾进口的运输工具不另行计入运费。

(3) 出口货物的完税价格中不包括离境口岸至境外口岸之间的运输及相关费用、保险费。

总的来说，进出口货物完税价格的确定如表6-1所示。

表6-1 进出口货物完税价格的确定

进出口运载或成交方式		运费的确定	保险费的确定
一般方式进口	海运进口	运抵境内的卸货口岸	
	陆运进口	运抵关境的第一口岸或目的口岸	
	空运进口	进入境内的第一口岸或目的口岸	
	无法确定实际运输及相关费用、保险费	同期同行业运费率	货价加运费两者总额的3‰
其他方式进口	邮运进口	邮费	
	境外边境口岸成交的铁路公路进口货物	货价的1‰	
	自驾进口的运输工具	无运费	—
出口货物		最多算至离境口岸	

(二) 关税税率的判定

1. 进口关税税率的判定

(1) 税率设置与适用。我国进口税则设有最惠国税率、协定税率、特惠税率、普通税率、关税配额税率等。对部分进口原材料、零部件、农药原药和中间体、乐器及生产设备实行暂定税率。对部分进口农产品和化肥产品实行关税配额，即一定数量内的上述进口商品适用税率较低的配额内税率，超出该数量的进口商品适用税率较高的配额外税率。

（2）税率计征办法。我国对进口商品基本上都实行从价税，即以进口货物的完税价格作为计税依据，以应征税额占货物完税价格的百分比作为税率。我国对部分产品实行从量税、复合税、选择税和滑准税。

从量税以进口商品的重量、长度、容量、面积等计量单位为计税依据。从量税下每一种进口商品的单位应税额固定，不受该商品进口价格的影响，因此，这种计税方法的特点是税额计算简便，通关手续快捷，并能起到抑制质次价廉商品或故意低瞒价格商品的进口。目前我国对原油、部分鸡产品、啤酒、胶卷进口分别以重量、容量、面积计征从量税。

复合税是对某种进口商品同时使用从价和从量计征的一种计征关税的方法，如现行进口税则中磁带放像机的税率：完税价格低于 2 000 美元/台的，税率为 30％；完税价格高于 2 000 美元/台的，税率为 3％，另加 2 383 元人民币。复合税既可发挥从量税抑制低价商品进口的特点，又可发挥从价税税负合理、稳定的特点。目前我国对录像机、放像机、摄像机、数字照相机和摄录一体机实行复合税。

选择税是对于一种进口商品同时定有从价税和从量税两种税率，在征税时选择其税额较高者的一种征税方法。但有时为了鼓励某种商品进口，也会选择其中税额较低者征收。实行选择税大多根据产品价格高低而定。

滑准税是一种关税税率随进口商品价格由高到低而由低到高设置计征关税的方法，可以使进口商品价格越高，其进口关税税率越低；进口商品的价格越低，其进口关税税率越高。其主要特点是可保持滑准税商品的国内市场价格相对稳定，尽可能减少国际市场价格波动的影响。目前我国对新闻纸实行滑准税。

【点拨指导】由于滑准税的税率实际为比例税率，因此对实行滑准税的进口商品应纳关税税额的计算方法与从价税的计算方法相同。

【知识链接】消费税税率按照形式划分：多数税目适用比例税率；成品油税目和啤酒、黄酒等子目适用定额税率；卷烟和白酒同时适用比例税率和定额税率，即复合税率。

2．出口关税税率的判定

征收出口关税的货物项目很少，主要为少数资源性产品及易于竞相杀价、盲目出口、需要规范出口秩序的半制成品。

出口关税税率包括出口税率和年度暂定税率两类。出口税率实行差别比例税率（分为 20％，25％，30％，40％和 50％）；年度暂定税率包括差别比例税率（分为 0，3％，5％，10％，15％和 25％）和从量定额税率。

3．特别关税的判定

特别关税包括报复性关税、反倾销税与反补贴税、保障性关税。

报复性关税是指为报复他国对本国出口货物的关税歧视，而对相关国家的进口货物征收的一种进口附加税。任何国家或者地区对其进口的原产于我国的货物征收歧视性关税或者给予其他歧视性待遇的，我国对原产于该国家或者地区的进口货物征收报复性关税。税率视具体情况而定。

反倾销税就是对倾销商品所征收的进口附加税。当进口国因外国倾销某种产品，国内产业受到损害时，会征收相当于出口国国内市场价格与倾销价格之间差额的进口税。

反补贴税是指对进口商品使用的一种超过正常关税的特殊关税，目的在于抵消国外竞争者得到奖励和补助产生的影响，从而保护进口国的制造商。

保障性关税是指当某类商品进口量剧增，对我国相关产业带来巨大威胁或损害时，按照世界贸易组织有关规则，可以启动一般保障措施，即在与有实质利益的国家或地区进行磋商后，在一定时期内提高该项商品的进口关税或采取数量限制措施，以保护国内相关产业不受损害。

4. 关税税率的运用

关税税率的运用规则如下：

（1）进出口货物，应按纳税义务人申报进口或者出口之日实施的税率征税。

（2）进口货物到达之前，经海关核准先行申报的，应该按照装载此货物的运输工具申报进境之日实施的税率征税。

（3）经海关批准集中申报的进出口货物，应当适用每次货物进出口时海关接受该货物申报之日实施的税率。

（4）进口转关运输货物，应当适用指运地海关接受该货物申报进口之日实施的税率；货物运抵指运地前，经海关核准先行申报的，应当适用装载该货物的运输工具抵达指运地之日实施的税率。

（5）出口转关运输货物，应当适用启运地海关接受该货物申报出口之日实施的税率。

（6）因超过规定期限未申报而由海关依法变卖的进口货物，其税款计征应当适用装载该货物的运输工具申报进境之日实施的税率。

（7）因纳税义务人违反规定需要追征税款的进出口货物，应当适用违反规定的行为发生之日实施的税率；行为发生之日不能确定的，适用海关发现该行为之日实施的税率。

（8）已申报进境并放行的保税货物、减免税货物、租赁货物或暂时进出境货物，有下列之一，应当适用海关接受纳税人再次填写报关单办理纳税及有关手续之日实施的税率：

1）保税货物经批准不复运出境的；

2）保税仓储货物转入国内市场销售的；

3）减免税货物经批准转让或者移作他用的；

4）可暂不缴纳税款的暂时进出境货物，经批准不复运出境或者进境的；

5）租赁进口货物，分期缴纳税款的。

（9）进出口货物的补税和退税，按照上述规定确定适用税率。

（三）关税优惠政策的运用

关税的减免分为法定减免、特定减免和临时减免。

1. 关税的法定减免

法定减免是税法中明确列出的减税或免税。符合税法规定可予减免税的进出口货物，纳税义务人无须提出申请，海关可按规定直接予以减免税。海关对法定减免税货物一般不进行后续管理。

《海关法》和《进出口关税条例》明确规定，下列货物、物品予以减免关税：

（1）关税税额在人民币 50 元以下的一票货物，可免征关税。

（2）无商业价值的广告品和货样，可免征关税。

（3）外国政府、国际组织无偿赠送的物资，可免征关税。

（4）进出境运输工具装载的途中必需的燃料、物料和饮食用品，可免征关税。

（5）在海关放行前损失的货物，可免征关税。

（6）在海关放行前遭受损坏的货物，可根据海关认定的受损程度减征关税。

（7）我国缔结或参加的国际条约规定减征、免征关税的货物、物品，可按规定予以减免关税。

（8）法律规定减征、免征关税的其他货物、物品。

2. 关税的特定减免

特定减免是指在关税基本法规确定的法定减免以外，国家按国际通行规则和我国实际情况，制定发布的特定或政策性减免税。其包括科教用品，残疾人专用品，扶贫、慈善性捐赠物资，加工贸易产品，边境贸易进口物资，保税区进出口货物，出口加工区进出口货物，进口设备，特定行业或用途的减免税政策。

【理论答疑】请问什么是进料加工？什么是加工装配和补偿贸易？

答：（1）进料加工。经批准有权经营进出口业务的企业使用进料加工专项外汇进口料件，并在 1 年内加工或装配为成品外销出口的业务，称为进料加工业务。对其关税优惠为：对专为加工出口商品而进口的料件，海关按实际加工复出口的数量，免征进口税；加工的成品出口，免征出口税，但内销料件及成品照章征税；对加工过程中产生的副产品、次品、边角料，海关根据其使用价值分析估价征税或者酌情减免税；剩余料件或增产的产品，经批准转内销时，价值在进口料件总值 2% 以内且总价值在 5 000 元以下的，可予免税。

（2）加工装配和补偿贸易。加工装配即来料加工、来样加工及来件装配，是指由境外客商提供全部或部分原辅料、零配件和包装物料，必要时提供设备，由我方按客商要求进行加工装配，成品交外商销售，我方收取工缴费。客商提供的作价设备价款，我方用工缴费偿还。补偿贸易是指由境外客商提供或国内单位利用国外出口信贷进口生产技术或设备，由我方生产，以返销产品方式分期偿还对方技术、设备价款或贷款本息的交易方式。因有利于较快地提高出口产品生产技术，改善我国产品质量和品种，扩大出口，增加我国外汇收入，国家对加工装配和补偿贸易给予一定的关税优惠。具体包括进境料件不予征税，准许在境内保税加工为成品后返销出口；进口外商的不作价设备和作价设备，分别比照外商投资项目和国内投资项目的免税规定执行；剩余料件或增产的产品，经批准转内销时，价值在进口料件总值2%以内且总价值在3 000元以下的，可予免税。

3. 关税的临时减免

临时减免是指在以上两项减免税以外，由国务院运用"一案一批"原则，针对某个纳税人、某类商品、某个项目或某批货物的特殊情况，特别照顾，临时给予的减免税。

4. 跨境电子商务零售进口税收政策

自2016年4月8日起，跨境电子商务零售进口商品按照货物征收关税和进口环节增值税、消费税，购买跨境电子商务零售进口商品的个人作为纳税义务人，实际交易价格（包括货物零售价格、运费和保险费）作为完税价格，电子商务企业、电子商务交易平台企业或物流企业可作为代收代缴义务人。

（1）纳税人与扣缴义务人。

1）纳税义务人。购买跨境电子商务零售进口商品的个人。

2）代收代缴义务人。电子商务企业、电子商务交易平台企业或物流企业。

（2）完税价格。实际交易价格（包括货物零售价格、运费和保险费）。

（3）计征限额。跨境电子商务零售进口商品的单次交易限值为人民币2 000元，个人年度交易限值为人民币20 000元。自2019年1月1日起，将跨境电子商务零售进口商品的单次交易限值由人民币2 000元提高至5 000元，年度交易限值由人民币20 000元提高至26 000元。

1）限值以内：关税税率暂设为0；进口环节增值税、消费税暂按法定应纳税额的70%征收。

2）超过单次限值、累加后超过个人年度限值的单次交易，以及完税价格超过2 000元限值的单个不可分割商品：均按照一般贸易方式全额征税。自2019年1月1日起，完税价格超过5 000元单次交易限值但低于26 000元年度交易限值，且订单下仅一件商品时，可以自跨境电子商务零售渠道进口，按照货物税率全额征收关税和进口环节增值税、消费税，交易额计入年度交易总额，但年度交易总额超过年度交易限值的，应按一般贸易管理。

3）已经购买的电子商务进口商品属于消费者个人使用的最终商品，不得进入国内市场再次销售；原则上不允许网购保税进口商品在海关特殊监管区域外开展"网购保税＋线下自提"模式。

5. 海南离岛旅客免税购物政策

自2020年7月1日起，我国实行海南离岛旅客免税购物政策。

离岛免税政策是指对乘飞机、火车、轮船离岛（不包括离境）旅客实行限值、限量、限品种免进口税购物，在实施离岛免税政策的免税商店（以下称离岛免税店）内或经批准的网上销售窗口付款，在机场、火车站、港口码头指定区域提货离岛的税收优惠政策。离岛免税政策免税税种为关税、进口环节增值税和消费税。

　　【特别提示】上述旅客，是指年满 16 周岁，已购买离岛机票、火车票、船票，并持有效身份证件（国内旅客持居民身份证、港澳台旅客持旅行证件、国外旅客持护照），离开海南本岛但不离境的国内外旅客，包括海南省居民。

　　离岛旅客每年每人免税购物额度为 10 万元人民币，不限次数。免税商品种类及每次购买数量限制，按照《财政部　海关总署　税务总局关于海南离岛旅客免税购物政策的公告》附件执行。超出免税限额、限量的部分，照章征收进境物品进口税。旅客购物后乘飞机、火车、轮船离岛记为 1 次免税购物。

　　【特别提示】上述离岛免税店，是指具有实施离岛免税政策资格并实行特许经营的免税商店，目前包括：海口美兰机场免税店、海口日月广场免税店、琼海博鳌免税店、三亚海棠湾免税店。具有免税品经销资格的经营主体可按规定参与海南离岛免税经营。

　　离岛旅客在国家规定的额度和数量范围内，在离岛免税店内或经批准的网上销售窗口购买免税商品，免税店根据旅客离岛时间运送货物，旅客凭购物凭证在机场、火车站、港口码头指定区域提货，并一次性随身携带离岛。

　　已经购买的离岛免税商品属于消费者个人使用的最终商品，不得进入国内市场再次销售。

　　对违反《财政部　海关总署　税务总局关于海南离岛旅客免税购物政策的公告》规定倒卖、代购、走私免税商品的个人，依法依规纳入信用记录，3 年内不得购买离岛免税商品；对于构成走私行为或者违反海关监管规定行为的，由海关依照有关规定予以处理，构成犯罪的，依法追究刑事责任。

　　对协助违反离岛免税政策、扰乱市场秩序的旅行社、运输企业等，给予行业性综合整治。离岛免税店违反相关规定销售免税品，由海关依照有关法律、行政法规给予处理、处罚。离岛免税政策监管办法由海关总署另行公布。

　　【点拨指导】离岛免税店销售的免税商品适用的增值税、消费税免税政策，相关管理办法由税务总局商财政部另行制定。

（四）关税应纳税额的计算

关税应纳税额的计算公式如下：

（1）从价计税应纳税额：

$$应纳关税 = 应税进（出）口货物的数量 \times 单位完税价格 \times 税率$$

（2）从量计税应纳税额：

$$应纳关税＝应税进（出）口货物数量×单位货物税额$$

（3）复合计税应纳税额：

$$应纳关税＝应税进（出）口货物数量×单位完税价格×税率$$
$$＋应税进（出）口货物数量×单位货物税额$$

（4）滑准税应纳税额：

$$应纳关税＝应税进（出）口货物数量×单位完税价格×滑准税税率$$

【工作引例解析】

由于单价高于每台 5 000 美元，因此适用复合税。

关税完税价格＝20 000×6.5＝130 000（元）

从量部分应纳进口关税＝13 280×2＝26 560（元）

从价部分应纳进口关税＝130 000×3‰×2＝7 800（元）

应纳进口关税合计＝26 560＋7 800＝34 360（元）

三、关税的征收管理

（一）进出口货物的报关

1. 报关时间

进口货物的纳税人应当自运输工具申报进境之日起 14 日内，向货物的进境地海关申报，如实填写海关进口货物报关单，并提交进口货物的发票、装箱清单、进口货物提货单或运单、关税免税或免予查验的证明文件等。

出口货物的发货人除海关特准外，应当在装货的 24 小时以前，填报出口货物报关单，交验出口许可证和其他证件，申报出口，由海关放行，否则货物不得离境出口。

2. 报关应提交的相关材料

进出口货物时应当提交以下材料：（1）进出口货物报关单；（2）合同；（3）发票；（4）装箱清单；（5）载货清单（舱单）；（6）提（运）单；（7）代理报关授权委托协议；（8）进出口许可证件；（9）海关要求的加工贸易手册（纸质或电子数据的）及其他进出口有关单证。

（二）关税的申报与缴纳

1. 关税的纳税申报

进口货物自运输工具申报进境之日起 14 日内，出口货物在货物运抵海关监管区后装货的 24 小时以前，应由进出口货物的纳税义务人向货物进（出）境地海关申报，海关根据税则归类和完税价格计算应缴纳的关税和进口环节代征税款，并填发税款缴款书。

2. 关税的缴纳

纳税义务人应当自海关填发税款缴款书之日起 15 日内，向指定银行缴纳税款。纳税义务人因不可抗力或者在国家税收政策调整的情形下，不能按期缴纳税款的，经海关总署批准，可以延期缴纳税款，但最长不得超过 6 个月。

（三）关税的强制执行

关税的强制执行措施包括征收关税滞纳金和强制征收。

1. 征收关税滞纳金

滞纳金自关税缴纳期限届满滞纳之日起，至纳税义务人缴纳关税之日止，按滞纳关税税额万分之五的比例按日征收，周末或法定节假日不予扣除。具体计算公式为：

$$关税滞纳金＝滞纳关税税额×滞纳金征收比率×滞纳天数$$

2. 强制征收

如果纳税义务人自海关填发缴款书之日起 3 个月仍未缴纳税款，经海关关长批准，海关可以采取强制扣缴、变价抵缴等强制措施。强制扣缴即海关从纳税义务人在开户银行或者其他金融机构的存款中直接扣缴税款。变价抵缴即海关将应税货物依法变卖，以变卖所得抵缴税款。

【工作实例6-2】   甲公司进口一批货物，海关于本年 11 月 1 日填发税款缴款书，但甲公司迟至 11 月 25 日才缴纳 10 000 元的关税。

【工作要求】 计算海关对甲公司应征收的关税滞纳金。

【工作实施】 海关于本年 11 月 1 日填发税款缴款书，则本年 11 月 15 日为关税缴纳期限。从 11 月 16 日至 11 月 25 日，关税共滞纳 10 天，则

$$关税滞纳金＝10 000×0.5‰×10＝50（元）$$

（四）关税的退还

关税的退还是关税纳税义务人按海关核定的税额缴纳关税后，因某种原因的出现，海关将实际征收多于应当征收的税额（称为溢征关税）退还给原纳税义务人的一种行政行为。对于溢征关税，海关发现的，应立即退还；纳税人发现的，申请退税时限为缴纳税款之日起 1 年内，并加算银行同期存款利息。

（五）关税的补征和追征

关税的补征和追征是指海关在纳税义务人按海关核定的税额缴纳关税后，发现实际征收税额少于应征税额（短征关税）时，责令纳税义务人补缴所差税款的一种行政行为。《海关法》根据短征关税的原因，将海关征收原短征关税的行为分为补征和追征两种。由于纳税人违反海关规定造成短征关税的，称为追征；非因纳税人违反海关规定造成短征关税的，称为补证。补征和追征概念的差异在于少纳税款责任的不同，责任的不同也带来补征与追征时限的不同。

关税的溢征和补征、追征之间的区别如表 6-2 所示。

表6-2　关税的溢征和补征、追征

情况	关税规定
溢征	海关发现的，应立即退回；纳税人发现的，自纳税之日起1年内，书面申请退税并加算银行同期存款利息
补征	海关发现的，自缴纳税款或货物放行之日起1年内补征
追征	海关发现的，在3年内追征，按日加收万分之五的滞纳金

第2节　船舶吨税法

应税船舶负责人未按照规定申报纳税，会受到什么处罚？

一、船舶吨税的认知

（一）船舶吨税纳税人的确定

对自中国境外港口进入中国境内港口的船舶（简称应税船舶）征收船舶吨税（简称吨税），以应税船舶负责人为船舶吨税的纳税人。

（二）船舶吨税税目的确定

船舶吨税税目按船舶净吨位的大小分等级设置为4个税目，分别是：不超过2 000净吨的应税船舶、超过2 000净吨但不超过10 000净吨的应税船舶，超过10 000净吨但不超过50 000净吨的应税船舶、超过50 000净吨的应税船舶。

二、船舶吨税的计算

（一）船舶吨税计税依据的确定

船舶吨税以船舶净吨位为计税依据。

（二）船舶吨税税率的判定

船舶吨税税率采用定额税率，分为30日、90日和1年三种不同的税率，具体分为两类：普通税率和优惠税率。

【点拨指导】我国国籍的应税船舶，船籍国（地区）与我国签订含有互相给予船舶税费最惠国待遇条款的条约或者协定的应税船舶，适用优惠税率；其他应税船舶，适用普通税率。

船舶吨税税目税率表如表6-3所示。

表 6－3　船舶吨税税目税率表

税目 （按船舶净吨位划分）	税率（元/净吨）						备注
	普通税率 （按执照期限划分）			优惠税率 （按执照期限划分）			
	1年	90日	30日	1年	90日	30日	
不超过 2 000 净吨	12.6	4.2	2.1	9.0	3.0	1.5	1. 拖船按照发动机功率每千瓦折合净吨位 0.67 吨。 2. 无法提供净吨位证明文件的游艇，按照发动机功率每千瓦折合净吨位 0.05 吨。 3. 拖船和非机动驳船分别按相同净吨位船舶税率的 50% 计征。
超过 2 000 净吨，但不超过 10 000 净吨	24.0	8.0	4.0	17.4	5.8	2.9	
超过 10 000 净吨，但不超过 50 000 净吨	27.6	9.2	4.6	19.8	6.6	3.3	
超过 50 000 净吨	31.8	10.6	5.3	22.8	7.6	3.8	

（三）船舶吨税优惠政策的运用

下列船舶免征船舶吨税：

（1）应纳税额在人民币 50 元以下的船舶；

（2）自境外以购买、受赠、继承等方式取得船舶所有权的初次进口到港的空载船舶；

（3）船舶吨税执照期满后 24 小时内不上下客货的船舶；

（4）非机动船舶（不包括非机动驳船）；

（5）捕捞、养殖渔船；

（6）避难、防疫隔离、修理、终止运营或者拆解，并不上下客货的船舶；

（7）军队、武装警察部队专用或者征用的船舶；

（8）警用船舶；

（9）依照法律规定应当予以免税的外国驻华使领馆、国际组织驻华代表机构及其有关人员的船舶；

（10）国务院规定的其他船舶。

【特别提示】国务院规定的其他船舶免税规定，由国务院报全国人民代表大会常务委员会备案。

（四）船舶吨税应纳税额的计算

船舶吨税按照船舶净吨位和船舶吨税执照期限征收。应税船舶负责人在每次申报纳税时，可以按照"船舶吨税税目税率表"选择申领一种期限的船舶吨税执照。应纳税额的计算公式为：

应纳船舶吨税＝应税船舶净吨位×适用税率

【特别提示】海关根据船舶负责人的申报，审核其申报吨位与其提供的船舶吨位证明和船舶国籍证书或者海事部门签发的船舶国籍证书收存证明相符后，按其申报执照的期限计征船舶吨税，并填发缴款凭证交船舶负责人缴纳税款。

【工作实例6-3】 本年5月，甲应税船舶从A国某港口进入中国境内某港口，该船舶为3 000净吨，适用普通税率。该船舶执照期限为30日，税率为4.0元/净吨。

【工作要求】计算甲应税船舶负责人的应纳船舶吨税。

【工作实施】

应纳船舶吨税＝3 000×4.0＝12 000（元）

三、船舶吨税的征收管理

（一）船舶吨税的征收管理要求

1. 船舶吨税的纳税义务发生时间

船舶吨税由海关负责征收。船舶吨税纳税义务发生时间为应税船舶进入境内港口的当日。应税船舶在船舶吨税执照期满后尚未离开港口的，应当申领新的船舶吨税执照，自上一执照期满的次日起续缴船舶吨税。

应税船舶在进入港口办理入境手续时，应当向海关申报纳税领取船舶吨税执照，或者交验船舶吨税执照（或者申请核验船舶吨税执照电子信息）。应税船舶在离开港口办理出境手续时，应当交验船舶吨税执照（或者申请核验船舶吨税执照电子信息）。

2. 船舶吨税的纳税期限

船舶吨税分1年期缴纳、90天期缴纳与30天期缴纳三种。缴纳期限由应税船舶负责人自行选择。应税船舶负责人应当自海关填发船舶吨税缴款凭证之日起15日内缴清税款。未按期缴清税款的，自滞纳税款之日起至缴清税款之日止，按日加收滞纳税款万分之五的税款滞纳金。

应税船舶到达港口前，经海关核准先行申报并办结出入境手续的，应税船舶负责人应当向海关提供与其依法履行船舶吨税缴纳义务相适应的担保；应税船舶到达港口后，按规定向海关申报纳税。

3. 船舶吨税征收管理的其他相关规定

海关发现少征或者漏征税款的，应当自应税船舶应当缴纳税款之日起1年内，补征税款。但因应税船舶违反规定造成少征或者漏征税款的，海关可以自应当缴纳税款之日起3年内追征税款，并自应当缴纳税款之日起按日加征少征或者漏征税款万分之五的税款滞纳金。

【特别提示】海关发现多征税款的，应当在24小时内通知应税船舶办理退还手续，并加算银行同期活期存款利息。

应税船舶发现多缴税款的，可以自缴纳税款之日起3年内以书面形式要求海关退还多缴的税款并加算银行同期活期存款利息；海关应当自受理退税申请之日起30日内查实并通知应税船舶办理退还手续。

【情境引例解析】

应税船舶有下列行为之一的，由海关责令限期改正，处2 000元以上30 000元以下的罚款；不缴或者少缴应纳税款的，处不缴或者少缴税款 50％ 以上 5 倍以下的罚款，但罚款不得低于 2 000 元：

（1）未按照规定申报纳税、领取船舶吨税执照；

（2）未按照规定交验船舶吨税执照（或者申请核验船舶吨税执照电子信息）以及提供其他证明文件。

（二）船舶吨税的纳税申报

应税船舶负责人应在应税船舶抵港申报纳税时，如实填写《船舶吨税执照申请书》（见表 6-4），同时应当交验如下证明文件：

（1）船舶国籍证书或者海事部门签发的船舶国籍证书收存证明；

（2）船舶吨位证明。

应税船舶为拖船或无法提供净吨位证明文件的游艇的，应税船舶负责人还应提供发动机功率（千瓦）等相关材料。

应税船舶负责人应通过"互联网＋海关"、国际贸易"单一窗口"等关企事务平台登录"海关船舶吨税执照申请系统"，录入并向海关发送船舶吨税执照申请信息。

应税船舶负责人选择柜台支付方式缴纳船舶吨税的，应将加盖银行已收讫税款业务印章的缴款书第一联交海关。

应税船舶负责人选择电子支付方式缴纳船舶吨税的，应根据海关总署公告 2014 年第 6 号的要求完成船舶吨税电子支付备案。

表 6-4　船舶吨税执照申请书

Application for Tonnage Dues Certificate

按照《中华人民共和国船舶吨税法》的规定，检同有关证件（包括国籍证书、吨位证书或相关部门证明文件），开具下列事项，请予完纳船舶吨税，并发给船舶吨税执照。

In compliance with the provisions of the Vessel Tonnage Dues Law of the People's Republic of China, I hereby submit the following particulars together with the relevant documents (including the Certificate of Nationality, the Tonnage Certificate or supporting documents issued by the relevant departments) with the request for the issue of a Tonnage Dues Certificate upon payment of tonnage Dues.

1. 船名　　　　　　　　　　　　　　2. 船舶编号
Ship's Name　　　　　　　　　　　　Ship's Number
3. 船舶类型　　　　　　　　　　　　4. 国籍
Ship's Description　　　　　　　　　Nationality
5. 净吨位　　　　　　　　　　　　　6. 进港时间
Net Tonnage　　　　　　　　　　　Arrival Time
7. 按一年期、九十日期或三十日期（由申请人选定一种）
Tonnage Dues Certificate valid for one year/90 days/30 days (Applicant required the words)

兹声明上列各项申报正确无讹承担法律责任　　　　此　致
中华人民共和国＿＿＿＿＿海关
I hereby declare that all the particulars given in this Application are true and correct. I will take the relevant responsibility.

　　To　　　　　　　　　　　　　Customs of the People's Republic of China
船长　（签名盖章）　　　　　　　　船舶代理（签名盖章）
Ship's Captain（signature and stamp）　Ship's Agent（signature and stamp）
日期　　　年　月　日　　　　　　日期　　　年　月　日
Date　　　　　　　　　　　　　　Date

第3节　城市维护建设税法^①

 情境引例

我公司为增值税一般纳税人，本年 10 月出口产品退还了 100 万元的增值税，请问我公司是否可以要求同时退还城市维护建设税、教育费附加？

一、城市维护建设税的认知

（一）城市维护建设税纳税人的确定

城市维护建设税的纳税人是在我国境内缴纳增值税、消费税的单位和个人。

单位包括国有企业、集体企业、私营企业、股份制企业、其他企业和行政单位、事业单位、军事单位、社会团体、其他单位；个人包括个体工商户以及其他个人。

自 2010 年 12 月 1 日起，对外商投资企业、外国企业及外籍个人征收城市维护建设税。

【特别提示】征收城市维护建设税的主要目的是筹集城镇设施建设和维护资金。

（二）城市维护建设税征税对象的确定

城市维护建设税以纳税人依法实际缴纳的增值税、消费税税额和出口货物、劳务或者跨境销售服务、无形资产增值税免抵税额为计税依据，随增值税、消费税同时征收，其本身没有特定的征收对象，其征管方法也完全比照增值税、消费税的有关规定办理。

【特别提示】城市维护建设税的征税范围没有覆盖到进口环节，也就是说，对进口货物或者境外单位和个人向境内销售劳务、服务、无形资产缴纳的增值税、消费税税额，不征收城市维护建设税。

二、城市维护建设税的计算

（一）城市维护建设税计税依据的确定

城市维护建设税的计税依据为纳税人实际缴纳的增值税、消费税税额和出口货物、劳务或者跨境销售服务、无形资产增值税免抵税额。纳税人违反增值税、消费税有关税法而加收的滞纳金和罚款，是税务机关对纳税人违法行为的经济制裁，不作为城市维护建设税的计税依据，但纳税人在被查补增值税、消费税和被处以罚款时，应同时对其偷（逃）漏的城市维护建设税进行补税、征收滞纳金和罚款。

城市维护建设税以增值税、消费税税额和出口货物、劳务或者跨境销售服务、无形

---

① 本节中的"城市维护建设税"部分主要根据 2021 年 9 月 1 日起施行的《中华人民共和国城市维护建设税法》编写。

资产增值税免抵税额为计税依据并同时征收，如果要免征或者减征增值税（出口货物、劳务或者跨境销售服务、无形资产增值税免抵税额除外）、消费税，也就要同时免征或者减征城市维护建设税。

（二）城市维护建设税税率的判定

城市维护建设税采用比例税率。按纳税人所在地的不同，设置三档差别比例税率（见表6-5）。

表6-5　城市维护建设税税率表

纳税人所在地	税率（%）
市区	7
县城和镇	5
市区、县城和镇以外的其他地区	1

【特别提示】 开采海洋石油资源的中外合作油（气）田所在地在海上，其城市维护建设税适用1%的税率。

城市维护建设税的适用税率，应当按照纳税人所在地的规定税率执行。但是，对下列两种情况，可按缴纳增值税、消费税所在地的规定税率就地缴纳城市维护建设税。

（1）由受托方代扣代缴、代收代缴增值税、消费税的单位和个人，其代扣代缴、代收代缴的城市维护建设税按受托方所在地适用税率执行；

（2）流动经营等无固定纳税地点的单位和个人，在经营地缴纳增值税、消费税的，其城市维护建设税的缴纳按经营地适用税率执行。

（三）城市维护建设税优惠政策的运用

城市维护建设税原则上不单独减免，但因城市维护建设税又具有附加税性质，当主税发生减免时，城市维护建设税相应发生税收减免。城市维护建设税的税收减免具体有以下几种情况：

（1）城市维护建设税按减免后实际缴纳的增值税、消费税税额计征，即随增值税、消费税的减免而减免（出口货物、劳务或者跨境销售服务、无形资产增值税免抵税额除外）。

（2）对于因减免税而需进行增值税、消费税退库的，城市维护建设税也可同时退库。

（3）对进口货物或者境外单位和个人向境内销售劳务、服务、无形资产缴纳的增值税、消费税税额，不征收城市维护建设税。

（4）对增值税、消费税实行先征后返、先征后退、即征即退办法的，除另有规定外，对随增值税、消费税附征的城市维护建设税，一律不退（返）还。

（5）对出口货物、劳务和跨境销售服务、无形资产以及因优惠政策退还增值税、消费税的，不退还已缴纳的城市维护建设税。

（6）对国家重大水利工程建设基金免征城市维护建设税。

【特别提示】 由省、自治区、直辖市人民政府根据本地区实际情况，以及宏观调控需要确定，自2019年1月1日至2021年12月31日，对增值税小规模纳税人可以在50％的税额幅度内减征资源税、城市维护建设税、房产税、城镇土地使用税、印花税（不含证券交易印花税）、耕地占用税和教育费附加、地方教育附加。增值税小规模纳税人已依法享受资源税、城市维护建设税、房产税、城镇土地使用税、印花税、耕地占用税、教育费附加、地方教育附加其他优惠政策的，可叠加享受上述优惠政策。缴纳资源税、城市维护建设税、房产税、城镇土地使用税、印花税、耕地占用税、教育费附加和地方教育附加的增值税一般纳税人按规定转登记为小规模纳税人的，自成为小规模纳税人的当月起适用减征优惠。增值税小规模纳税人按规定登记为一般纳税人的，自一般纳税人生效之日起不再适用减征优惠；增值税年应税销售额超过小规模纳税人标准应当登记为一般纳税人而未登记，经税务机关通知，逾期仍不办理登记的，自逾期次月起不再适用减征优惠。纳税人自行申报享受减征优惠，无须额外提交资料。纳税人符合条件但未及时申报享受减征优惠的，可依法申请退税或者抵减以后纳税期的应纳税款。截至2019年2月25日，我国31个省、自治区、直辖市均已发文明确，小微企业"六税两费"按50％幅度顶格减征。大连、青岛、宁波、厦门、深圳5个计划单列市按照本省规定执行。

【归纳总结】对于城市维护建设税、教育费附加和地方教育附加，进口不征，出口不退，免抵要征。

（四）城市维护建设税应纳税额的计算

城市维护建设税应纳税额的计算公式为：

$$应纳城市维护建设税 = \frac{纳税人实际缴纳的增值税、消费税税额和出口货物、劳务或者跨境销售服务、无形资产增值税免抵税额}{} \times 适用税率$$

【工作实例6-4】 甲企业位于县城，本年5月缴纳增值税30万元，缴纳消费税20万元，出口货物增值税免抵税额为6万元，缴纳土地增值税4万元。

【工作要求】计算甲企业本年5月的应纳城市维护建设税。

【工作实施】

应纳城市维护建设税＝(30＋20＋6)×5％＝2.8(万元)

三、城市维护建设税的征收管理

（一）城市维护建设税的征收管理要求

1. 城市维护建设税的纳税环节

城市维护建设税的纳税环节，实际上就是纳税人缴纳增值税、消费税的环节。纳税人只要发生增值税、消费税的纳税义务，就要在同样的环节，计算缴纳城市维护建设税。

2. 城市维护建设税的纳税期限

城市维护建设税的纳税期限分别与增值税、消费税的纳税期限一致。增值税的纳税期限分别为 1 日、3 日、5 日、10 日、15 日、1 个月或者 1 个季度；消费税的纳税期限也分别为 1 日、3 日、5 日、10 日、15 日、1 个月或者 1 个季度。增值税、消费税的纳税人的具体纳税期限，由主管税务机关根据纳税人应纳税额大小分别核定。不能按照固定期限纳税的，可以按次纳税，因此，在这种情况下城市维护建设税也按次缴纳。

3. 城市维护建设税的纳税地点

纳税人缴纳增值税、消费税的地点，就是该纳税人缴纳城市维护建设税的地点。但是下列情况除外：

（1）代扣代缴、代收代缴增值税、消费税的单位和个人，同时也是城市维护建设税的代扣代缴、代收代缴义务人，其城市维护建设税的纳税地点在代扣代收地。

（2）跨省开采的油田，下属生产单位与核算单位不在一个省内的，其生产的原油，在油井所在地缴纳增值税，其应纳税款由核算单位按照各油井的产量和规定税率，计算汇拨各油井所在地缴纳。因此，各油井应纳的城市维护建设税，应由核算单位计算，随同增值税一并汇拨油井所在地，由油井在缴纳增值税的同时，一并缴纳城市维护建设税。

（3）对流动经营等无固定纳税地点的单位和个人，城市维护建设税应随同增值税、消费税在经营地按适用税率缴纳。

（4）纳税人跨地区提供建筑服务、销售和出租不动产的，应在建筑服务发生地、不动产所在地预缴增值税时，以预缴增值税税额为计税依据，并按预缴增值税所在地的城市维护建设税适用税率和教育费附加征收率就地计算缴纳城市维护建设税和教育费附加。

预缴增值税的纳税人在其机构所在地申报缴纳增值税时，以其实际缴纳的增值税税额为计税依据，并按机构所在地的城市维护建设税适用税率和教育费附加征收率就地计算缴纳城市维护建设税和教育费附加。

（二）城市维护建设税的纳税申报

纳税人对城市维护建设税进行纳税申报时，应当填报"城市维护建设税 教育费附加 地方教育附加申报表"（见表 6-6）。

表 6-6　城市维护建设税 教育费附加 地方教育附加申报表

税款所属期限：自　年　月　日至　年　月　日
纳税人识别号（统一社会信用代码）：
纳税人名称：　　　　　　　　　　　　　　　　　　　金额单位：人民币元（列至角分）

本期是否适用增值税小规模纳税人减征政策（减免性质代码__城市维护建设税：07049901，减免性质代码__教育费附加：61049901，减免性质代码__地方教育附加：99049901）	□是 □否	减征比例__城市维护建设税（%）	
		减征比例__教育费附加（%）	
		减征比例__地方教育附加（%）	
本期是否适用试点建设培育产教融合型企业抵免政策	□是 □否	当期新增投资额	
		上期留抵可抵免金额	
		结转下期可抵免金额	

税（费）种	计税（费）依据					税率（征收率）	本期应纳税（费）额	本期减免税（费）额		本期增值税小规模纳税人减征额	试点建设培育产教融合型企业		本期已缴税（费）额	本期应补（退）税（费）额
	增值税		消费税	营业税	合计			减免性质代码	减免税（费）额		减免性质	本期抵免金额		
	一般增值税	免抵税额												
	1	2	3	4	5=1+2+3+4	6	7	8	9	10	11	12	13	14=7-9-10-12-13
城建税											—	—		
教育费附加														
地方教育附加														
—														
合计				—	—									

谨声明：本申报表是根据国家法律法规及相关规定填报的，是真实的、可靠的、完整的。

纳税人（签章）：　　　　　　　　　年　月　日

经办人： 经办人身份证号： 代理机构签章： 代理机构统一社会信用代码：	受理人： 受理税务机关（章）： 受理日期：　年　月　日

【特别提示】表6-6第4栏"营业税"填写本期补缴以前年度的营业税税额，其附加不适用减征规定。

附：教育费附加和地方教育附加

一、教育费附加和地方教育附加的认知

（一）教育费附加和地方教育附加征收范围的确定

教育费附加和地方教育附加对在我国境内缴纳增值税、消费税的单位和个人征收，以其实际缴纳的增值税、消费税税额和出口货物、劳务或者跨境销售服务、无形资产增值税免抵税额为计征依据，分别与增值税、消费税同时缴纳。

自2010年12月1日起，对外商投资企业、外国企业及外籍个人征收教育费附加。

（二）教育费附加和地方教育附加计征对象的确定

教育费附加和地方教育附加以纳税人实际缴纳的增值税、消费税税额和出口货物、劳务或者跨境销售服务、无形资产增值税免抵税额为计征依据，随增值税、消费税同时征收，其本身没有特定的课征对象，其征管方法也完全比照增值税、消费税的有关规定办理。

二、教育费附加和地方教育附加的计算

（一）教育费附加和地方教育附加计征依据的确定

教育费附加和地方教育附加的计征依据是纳税人实际缴纳的增值税、消费税税额和出口货物、劳务或者跨境销售服务、无形资产增值税免抵税额。纳税人违反增值税、消费税有关税法而加收的滞纳金和罚款，是税务机关对纳税人违法行为的经济制裁，不作为教育费附加和地方教育附加的计征依据。

教育费附加和地方教育附加以增值税、消费税税额和出口货物、劳务或者跨境销售服务、无形资产增值税免抵税额为计征依据并同时征收，如果要免征或者减征增值税（出口货物、劳务或者跨境销售服务、无形资产增值税免抵税额除外）、消费税，也就要同时免征或者减征教育费附加和地方教育附加。

（二）教育费附加和地方教育附加的征收率的判定

现行教育费附加征收率为3%。地方教育附加的征收率统一为2%。

（三）教育费附加和地方教育附加优惠政策的运用

（1）对进口货物或者境外单位和个人向境内销售劳务、服务、无形资产缴纳的增值税、消费税税额，不征收教育费附加和地方教育附加。

（2）对由于减免增值税、消费税而发生退税的，可同时退还已征收的教育费附加和地方教育附加。但对出口货物、劳务和跨境销售服务、无形资产以及因优惠政策退还增值税、消费税的，不退还已缴纳的教育费附加和地方教育附加。

（3）对国家重大水利工程建设基金免征教育费附加和地方教育附加。

【情境引例解析】

根据《财政部关于城市维护建设税几个具体业务问题的补充规定》（财税字〔1985〕143号）第三条的规定，对出口产品退还消费税、增值税的，不退还已缴纳的城市维护建设税。根据《财政部关于征收教育费附加几个具体问题的通知》（财税字〔1986〕120号）第三条的规定，对出口产品退还消费税、增值税的，不退还已征的教育费附加。因此，你公司不可以要求同时退还城市维护建设税和教育费附加。

（四）教育费附加和地方教育附加计征额的计算

教育费附加和地方教育附加的计算公式为：

$$应纳教育费附加 = \begin{pmatrix} 纳税人实际缴纳的增值税、消费税税额 \\ 和出口货物、劳务或者跨境销售服务、 \\ 无形资产增值税免抵税额 \end{pmatrix} \times 征收率(3\%)$$

$$应纳地方教育附加 = \begin{pmatrix} 纳税人实际缴纳的增值税、消费税税额 \\ 和出口货物、劳务或者跨境销售服务、 \\ 无形资产增值税免抵税额 \end{pmatrix} \times 征收率(2\%)$$

【工作实例6-5】 同工作实例6-4。

【工作要求】 计算甲企业本年5月的应纳教育费附加和地方教育附加。

【工作实施】

应纳教育费附加＝（30＋20＋6）×3％＝1.68（万元）

应纳地方教育附加＝（30＋20＋6）×2％＝1.12（万元）

三、教育费附加和地方教育附加的征收管理

（一）教育费附加和地方教育附加的征收管理要求

1. 教育费附加和地方教育附加的征纳环节

教育费附加和地方教育附加的征纳环节实际上就是纳税人缴纳增值税、消费税的环节。纳税人只要发生增值税、消费税的纳税义务，就要在同样的环节计算缴纳教育费附加和地方教育附加。

2. 教育费附加和地方教育附加的征纳期限

教育费附加和地方教育附加的征纳期限分别与增值税、消费税的纳税期限一致。

3. 教育费附加和地方教育附加的征纳地点

纳税人缴纳增值税、消费税的地点，就是该纳税人缴纳教育费附加和地方教育附加的地点。但是下列情况除外：

（1）代扣代缴、代收代缴增值税、消费税的单位和个人，同时也是教育费附加和地方教育附加的代扣代缴、代收代缴义务人，其教育费附加和地方教育附加的征纳地点在代扣代收地。

（2）跨省开采的油田，下属生产单位与核算单位不在一个省内的，其生产的原油，在油井所在地缴纳增值税，其应纳税款由核算单位按照各油井的产量和规定税率，计算汇拨各油井所在地缴纳。因此，各油井应纳的教育费附加和地方教育附加，应由核算单位计算，随同增值税一并汇拨油井所在地，由油井在缴纳增值税的同时，一并缴纳教育费附加和地方教育附加。

（3）对流动经营等无固定纳税地点的单位和个人，教育费附加和地方教育附加应随同增值税、消费税在经营地缴纳。

（二）教育费附加和地方教育附加的申报实务

纳税人对教育费附加和地方教育附加进行申报时，应当填报"城市维护建设税　教育费附加 地方教育附加申报表"（见表6-6）。

第4节　资源税法①

我公司是一家生产建材产品的企业，请问我公司在收购应税矿产品时有代扣代缴资

---

① 本节主要根据自2020年9月1日起施行的《中华人民共和国资源税法》编写。

源税的义务吗？

一、资源税的认知

（一）资源税纳税人的确定

资源税的纳税人是指在中华人民共和国领域和中华人民共和国管辖的其他海域开发应税资源的单位和个人。

对资源税纳税义务人的理解，应注意以下几点：

（1）资源税规定仅对在中国领域及管辖的其他海域从事应税产品开采或生产的单位和个人征收，进口的相关产品不征收资源税。

【特别提示】对于资源税，进口不征，出口不退（免）。

（2）资源税纳税义务人不仅包括符合规定的中国企业和个人，还包括外商投资企业和外国企业。

【情境引例解析】

根据《国家税务总局关于公布取消一批税务证明事项以及废止和修改部分规章规范性文件的决定》（国家税务总局令第48号）的规定，废止《中华人民共和国资源税代扣代缴管理办法》（国税发〔1998〕49号文件印发，国家税务总局令第44号修改）。根据《关于〈国家税务总局关于公布取消一批税务证明事项以及废止和修改部分规章规范性文件的决定〉的解读》，废止《中华人民共和国资源税代扣代缴管理办法》，涉及《国家税务总局关于取消一批税务证明事项的决定》（国家税务总局令第46号）取消的"资源税管理证明"。该证明取消后，资源税实行纳税人自主申报，不再采用代扣代缴的征管方式。因此资源税由中华人民共和国领域和中华人民共和国管辖的其他海域开发应税资源的单位和个人自行缴纳，你公司没有代扣代缴的义务。

（二）资源税征税范围的确定

应税资源的具体范围由《中华人民共和国资源税法》所附《资源税税目税率表》确定。我国目前资源税的征税范围仅涉及矿产品和盐两大类，具体包括：

（1）能源矿产。包括：原油；天然气、页岩气、天然气水合物；煤；煤成（层）气；铀、钍；油页岩、油砂、天然沥青、石煤；地热。

（2）金属矿产。包括：黑色金属和有色金属。

（3）非金属矿产。包括：矿物类、岩石类和宝玉石类。

（4）水气矿产。包括：二氧化碳气、硫化氢气、氦气、氡气；矿泉水。

（5）盐。包括：钠盐、钾盐、镁盐、锂盐；天然卤水；海盐。

纳税人开采或者生产应税产品自用的，应当依照《中华人民共和国资源税法》规定缴纳资源税，但是，自用于连续生产应税产品的，不缴纳资源税。

【特别提示】由于资源产品属于有形动产，资源税的征税范围与增值税的征税范围有一定程度的重叠。

【知识链接】纳税人自产自用的应税消费品，用于连续生产应税消费品的，不纳税

（消费税）；用于其他方面的（用于生产非应税消费品、在建工程、管理部门、馈赠、赞助、集资、广告、样品、职工福利、奖励等），视同销售，在移送使用时纳税（消费税）。

【特别提示】资源税对生产者或开采者征收，并且于其销售或自用时一次性征收，批发、零售等环节不征收资源税。

【点拨指导】资源税只针对开采我国境内的不可再生的自然资源征收，且仅限于初级矿产品或者原矿。

【特别提示】自2016年7月1日起在河北省开展水资源税改革试点，采取水资源费改税方式，将地表水和地下水纳入征税范围，实行从量定额计征。自2017年12月1日起在北京、天津、山西、内蒙古、山东、河南、四川、陕西、宁夏等9个省（自治区、直辖市）扩大水资源税改革试点。

国务院根据国民经济和社会发展需要，依照《中华人民共和国资源税法》的原则，对取用地表水或者地下水的单位和个人试点征收水资源税。征收水资源税的，停止征收水资源费。

水资源税根据当地水资源状况、取用水类型和经济发展等情况实行差别税率。

【特别提示】中外合作开采陆上、海上石油资源的企业依法缴纳资源税。2011年11月1日前已依法订立中外合作开采陆上、海上石油资源合同的，在该合同有效期内，继续依照国家有关规定缴纳矿区使用费，不缴纳资源税；合同期满后，依法缴纳资源税。

（三）资源税税目的确定

资源税的税目、税率依照《资源税税目税率表》执行。

二、资源税的计算

（一）资源税计税依据的确定

资源税按照《资源税税目税率表》实行从价计征或者从量计征。

《资源税税目税率表》中规定可以选择实行从价计征或者从量计征的，具体计征方式由省、自治区、直辖市人民政府提出，报同级人民代表大会常务委员会决定，并报全国人民代表大会常务委员会和国务院备案。

实行从价计征的，应纳税额按照应税资源产品（以下称应税产品）的销售额乘以具体适用税率计算。实行从量计征的，应纳税额按照应税产品的销售数量乘以具体适用税率计算。

应税产品为矿产品的，包括原矿和选矿产品。

1. 资源税从价定率征收计税依据的确定

资源税从价定率征收的计税依据为应税产品的销售额。

（1）关于销售额的认定。销售额是指纳税人销售应税产品向购买方收取的全部价款和价外费用，不包括增值税销项税额。对同时符合以下条件的运杂费用，纳税人在计算应税产品计税销售额时，可予以扣减：

1）包含在应税产品销售收入中；

2）属于纳税人销售应税产品环节发生的运杂费用，具体是指运送应税产品从坑口或者洗选（加工）地到车站、码头或者购买方指定地点的运杂费用；

3）取得相关运杂费用发票或者其他合法有效凭据；

4）将运杂费用与计税销售额分别进行核算。

纳税人扣减的运杂费用明显偏高导致应税产品价格偏低且无正当理由的，主管税务机关可以合理调整计税价格。

【特别提示】 纳税人将其开采的应税产品直接出口的，按其离岸价格（不含增值税）计算销售额征收资源税。

（2）原矿销售额与精矿销售额的换算或折算。为公平原矿与精矿之间的税负，对同一种应税产品，征税对象为精矿的，纳税人销售原矿时，应将原矿销售额换算为精矿销售额缴纳资源税；征税对象为原矿的，纳税人销售自采原矿加工的精矿，应将精矿销售额折算为原矿销售额缴纳资源税。换算比或折算率原则上应通过原矿售价、精矿售价和选矿比计算，也可通过原矿销售额、加工环节平均成本和利润计算。

金矿以标准金锭为征税对象，纳税人销售金原矿、金精矿的，应比照上述规定将其销售额换算为金锭销售额缴纳资源税。

换算比或折算率应按简便可行、公平合理的原则，由省级财税部门确定，并报财政部、国家税务总局备案。

纳税人将其开采的原矿加工为精矿销售的，按精矿销售额（不含增值税）和适用税率计算缴纳资源税。纳税人开采并销售原矿的，将原矿销售额（不含增值税）换算为精矿销售额计算缴纳资源税。精矿销售额不包括从洗选厂到车站、码头或用户指定运达地点的运输费用。

纳税人销售（或者视同销售）其自采原矿的，可采用成本法或市场法将原矿销售额换算为精矿销售额计算缴纳资源税。其成本法计算公式为：

$$精矿销售额＝原矿销售额＋原矿加工为精矿的成本×(1＋成本利润率)$$

其市场法计算公式为：

$$精矿销售额＝原矿销售额×换算比$$
$$换算比＝同类精矿单位价格÷(原矿单位价格×选矿比)$$
$$选矿比＝加工精矿耗用的原矿数量÷精矿数量$$

式中，原矿销售额不包括从矿区到车站、码头或用户指定运达地点的运输费用。

2. 资源税从量定额征收计税依据的确定

资源税从量定额征收的计税依据为从量计征的应税产品的销售数量。销售数量的具体规定为：

（1）销售数量，包括纳税人开采或者生产应税产品的实际销售数量和视同销售的自用数量。

（2）纳税人不能准确提供应税产品销售数量的，以应税产品的产量或者主管税务机关确定的折算比换算成的数量为计征资源税的销售数量。

【特别提示】 原矿和精矿的销售额或者销售量应当分别核算，未分别核算的，从高确定计税销售额或者销售数量。

（二）资源税税率的判定

《资源税税目税率表》如表6-7所示。

表6-7 资源税税目税率表

税目		征税对象	税率
能源矿产	原油	原矿	6%
	天然气、页岩气、天然气水合物	原矿	6%
	煤	原矿或者选矿	2%～10%
	煤成（层）气	原矿	1%～2%
	铀、钍	原矿	4%
	油页岩、油砂、天然沥青、石煤	原矿或者选矿	1%～4%
	地热	原矿	1%～20%或者每立方米1～30元
金属矿产	黑色金属 铁、锰、铬、钒、钛	原矿或者选矿	1%～9%
	有色金属 铜、铅、锌、锡、镍、锑、镁、钴、铋、汞	原矿或者选矿	2%～9%
	铝土矿	原矿或者选矿	2%～9%
	钨	选矿	6.5%
	钼	选矿	8%
	金、银	原矿或者选矿	2%～6%
	铂、钯、钌、锇、铱、铑	原矿或者选矿	5%～10%
	轻稀土	选矿	7%～12%
	中重稀土	选矿	20%
	铍、锂、锆、锶、镓、铯、铌、钽、锗、镓、铟、铊、铪、铼、镉、硒、碲	原矿或者选矿	2%～10%

续表

税目		征税对象	税率
非金属矿产	矿物类	高岭土	原矿或者选矿	1%～6%
		石灰岩	原矿或者选矿	1%～6%或者每吨（或者每立方米）1～10元
		磷	原矿或者选矿	3%～8%
		石墨	原矿或者选矿	3%～12%
		萤石、硫铁矿、自然硫	原矿或者选矿	1%～8%
		天然石英砂、脉石英、粉石英、水晶、工业用金刚石、冰洲石、蓝晶石、硅线石（矽线石）、长石、滑石、刚玉、菱镁矿、颜料矿物、天然碱、芒硝、钠硝石、明矾石、砷、硼、碘、溴、膨润土、硅藻土、陶瓷土、耐火粘土、铁矾土、凹凸棒石粘土、海泡石粘土、伊利石粘土、累托石粘土	原矿或者选矿	1%～12%
		叶蜡石、硅灰石、透辉石、珍珠岩、云母、沸石、重晶石、毒重石、方解石、蛭石、透闪石、工业用电气石、白垩、石棉、蓝石棉、红柱石、石榴子石、石膏	原矿或者选矿	2%～12%
		其他粘土（铸型用粘土、砖瓦用粘土、陶粒用粘土、水泥配料用粘土、水泥配料用红土、水泥配料用黄土、水泥配料用泥岩、保温材料用粘土）	原矿或者选矿	1%～5%或者每吨（或者每立方米）0.1～5元
	岩石类	大理岩、花岗岩、白云岩、石英岩、砂岩、辉绿岩、安山岩、闪长岩、板岩、玄武岩、片麻岩、角闪岩、页岩、浮石、凝灰岩、黑曜岩、霞石正长岩、蛇纹岩、麦饭石、泥灰岩、含钾岩石、含钾砂页岩、天然油石、橄榄岩、松脂岩、粗面岩、辉长岩、辉绿岩、正长岩、火山灰、火山渣、泥炭	原矿或者选矿	1%～10%
		砂石	原矿或者选矿	1%～5%或者每吨（或者每立方米）0.1～5元
	宝玉石类	宝石、玉石、宝石级金刚石、玛瑙、黄玉、碧玺	原矿或者选矿	4%～20%

续表

税目		征税对象	税率
水气矿产	二氧化碳气、硫化氢气、氦气、氡气	原矿	2%～5%
	矿泉水	原矿	1%～20%或者每立方米 1～30 元
盐	钠盐、钾盐、镁盐、锂盐	选矿	3%～15%
	天然卤水	原矿	3%～15%或者每吨（或者每立方米）1～10 元
	海盐	原矿或者选矿	2%～5%

《资源税税目税率表》中规定实行幅度税率的，其具体适用税率由省、自治区、直辖市人民政府统筹考虑该应税资源的品位、开采条件以及对生态环境的影响等情况，在《资源税税目税率表》规定的税率幅度内提出，报同级人民代表大会常务委员会决定，并报全国人民代表大会常务委员会和国务院备案。《资源税税目税率表》中规定征税对象为原矿或者选矿的，应当分别确定具体适用税率。

（三）资源税优惠政策的运用

1. 有下列情形之一的，免征资源税

（1）开采原油以及在油田范围内运输原油过程中用于加热的原油、天然气；

（2）煤炭开采企业因安全生产需要抽采的煤成（层）气。

2. 有下列情形之一的，减征资源税

（1）从低丰度油气田开采的原油、天然气，减征 20%资源税；

（2）高含硫天然气、三次采油和从深水油气田开采的原油、天然气，减征 30%资源税；

（3）稠油、高凝油减征 40%资源税；

（4）从衰竭期矿山开采的矿产品，减征 30%资源税。

根据国民经济和社会发展需要，国务院对有利于促进资源节约集约利用、保护环境等情形可以规定免征或者减征资源税，报全国人民代表大会常务委员会备案。

3. 有下列情形之一的，省、自治区、直辖市可以决定免征或者减征资源税

（1）纳税人开采或者生产应税产品过程中，因意外事故或者自然灾害等原因遭受重大损失；

（2）纳税人开采共伴生矿、低品位矿、尾矿。

这里的免征或者减征资源税的具体办法，由省、自治区、直辖市人民政府提出，报同级人民代表大会常务委员会决定，并报全国人民代表大会常务委员会和国务院备案。

【特别提示】纳税人的免税、减税项目，应当单独核算销售额或者销售数量；未单独核算或者不能准确提供销售额或者销售数量的，不予免税或者减税。

（四）资源税应纳税额的计算

资源税的应纳税额，按照从价定率或者从量定额的办法，分别以应税产品的销售额乘以纳税人具体适用的比例税率或者以应税产品的销售数量乘以纳税人具体适用的定额税率计算。

纳税人开采或者生产不同税目应税产品的，应当分别核算不同税目应税产品的销售额或者销售数量；未分别核算或者不能准确提供不同税目应税产品的销售额或者销售数量的，从高适用税率。

（1）采用从价定率办法计算应纳税额，其计算公式为：

$$应纳资源税＝应税产品的销售额×比例税率$$

【工作实例6-6】　甲煤矿本年2月开采原煤100万吨，当月对外销售80万吨；为职工宿舍供暖，使用本月开采的原煤10万吨；向洗煤车间移送本月开采的原煤2万吨加工洗煤，尚未对外销售；其余8万吨原煤待售。该煤矿每吨原煤不含增值税售价为500元（不含从坑口到车站、码头等的运输费用），适用的资源税税率为5%。

【工作要求】计算甲煤矿本年2月的应纳资源税。

【工作实施】

$$应纳资源税＝(80＋10)×500×5\%＝2\,250(万元)$$

（2）采用从量定额办法计算应纳税额，其计算公式为：

$$应纳资源税＝应税产品的销售数量×定额税率$$

【特别提示】纳税人开采或者生产应税产品，自用于连续生产应税产品的，不缴纳资源税；自用于其他方面的，视同销售，缴纳资源税。

【特别提示】视同销售包括以下情形：

1）纳税人以自采原矿直接加工为非应税产品的，视同原矿销售；

2）纳税人以自采原矿洗选（加工）后的精矿连续生产非应税产品的，视同精矿销售；

3）以应税产品投资、分配、抵债、赠与、以物易物等，视同应税产品销售。

【点拨指导】纳税人有视同销售应税产品行为而无销售价格的，或者申报的应税产品销售价格明显偏低且无正当理由的，税务机关应按下列顺序确定其应税产品计税价格：

1）按纳税人最近时期同类产品的平均销售价格确定。

2）按其他纳税人最近时期同类产品的平均销售价格确定。

3）按应税产品组成计税价格确定。

$$组成计税价格＝成本×(1＋成本利润率)÷(1－资源税税率)$$

式中，成本是指应税产品的实际生产成本；成本利润率由省、自治区、直辖市税务机关确定。

4）按后续加工非应税产品销售价格减去后续加工环节的成本利润后确定。

5）按其他合理方法确定。

（3）原煤加工为洗选煤的资源税应纳税额的计算。纳税人将其开采的原煤加工为洗选煤销售的，以洗选煤销售额乘以折算率作为应税煤炭销售额计算缴纳资源税。

$$洗选煤应纳资源税＝洗选煤销售额×洗选煤折算率×适用税率$$

式中，洗选煤销售额包括洗选副产品的销售额，不包括洗选煤从洗选煤厂到车站、码头等的运输费用。洗选煤折算率可通过洗选煤销售额扣除洗选环节成本、利润计算，也可通过洗选煤市场价格与其所用同类原煤市场价格的差额及综合回收率计算。洗选煤折算率由省、自治区、直辖市财税部门或其授权地市级财税部门确定。具体来说，洗选煤折算率的公式有两种：

1）$$洗选煤折算率＝（洗选煤平均销售额－洗选环节平均成本－洗选环节平均利润）÷洗选煤平均销售额×100\%$$

2）$$洗选煤折算率＝原煤平均销售额÷（洗选煤平均销售额×综合回收率）×100\%$$

式中　$$综合回收率＝洗选煤数量÷入洗前原煤数量×100\%$$

（4）已税产品的税务处理。纳税人用已纳资源税的应税产品进一步加工应税产品销售的，不再缴纳资源税。纳税人以自采未税产品和外购已税产品混合销售或者混合加工为应税产品销售的，在计算应税产品计税销售额时，准予扣减已单独核算的已税产品购进金额；未单独核算的，一并计算缴纳资源税。已税产品购进金额当期不足扣减的可结转下期扣减。

外购原矿或者精矿形态的已税产品与本产品征税对象不同的，在计算应税产品计税销售额时，应对混合销售额或者外购已税产品的购进金额进行换算或者折算。

【特别提示】纳税人核算并扣减当期外购已税产品购进金额，应依据外购已税产品的增值税发票、海关进口增值税专用缴款书或者其他合法有效凭据。

（5）关联企业之间业务往来的税务处理。纳税人与其关联企业之间的业务往来，应当按照独立企业之间的业务往来收取或者支付价款、费用。不按照独立企业之间的业务往来收取或者支付价款、费用，而减少其计税销售额的，税务机关可以按照《税收征收管理法》及其实施细则的有关规定进行合理调整。

三、资源税的征收管理

（一）资源税的征收管理要求

税务机关与自然资源等相关部门应当建立工作配合机制，加强资源税征收管理。

1. 资源税的纳税义务发生时间

资源税在应税产品的销售或自用环节计算缴纳。具体情况如下：

（1）纳税人销售应税产品采取分期收款结算方式的，其纳税义务发生时间为销售合同规定的收款日期的当日。

（2）纳税人销售应税产品采取预收货款结算方式的，其纳税义务发生时间为发出应税产品的当日。

（3）纳税人销售应税产品采取其他结算方式的，其纳税义务发生时间为收讫销售款或者取得索取销售款凭据的当日。

（4）纳税人自产自用应税产品的，其纳税义务发生时间为移送使用应税产品的当日。

【特别提示】纳税人以自采原矿直接加工为非应税产品或者以自采原矿加工的精矿连续生产非应税产品的，在原矿或者精矿移送环节计算缴纳资源税。

（5）纳税人以自采原矿加工精矿产品的，在原矿移送使用时不缴纳资源税，在精矿销售或自用时缴纳资源税。

（6）纳税人以自采原矿加工金锭的，在金锭销售或自用时缴纳资源税。纳税人销售自采原矿或者自采原矿加工的金精矿、粗金，在原矿或者金精矿、粗金销售时缴纳资源税，在移送使用时不缴纳资源税。

（7）纳税人以应税产品投资、分配、抵债、赠与、以物易物等，在应税产品所有权转移时计算缴纳资源税。

【知识链接】由于资源税进口不征，因此资源税没有进口环节纳税义务发生时间的规定。除此以外，资源税纳税义务发生时间的规定与增值税、消费税基本相同。

2. 资源税的纳税期限

资源税按月或者按季申报缴纳；不能按固定期限计算缴纳的，可以按次申报缴纳。

纳税人按月或者按季申报缴纳的，应当自月度或者季度终了之日起15日内，向税务机关办理纳税申报并缴纳税款；按次申报缴纳的，应当自纳税义务发生之日起15日内，向税务机关办理纳税申报并缴纳税款。

3. 资源税的纳税地点

（1）纳税人开采或者生产资源税应税产品，应当依法向开采地或者生产地的税务机关申报缴纳资源税。

（2）纳税人在本省、自治区、直辖市范围开采或者生产应税产品，其纳税地点需要调整的，由省级税务机关决定。

（3）纳税人跨省开采资源税应税产品，其下属生产单位与核算单位不在同一省、自治区、直辖市的，对其开采的矿产品一律在开采地纳税，其应纳税款由独立核算、自负盈亏的单位，按照开采地的实际销售（或者自用）额或数量及适用的税率计算划拨。

（二）资源税的纳税申报

纳税人对资源税进行纳税申报时，应填报"资源税纳税申报表"（见表6-8）及其附表。

表6-8 资源税纳税申报表

税款所属时间：自　　年　月　日至　　年　月　日
纳税人识别号（统一社会信用代码）：□□□□□□□□□□□□□□□□□□
纳税人名称：　　　　　　　　　　　　　　　　　金额单位：人民币元（列至角分）

本期是否适用增值税小规模纳税人减征政策（减免性质代码：06049901）						是□ 否□		减征比例（%）			
税目	子目	折算率或换算比	计量单位	计税销售量	计税销售额	适用税率	本期应纳税额	本期减免税额	本期增值税小规模纳税人减征额	本期已缴税额	本期应补（退）税额
1	2	3	4	5	6	7	8①=6×7 8②=5×7	9	10	11	12=8-9-10-11
合计	—	—	—		—						
谨声明：本纳税申报表是根据国家税收法律法规及相关规定填报的，是真实的、可靠的、完整的。 　　　　　　　　　　　　　　　　　纳税人（签章）：　　　　年　月　日											
经办人： 经办人身份证号： 代理机构签章： 代理机构统一社会信用代码：					受理人： 受理税务机关（章）： 受理日期：　　年 月 日						

本表一式两份，一份纳税人留存，一份税务机关留存。

第5节 土地增值税法

 情境引例

　　我公司为一家房地产开发企业，销售地下车位使用权，与业主签订合同约定使用年限为20年，使用费一次性收取，请问该业务是否应当缴纳土地增值税？

一、土地增值税的认知

（一）土地增值税纳税人的确定

　　土地增值税的纳税人是指转让国有土地使用权、地上建筑物及其附着物并取得收入的单位和个人。单位包括各类企业、事业单位、国家机关和社会团体及其他组织；个人

包括个体经营者。土地增值税也适用于外商投资企业、外国企业及外籍纳税人。

【知识链接】契税的纳税人是指在我国境内"承受"土地、房屋权属转移的单位和个人。

（二）土地增值税征税范围的确定

土地增值税的基本征税范围包括：转让国有土地使用权；地上建筑物及其附着物连同国有土地使用权一并转让；存量房地产的买卖。转让非国有土地使用权以及国有土地出让均不征收土地增值税。

土地增值税只对企业、单位和个人转让国有土地使用权的行为征税。对属于集体所有的土地，按现行法律规定需先由国家征收后才能转让。未经国家征收的集体土地不得转让，自行转让集体土地是一种违法行为，应由有关部门依照相关法律来处理，而不应纳入土地增值税的征税范围。

国有土地出让是指国家以土地所有者的身份将土地使用权在一定年限内让与土地使用者，并由土地使用者向国家支付土地出让金的行为。由于土地使用权的出让方是国家，出让收入在性质上属于政府凭借所有权在土地一级市场上收取的租金，因此，政府出让土地的行为及取得的收入也不在土地增值税的征税之列。

【知识链接】国有土地使用权出让、土地使用权转让时，承受人均应缴纳契税。

1. 属于土地增值税的征税范围的情况（应征）

（1）转让国有土地使用权（指以出售方式转让国有土地使用权）；

（2）地上建筑物及其附着物连同国有土地使用权一并转让；

（3）存量房地产买卖；

（4）抵押期满以房地产抵债（发生权属转让）；

（5）单位之间交换房地产（有实物形态收入）；

（6）投资方或接受方属于房地产开发企业的房地产投资；

（7）投资联营后将投入的房地产再转让的；

（8）合作建房建成后转让的。

【知识链接】交换房屋时，由多交付货币、实物、无形资产或其他经济利益的一方缴纳契税；交换价格相等的，免征契税。

2. 不属于土地增值税的征税范围的情况（不征）

（1）房地产继承（无收入）；

（2）房地产赠与（有范围限制，无收入）；

（3）房地产出租（权属未变）；

（4）房地产抵押期内（权属未变）；

（5）房地产的代建房行为（权属未变）；

（6）房地产评估增值。

【知识链接】土地、房屋权属的抵押，不属于契税的征税范围。以土地、房屋权属抵债，视同发生权属转移，承受人应当缴纳契税。

3. 免征土地增值税的情况（免征或暂免征收）

（1）个人互换自有居住用房地产；

（2）合作建房建成后按比例分房自用；

（3）与房地产开发企业无关的投资联营，将房地产转让到投资企业；

（4）企业兼并，被兼并企业将房地产转让到兼并企业中；

（5）因国家建设需要依法征用、收回的房地产；

（6）个人转让居住满5年以上的房地产；

（7）建造普通标准住宅出售，增值额未超过扣除项目金额20％的；

（8）因城市实施规划、国家建设的需要而搬迁，由纳税人自行转让原房地产的。

二、土地增值税的计算

（一）土地增值税计税依据的确定

土地增值税的计税依据是纳税人转让房地产所取得的土地增值额。土地增值额为纳税人转让房地产所取得的应税收入减除《中华人民共和国土地增值税暂行条例》规定扣除项目金额后的余额。

1. 应税收入的确定

纳税人转让房地产取得的应税收入，包括转让房地产取得的全部价款及有关的经济利益，从形式上看包括货币收入、实物收入和其他收入。非货币收入要折合货币金额计入收入总额。

营改增后，土地增值税纳税人转让房地产取得的收入为不含增值税收入。适用增值税一般计税方法的纳税人，其转让房地产的土地增值税应税收入不含增值税销项税额；适用增值税简易计税方法的纳税人，其转让房地产的土地增值税应税收入不含增值税应纳税额。免征增值税的，确定计税依据时，转让房地产取得的收入不扣减增值税税额。

为方便纳税人，简化土地增值税预征税款计算，房地产开发企业采取预收款方式销售自行开发的房地产项目的，可按照以下方法计算土地增值税预征的计征依据：

土地增值税预征的计征依据＝预收款－应预缴增值税税款

房地产开发企业在营改增后进行房地产开发项目土地增值税清算时，按以下方法确定应税收入：

$$\text{土地增值税应税收入} = \text{营改增前转让房地产取得的收入} + \text{营改增后转让房地产取得的不含增值税收入}$$

【情境引例解析】

根据《土地增值税暂行条例》及其实施细则的有关规定，土地增值税是对出售或者其他方式有偿转让国有土地使用权、地上的建筑物及其附着物的行为所征收的税。出售或转让应当以办理相应产权为标志，产权未发生转移就不构成出售或转让，转让地下车位使用权相当于只发生出租地下车位的行为，因此不缴纳土地增值税。地下车位成本在计算土地增值税时也不得扣除，只需按照不动产经营租赁以 9% 的税率缴纳增值税。

2. 纳税人从转让收入中减除的扣除项目的确定

纳税人从转让收入中减除的扣除项目包括以下几方面内容：

（1）取得土地使用权所支付的金额（适用新建房转让和存量房地产转让），包括地价款和取得土地使用权时按国家规定缴纳的费用。

（2）房地产开发成本（适用新建房转让），包括土地征用及拆迁补偿费、前期工程费、建筑安装工程费、基础设施费、公共配套设施费、开发间接费用。

（3）房地产开发费用（适用新建房转让）。

1）纳税人能按转让房地产项目分摊利息支出并能提供金融机构贷款证明的，最多允许扣除的房地产开发费用为利息＋（取得土地使用权所支付的金额＋房地产开发成本）×5% 以内；

2）纳税人不能按转让房地产项目分摊利息支出或不能提供金融机构贷款证明的（也包含全部使用自有资金的无借款的情况），最多允许扣除的房地产开发费用为（取得土地使用权所支付的金额＋房地产开发成本）×10% 以内；

3）房地产开发企业既向金融机构借款，又有其他借款的，其房地产开发费用计算扣除时不能同时适用上述第 1）、2）项所述两种办法。

（4）与转让房地产有关的税金（适用新建房转让和存量房地产转让）。营改增后与转让房地产有关的税金包括城市维护建设税、印花税（非房地产开发企业的印花税可以在此扣除；房地产开发企业由于印花税包含在管理费用中且通过管理费用扣除，故不能在此重复扣除）。教育费附加视同税金扣除。营改增后，计算土地增值税增值额的扣除项目中与转让房地产有关的税金不包括增值税。土地增值税扣除项目涉及的增值税进项税额，允许在销项税额中计算抵扣的，不计入扣除项目；不允许在销项税额中计算抵扣的，可以计入扣除项目。

【特别提示】 自 2016 年 5 月 1 日销售不动产营改增之后，转让不动产不再缴纳营业税，而是缴纳增值税，但增值税属于价外税，不作为税金单独扣除。

营改增后，房地产开发企业实际缴纳的城市维护建设税、教育费附加，凡能够按清算项目准确计算的，允许据实扣除；凡不能按清算项目准确计算的，则按该清算项目预缴增值税时实际缴纳的城市维护建设税、教育费附加扣除。其他转让房地产行为的城市维护建设税、教育费附加扣除比照上述规定执行。

房地产开发企业在营改增后进行房地产开发项目土地增值税清算时，按以下方法确定与转让房地产有关的税金：

$$\text{与转让房地产有关的税金} = \text{营改增前实际缴纳的营业税、城市维护建设税、教育费附加} + \text{营改增后允许扣除的城市维护建设税、教育费附加}$$

（5）财政部规定的其他扣除项目（适用新建房转让）。

$$从事房地产开发的\atop 纳税人可加计扣除 = \left(\begin{matrix}取得土地使用权\\所支付的金额\end{matrix} + \begin{matrix}房地产\\开发成本\end{matrix}\right) \times 20\%$$

【特别提示】加计扣除20%仅对房地产开发企业有效，非房地产开发企业不享受此项政策；取得土地使用权后未经开发就转让的，不得加计扣除。

（6）旧房及建筑物的评估价格（适用存量房地产转让）。税法规定，转让旧房的，应按房屋及建筑物的评估价格、取得土地使用权所支付的地价款和按国家统一规定缴纳的有关费用以及在转让环节缴纳的税金作为扣除项目金额计征土地增值税。

1）旧房及建筑物的评估价格是指转让已使用过的房屋及建筑物时，由政府批准设立的房地产评估机构评定的重置成本价乘以成新度折扣率后的价格。评估价格须经当地税务机关确认。

$$评估价格 = 重置成本价 \times 成新度折扣率$$

【点拨指导】重置成本价是指对旧房及建筑物，按转让时的建材价格及人工费用计算建造同样面积、同样层次、同样结构、同样建设标准的新房及建筑物所需花费的成本费用。成新度折扣率是指按旧房的新旧程度作一定比例的折扣。

纳税人转让旧房及建筑物，凡不能取得评估价格，但能提供购房发票的，经当地税务部门确认，根据取得土地使用权所支付的金额、新建房及配套设施的成本、费用，或者旧房及建筑物的评估价格，可按发票所载金额并从购买年度起至转让年度止每年加计5%计算扣除。计算扣除项目时"每年"按购房发票所载日期起至售房发票开具之日止，每满12个月计1年；超过1年或未满12个月但超过6个月的，可以视为1年。

营改增后，纳税人转让旧房及建筑物，凡不能取得评估价格，但能提供购房发票的，《土地增值税暂行条例》第六条第一、三项规定的扣除项目的金额按照下列方法计算：

①提供的购房凭据为营改增前取得的营业税发票的，按照发票所载金额（不扣减营业税）并从购买年度起至转让年度止每年加计5%计算。

②提供的购房凭据为营改增后取得的增值税普通发票的，按照发票所载价税合计金额从购买年度起至转让年度止每年加计5%计算。

③提供的购房发票为营改增后取得的增值税专用发票的，按照发票所载不含增值税金额加上不允许抵扣的增值税进项税额之和，并从购买年度起至转让年度止每年加计5%计算。

对纳税人购房时缴纳的契税，凡能提供契税完税凭证的，准予作为与转让房地产有关的税金予以扣除，但不作为加计5%的基数。

对于转让旧房及建筑物，既没有评估价格，又不能提供购房发票的，税务机关可以根据《税收征收管理法》第三十五条的规定，实行核定征收。

2）对取得土地使用权时未支付地价款或不能提供已支付的地价款凭据的，不允许扣除取得土地使用权时所支付的金额。

（二）土地增值税税率的判定

土地增值税采用四级超率累进税率。与超额累进税率的累进依据为绝对数不同，超率累进税率的累进依据为相对数。本税种的累进依据为增值额与扣除项目金额之间的比率。土地增值税税率表如表6-9所示。

表6-9　土地增值税税率表

级数	增值额与扣除项目金额的比率	税率（％）	速算扣除系数（％）
1	不超过50％的	30	0
2	超过50％至100％的部分	40	5
3	超过100％至200％的部分	50	15
4	超过200％的部分	60	35

（三）土地增值税优惠政策的运用

（1）建造普通标准住宅出售，增值额未超过扣除项目金额20％的免税。普通标准住宅与其他住宅的具体划分界限是，普通标准住宅应同时满足：住宅小区建筑容积率在1.0以上；单套建筑面积在120平方米以下；实际成交价格低于同级别土地上住房平均交易价格1.2倍以下。各省、自治区、直辖市要根据实际情况，制定本地区享受优惠政策住房具体标准。允许单套建筑面积和价格标准适当浮动，但向上浮动的比例不得超过上述标准的20％。

【理论答疑】对开发项目中同时包含普通住宅和非普通住宅的，普通住宅与非普通住宅增值额应如何核算？

答：《土地增值税暂行条例》规定，纳税人转让房地产所取得的收入减除扣除项目金额后的余额为增值额。增值额的扣除项目包括：（1）取得土地使用权所支付的金额；（2）开发土地的成本、费用；（3）新建房及配套设施的成本、费用，或者旧房及建筑物的评估价格；（4）与转让房地产有关的税金；（5）财政部规定的其他扣除项目。

《国家税务总局关于房地产开发企业土地增值税清算管理有关问题的通知》（国税发〔2006〕187号）明确规定：开发项目中同时包含普通住宅和非普通住宅的，应分别计算增值额。

《财政部 国家税务总局关于土地增值税若干问题的通知》（财税〔2006〕21号）规定：纳税人既建造普通住宅，又建造其他商品房的，应分别核算土地增值额。

《国家税务总局关于印发〈土地增值税清算鉴证业务准则〉的通知》（国税发〔2007〕132号）规定，税务师事务所开展土地增值税清算鉴证业务时，应当对下列事项充分关注：正确划分清算项目中普通住宅与非普通住宅的收入和支出。税务师事务所应按照税法规定审核清算项目的收入总额、扣除项目的金额，并确认其增值额及适用税率，正确计算应缴税款。审核程序通常包括：审核清算项目的扣除金额及其增值额是否符合税收规定，计算是否正确；如果同一个项目既有普通住宅，又有非普通住宅，审核其收入额与扣除项目金额是否分开核算。

根据上述规定，对开发项目中同时包含普通住宅和非普通住宅的，应分别核算收入及扣除项目，计算增值额并按适用税率计算缴纳土地增值税，而不能合并计算增值额。

（2）因国家建设需要依法征用、收回的房地产，免征土地增值税。

（3）因城市实施规划、国家建设的需要而搬迁，由纳税人自行转让原房地产的，免征土地增值税。

（4）从2008年11月1日起，对个人销售住房暂免征收土地增值税。

（四）土地增值税应纳税额的计算

计算土地增值税的步骤和公式如下：

第一步，计算收入总额。

第二步，计算扣除项目金额。

第三步，用收入总额减除扣除项目金额计算增值额，其计算公式为：

土地增值额＝转让房地产收入－扣除项目金额

第四步，计算土地增值额与扣除项目金额之间的比例，以确定适用税率和速算扣除系数。

第五步，计算应纳税额，其计算公式为：

应纳土地增值税＝土地增值额×税率－扣除项目金额×速算扣除系数

【工作实例6-7】 甲房地产开发有限公司地处市区，在本年5月整体转让一栋普通住宅（新项目），转让取得含税收入15 000万元；扣除项目中，土地出让金为3 000万元，房地产开发成本假设只有建筑安装工程费，包括建筑材料3 000万元（含增值税，取得增值税专用发票，税率为13%）、外包建筑人工1 000万元（含增值税，取得增值税专用发票，税率为9%）、房地产开发费用中的利息支出1 200万元（不能按转让房地产项目计算分摊利息支出，也不能提供金融机构证明），房地产开发费用的计算扣除比例为10%。假设只考虑城市维护建设税和教育费附加，不考虑地方教育附加。

【工作要求】 计算甲公司本年5月的应纳土地增值税。

【工作实施】

（1）销售房地产应纳增值税＝（全部价款和价外费用－当期允许扣除的土地价款）÷(1+9%)×9%－进项税额

＝(150 000 000－30 000 000)÷(1+9%)×9%

－30 000 000÷(1+13%)×13%－10 000 000÷(1+9%)×9%

＝5 631 241.37(元)

营改增后，土地增值税纳税人转让房地产取得的收入为不含增值税收入。

计算土地增值税的转让房地产的收入（不含增值税收入）＝150 000 000－(150 000 000－30 000 000)÷(1+9%)×9%

＝140 091 743.12(元)

（2）取得土地使用权所支付的金额（土地价款）＝30 000 000（元）

　　　房地产开发成本＝30 000 000÷（1＋13%）＋10 000 000÷（1＋9%）

　　　　　　　　　＝35 722 984.50（元）

　　　房地产开发费用＝（土地价款＋房地产开发成本）×10%

　　　　　　　　　＝（30 000 000＋35 722 984.50）×10%

　　　　　　　　　＝6 572 298.45（元）

　　　与转让房地产有关的税金＝城市维护建设税＋教育费附加

　　　　　　　　　　　　　＝5 631 241.37×（7%＋3%）＝563 124.14（元）

　　　加计扣除＝（土地价款＋房地产开发成本）×20%

　　　　　　＝（30 000 000＋35 722 984.50）×20%＝13 144 596.90（元）

　　　转让房地产的扣除项目金额合计＝30 000 000＋35 722 984.50＋6 572 298.45

　　　　　　　　　　　　　　　　＋563 124.14＋13 144 596.90

　　　　　　　　　　　　　　　　＝86 003 003.99（元）

（3）转让房地产的增值额＝140 091 743.12－86 003 003.99＝54 088 739.13（元）

（4）增值额与扣除项目金额的比率（增值率）＝54 088 739.13÷86 003 003.99×100%

　　　　　　　　　　　　　　　　　　　＝62.89%

适用税率为 40%，速算扣除系数为 5%。

　　　应纳土地增值税＝54 088 739.13×40%－86 003 003.99×5%＝17 335 345.45（元）

（五）房地产开发企业土地增值税的清算

1. 土地增值税的清算单位

土地增值税以国家有关部门审批的房地产开发项目为单位进行清算，对于分期开发的项目，以分期项目为单位清算。房地产开发项目中同时包含普通住宅和非普通住宅的，应分别计算增值额。

2. 土地增值税的清算条件

（1）符合下列情形之一的，纳税人应进行土地增值税的清算。

1）房地产开发项目全部竣工、完成销售的；

2）整体转让未竣工决算房地产开发项目的；

3）直接转让土地使用权的。

（2）符合下列情形之一的，主管税务机关可要求纳税人进行土地增值税清算。

1）已竣工验收的房地产开发项目，其已转让的房地产建筑面积占整个项目可售建筑面积的比例在 85% 以上，或该比例虽未超过 85%，但剩余的可售建筑面积已经出租或自用的；

2）取得销售（预售）许可证满 3 年仍未销售完毕的；

3）纳税人申请注销税务登记但未办理土地增值税清算手续的；

4）省税务机关规定的其他情况。

3. 非直接销售和自用房地产的收入确定

（1）房地产开发企业将开发产品用于职工福利、奖励、对外投资、分配给股东或投资人、抵偿债务、换取其他单位和个人的非货币性资产等，发生所有权转移时应视同销售房地产，其收入按下列方法和顺序确认。

1）按本企业在同一地区、同一年度销售的同类房地产的平均价格确定；

2）由主管税务机关参照当地当年同类房地产的市场价格或评估价值确定。

（2）房地产开发企业将开发的部分房地产转为企业自用或出租等商业用途时，如果产权未发生转移，不征收土地增值税，在税款清算时不列收入，不扣除相应的成本和费用。

【知识链接】 房地产开发企业建造的商品房，在出售前不征收房产税，但对出售前房地产开发企业已使用或出租、出借的商品房应按照规定征收房产税。

（3）土地增值税清算时，已全额开具商品房销售发票的，按照发票所载金额确认收入；未开具发票或未全额开具发票的，以交易双方签订的销售合同所载的售房金额及其他收益确认收入。销售合同所载商品房面积与有关部门实际测量面积不一致，在清算前已发生补、退房款的，应在计算土地增值税时予以调整。

【实务答疑】 我公司是一家房地产开发企业，请问在土地增值税清算时，未开具发票的房产应如何确认收入？

答：根据《国家税务总局关于土地增值税清算有关问题的通知》（国税函〔2010〕220号）的规定，土地增值税清算时，已全额开具商品房销售发票的，按照发票所载金额确认收入；未开具发票或未全额开具发票的，以交易双方签订的销售合同所载的售房金额及其他收益确认收入。销售合同所载商品房面积与有关部门实际测量面积不一致，在清算前已发生补、退房款的，应在计算土地增值税时予以调整。

4. 土地增值税的核定征收

房地产开发企业有下列情形之一的，税务机关可以参照与其开发规模和收入水平相近的当地房地产开发企业的土地增值税税负情况，按不低于预征率的征收率核定征收土地增值税。

（1）依照法律、行政法规的规定应当设置但未设置账簿的；

（2）擅自销毁账簿或者拒不提供纳税资料的；

（3）虽设置账簿，但账目混乱或者成本资料、收入凭证、费用凭证残缺不全，难以确定转让收入或扣除项目金额的；

（4）符合土地增值税清算条件，未按照规定的期限办理清算手续，经税务机关责令限期清算，逾期仍不清算的；

（5）申报的计税依据明显偏低，又无正当理由的。

核定征收必须严格依照税收法律法规规定的条件进行，任何单位和个人不得擅自扩大核定征收范围，严禁在清算中出现"以核定为主、一核了之""求快图省"的做法。凡擅自将核定征收作为本地区土地增值税清算主要方式的，必须立即纠正。对确需核定征收的，要严格按照税收法律法规的要求，从严、从高确定核定征收率。为了规范核定工作，核定征收率原则上不得低于 5％，各省级税务机关要结合本地实际，区分不同房地产类型制定核定征收率。

5. 清算后再转让房地产的处理

在土地增值税清算时未转让的房地产，清算后销售或有偿转让的，纳税人应按规定进行土地增值税的纳税申报，扣除项目金额按清算时的单位建筑面积成本费用乘以销售或转让面积计算。

$$单位建筑面积成本费用＝清算时的扣除项目总金额÷清算的总建筑面积$$

6. 土地增值税清算后应补缴的土地增值税加收滞纳金

纳税人按规定预缴土地增值税后，清算补缴的土地增值税，在主管税务机关规定的期限内补缴的，不加收滞纳金。

三、土地增值税的征收管理

（一）土地增值税的征收管理要求

1. 土地增值税的纳税期限

土地增值税的纳税人应在转让房地产合同签订后的 7 日内，到房地产所在地主管税务机关办理纳税申报，并向税务机关提交房屋及建筑物产权、土地使用权证书，土地转让、房产买卖合同，房地产评估报告及其他与转让房地产有关的资料。纳税人因经常发生房地产转让而难以在每次转让后申报的，经税务机关审核同意后，可以定期进行纳税申报，具体期限由税务机关根据情况确定。

2. 土地增值税的纳税地点

土地增值税的纳税人应向房地产所在地主管税务机关办理纳税申报，并在税务机关核定的期限内缴纳土地增值税。房地产所在地是指房地产的坐落地。纳税人转让的房地产坐落在两个或两个以上地区的，应按房地产所在地分别申报纳税。

在实际工作中，纳税地点的确定又可分为以下两种情况：

（1）纳税人是法人的。当转让的房地产坐落地与其机构所在地或经营所在地一致时，在办理税务登记的原管辖税务机关申报纳税；当转让的房地产坐落地与其机构所在地或经营所在地不一致时，在房地产坐落地所管辖的税务机关申报纳税。

（2）纳税人是自然人的。当转让的房地产坐落地与其住所所在地一致时，在住所所在地税务机关申报纳税；当转让的房地产坐落地与其住所所在地不一致时，在办理过户手续所在地的税务机关申报纳税。

（二）土地增值税的纳税申报

从事房地产开发的纳税人对土地增值税进行清算时，应填报"土地增值税纳税申报表（从事房地产开发的纳税人清算适用）"（见表 6-10）。

表6-10 土地增值税纳税申报表

（从事房地产开发的纳税人清算适用）

税款所属时间： 年 月 日至 年 月 日 填表日期： 年 月 日

金额单位：元至角分 面积单位：平方米

纳税人识别号：☐☐☐☐☐☐☐☐☐☐☐☐☐☐☐☐☐☐

纳税人名称		项目名称		项目编号		项目地址	
所属行业		登记注册类型		纳税人地址		邮政编码	
开户银行		银行账号		主管部门		电话	
总可售面积						自用和出租面积	
已售面积		其中：普通住宅已售面积		其中：非普通住宅已售面积		其中：其他类型房地产已售面积	

项目	行次	金额			
		普通住宅	非普通住宅	其他类型房地产	合计
一、转让房地产收入总额 1＝2＋3＋4	1				
其中 货币收入	2				
实物收入及其他收入	3				
视同销售收入	4				
二、扣除项目金额合计 5＝6＋7＋14＋17＋21＋22	5				
1．取得土地使用权所支付的金额	6				
2．房地产开发成本 7＝8＋9＋10＋11＋12＋13	7				
其中 土地征用及拆迁补偿费	8				
前期工程费	9				
建筑安装工程费	10				
基础设施费	11				
公共配套设施费	12				
开发间接费用	13				
3．房地产开发费用 14＝15＋16	14				
其中 利息支出	15				
其他房地产开发费用	16				
4．与转让房地产有关的税金等 17＝18＋19＋20	17				
其中 营业税	18				
城市维护建设税	19				
教育费附加	20				
5．财政部规定的其他扣除项目	21				

续表

项目	行次	金额			
		普通住宅	非普通住宅	其他类型房地产	合计
6. 代收费用	22				
三、增值额　23＝1－5	23				
四、增值额与扣除项目金额之比（％） 24＝23÷5	24				
五、适用税率（％）	25				
六、速算扣除系数（％）	26				
七、应缴土地增值税税额 27＝23×25－5×26	27				
八、减免税额　28＝30＋32＋34	28				
其中 减免税（1） 减免性质代码（1）	29				
减免税额（1）	30				
减免税（2） 减免性质代码（2）	31				
减免税额（2）	32				
减免税（3） 减免性质代码（3）	33				
减免税额（3）	34				
九、已缴土地增值税税额	35				
十、应补（退）土地增值税税额 36＝27－28－35	36				
以下由纳税人填写：					
纳税人声明	此纳税申报表是根据《中华人民共和国土地增值税暂行条例》及其实施细则和国家有关税收规定填报的，是真实的、可靠的、完整的。				
纳税人签章		代理人签章		代理人身份证号	
以下由税务机关填写：					
受理人		受理日期	年　月　日	受理税务机关签章	

本表一式两份，一份纳税人留存，一份税务机关留存。

第 6 节　城镇土地使用税法

情境引例

我公司向村委会租用村集体用地，请问是否由我公司缴纳城镇土地使用税？

一、城镇土地使用税的认知

（一）城镇土地使用税纳税人的确定

城镇土地使用税的纳税人是指在城市、县城、建制镇、工矿区范围内使用土地的单位和个人。单位包括国有企业、集体企业、私营企业、股份制企业、外商投资企业、外国企业及其他企业和事业单位、社会团体、国家机关、军队及其他单位；个人包括个体工商户及其他个人。

具体规定如下：

（1）拥有土地使用权的单位和个人，为纳税义务人。

（2）拥有土地使用权的单位和个人不在土地所在地的，其土地的实际使用人和代理人为纳税义务人。

（3）土地使用权未确定或权属纠纷未解决的，其实际使用人为纳税义务人。

（4）土地使用权共有的，共有各方都是纳税义务人，以共有各方实际使用土地的面积占总面积的比例，分别计算城镇土地使用税，由共有各方分别缴纳。

【归纳总结】受益人纳税原则：谁使用，谁受益，谁纳税。

【特别提示】用于租赁的房屋，由出租方缴纳城镇土地使用税。

【情境引例解析】

根据《财政部 国家税务总局关于集体土地城镇土地使用税有关政策的通知》（财税〔2006〕56号）的规定，在城镇土地使用税征税范围内实际使用应税集体所有建设用地但未办理土地使用权流转手续的，由实际使用集体土地的单位和个人按规定缴纳城镇土地使用税。

因此，对你公司租用的未办理土地使用权流转手续的村集体用地，应由你公司缴纳城镇土地使用税。

（二）城镇土地使用税征税范围的确定

城镇土地使用税的征税范围是税法规定的纳税区域内的土地。根据《中华人民共和国城镇土地使用税暂行条例》的规定，凡在城市、县城、建制镇、工矿区范围内的土地，不论是国家所有的土地，还是集体所有的土地，都属于城镇土地使用税的征税范围。建立在城市、县城、建制镇和工矿区以外的工矿企业则不需要缴纳城镇土地使用税。

【特别提示】自2009年1月1日起，公园、名胜古迹内的索道公司经营用地，应按规定缴纳城镇土地使用税。

二、城镇土地使用税的计算

（一）城镇土地使用税计税依据的确定

城镇土地使用税以纳税人实际占用的土地面积为计税依据，土地面积计量标准为平方米。即税务机关根据纳税人实际占用的土地面积，按照规定的税额计算应纳税额，向纳税人征收城镇土地使用税。

纳税人实际占用的土地面积按下列方法确定：

（1）由省、自治区、直辖市人民政府确定的单位组织测定土地面积的，以测定的面积为准。

（2）尚未组织测量，但纳税人持有政府部门核发的土地使用证书的，以证书确认的土地面积为准。

（3）尚未核发土地使用证书的，应由纳税人申报土地面积，据以纳税，待核发土地使用证以后再作调整。

（二）城镇土地使用税税率的判定

城镇土地使用税采用定额税率，即采用有幅度的差别税额，按大、中、小城市和县城、建制镇、工矿区分别规定每平方米城镇土地使用税年应纳税额。

城镇土地使用税税率表如表 6 - 11 所示。

表 6 - 11　城镇土地使用税税率表

级别	人口（人）	每平方米税额（元）
大城市	50 万以上	1.5～30
中等城市	20 万～50 万	1.2～24
小城市	20 万以下	0.9～18
县城、建制镇、工矿区		0.6～12

【特别提示】经济落后地区，城镇土地使用税的适用税额标准可适当降低，但降低幅度不得超过上述规定最低税额的 30%。

（三）城镇土地使用税优惠政策的运用

1. 城镇土地使用税减免的一般规定

（1）国家机关、人民团体、军队自用的土地（仅指这些单位的办公用地和公务用地），免征城镇土地使用税。

（2）由国家财政部门拨付事业经费的单位自用的土地，免征城镇土地使用税。

（3）宗教寺庙、公园、名胜古迹自用的土地，免征城镇土地使用税。

【特别提示】公园、名胜古迹中附设的营业单位、影剧院、饮食部、茶社、照相馆、索道公司经营用地等均应按规定缴纳城镇土地使用税。

（4）市政街道、广场、绿化地带等公共用地，免征城镇土地使用税。

（5）直接用于农、林、牧、渔业的生产用地，免征城镇土地使用税。

（6）经批准开山填海整治的土地和改造的废弃土地，从使用的月份起免缴城镇土地使用税 5～10 年。

（7）由财政部另行规定免税的能源、交通、水利设施用地和其他用地，免征城镇土地使用税。

（8）企业办的学校、医院、托儿所、幼儿园，其用地能与企业其他用地明确区分的，免征城镇土地使用税。

（9）对机场飞行区（包括跑道、滑行道、停机坪、安全带、夜航灯光区）用地，场内外通讯导航设施用地和飞行区四周排水防洪设施用地，免征城镇土地使用税。机场道路，区分为场内、场外道路，场外道路用地免征城镇土地使用税；场内道路用地依照规定征收城镇土地使用税。

（10）对盐场的盐滩、盐矿的矿井用地，暂免征收城镇土地使用税。

【实务答疑】我公司有一块地属于经营采摘、观光农业的用地，请问该用地是否需要缴纳城镇土地使用税？

答：根据《财政部 国家税务总局关于房产税、城镇土地使用税有关政策的通知》（财税〔2006〕186号）第三条的规定，在城镇土地使用税征税范围内经营采摘、观光农业的单位和个人，其直接用于采摘、观光的种植、养殖、饲养的土地，免征城镇土地使用税，其余用地则应按规定征收城镇土地使用税。因此，你公司该用地无须缴纳城镇土地使用税。

2. 城镇土地使用税减免的特殊规定（包括但不限于）

（1）凡是缴纳了耕地占用税的，从批准征用之日起满1年后征收城镇土地使用税；征用非耕地因不需要缴纳耕地占用税，应从批准征用之次月起征收城镇土地使用税。

（2）对免税单位无偿使用纳税单位的土地（如公安、海关等单位使用铁路、民航等单位的土地），免征城镇土地使用税；对纳税单位无偿使用免税单位的土地，纳税单位应照章缴纳城镇土地使用税。

【点拨指导】主要看无偿使用方是否为免税单位：若为免税单位的，相应免税；若为纳税单位的，应照章纳税。

（3）房地产开发公司开发建造商品房的用地，除经批准开发建设经济适用房的用地外，对各类房地产开发用地一律不得减免征收城镇土地使用税。

（4）老年服务机构自用的土地，免征城镇土地使用税。

（5）对于各类危险品仓库、厂房所需的防火、防爆、防毒等安全防范用地，可由各省、自治区、直辖市税务局确定，暂免征收城镇土地使用税。

（6）经贸仓库、冷库均属于征税范围，因此不宜一律免征城镇土地使用税。对纳税确有困难的企业，可根据《城镇土地使用税暂行条例》第七条的规定，向企业所在地的税务机关提出减免税申请，由省、自治区、直辖市税务局审核后，报国家税务总局批准，享受减免城镇土地使用税的照顾。

（7）自2019年1月1日至2021年12月31日，对农产品批发市场、农贸市场（包括自有和承租）专门用于经营农产品的房产、土地，暂免征收城镇土地使用税。对同时经营其他产品的，按其他产品与农产品交易场地面积的比例确定征免城镇土地使用税。

【特别提示】农产品批发市场、农贸市场的行政办公区、生活区，以及商业餐饮娱乐等非直接为农产品交易提供服务的房产、土地，应按规定征收城镇土地使用税。

（8）自2019年1月1日至2021年12月31日，对国家级、省级科技企业孵化器、大学科技园和国家备案众创空间自用以及无偿或通过出租等方式提供给在孵对象使用的房产、土地，免征城镇土地使用税。

（9）自2020年1月1日至2022年12月31日，对物流企业自有（包括自用和出租）或承租的大宗商品仓储设施用地，减按所属土地等级适用税额标准的50%计征城镇土地使用税。

（四）城镇土地使用税应纳税额的计算

城镇土地使用税应纳税额可以通过纳税人实际占用的土地面积乘以该土地所在地段的适用税率求得。其计算公式为：

全年应纳城镇土地使用税＝实际占用应税土地面积(平方米)×适用税率

【工作实例 6-8】 甲服装公司（位于某县城）本年实际占地面积为 19 600 平方米，其中办公楼占地面积为 500 平方米，厂房仓库占地面积为 11 600 平方米，厂区内铁路专用线、公路等用地为 7 500 平方米。当地规定的城镇土地使用税每平方米年税额为 5 元。

【工作要求】 计算甲服装公司本年的应纳城镇土地使用税。

【工作实施】 对企业的铁路专用线、公路等用地，除另有规定外，在企业厂区（包括生产、办公及生活区）以内的，应照章征收城镇土地使用税，由此

应纳城镇土地使用税＝19 600×5＝98 000(元)

三、城镇土地使用税的征收管理

（一）城镇土地使用税的征收管理要求

1. 城镇土地使用税的纳税义务发生时间

（1）纳税人购置新建商品房，自房屋交付使用之次月起，缴纳城镇土地使用税。

（2）纳税人购置存量房，自办理房屋权属转移、变更登记手续，房地产权属登记机关签发房屋权属证书之次月起，缴纳城镇土地使用税。

（3）纳税人出租、出借房产（由房产所有人缴纳），自交付出租、出借房产之次月起，缴纳城镇土地使用税。

（4）以出让或转让方式有偿取得土地使用权的，应由受让方从合同约定交付土地时间的次月起缴纳城镇土地使用税；合同未约定交付时间的，由受让方从合同签订的次月起缴纳城镇土地使用税。

（5）纳税人新征收的耕地，自批准征收之日起满 1 年时开始缴纳城镇土地使用税。

（6）纳税人新征收的非耕地，自批准征收次月起缴纳城镇土地使用税。

【实务答疑】 我公司新占用了耕地，已经缴纳了耕地占用税，请问是否还需要缴纳城镇土地使用税？

答：《城镇土地使用税暂行条例》第九条规定：新征收的土地，依照下列规定缴纳土地使用税：（1）征收的耕地，自批准征收之日起满 1 年时开始缴纳土地使用税；（2）征收的非耕地，自批准征收次月起缴纳土地使用税。因此，你公司对于新占用的耕地，自批准征收之日起满 1 年时开始缴纳城镇土地使用税。

【特别提示】 自 2009 年 1 月 1 日起，纳税人因土地的权利发生变化而依法终止城镇土地使用税纳税义务的，其应纳税款的计算应截止到土地权利发生变化的当月月末。

2. 城镇土地使用税的纳税期限

城镇土地使用税适用按年计算、分期缴纳的征收方法，具体纳税期限由省、自治区、直辖市人民政府确定。

3. 城镇土地使用税的纳税地点

城镇土地使用税在土地所在地缴纳。纳税人使用的土地不属于同一省、自治区、直

辖市管辖的，由纳税人分别向土地所在地的税务机关缴纳城镇土地使用税；在同一省、自治区、直辖市管辖范围内，纳税人跨地区使用的土地，其纳税地点由各省、自治区、直辖市税务局确定。

（二）城镇土地使用税的纳税申报

纳税人对城镇土地使用税进行纳税申报时，应填报"城镇土地使用税 房产税纳税申报表"（见表6-12）及其明细表。

表6-12　城镇土地使用税 房产税纳税申报表

税款所属期：自　　年　　月　　日至　　年　　月　　日

纳税人识别号（统一社会信用代码）：□□□□□□□□□□□□□□□□□□

纳税人名称：　　　　　　　　　　　金额单位：人民币元（列至角分）；面积单位：平方米

一、城镇土地使用税											
本期是否适用增值税小规模纳税人减征政策（减免性质代码10049901）		□是 □否	本期适用增值税小规模纳税人减征政策起始时间			年 月		减征比例（%）			
			本期适用增值税小规模纳税人减征政策终止时间			年 月					
序号	土地编号	宗地号	土地等级	税额标准	土地总面积	所属期起	所属期止	本期应纳税额	本期减免税额	本期增值税小规模纳税人减征额	本期已缴税额	本期应补（退）税额
1	*											
2	*											
3	*											
合计	*	*	*	*		*						

二、房产税											
本期是否适用增值税小规模纳税人减征政策（减免性质代码08049901）		□是 □否	本期适用增值税小规模纳税人减征政策起始时间			年 月		减征比例（%）			
			本期适用增值税小规模纳税人减征政策终止时间			年 月					
（一）从价计征房产税											
序号	房产编号	房产原值	其中：出租房产原值	计税比例	税率	所属期起	所属期止	本期应纳税额	本期减免税额	本期增值税小规模纳税人减征额	本期已缴税额	本期应补（退）税额
1	*											
2	*											
3	*											
合计	*	*	*	*	*	*	*					

序号	本期申报租金收入	税率	本期应纳税额	本期减免税额	本期增值税小规模纳税人减征额	本期已缴税额	本期应补（退）税额
				（二）从租计征房产税			
1							
2							
3							
合计	*	*					

声明：此表是根据国家税收法律法规及相关规定填写的，本人（单位）对填报内容（及附带资料）的真实性、可靠性、完整性负责。

　　　　　　　　　　　纳税人（签章）：　　　　　　　　　　　　　年　月　日

经办人： 经办人身份证号： 代理机构签章： 代理机构统一社会信用代码：	受理人： 受理税务机关（章）： 受理日期：　　年　月　日

本表一式两份，一份纳税人留存，一份税务机关留存。

第 7 节　耕地占用税法①

　　农村居民在规定用地标准以内占用耕地新建自用住宅，免征耕地占用税吗？

一、耕地占用税的认知

（一）耕地占用税纳税人的确定

　　在我国境内占用耕地建设建筑物、构筑物或者从事非农业建设的单位和个人，为耕地占用税的纳税人。

　　【点拨指导】经批准占用耕地的，纳税人为农用地转用审批文件中标明的建设用地人；农用地转用审批文件中未标明建设用地人的，纳税人为用地申请人，其中用地申请人为各级人民政府的，由同级土地储备中心、自然资源主管部门或政府委托的其他部门、单位履行耕地占用税申报纳税义务。

　　未经批准占用耕地的，纳税人为实际用地人。

（二）耕地占用税征税范围的确定

　　耕地占用税的征税范围包括纳税人为建设建筑物、构筑物或者从事非农业建设而占用的耕地。

---

　　① 本节主要根据自 2019 年 9 月 1 日起施行的《中华人民共和国耕地占用税法》编写。

【点拨指导】耕地是指用于种植农作物的土地。

【特别提示】占用园地、林地、草地、农田水利用地、养殖水面、渔业水域滩涂以及其他农用地建设建筑物、构筑物或者从事非农业建设的，依照税法的规定缴纳耕地占用税。但占用上述农用地建设直接为农业生产服务的生产设施的，不缴纳耕地占用税。

园地，包括果园、茶园、橡胶园、其他园地。其他园地包括种植桑树、可可、咖啡、油棕、胡椒、药材等其他多年生作物的园地。

林地，包括乔木林地、竹林地、红树林地、森林沼泽、灌木林地、灌丛沼泽、其他林地，不包括城镇村庄范围内的绿化林木用地，铁路、公路征地范围内的林木用地，以及河流、沟渠的护堤林用地。其他林地包括疏林地、未成林地、迹地、苗圃等林地。

草地，包括天然牧草地、沼泽草地、人工牧草地，以及用于农业生产并已由相关行政主管部门发放使用权证的草地。

农田水利用地，包括农田排灌沟渠及相应附属设施用地。

养殖水面，包括人工开挖或者天然形成的用于水产养殖的河流水面、湖泊水面、水库水面、坑塘水面及相应附属设施用地。

渔业水域滩涂，包括专门用于种植或者养殖水生动植物的海水潮浸地带和滩地，以及用于种植芦苇并定期进行人工养护管理的苇田。

占用耕地建设农田水利设施的，不缴纳耕地占用税。

纳税人因建设项目施工或者地质勘查临时占用耕地，应当依照税法的规定缴纳耕地占用税。纳税人在批准临时占用耕地期满之日起1年内依法复垦，恢复种植条件的，全额退还已经缴纳的耕地占用税。

因挖损、采矿塌陷、压占、污染等损毁耕地属于税法所称的非农业建设，应依照税法规定缴纳耕地占用税；自自然资源、农业农村等相关部门认定损毁耕地之日起3年内依法复垦或修复，恢复种植条件的，按规定办理退税。

二、耕地占用税的计算

（一）耕地占用税计税依据的确定

耕地占用税以纳税人实际占用耕地的面积为计税依据，以每平方米为计量单位。

【点拨指导】实际占用的耕地面积，包括经批准占用的耕地面积和未经批准占用的耕地面积。

（二）耕地占用税税率的判定

耕地占用税实行地区差别定额税率，以县、自治县、不设区的市和市辖区为单位，按人均占有耕地面积分设4档定额。其具体规定如表6-13所示。

表6-13 耕地占用税税率表

级数	县、自治县、不设区的市、市辖区人均耕地面积	每平方米税额（元）
1	1亩以下（含1亩）	10~50

续表

级数	县、自治县、不设区的市、市辖区人均耕地面积	每平方米税额（元）
2	1～2 亩（含 2 亩）	8～40
3	2～3 亩（含 3 亩）	6～30
4	3 亩以上	5～25

《耕地占用税法》第四条第二款规定：各地区耕地占用税的适用税额，由省、自治区、直辖市人民政府根据人均耕地面积和经济发展等情况，在表 6-13 列明的税额幅度内提出，报同级人民代表大会常务委员会决定，并报全国人民代表大会常务委员会和国务院备案。各省、自治区、直辖市耕地占用税适用税额的平均水平，不得低于《各省、自治区、直辖市耕地占用税平均税额表》（见表 6-14）规定的平均税额。

表 6-14　各省、自治区、直辖市耕地占用税平均税额表

省、自治区、直辖市	平均税额（元/平方米）
上海	45
北京	40
天津	35
江苏、浙江、福建、广东	30
辽宁、湖北、湖南	25
河北、安徽、江西、山东、河南、重庆、四川	22.5
广西、海南、贵州、云南、陕西	20
山西、吉林、黑龙江	17.5
内蒙古、西藏、甘肃、青海、宁夏、新疆	12.5

《耕地占用税法》第五条规定，在人均耕地低于 0.5 亩的地区，省、自治区、直辖市可以根据当地经济发展情况，适当提高耕地占用税的适用税额，但提高的部分不得超过《耕地占用税法》第四条第二款确定的适用税额的 50%。

第六条规定，占用基本农田的，应当按照《耕地占用税法》第四条第二款或者第五条确定的当地适用税额，加按 150% 征收。

第十二条规定，占用园地、林地、草地、农田水利用地、养殖水面、渔业水域滩涂以及其他农用地建设建筑物、构筑物或者从事非农业建设的，适用税额可以适当低于本地区按照《耕地占用税法》第四条第二款确定的适用税额，但降低的部分不得超过 50%。具体适用税额由省、自治区、直辖市人民政府提出，报同级人民代表大会常务委员会决定，并报全国人民代表大会常务委员会和国务院备案。

（三）耕地占用税优惠政策的运用

（1）军事设施、学校、幼儿园、社会福利机构、医疗机构占用耕地，免征耕地占用税。

【点拨指导】免税的学校，具体范围包括县级以上人民政府教育行政部门批准成立

的大学、中学、小学，学历性职业教育学校和特殊教育学校，以及经省级人民政府或其人力资源社会保障行政部门批准成立的技工院校。

【特别提示】学校内经营性场所和教职工住房占用耕地的，按照当地适用税额缴纳耕地占用税。

【点拨指导】免税的幼儿园，具体范围限于县级以上人民政府教育行政部门批准成立的幼儿园内专门用于幼儿保育、教育的场所。

（2）铁路线路、公路线路、飞机场跑道、停机坪、港口、航道、水利工程占用耕地，减按每平方米2元的税额征收耕地占用税。

（3）农村居民在规定用地标准以内占用耕地新建自用住宅，按照当地适用税额减半征收耕地占用税。其中农村居民经批准搬迁，新建自用住宅占用耕地不超过原宅基地面积的部分，免征耕地占用税。

（4）农村烈士遗属、因公牺牲军人遗属、残疾军人以及符合农村最低生活保障条件的农村居民，在规定用地标准以内新建自用住宅，免征耕地占用税。

根据国民经济和社会发展的需要，国务院可以规定免征或者减征耕地占用税的其他情形，报全国人民代表大会常务委员会备案。

依照税法规定免征或者减征耕地占用税后，纳税人改变原占地用途，不再属于免征或者减征耕地占用税情形的，应当按照当地适用税额补缴耕地占用税。

【情境引例解析】

《耕地占用税法》第七条规定，农村居民在规定用地标准以内占用耕地新建自用住宅，按照当地适用税额减半征收耕地占用税。因此，农村居民在规定用地标准以内占用耕地新建自用住宅，不免征耕地占用税，但按照当地适用税额减半征收耕地占用税。

（四）耕地占用税应纳税额的计算

耕地占用税以纳税人实际占用的属于耕地占用税征税范围的土地（简称应税土地）面积为计税依据，按应税土地当地适用税额计税，实行一次性征收。其计算公式为：

$$应纳耕地占用税＝应税土地面积×适用税额（适用定额税率）$$

式中，应税土地面积包括经批准占用面积和未经批准占用面积，以平方米为单位。当地适用税额是指省、自治区、直辖市人民代表大会常务委员会决定的应税土地所在地县级行政区的现行适用税额。

【工作实例6-9】 农户王某有一处耕地，占地2 500平方米，本年3月将其中的2 000平方米用来建设农田水利设施，其余500平方米建造住宅（在规定用地标准以内）。当地适用的耕地占用税的定额税率为每平方米25元。

【工作要求】计算王某的应纳耕地占用税。

【工作实施】占用耕地建设农田水利设施的，不缴纳耕地占用税；农村居民在规定用地标准以内占用耕地新建自用住宅，按照当地适用税额减半征收耕地占用税。

$$应纳耕地占用税＝500×25×50\%＝6\,250（元）$$

三、耕地占用税的征收管理

（一）耕地占用税的征收管理要求

1. 耕地占用税的纳税义务发生时间

耕地占用税由税务机关负责征收。耕地占用税的纳税义务发生时间为纳税人收到自然资源主管部门办理占用耕地手续的书面通知的当日。

未经批准占用耕地的，耕地占用税纳税义务发生时间为自然资源主管部门认定的纳税人实际占用耕地的当日。

【特别提示】因挖损、采矿塌陷、压占、污染等损毁耕地的纳税义务发生时间为自然资源、农业农村等相关部门认定损毁耕地的当日。

【点拨指导】纳税人改变原占地用途，需要补缴耕地占用税的，其纳税义务发生时间为改变用途的当日，具体为：经批准改变用途的，纳税义务发生时间为纳税人收到批准文件的当日；未经批准改变用途的，纳税义务发生时间为自然资源主管部门认定纳税人改变原占地用途的当日。

2. 耕地占用税的纳税期限

纳税人应当自纳税义务发生之日起30日内申报缴纳耕地占用税。自然资源主管部门凭耕地占用税完税凭证或者免税凭证和其他有关文件发放建设用地批准书。

纳税人改变原占地用途，不再属于免征或减征情形的，应自改变用途之日起30日内申报补缴税款，补缴税款按改变用途的实际占用耕地面积和改变用途时当地适用税额计算。

3. 耕地占用税的纳税地点

纳税人占用耕地或其他农用地，应当在耕地或其他农用地所在地申报纳税。

（二）耕地占用税的纳税申报

纳税人对耕地占用税进行纳税申报时，应填报"耕地占用税纳税申报表"（见表6-15）。

表6-15 耕地占用税纳税申报表

申报日期：　　　　　　　　　　　　金额单位：人民币元（列至角分）；面积单位：平方米

纳税人识别号（统一社会信用代码）				纳税人名称			
土地占用信息	占地方式						
	□1. 经批准按批次转用	项目（批次）名称	批准占地文号	批准占地部门	经批准占地面积	书面通知日期（或经批准改变原占地用途日期）	批准时间
	□2. 经批准单独选址转用						
	□3. 经批准临时占用						
	□4. 未批先占	实际占地日期（或未经批准改变原占地用途日期）					
	损毁耕地	□挖损 □采矿塌陷 □压占 □污染		损毁耕地认定日期			

申报计税信息	*税款所属期起		*税款所属期止		本期是否适用增值税小规模纳税人减征政策（减免性质代码：14049901）			□是 □否		减征比例（%）		
	税源编号	*占地位置	*占地用途	*征收品目	计税面积	其中：		适用税额	计征税额	减免性质代码	减税税额	免税税额	本期增值税小规模纳税人减征额	已缴税额	应补（退）税额
						减税面积	免税面积								
	合计														

声明：本纳税申报表是根据国家税收法律法规及相关规定填报的，是真实的、可靠的、完整的。

纳税人（签章）： 年 月 日

经办人：	受理人：
经办人身份证号：	受理税务机关（章）：
代理机构签章：	受理日期： 年 月 日
代理机构统一社会信用代码：	

技能训练

1. 甲企业 20×8 年 7 月 1 日免税进口一台机器设备，到岸价格为 280 万元，海关规定的监管年限为 2 年。A 企业于 20×9 年 3 月 31 日将该设备出售，关税税率为 10%。要求：计算甲企业应补缴的关税。

2. 本年 5 月，甲应税拖船从 A 国某港口进入中国境内某港口，该拖船为 15 000 净吨，适用普通税率。该拖船执照期限为 90 日，税率为 9.2 元/净吨。要求：计算甲应税船舶负责人的应纳船舶吨税。

3. 位于市区的某进出口企业为增值税一般纳税人，本年 1 月实际缴纳了增值税 50 万元，出口货物免抵税额 8 万元。另外，进口货物缴纳增值税 16 万元、消费税 15 万元。要求：计算该企业本年 1 月应缴纳的城市维护建设税、教育费附加和地方教育附加。

4. 某房地产开发公司转让一幢写字楼取得收入 1 000 万元（不含增值税）。已知该公司为取得土地使用权所支付的金额为 50 万元，房地产开发成本为 200 万元，经税务机关批准扣除的房地产开发费用为 40 万元，与转让房地产有关的税金为 60 万元。已知增值率超过 50%至 100%的部分，土地增值税税率为 40%，速算扣除系数为 5%；增值率超过 100%至 200%的部分，土地增值税税率为 50%，速算扣除系数为 15%。要求：计算该公司应缴纳的土地增值税。

5. 甲企业本年初实际占地面积为 960 平方米。本年 4 月甲企业为扩大生产，根据有关部门的批准，新征用非耕地 1 200 平方米。甲企业所处地段城镇土地使用税适用年税额 5 元/平方米。要求：计算甲企业本年的应纳城镇土地使用税。

6. 本年初农村居民张某经批准占用耕地 1 800 平方米，其中 1 500 平方米改成果园，300 平方米用于新建住宅自用（在规定用地标准以内）。本年 6 月，经批准张某临时占用耕地 1 000 平方米用于农田水利设施建设。当地耕地占用税税额为 20 元/平方米。要求：计算张某当年应缴纳的耕地占用税。

实战演练

甲煤矿企业为增值税一般纳税人，本年 7 月发生下列业务：

（1）开采原煤 30 000 吨。

（2）采取托收承付方式销售原煤 240 吨，每吨不含税售价为 100 元，货款已经收讫。

（3）销售未税原煤加工的选煤 50 吨，每吨不含税售价为 200 元（含每吨收取 20 元装卸费，能够取得相应的凭证）；当月还将生产的 3 吨选煤用于职工宿舍取暖，该煤矿原煤与选煤的折算率为 60%；当月将 20 吨选煤赠送给某关联单位。

（4）销售开采原煤过程中生产的天然气 40 000 立方米，取得不含税销售额 65 000 元，并收取优质费 1 130 元。

该煤矿原煤资源税税率为 5%；天然气资源税税率为 6%。

任务要求：

（1）计算业务（1）的应纳资源税；

（2）计算业务（2）的应纳资源税；

（3）计算业务（3）的应纳资源税；

（4）计算当月应纳资源税合计数。

第 **7** 章

其他税种税法（下）

 能力目标

(1) 能判定哪些业务应缴纳房产税，能根据相关业务资料计算房产税，能确定房产税的纳税义务发生时间、纳税期限和纳税地点。

(2) 能判定哪些业务应缴纳车船税，能根据相关业务资料计算车船税，能确定车船税的纳税义务发生时间、纳税期限和纳税地点。

(3) 能判定哪些业务应缴纳车辆购置税，能根据相关业务资料计算车辆购置税，能确定车辆购置税的纳税义务发生时间、纳税期限和纳税地点。

(4) 能判定哪些业务应缴纳印花税，能根据相关业务资料计算印花税，能确定印花税的纳税义务发生时间、纳税期限和纳税地点。

(5) 能判定哪些业务应缴纳契税，能根据相关业务资料计算契税，能确定契税的纳税义务发生时间、纳税期限和纳税地点。

(6) 能判定哪些业务应缴纳烟叶税，能根据相关业务资料计算烟叶税，能确定烟叶税的纳税义务发生时间、纳税期限和纳税地点。

(7) 能判定哪些业务应缴纳环境保护税，能根据相关业务资料计算环境保护税，能确定环境保护税的纳税义务发生时间、纳税期限和纳税地点。

工作引例

房产税的计算

甲企业本年度共拥有土地 26 000 平方米，其中子弟学校占地 3 000 平方米，幼儿园占地 1 600 平方米，企业内部绿化占地 2 000 平方米。本年度上半年甲企业共有房产原值 890 万元，6 月 30 日将原值 90 万元、占地面积 400 平方米的一栋仓库出租给某商场存放货物，租期为 1 年，每月租金收入为 1.5 万元（不含增值税）。8 月 10 日对委托施工单位建设的生产车间办理验收手续，由在建工程转入固定资产原值 500 万元。房产税计算余值的扣除比例为 20%。

工作要求 计算甲企业本年的应纳房产税。

工作引例解析 见本章第 1 节。

第 1 节 房产税法

我小区内有一处人防设施，产权属于全体业主，由物业公司代为经营管理，请问该处人防设施的房产税应由业主还是物业公司缴纳？

一、房产税的认知

（一）房产税纳税人的确定

房产税的纳税人是指在我国城市、县城、建制镇和工矿区（不包括农村）内拥有房屋产权的单位和个人，具体包括产权所有人、承典人、房产代管人或者使用人。

（1）产权属于国家的，其经营管理的单位为纳税人。

（2）产权属于集体和个人的，集体单位和个人为纳税人。

（3）产权出典的，承典人为纳税人。产权出典是指产权所有人为了某种需要，将自己的房屋在一定期限内转让给他人使用，以押金形式换取一定数额的现金（或者实物），并立有某种合同（契约）的行为。在此，房屋所有人称为房屋出典人，支付现金（或者实物）的人则称为房屋的承典人。

【知识链接】房产出租的，房产产权所有人（出租人）为纳税人。

（4）产权所有人、承典人均不在房产所在地的，房产代管人或者使用人为纳税人。

（5）产权未确定以及租典（租赁、出典）纠纷未解决的，房产代管人或者使用人为纳税人。

【点拨指导】租典纠纷是指产权所有人在房产出典和租赁关系上，与承典人、租赁人发生各种争议，特别是有关权利和义务的争议悬而未决的。此外，还有一些产权归属不清的问题，也都属于租典纠纷。

（6）纳税单位和个人无租使用房产管理部门、免税单位及纳税单位的房产，由使用人代为缴纳房产税。

（7）房地产开发企业建造的商品房，在出售前，不征收房产税，但对出售前房地产开发企业已使用或出租、出借的商品房应按规定征收房产税。

【情境引例解析】

根据《财政部 国家税务总局关于房产税、城镇土地使用税有关政策的通知》（财税〔2006〕186 号）第一条的规定，对居民住宅区内业主共有的经营性房产，由实际经营

（包括自营和出租）的代管人或使用人缴纳房产税。其中自营的，依照房产原值减除10％～30％后的余值计征，没有房产原值或不能将业主共有房产与其他房产的原值准确划分开的，由房产所在地税务机关参照同类房产核定房产原值；出租的，依照租金收入计征。

因此，由物业公司代为管理经营的人防设施应由物业公司缴纳房产税。

（二）房产税征税范围的确定

房产税的征税对象是房产，即有屋面和围护结构（有墙或两边有柱），能够遮风避雨，可供人们在其中生产、学习、工作、娱乐、居住或储藏物资的场所。

房产税的征税范围是城市、县城、建制镇和工矿区的房屋，不包括农村。

【特别提示】独立于房屋之外的建筑物，如围墙、烟囱、水塔、菜窖、室外游泳池等不属于房产税的征税范围。

二、房产税的计算

（一）房产税计税依据的确定

1. 房产税从价计征计税依据的确定

从价计征的计税依据为按照房产原值一次减除10％～30％损耗后的余值（扣除比例由省、自治区、直辖市人民政府确定）。

营改增后，房产出租的，计征房产税的租金收入不含增值税。免征增值税的，确定计税依据时，租金收入不扣减增值税税额。

对于房产原值的规定主要有以下几点：

（1）房产原值是指纳税人按照会计制度规定，在账簿"固定资产"科目中记载的房屋原价。因此，凡按会计制度规定在账簿中记载有房屋原价的，应以房屋原价按规定减除一定比例后作为房产余值计征房产税；没有记载房屋原价的，按照上述原则，并参照同类房屋确定房产原值，按规定计征房产税。

【特别提示】自2009年1月1日起，对依照房产原值计税的房产，不论是否记载在会计账簿"固定资产"科目中，均应按照房屋原价计算缴纳房产税。房屋原价应根据国家有关会计制度规定进行核算。对纳税人未按国家会计制度规定核算并记载的，应按规定予以调整或重新评估。

【实务答疑】我公司按揭买房产生了利息支出，请问该利息支出是否计入房屋原值计征房产税？

答：你公司按揭买房发生的利息支出，凡按照国家会计制度规定应该计入房产原价的，就需要计征房产税。

（2）房产原值应包括与房屋不可分割的各种附属设备或一般不单独计算价值的配套设施，主要有：暖气、卫生、通风、照明、煤气等设备；各种管线，如蒸汽、压缩空气、石油、给水排水等管道及电力、电讯、电缆导线；电梯、升降机、过道、晒台等。属于房屋附属设备的水管、下水道、暖气管、煤气管等应从最近的探视井或三通管起，计算原值；电灯网、照明线从进线盒连接管起，计算原值。

【点拨指导】凡以房屋为载体，不可随意移动的附属设备和配套设施，如给排水、采暖、消防、中央空调、电气及智能化楼宇设备等，无论在会计核算中是否单独记账与核算，都应计入房产原值，计征房产税。

（3）纳税人对原有房屋进行改建、扩建的，要相应增加房屋的原值。

【特别提示】对更换房屋附属设备和配套设施的，在将其价值计入房产原值时，可扣减原来相应设备和设施的价值；对附属设备和配套设施中易损坏、需要经常更换的零配件，更新后不再计入房产原值。

2. 房产税从租计征计税依据的确定

从租计征的计税依据为租金收入（包括实物收入和货币收入）。以劳务或其他形式抵付房租收入的，按当地同类房产租金水平确定。营改增后，房产出租的，计征房产税的租金收入不含增值税。免征增值税的，确定计税依据时，租金收入不扣减增值税税额。

3. 特殊业务房产税计税依据的确定

（1）对于投资联营的房产的计税规定。

1）对以房产投资联营、投资者参与投资利润分红、共担风险的，按房产余值作为计税依据计缴房产税。

2）对以房产投资收取固定收入、不承担经营风险的，实际上是以联营名义取得房屋租金，应以出租方取得的租金收入为计税依据计缴房产税。

【特别提示】融资租赁房屋，实质上相当于分期付款购买固定资产，因此应以房产余值计征房产税。由承租人自融资租赁合同约定开始日的次月起依照房产余值缴纳房产税。合同未约定开始日的，由承租人自合同签订的次月起依照房产余值缴纳房产税。

（2）居民住宅区内业主共有的经营性房产的计税规定。从 2007 年 1 月 1 日起，对居民住宅区内业主共有的经营性房产，由实际经营（包括自营和出租）的代管人或使用人缴纳房产税。

【点拨指导】自营房产的，依照房产原值减除 10%～30% 后的余值计征，没有房产原值或不能将业主共有房产与其他房产的原值准确划分开的，由房产所在地税务机关参照同类房产核定房产原值；出租房产的，按照租金收入计征。

（二）房产税税率的判定

1. 房产税从价计征税率的判定

房产税从价计征的年税率为 1.2%。

2. 房产税从租计征税率的判定

房产税从租计征的税率为 12%。

对个人出租住房，不区分用途，按 4% 的税率征收房产税；对企事业单位、社会团体以及其他组织按市场价格向个人出租用于居住的住房，减按 4% 的税率征收房产税。

【归纳总结】见表 7-1。

表7-1　个人出租住房涉及的税种及税率归纳

税种	税率（征收率）
增值税	5%减按1.5%
城市维护建设税	7%，5%或者1%
教育费附加	3%
地方教育附加	2%
房产税	4%
个人所得税	10%

（三）房产税优惠政策的运用

房产税的税收优惠政策主要有以下几项：

（1）国家机关、人民团体、军队自用的房产免征房产税。但出租房产以及非自身业务使用的生产、营业用房，不属于免税范围。

（2）由国家财政部门拨付事业经费的单位（全额或差额预算管理的事业单位），本身业务范围内使用的房产免征房产税。对于其所属的附属工厂、商店、招待所等不属单位公务、业务的用房，应照章纳税。

（3）宗教寺庙、公园、名胜古迹自用的房产免征房产税。但宗教寺庙、公园、名胜古迹中附设的营业单位，如影剧院、饮食部、茶社、照相馆等所使用的房产及出租的房产，不属于免税范围，应照章纳税。

（4）个人所有非营业用的房产免征房产税。个人拥有的营业用房或者出租的房产，不属于免税房产，应照章纳税。

【特别提示】为了抑制房价的过快增长和房产投机行为，从2011年1月起，我国在上海、重庆两地进行房产税改革试点。

（5）中国人民银行（含国家外汇管理局）所属分支机构自用的房产，免征房产税。

（6）在基建工地为基建工地服务的各种工棚、材料棚、休息棚和办公室、食堂、茶炉房、汽车房等临时性房屋，在施工期间，一律免征房产税。但工程结束后，施工企业将这种临时性房屋交还或估价转让给基建单位的，应从基建单位接收的次月起，照章纳税。

（7）自2019年1月1日至2021年12月31日，对农产品批发市场、农贸市场（包括自有和承租）专门用于经营农产品的房产、土地，暂免征收房产税。对同时经营其他产品的，按其他产品与农产品交易场地面积的比例确定征免房产税。

【特别提示】农产品批发市场、农贸市场的行政办公区、生活区，以及商业餐饮娱乐等非直接为农产品交易提供服务的房产、土地，应按规定征收房产税。

（8）自2019年1月1日至2021年12月31日，对国家级、省级科技企业孵化器、大学科技园和国家备案众创空间自用以及无偿或通过出租等方式提供给在孵对象使用的房产、土地，免征房产税。

（9）经财政部批准免税的其他房产。

（四）房产税应纳税额的计算

1. 从价计征房产税应纳税额的计算

$$应纳房产税＝房产原值×（1－扣除比例）×1.2\%$$

由此公式计算出来的房产税税额是年税额。

2. 从租计征房产税应纳税额的计算

$$应纳房产税＝租金收入×12\%（或4\%）$$

【工作实例7-1】 甲公司办公大楼原值为30 000万元。本年2月28日甲公司将其中部分闲置房间出租，租期为2年。出租部分房产原值为5 000万元，租金每年为1 000万元（不含增值税）。当地规定房产原值减除比例为20%。

【工作要求】 计算甲公司本年的应纳房产税。

【工作实施】

$$本年1—2月从价计征应纳房产税＝30 000×（1－20\%）×1.2\%÷12×2$$
$$＝48（万元）$$

$$本年3—12月从价计征应纳房产税＝25 000×（1－20\%）×1.2\%÷12×10$$
$$＝200（万元）$$

$$本年3—12月从租计征应纳房产税＝1 000×12\%÷12×10＝100（万元）$$
$$应纳房产税合计＝48＋200＋100＝348（万元）$$

【工作引例解析】

第一步，房产原值扣除出租部分再扣除20%后，从价计税，则

$$应纳房产税＝（890－90）×（1－20\%）×1.2\%＝7.68（万元）$$

第二步，下半年出租房产，上半年按计税余值及1—6月共6个月的使用期计税，则

$$应纳房产税＝90×（1－20\%）×1.2\%÷12×6＝0.432（万元）$$

或将第一步和第二步的计算改为：用全年房产原值扣除20%计税后，减掉下半年出租房产的分摊税金，则

$$应纳房产税＝890×（1－20\%）×1.2\%－90×（1－20\%）×1.2\%×6÷12$$
$$＝8.112（万元）$$

第三步，企业出租房产按7月至当年年底共6个月的租金收入计税，则

$$应纳房产税＝1.5×6×12\%＝1.08（万元）$$

第四步，在建工程完工转入的房产应自验收手续之次月起计税，故从9月至当年年底共4个月计税，则

应纳房产税＝500×(1－20％)×1.2％÷12×4＝1.6(万元)

本年应纳房产税合计＝7.68＋0.432＋1.08＋1.6＝10.792(万元)

或 ＝8.112＋1.08＋1.6＝10.792(万元)

三、房产税的征收管理

（一）房产税的征收管理要求

1. 房产税的纳税义务发生时间

（1）纳税人将原有房产用于生产经营，从生产经营之日的当月起，缴纳房产税。

（2）纳税人自行新建房屋用于生产经营，从建成之日的次月起，缴纳房产税。

（3）纳税人委托施工企业建设的房屋，从办理验收手续的次月起，缴纳房产税。

（4）纳税人购置新建商品房，自房屋交付使用之次月起，缴纳房产税。

（5）纳税人购置存量房，自办理房屋权属转移、变更登记手续，房地产权属登记机关签发房屋权属证书之次月起，缴纳房产税。

（6）纳税人出租、出借房产，自交付出租、出借房产之次月起，缴纳房产税。

（7）房地产开发企业自用、出租、出借本企业建造的商品房，自房屋使用或交付之次月起，缴纳房产税。

（8）纳税人因房产的实物或权利状态发生变化而依法终止房产税的纳税义务的，其应纳税款的计算应截止到房产的实物或权利发生变化的当月月末。

2. 房产税的纳税期限

房产税实行按年计算、分期缴纳的征收办法，具体纳税期限由省、自治区、直辖市人民政府规定。一般可采取按季或半年缴纳，按季缴纳的可在1月、4月、7月、10月缴纳；按半年缴纳的可在1月、7月缴纳。税额比较大的，可按月缴纳；个人出租房产的，可按次缴纳。

3. 房产税的纳税地点

房产税在房产所在地缴纳。对房产不在同一地方的纳税人，应按房产的坐落地点分别向房产所在地的税务机关缴纳。

（二）房产税的纳税申报

纳税人对从价计征房产税进行纳税申报时，应当填报"城镇土地使用税 房产税纳税申报表"（见表6-12）及其明细表（略）。

第2节　车船税法

情境引例

我公司将使用了2年的车辆出售给丰华公司，但是今年的车船税在出售之前已经缴纳，请问能否申请退税，然后由购买方履行纳税义务？

一、车船税的认知

（一）车船税纳税人的确定

车船税的纳税义务人是指在中华人民共和国境内的车辆、船舶（简称车船）的所有人或者管理人。车船的所有人是指在我国境内拥有车船的单位和个人，对于私家车来说，也就是通常所说的车主；车船的管理人是指对车船具有管理权或者使用权，不具有所有权的单位。

外商投资企业、外国企业、华侨、外籍人员和港澳台同胞，也属于车船税的纳税人。境内单位和个人租入外国籍船舶的，不征收车船税。境内单位和个人将船舶出租到境外的，应依法征收车船税。

【特别提示】从事机动车第三者责任强制保险业务的保险机构为机动车车船税的扣缴义务人。

（二）车船税征税范围的确定

车辆、船舶是指依法在车船登记管理部门登记的机动车辆和船舶，以及依法不需要在车船登记管理部门登记的在单位内部场所行驶或者作业的机动车辆和船舶。

（1）车辆，具体包括：乘用车，商用客车（包括电车），商用货车（包括半挂牵引车、三轮汽车和低速载货汽车等），挂车，摩托车，其他车辆（不包括拖拉机）。其中，其他车辆包括专用作业车和轮式专用机械车等。

（2）船舶，包括机动船舶和游艇。

【点拨指导】境内单位和个人租入外国籍船舶的，不征收车船税；境内单位和个人将船舶出租到境外的，应依法征收车船税。

【特别提示】拖拉机、电动自行车不属于车船税的征税范围。纯电动乘用车和燃料电池乘用车不属于车船税的征税范围。

【点拨指导】汽车、摩托车、电车、挂车、农用运输车属于车船税的征税范围。

（三）车船税税目的确定

车船税的税目、税率依照《车船税税目税额表》（见表 7-2）执行。

二、车船税的计算

（一）车船税计税依据的确定

1. 车船税计税依据的一般规定

（1）乘用车、商用客车、摩托车：以辆数为计税依据；

（2）商用货车、挂车、其他车辆：以整备质量吨位数为计税依据；

（3）机动船舶：以净吨位数为计税依据；

（4）游艇：以艇身长度为计税依据。

2. 车船税计税依据的特殊规定

（1）拖船按照发动机功率每 1 千瓦折合净吨位 0.67 吨计算征收车船税。

（2）《中华人民共和国车船税法》及其实施条例涉及的整备质量、净吨位、艇身长度等计税单位，有尾数的一律按照含尾数的计税单位据实计算车船税应纳税额。计算得出的应纳税额小数点后超过两位的可四舍五入保留两位小数。

（3）乘用车以车辆登记管理部门核发的机动车登记证书或者行驶证书所载的排气量毫升数确定税额区间。

（二）车船税税率的判定

车船税采用定额税率，又称固定税额。省、自治区、直辖市人民政府根据《车船税法》所附《车船税税目税额表》确定车辆具体适用税额时，应当遵循以下原则：

（1）乘用车依排气量从小到大递增税额；

（2）客车按照核定载客人数20人以下和20人（含）以上两档划分，递增税额。

省、自治区、直辖市人民政府确定的车辆具体适用税额，应当报国务院备案。车船税税目税额表如表7-2所示。

表7-2 车船税税目税额表

税目		计税单位	年基准税额	备注
乘用车（按发动机汽缸容量（排气量）分档）	1.0升（含）以下	每辆	60～360元	核定载客人数9人（含）以下
	1.0升以上至1.6升（含）		300～540元	
	1.6升以上至2.0升（含）		360～660元	
	2.0升以上至2.5升（含）		660～1 200元	
	2.5升以上至3.0升（含）		1 200～2 400元	
	3.0升以上至4.0升（含）		2 400～3 600元	
	4.0升以上		3 600～5 400元	
商用车	客车	每辆	480～1 440元	核定载客人数9人以上，包括电车
	货车	整备质量每吨	16～120元	货车包括半挂牵引车、三轮汽车和低速载货汽车等
挂车			按照货车税额的50%计算	
其他车辆	专用作业车		16～120元	不包括拖拉机
	轮式专用机械车		16～120元	
摩托车		每辆	36～180元	

续表

税目		计税单位	年基准税额	备注
机动船舶	净吨位不超过 200 吨	净吨位每吨	3 元	拖船、非机动驳船分别按照机动船舶税额的 50% 计算
	净吨位超过 200 吨但不超过 2 000 吨		4 元	
	净吨位超过 2 000 吨但不超过 10 000 吨		5 元	
	净吨位超过 10 000 吨		6 元	
游艇	艇身长度不超过 10 米	艇身长度每米	600 元	
	艇身长度超过 10 米但不超过 18 米		900 元	
	艇身长度超过 18 米但不超过 30 米		1 300 元	
	艇身长度超过 30 米		2 000 元	
	辅助动力帆艇		600 元	

【点拨指导】排气量、整备质量、核定载客人数、净吨位、千瓦、艇身长度，以车船登记管理部门核发的车船登记证书或者行驶证所载数据为准。

【特别提示】依法不需要办理登记的车船和依法应当登记而未办理登记或者不能提供车船登记证书、行驶证的车船，以车船出厂合格证明或者进口凭证标注的技术参数、数据为准；不能提供车船出厂合格证明或者进口凭证的，由主管税务机关参照国家相关标准核定，没有国家相关标准的参照同类车船核定。

（三）车船税优惠政策的运用

1. 法定减免

（1）捕捞、养殖渔船。

（2）军队、武警专用的车船。

（3）警用车船。

（4）悬挂应急救援专用号牌的国家综合性消防救援车辆和国家综合性消防救援船舶。

（5）对节约能源、使用新能源的车船可以减征或者免征车船税；对受严重自然灾害影响，纳税困难以及有其他特殊原因确需减税、免税的，可以减征或者免征车船税。节约能源、使用新能源的车辆包括纯电动汽车、燃料电池汽车和混合动力汽车。纯电动汽车、燃料电池汽车和插电式混合动力汽车免征车船税，其他混合动力汽车按照同类车辆适用税额减半征税。

（6）各地根据法律授权，对城乡公共交通车船，农村居民拥有并主要在农村地区使用的摩托车、三轮汽车和低速货车基本都给予定期减免车船税的税收优惠。

（7）依照我国有关法律和我国缔结或者参加的国际条约的规定应当予以免税的外国驻华使馆、领事馆和国际组织驻华机构及其有关人员的车船，不征收车船税。

【知识链接】注意不征税和免税的区别。拖拉机、电动自行车本身就不属于车船税的征税范围，因此不属于免税项目。

2. 特定减免

（1）临时入境的外国车船和香港特别行政区、澳门特别行政区、台湾地区的车船，不征收车船税。

（2）按照规定缴纳船舶吨税的机动船舶，自《车船税法》实施之日（2012年1月1日）起5年内免征车船税。

（3）依法不需要在车船登记管理部门登记的机场、港口、铁路站场内部行驶或者作业的车船，自《车船税法》实施之日（2012年1月1日）起5年内免征车船税。

（四）车船税应纳税额的计算

（1）车船税各税目应纳税额的计算公式为：

$$应纳车船税＝计税单位×适用年基准税额$$

【特别提示】

$$拖船和非机动驳船的应纳车船税＝计税单位×适用年基准税额×50\%$$

（2）购置的新车船，购置当年的应纳税额自纳税义务发生的当月起按月计算。其计算公式为：

$$应纳车船税＝年应纳税额÷12×应纳税月份数$$

【工作实例7-2】 甲公司本年2月12日购买了一艘净吨位为180吨的拖船，已知机动船舶净吨位每吨的年基准税额为6元。

【工作要求】计算甲公司本年的应纳车船税。

【工作实施】购置的新车船，购置当年的应纳税额自纳税义务发生的当月起按月计算。拖船按机动船舶年基准税额的50%计算，则

$$应纳车船税＝180×6×50\%×11÷12＝495(元)$$

（3）保险机构代收代缴车船税和滞纳金的计算。

1）购买短期机动车交通事故责任强制保险（简称交强险）的车辆。对于境外机动车临时入境、机动车临时上道路行驶、机动车距规定的报废期限不足1年而购买短期交强险的车辆，保单中"当年应缴"项目的计算公式为：

$$当年应缴＝计税单位×年单位税额×应纳税月份数÷12$$

【点拨指导】应纳税月份数为交强险有效期起始日期的当月至截止日期的当月的月份数。

2）已向税务机关缴税的车辆或税务机关已批准减免税的车辆。对于已向税务机关缴税或税务机关已经批准免税的车辆，保单中"当年应缴"项目应为零。对于税务机关已批准减税的机动车，保单中"当年应缴"项目应根据减税前的应纳税额扣除依据减税证明中注明的减税幅度计算的减税额确定。计算公式为：

减税车辆应纳车船税＝减税前应纳车船税×（1－减税幅度）

3）滞纳金的计算。对于纳税人在应购买交强险截止日期以后购买交强险的，或以前年度没有缴纳车船税的，保险机构在代收代缴税款的同时，还应代收代缴欠缴税款的滞纳金。保单中"滞纳金"项目为各年度欠税应加收滞纳金之和。

每年欠税应加收的滞纳金＝欠税金额×滞纳天数×0.5‰

【特别提示】滞纳天数的计算自应购买交强险截止日期的次日起到纳税人购买交强险的当日止。纳税人连续两年以上欠缴车船税的，应分别计算每年欠税应加收的滞纳金。

三、车船税的征收管理

（一）车船税的征收管理要求

1. 车船税的纳税方式

（1）自行申报方式：纳税人自行向主管税务机关申报缴纳车船税。

（2）代收代缴方式：纳税人在办理机动车交通事故责任强制保险时由保险机构作为扣缴义务人代收代缴车船税。

2. 车船税的纳税义务发生时间

（1）车船税纳税义务发生时间为取得车船所有权或管理权的当月。纳税人在首次购买交强险时缴纳车船税或者自行申报缴纳车船税的，应当提供购车发票及反映排气量、整备质量、核定载客人数等与纳税相关的信息及其相应凭证。

购置的新车船，购置当年的应纳税额自纳税义务发生的当月起按月计算。应纳税额为年应纳税额除以12，再乘以应纳税月份数。

【点拨指导】车船税的纳税义务发生时间，为车船管理部门核发的车船登记证书或者行驶证书所记载日期的当月。纳税人未按照规定到车船管理部门办理应税车船登记手续的，以车船购置发票所载开具时间的当月作为车船税的纳税义务发生时间。对未办理车船登记手续且无法提供车船购置发票的，由主管税务机关核定纳税义务发生时间。

（2）在一个纳税年度内，已完税的车船被盗抢、报废、灭失的，纳税人可以凭有关管理机关出具的证明和完税证明，向纳税所在地的主管税务机关申请退还自被盗抢、报废、灭失月份起至该纳税年度终了期间的税款。

已办理退税的被盗抢车船失而复得的，纳税人应当从公安机关出具相关证明的当月起计算缴纳车船税。

已经缴纳车船税的车船，因质量原因被退回生产企业或者经销商的，纳税人可以向纳税所在地的主管税务机关申请退还自退货月份起至该纳税年度终了期间的税款。退货月份以退货发票所载日期的当月为准。

保险机构作为车船税扣缴义务人，在代收车船税并开具增值税发票时，应在增值税发票备注栏中注明代收车船税税款信息，具体包括保险单号、税款所属期（详细至月）、代收车船税金额、滞纳金金额、金额合计等。该增值税发票可作为纳税人缴纳车船税及滞纳金的会计核算原始凭证。车船税已经由保险机构代收代缴的，车辆登记地的主管税务机关不再征收该纳税年度的车船税。再次征收的，车辆登记地主管税务机关应予退还。

【情境引例解析】

《中华人民共和国车船税法实施条例》第二十条规定：已缴纳车船税的车船在同一纳税年度内办理转让过户的，不另纳税，也不退税。因此，你公司不能申请退税。

3. 车船税的纳税期限

车船税是按年申报、分月计算、一次性缴纳。纳税年度自公历 1 月 1 日起至 12 月 31 日止。具体申报纳税期限由各省、自治区、直辖市人民政府规定。但下列情形的纳税期限按规定执行：

（1）机动车辆在投保交强险时尚未缴纳当年度车船税的，应当在投保的同时向保险机构缴纳。

（2）新购置的机动车辆，应当在办理缴纳车辆购置税手续的同时缴纳。

（3）新购置的船舶，应当在取得船舶登记证书的当月缴纳；其他应税船舶，应当在办理船舶年度检验之前缴纳。

（4）在申请车船转籍、转让交易、报废时尚未缴纳当年度车船税的，应当在办理相关手续之前缴纳。

（5）已办理退税的被盗抢车船又找回，纳税人应从公安机关出具相关证明的当月起计算缴纳车船税。

4. 车船税的纳税地点

纳税人自行向主管税务机关申报缴纳车船税的，纳税地点为车船登记地；依法不需要办理登记的车船，纳税地点为车船的所有人或者管理人的所在地。由保险机构代收代缴车船税的，纳税地点为保险机构所在地。

【特别提示】 由于从事机动车交通事故责任强制保险业务的保险机构为机动车车船税扣缴义务人，因此，纳税人在办理交强险业务时，应当一并缴纳车船税；如果已经自行申报缴纳了车船税，应当提供机动车的完税证明。

（二）车船税的纳税申报

纳税人对车船税进行纳税申报时，应当填报"车船税纳税申报表"（见表 7 - 3）。

表 7－3　车船税纳税申报表

管理代码：

税款所属期：自　　年　　月　　日至　　年　　月　　日　　　　填表日期：　　年　　月　　日

纳税人识别号：□□□□□□□□□□□□□□□□□□□□　　　　　　金额单位：元至角分

纳税人名称								纳税人身份证照类型					
纳税人身份证照号码								居住（单位）地址					
联系人								联系方式					
序号	（车辆）号牌号码/（船舶）登记号码	车船识别代码（车架号/船舶识别号）	征收品目	计税单位	计税单位的数量	单位税额	年应缴税额	本年减免税额	减免性质代码	减免税证明号	当年应缴税额	本年已缴税额	本期年应补（退）税额
1	2		3	4	5	6	7＝5＊6	8	9	10	11＝7-8	12	13＝11-12
申报车辆总数（辆）								申报船舶总数（艘）					

以下由申报人填写：

纳税人声明	此纳税申报表是根据《中华人民共和国车船税法》和国家有关税收规定填报的，是真实的、可靠的、完整的。		
纳税人签章		代理人签章	代理人身份证号

以下由税务机关填写：

受理人		受理日期		受理税务机关（签章）	

本表一式两份，一份纳税人留存，一份税务机关留存。

第 3 节　车辆购置税法①

情境引例

　　我公司购买车辆，取得了机动车销售统一发票，其中一联次为报税联，请问该联发票应该由哪方留存？有什么用途？

一、车辆购置税的认知

（一）车辆购置税纳税人的确定

　　在中国境内购置汽车、有轨电车、汽车挂车、排气量超过 150 毫升的摩托车（以下

---

①　本节主要根据自 2019 年 7 月 1 日起施行的《中华人民共和国车辆购置税法》编写。

统称应税车辆）的单位和个人，为车辆购置税的纳税人。购置是指以购买、进口、自产、受赠、获奖或者其他方式取得并自用应税车辆的行为。

【点拨指导】地铁、轻轨等城市轨道交通车辆，装载机、平地机、挖掘机、推土机等轮式专用机械车，以及起重机（吊车）、叉车、电动摩托车，不属于应税车辆。

【特别提示】购置后自用的，才需要缴纳车辆购置税。购入待售车辆不需要缴纳车辆购置税，待进一步处置时再行确定纳税人，缴纳车辆购置税。

【知识链接】与契税相同，车辆购置税由承受方缴纳。

（二）车辆购置税征税范围的确定

车辆购置税以列举的车辆作为征税对象，未列举的车辆不纳税。其征税范围包括汽车、有轨电车、汽车挂车、排气量超过150毫升的摩托车。

二、车辆购置税的计算

（一）车辆购置税计税依据的确定

1. 车辆购置税计税依据的基本规定

车辆购置税的计税依据为应税车辆的计税价格。应税车辆的计税价格按照下列规定确定：

（1）纳税人购买自用应税车辆的计税价格，为纳税人实际支付给销售者的全部价款，不包括增值税税款；购买自用应税车辆计征车辆购置税的计税依据，与销售方计算增值税的计税依据一致。

$$计税价格＝含增值税的销售价格÷(1＋增值税税率或征收率)$$
$$＝(含增值税价款＋价外费用)÷(1＋增值税税率或征收率)$$

【点拨指导】纳税人购买自用应税车辆实际支付给销售者的全部价款，依据纳税人购买应税车辆时相关凭证载明的价格确定，不包括增值税税款。

（2）纳税人进口自用应税车辆的计税价格，为关税完税价格加上关税和消费税，即为组成计税价格。进口自用应税车辆计征车辆购置税的计税依据，与进口方计算增值税的计税依据一致。

1）如果进口车辆是属于消费税征税范围的小汽车、摩托车等应税车辆，则其组成计税价格为：

$$计税价格(组成计税价格)＝关税完税价格＋关税＋消费税$$
$$＝(关税完税价格＋关税)÷(1－消费税税率)$$

2）如果进口车辆是不属于消费税征税范围的应税车辆，则组成计税价格公式简化为：

$$计税价格(组成计税价格)＝关税完税价格＋关税$$

【点拨指导】纳税人进口自用应税车辆，是指纳税人直接从境外进口或者委托代理进口自用的应税车辆，不包括在境内购买的进口车辆。

（3）纳税人自产自用应税车辆的计税价格，按照同类应税车辆（即车辆配置序列号相同的车辆）的销售价格确定，不包括增值税税款；没有同类应税车辆销售价格的，按照组成计税价格确定。

组成计税价格的计算公式如下：

$$组成计税价格＝成本×(1＋成本利润率)$$

属于应征消费税的应税车辆，其组成计税价格中应加计消费税税额。

上述公式中的成本利润率，由国家税务总局各省、自治区、直辖市和计划单列市税务局确定。

（4）纳税人以受赠、获奖或者其他方式取得自用应税车辆的计税价格，按照购置应税车辆时相关凭证载明的价格确定，不包括增值税税款。

【特别提示】纳税人以外汇结算应税车辆价款的，按照申报纳税之日的人民币汇率中间价折合成人民币计算缴纳税款。

2. 车辆购置税计税依据的特殊规定

免税、减税车辆因转让、改变用途等原因不再属于免税、减税范围的，纳税人应当在办理车辆转移登记或者变更登记前缴纳车辆购置税。计税价格以免税、减税车辆初次办理纳税申报时确定的计税价格为基准，每满一年扣减10%。

（二）车辆购置税税率的判定

车辆购置税实行统一比例税率，税率为10%。

（三）车辆购置税优惠政策的运用

1. 减免税规定

以下车辆免征或者减征车辆购置税：

（1）依照法律规定应当予以免税的外国驻华使馆、领事馆和国际组织驻华机构及其有关人员自用的车辆；

（2）中国人民解放军和中国人民武装警察部队列入装备订货计划的车辆；

（3）悬挂应急救援专用号牌的国家综合性消防救援车辆；

（4）设有固定装置的非运输专用作业车辆；

（5）城市公交企业购置的公共汽电车辆。

（6）回国服务的在外留学人员用现汇购买1辆个人自用国产小汽车和长期来华定居专家进口1辆自用小汽车免征车辆购置税。

（7）防汛部门和森林消防部门用于指挥、检查、调度、报汛（警）、联络的由指定厂家生产的设有固定装置的指定型号的车辆免征车辆购置税。

（8）自2018年1月1日至2020年12月31日，对购置的新能源汽车免征车辆购置税。自2021年1月1日至2022年12月31日，对购置的新能源汽车继续免征车辆购置税。

（9）自 2018 年 7 月 1 日至 2021 年 6 月 30 日，对购置的挂车减半征收车辆购置税。

（10）中国妇女发展基金会"母亲健康快车"项目的流动医疗车免征车辆购置税。

（11）北京 2022 年冬奥会和冬残奥会组织委员会新购置车辆免征车辆购置税。

（12）原公安现役部队和原武警黄金、森林、水电部队改制后换发地方机动车牌证的车辆（公安消防、武警森林部队执行灭火救援任务的车辆除外），一次性免征车辆购置税。

2. 车辆购置税的退税

纳税人将已征车辆购置税的车辆退回车辆生产企业或者销售企业的，可以向主管税务机关申请退还车辆购置税。退税额以已缴税款为基准，自缴纳税款之日至申请退税之日，每满一年扣减 10%。

（四）车辆购置税应纳税额的计算

车辆购置税实行从价定率的方法计算应纳税额，其计算公式为：

$$应纳车辆购置税＝计税价格×车辆购置税税率$$

由于应税车辆的来源、应税行为的发生以及计税依据组成的不同，车辆购置税应纳税额的计算方法也有区别。

1. 购买自用应税车辆应纳税额的计算

在应纳税额的计算当中，应注意以下费用的计税规定：

（1）购买者随购买车辆支付的工具件和零部件价款应作为购车价款的一部分，并入计税依据征收车辆购置税。

（2）支付的车辆装饰费应作为价外费用并入计税依据计税。

（3）代收款项应区别征税。凡使用代收单位（受托方）票据收取的款项，应视作代收单位价外收费，购买者支付的价外费用，应并入计税依据征税；凡使用委托方票据收取，受托方只履行代收义务和收取代收手续费的款项，应按其他税收政策规定征税。

（4）销售单位开给购买者的各种发票金额中包含增值税税款，因此，计算车辆购置税时，应换算为不含增值税的计税价格。

（5）购买者支付的控购费是政府部门的行政性收费，不属于销售者的价外费用范围，不应并入计税依据计税。

（6）销售单位开展优质销售活动开具发票所收取的有关费用，应属于经营性收入。企业在代理过程中按规定支付给有关部门的费用，企业已作经营性支出列支核算，其收取的各项费用在一张发票上难以划分的，应作为价外收入计算征税。

【工作实例 7-3】 甲公司本年 8 月购买一辆汽车自用，支付含增值税价款 100 000 元，并取得机动车销售统一发票。车辆购置税的税率为 10%。

【工作要求】 计算甲公司的应纳车辆购置税。

【工作实施】

$$应纳车辆购置税＝100\,000÷(1+13\%)×10\%＝8\,849.56(元)$$

2．进口自用应税车辆应纳税额的计算

纳税人进口自用的应税车辆应纳税额的计算分为两种情况：

（1）如果进口车辆是属于消费税征税范围的小汽车、摩托车等，则其应纳税额的计算公式为：

$$\begin{aligned}\frac{\text{应纳车辆}}{\text{购置税}}&=（\text{关税完税价格}＋\text{关税}＋\text{消费税}）×\text{车辆购置税税率}\\&=（\text{关税完税价格}＋\text{关税}）÷（1－\text{消费税比例税率}）×\text{车辆购置税税率}\end{aligned}$$

（2）如果进口车辆是不属于消费税征税范围的大卡车、大客车，则其应纳税额的计算公式为：

$$\text{应纳车辆购置税}=（\text{关税完税价格}＋\text{关税}）×\text{车辆购置税税率}$$

【工作实例 7-4】　　甲汽车贸易公司本年 3 月进口 12 辆小轿车，海关审定的关税完税价格为 25 万元/辆，当月销售 8 辆，取得含税销售收入 200 万元；其余 4 辆小轿车公司自用。小轿车关税税率为 28%，消费税税率为 9%，车辆购置税税率为 10%。

【工作要求】计算甲公司的应纳车辆购置税。

【工作实施】甲公司只有自用的 4 辆小轿车需要缴纳车辆购置税。

$$\text{组成计税价格}=25×4×（1＋28\%）÷（1－9\%）=140.66（\text{万元}）$$
$$\text{应纳车辆购置税}=140.66×10\%=14.066（\text{万元}）$$

3．自产自用应税车辆应纳税额的计算

纳税人自产自用应税车辆应纳税额的计算公式如下：

$$\text{应纳车辆购置税}=\text{同类应税车辆的销售价格}×\text{车辆购置税税率}$$

4．以受赠、获奖或者其他方式取得自用应税车辆应纳税额的计算

以受赠、获奖或者其他方式取得自用应税车辆应纳税额的计算公式如下：

$$\text{应纳车辆购置税}=\text{购置应税车辆时相关凭证载明的价格}×\text{车辆购置税税率}$$

5．纳税人申报的应税车辆计税价格明显偏低又无正当理由的应税车辆应纳税额的计算

纳税人申报的应税车辆计税价格明显偏低又无正当理由的，由税务机关依照《税收征收管理法》的规定核定其应纳税额。

6．特殊情形下自用应税车辆应纳税额或应退税额的计算

（1）减税、免税条件消失车辆应纳税额的计算。免税、减税车辆因转让、改变用途等原因不再属于免税、减税范围的，纳税人应当在办理车辆转移登记或者变更登记前缴纳车辆购置税。计税价格以免税、减税车辆初次办理纳税申报时确定的计税价格为基准，每满一年扣减 10%，并据此计算缴纳车辆购置税。

已经办理免税、减税手续的车辆因转让、改变用途等原因不再属于免税、减税范围的，纳税人、纳税义务发生时间、应纳税额按以下规定执行：

1）发生转让行为的，受让人为车辆购置税纳税人；未发生转让行为的，车辆所有人为车辆购置税纳税人。

2）纳税义务发生时间为车辆转让或者用途改变等情形发生之日。

3）应纳税额的计算公式如下：

$$\text{应纳车辆购置税} = \text{初次办理纳税申报时确定的计税价格} \times (1-\text{使用年限}\times10\%)\times10\%-\text{已纳税额}$$

应纳税额不得为负数。

使用年限的计算方法是，自纳税人初次办理纳税申报之日起，至不再属于免税、减税范围的情形发生之日止。使用年限取整计算，不满一年的不计算在内。

（2）应税车辆退回时应退税额的计算。纳税人将已征车辆购置税的车辆退回车辆生产企业或者销售企业的，可以向主管税务机关申请退还车辆购置税。退税额以已缴税款为基准，自缴纳税款之日至申请退税之日，每满一年扣减10%。

已征车辆购置税的车辆退回车辆生产或销售企业，纳税人申请退还车辆购置税的，应退税额的计算公式如下：

$$\text{应退车辆购置税} = \text{已纳税额}\times(1-\text{使用年限}\times10\%)$$

应退税额不得为负数。

使用年限的计算方法是，自纳税人缴纳税款之日起，至申请退税之日止。

三、车辆购置税的征收管理

（一）车辆购置税的征收管理要求

1. 车辆购置税的纳税环节

车辆购置税由税务机关负责征收。车辆购置税实行一车一申报制度。购置已征车辆购置税的车辆，不再征收车辆购置税。但减税、免税条件消失的车辆，应按规定缴纳车辆购置税。车辆购置税是对应税车辆的购置行为课征，选择单一环节，实行一次课征制度。征税环节选择在使用环节（即最终消费环节）。具体而言，纳税人应当在向公安机关交通管理部门办理车辆注册登记前缴纳车辆购置税。公安机关交通管理部门办理车辆注册登记，应当根据税务机关提供的应税车辆完税或者免税电子信息对纳税人申请登记的车辆信息进行核对，核对无误后依法办理车辆注册登记。

【情境引例解析】

根据《国家税务总局关于使用新版机动车销售统一发票有关问题的通知》（国税函〔2006〕479号）的规定，机动车发票为电脑六联式发票，即第一联发票联（购货单位付款凭证），第二联抵扣联（购货单位扣税凭证），第三联报税联（车辆购置税征收单位留存），第四联注册登记联（车辆登记单位留存），第五联记账联（销货单位记账凭证），第六联存根联（销货单位留存）。因此，第三联报税联由车辆购置税征收单位留存，用于办理车辆购置税。

2. 车辆购置税的纳税义务发生时间

车辆购置税的纳税义务发生时间为纳税人购置应税车辆的当日。

【点拨指导】车辆购置税的纳税义务发生时间以纳税人购置应税车辆所取得的车辆相关凭证上注明的时间为准。具体来说：（1）购买自用应税车辆的为购买之日，即车辆相关价格凭证的开具日期。（2）进口自用应税车辆的为进口之日，即海关进口增值税专用缴款书或者其他有效凭证的开具日期。（3）自产、受赠、获奖或者以其他方式取得并自用应税车辆的为取得之日，即合同、法律文书或者其他有效凭证的生效或者开具日期。

3. 车辆购置税的纳税期限

纳税人应当自纳税义务发生之日起 60 日内申报缴纳车辆购置税。

4. 车辆购置税的纳税地点

纳税人购置需要办理车辆登记的应税车辆的，应当向车辆登记地的主管税务机关申报缴纳车辆购置税；购置不需要办理车辆登记的应税车辆的，应当向纳税人所在地的主管税务机关申报缴纳车辆购置税，其中，单位纳税人向其机构所在地的主管税务机关申报纳税，个人纳税人向其户籍所在地或者经常居住地的主管税务机关申报纳税。

（二）车辆购置税的纳税申报

纳税人对车辆购置税进行纳税申报时，应当填报"车辆购置税纳税申报表"（见表7－4）。

表7－4　车辆购置税纳税申报表

纳税人名称		申报类型	□征税　□免税　□减税	
证件名称		证件号码		
联系电话		地址		
合格证编号 （货物进口证明书号）		车辆识别代号/ 车架号		
厂牌型号				
排量（cc）		机动车销售统一 发票代码		
机动车销售统一 发票号码		不含税价		
海关进口关税专用缴款书（进出口货物征免税证明）号码				
关税完税价格		关税		消费税	
其他有效 凭证名称		其他有效 凭证号码		其他有效 凭证价格	
购置日期		申报计税 价格		申报免（减）税 条件或者代码	
是否办理车辆 登记		车辆拟登记 地点			

纳税人声明：
本纳税申报表是根据国家税收法律法规及相关规定填报的，我确定它是真实的、可靠的、完整的。
纳税人（签名或盖章）：

委托声明：
现委托（姓名）＿＿＿（证件号码）＿＿＿＿＿＿＿办理车辆购置税涉税事宜，提供的凭证、资料是真实、可靠、完整的。任何与本申报表有关的往来文件，都可交予此人。
委托人（签名或盖章）：　　　　　　　　　被委托人（签名或盖章）：

以下由税务机关填写					
免（减）税条件代码					
计税价格	税率	应纳税额	免（减）税额	实纳税额	滞纳金金额
受理人：		复核人（适用于免、减税申报）：		主管税务机关（章）	
	年 月 日		年 月 日		

第4节　印花税法

情境引例

请问我公司下属分公司（非独立法人单位）之间签订的合同需要缴纳印花税吗？

一、印花税的认知

（一）印花税纳税人的确定

（1）印花税的纳税人是指在中国境内书立、领受、使用税法所列凭证的单位和个人，主要包括立合同人、立账簿人、立据人、领受人和使用人。

（2）签订合同的各方当事人都是印花税的纳税人，但不包括合同的担保人、证人和鉴定人。

（3）在国外书立、领受但在国内使用的应税凭证，其使用人为纳税人。

【点拨指导】如果一份合同或应税凭证由两方或两方以上当事人共同签订，签订合同或应税凭证的各方都是纳税人，应各就其所持合同或应税凭证的计税金额履行纳税义务。

【特别提示】证券交易印花税自2008年9月19日起，由双边征收改为单边征收，即只对卖出方（或继承、赠与A股及B股股权的出让方）征收证券交易印花税，对买入方（受让方）不再征税。

（二）印花税征税范围的确定

印花税共有 13 个税目，包括购销合同、加工承揽合同、建设工程勘察设计合同、建筑安装工程承包合同、财产租赁合同、货物运输合同、仓储保管合同、借款合同、财产保险合同、技术合同等 10 类经济合同，以及产权转移书据，营业账簿，权利、许可证照。

【情境引例解析】

《中华人民共和国印花税暂行条例施行细则》规定，印花税只对税目税率表中列举的凭证和经财政部确定征税的其他凭证征税。

《国家税务局关于印花税若干具体问题的解释和规定的通知》（国税发〔1991〕155号）规定，工业、商业、物资、外贸等部门经销和调拨商品物资使用的调拨单（或其他名称的单、卡、书、表等），填开使用的情况比较复杂，既有作为部门内执行计划使用的，也有代替合同使用的。对此，应区分性质和用途确定是否贴花。凡属于明确双方供需关系，据以供货和结算，具有合同性质的凭证，应按规定贴花。各省、自治区、直辖市税务局可根据上述原则，结合实际，对各种调拨单作出具体鉴别和认定。

《国家税务总局关于企业集团内部使用的有关凭证征收印花税问题的通知》（国税函〔2009〕9号）规定，对于企业集团内具有平等法律地位的主体之间自愿订立、明确双方购销关系、据以供货和结算、具有合同性质的凭证，应按规定征收印花税。对于企业集团内部执行计划使用的、不具有合同性质的凭证，不征收印花税。

根据上述规定，如合同属于应税凭证范围，且该合同明确双方供销关系，据以供货和结算，则该合同应按规定贴花。

这里所说的合同不仅指具有正规格式的合同，也包括具有合同性质的单据、凭证。不同合同、凭证的项目范围存在差异。

（1）出版单位与发行单位之间订立的书刊、音像制品的应税凭证如订购单、订数单等属于购销合同。

（2）融资租赁合同属于借款合同，不属于财产租赁合同。

（3）一般的法律、会计、审计等方面的咨询不属于技术咨询，此类咨询合同不贴印花。

（4）产权转移书据包括：财产所有权和版权、商标专用权、专利权、专有技术使用权等转移书据，土地使用权出让合同，土地使用权转让合同，商品房销售合同，个人无偿赠与不动产登记表。

（5）技术合同和产权转移书据中都有与专利有关的项目，二者适用的税率不同。技术转让合同中与专利有关的项目有专利申请权转让和非专利技术转让；产权转移书据中与专利有关的项目有专利权转让、专利实施许可和专有技术使用权等的转移。

（6）营业账簿是指单位或者个人记载生产经营活动的财务会计核算账簿。营业账簿按其反映内容的不同，可分为记载资金的营业账簿和其他账簿。记载资金的营业账簿是指反映生产经营的单位资本金数额增减变化的账簿。其他账簿是指除上述账簿以外的有关其他生产经营活动内容的账簿，包括日记账簿和各明细分类账簿。自2018年5月1日起，对按万分之五税率贴花的资金账簿减半征收印花税，对按件贴花5元的其他账簿免征印花税。

（7）权利、许可证照，包括政府部门发给的房屋产权证、工商营业执照、商标注册证、专利证、土地使用证。

【特别提示】对纳税人以电子形式签订的各类应税凭证按规定征收印花税。

【实务答疑】我公司为一家客运公司，每年为车辆购买的保险没有合同只有保单，请问是否需要缴纳印花税？

答：根据《中华人民共和国印花税暂行条例》的规定，财产保险合同，包括财产、责任、保证、信用等保险合同。立合同人按保费收入的千分之一贴花。单据作为合同使用的，按合同贴花。因此，财产保险合同的保单作为合同使用的，也应当正常缴纳印花税。

二、印花税的计算

（一）印花税计税依据的确定及税率的判定

印花税计税依据的确定及税率的判定的一般规定如表7-5所示。

表7-5　印花税计税依据的确定及税率的判定的一般规定

合同或凭证	计税依据	税率
购销合同	购销金额。	万分之三
加工承揽合同	受托方提供原材料的加工、定做合同，材料和加工费分别按照购销合同和加工承揽合同贴花，未分别记载材料费和加工费的，应就全部金额依照加工承揽合同计税贴花。 委托方提供主要材料或原料的加工合同，按照合同中规定的受托方收取的加工费收入和提供的辅助材料金额之和依照加工承揽合同贴花，对委托方提供的主要材料或原料金额不计税贴花。	万分之五
建设工程勘察设计合同	收取的费用。	万分之五
建筑安装工程承包合同	承包金额。	万分之三
财产租赁合同	租赁金额。如果经计算税额不足1元，按1元贴花。	千分之一
货物运输合同	运输费用，但不包括所运货物的金额以及装卸费用和保险费用等。	万分之五
仓储保管合同	仓储保管费用，但不包括所保财产金额。	千分之一

续表

合同或凭证	计税依据	税率
借款合同	借款金额。	万分之零点五
财产保险合同	保险费收入。	千分之一
技术合同	合同所载金额。	万分之三
产权转移书据	所载金额。	万分之五（上市公司的股权转让书据：千分之一）
营业账簿	记载资金的账簿的计税依据为"实收资本"与"资本公积"两项合计金额。	万分之五（从2018年5月1日起减半征收）
	其他账簿按件计税。	5元（从2018年5月1日起免征）
权利、许可证照	按件计税。	5元

【特别提示】载有两个或两个以上适用不同税目税率经济事项的同一凭证，分别记载金额的，应分别计算应纳税额，相加后按合计税额贴花；未分别记载金额的，按税率高的计算贴花。

【点拨指导】营业账簿中记载资金的账簿，以"实收资本"与"资本公积"两项的合计金额为其计税依据只缴纳一次印花税，金额不变不再纳税，金额增加按照增加额纳税。

（二）印花税计税依据的特殊规定

（1）作为计税依据的凭证金额不能随意做扣除。

（2）同一凭证记载两个或两个以上适用不同税目税率经济事项的，如分别记载金额，应分别计算税额加总贴花；如未分别记载金额，按税率高的计税贴花。

（3）未标明金额的应税凭证按凭证所载数量及国家牌价（无国家牌价的按市场牌价）计算金额，然后按规定税率计税贴花。

（4）外币折算人民币金额的汇率采用凭证书立日国家外汇管理局公布的汇率。

（5）应纳税额不足1角的免纳印花税；1角以上的分位四舍五入。

（6）签订时无法确定金额的合同先定额贴花5元，待结算实际金额时补贴印花税票。

（7）订立合同不论是否兑现均应依合同金额贴花。

（8）对有经营收入的事业单位，凡属由国家财政拨付事业经费、实行差额预算管理的单位，其记载经营业务的账簿，按其他账簿定额贴花，不记载经营业务的账簿不贴花；凡属经费来源实行自收自支的单位，其营业账簿，应对记载资金的账簿和其他账簿分别计算应纳税额（自2018年5月1日起，对按万分之五税率贴花的资金账簿减半征收印花税，对按件贴花5元的其他账簿免征印花税）。

（9）商品购销中以货易货，交易双方既购又销，均应按其购销合计金额贴花。

（10）施工单位将自己承包的建设项目分包或转包给其他施工单位的，所签订的分包转包合同还要计税贴花。

（11）股票交易的转让书据，依书立时证券市场当日实际成交价格计算的金额为计税金额。

（12）国内货物联运，因结算单据（合同）所列运费的结算方式不同而计税依据不同，即起运地全程结算运费的，按全程运费为计税依据；分程结算运费的，应以分程运费为计税依据。

国际货运，托运方全程计税。承运方为我国运输企业的按本程运费计算贴花，承运方为外国运输企业的免纳印花税。

【实务答疑】对于房屋租赁合同，由于使用面积变小了，租赁双方签订了一个补充协议，降低了租赁费金额，对于这个变更的补充协议，请问是否还要按照财产租赁合同缴纳印花税？

答：《中华人民共和国印花税暂行条例》规定，"应纳税凭证应当于书立或者领受时贴花。已贴花的凭证，修改后所载金额增加的，其增加部分应当补贴印花税票"。《中华人民共和国印花税暂行条例施行细则》规定，"凡多贴印花税票者，不得申请退税或者抵用"。

因此，对补充协议没有增加金额的，不再补贴印花。

（三）印花税优惠政策的运用

（1）应税合同凭证的正本贴花之后，副本、抄本不再贴花。

（2）将财产赠给政府、社会福利单位、学校所立的书据免税。

（3）国家指定的收购部门与村民委员会、农民个人书立的农副产品收购合同免税。

（4）无息、贴息贷款合同免税。

（5）外国政府或国际金融组织向我国政府及国家金融机构提供优惠贷款所书立的合同免税。

（6）房地产管理部门与个人签订的用于生活居住的租赁合同免税。

（7）农牧业保险合同免税。

（8）军事、救灾、新铁路施工运料等特殊运输合同免税。

（9）对与高校学生签订的高校学生公寓租赁合同，免征印花税。高校学生公寓是指为高校学生提供住宿服务，按照国家规定的收费标准收取住宿费的学生公寓。

（四）印花税应纳税额的计算

（1）按比例税率计算应纳税额，其计算公式为：

应纳印花税＝计税金额×适用税率

（2）按件定额计算应纳税额，其计算公式为：

$$应纳印花税＝应税凭证数量×单位税额$$

【工作实例 7-5】　甲公司于本年 5 月成立，注册资本为 3 000 000 元。成立时，领取工商营业执照、房产证、商标注册证、土地使用证、基本存款账户开户许可证各 1 件，建立资金账簿 1 本、其他账簿 10 本；当月与乙公司签订商品销售合同，货款不含税金额为 200 000 元，由甲公司负责运输；当月与丙运输公司签订运输合同，合同金额为 20 000 元，其中运费 15 000 元、装卸费 5 000 元。已知购销合同的印花税税率为 0.3‰，资金账簿及运输合同的印花税税率为 0.5‰，权利、许可证照的定额税率为每件 5 元。

【工作要求】　计算甲公司的应纳印花税。

【工作实施】　工商营业执照、房产证、商标注册证、土地使用证 4 种权利、许可证照，以件数为计税依据。从 2018 年 5 月 1 日起，对纳税人设立的资金账簿按实收资本和资本公积合计金额征收的印花税减半，对按件征收的其他账簿免征印花税。

$$权利、许可证照应纳印花税＝4×5＝20（元）$$
$$销售合同应纳印花税＝200 000×0.3‰＝60（元）$$
$$运费应纳印花税＝15 000×0.5‰＝7.5（元）$$
$$资金账簿应纳印花税＝3 000 000×0.5‰×0.5＝750（元）$$
$$应纳印花税合计＝20＋60＋7.5＋750＝837.5（元）$$

三、印花税的征收管理

（一）印花税的征收管理要求

1. 印花税的纳税要求与方法

纳税人应当如实提供、妥善保存印花税应纳税凭证（以下简称应纳税凭证）等有关纳税资料，统一设置、登记和保管"印花税应纳税凭证登记簿"（以下简称登记簿），及时、准确、完整记录应纳税凭证的书立、领受情况。登记簿的内容包括应纳税凭证种类、应纳税凭证编号、凭证书立各方（或领受人）名称、书立（领受）时间、应纳税凭证金额、件数等。纳税人应按规定据实计算、缴纳印花税。根据税额大小、贴花次数以及税收征收管理的需要，印花税采用以下申报方法：

（1）自行贴花。自行贴花是指纳税人书立、领受或者使用应纳税凭证和经财政部确定征税的其他凭证时，即发生纳税义务，应当根据应纳税凭证的性质和对应的税目、税率，自行计算应纳税额，购买并一次贴足印花税票并加以注销或划销，纳税义务才算全部履行完毕。该方法一般适用于应税凭证较少或者贴花次数较少的纳税人。

对已贴花的凭证，修改后所记载金额增加的，其增加部分应当补贴印花税票。凡多贴印花税票者，不得申请退税或者抵用。

【点拨指导】自行贴花方法一般适用于应税凭证较少或者贴花次数较少的纳税人。

（2）汇贴或汇缴。一份凭证应纳税额超过 500 元的，纳税人可以采取将税收缴款书、完税证明其中一联粘贴在凭证上或者由税务机关在凭证上加注完税标记代替贴花。这就是所谓的汇贴。

同一种类应纳税凭证，需频繁贴花的，可由纳税人根据实际情况自行决定是否采用按期汇总申报缴纳印花税的方式。汇总申报缴纳的期限不得超过一个月。这就是所谓的汇缴。

采用按期汇总申报缴纳方式的，一年内不得改变。

【点拨指导】 汇贴或汇缴方法一般适用于应纳税额较大或者贴花次数频繁的纳税人。

（3）核定征收。税务机关可以根据《税收征收管理法》及相关规定核定纳税人应纳税额。实行核定征收印花税的，纳税期限为一个月，税额较小的，纳税期限可为一个季度，具体由主管税务机关确定。纳税人应当自纳税期满之日起15日内，填写国家税务总局统一制定的纳税申报表申报缴纳核定征收的印花税。

（4）委托代征。税务机关根据印花税征收管理的需要，本着既加强源泉控管，又方便纳税人的原则，按照《国家税务总局关于发布〈委托代征管理办法〉的公告》（国家税务总局公告2013年第24号）的规定，可委托银行、保险、工商、房地产管理等有关部门，代征借款合同，财产保险合同，权利、许可证照，产权转移书据，建设工程承包合同等的印花税。

2. 印花税的违章处理

印花税纳税人有下列行为之一的，由税务机关根据情节轻重予以处罚：

（1）在应纳税凭证上未贴或者少贴印花税票的，或者已粘贴在应纳税凭证上的印花税票未注销或者未划销的，由税务机关追缴其不缴或者少缴的税款、滞纳金，并处不缴或者少缴的税款50%以上5倍以下的罚款。

（2）已贴用的印花税票揭下重用造成未缴或少缴印花税的，由税务机关追缴其不缴或者少缴的税款、滞纳金，并处不缴或者少缴的税款50%以上5倍以下的罚款；构成犯罪的，依法追究刑事责任。

（3）伪造印花税票的，由税务机关责令改正，处以2 000元以上1万元以下的罚款；情节严重的，处以1万元以上5万元以下的罚款；构成犯罪的，依法追究刑事责任。

（4）按期汇总缴纳印花税的纳税人，超过税务机关核定的纳税期限，未缴或少缴印花税税款的，由税务机关追缴其不缴或者少缴的税款、滞纳金，并处不缴或者少缴的税款50%以上5倍以下的罚款；情节严重的，同时撤销其汇缴许可证；构成犯罪的，依法追究刑事责任。

（5）纳税人违反以下规定的，由税务机关责令限期改正，可处以2 000元以下的罚款；情节严重的，处以2 000元以上1万元以下的罚款。

1）凡汇总缴纳印花税的凭证，应加注税务机关指定的汇缴戳记，编号并装订成册后，将已贴印花或者缴款书的一联粘附册后，盖章注销，保存备查。

2）纳税人对纳税凭证应妥善保存。凭证的保存期限，凡国家已有明确规定的，按规定办；没有明确规定的其余凭证均应在履行完毕后保存1年。

（6）印花税代售户对取得的税款逾期不缴或挪作他用，或者违反合同将所领印花税票转托他人代售或转至其他地区销售，又或者未按规定详细提供领、售印花税票情况的，税务机关视其情节轻重，给予警告或取消其代售资格的处罚。

3．印花税的纳税地点

印花税一般实行就地纳税。对于全国性商品物资订货会（包括展销会、交易会等）上所签订合同应纳的印花税，由纳税人回其所在地后及时办理贴花完税手续；对地方主办、不涉及省际关系的订货会、展销会上所签合同的印花税，其纳税地点由各省、自治区、直辖市人民政府自行确定。

（二）印花税的纳税申报

纳税人对印花税进行纳税申报时，应当填报"印花税纳税申报（报告）表"（见表7-6）。

表7-6　印花税纳税申报（报告）表

税款所属期限：自　　年　　月　　日至　　年　　月　　日

纳税人识别号（统一社会信用代码）：□□□□□□□□□□□□□□□□□□

纳税人名称：　　　　　　　　　　　　　　　　　金额单位：人民币元（列至角分）

本期是否适用增值税小规模纳税人减征政策（减免性质代码：09049901）				□是 □否	减征比例（％）				
应税凭证	计税金额或件数	核定征收		适用税率	本期应纳税额	本期已缴税额	本期减免税额		本期增值税小规模纳税人减征额	本期应补（退）税额
		核定依据	核定比例				减免性质代码	减免税额		
	1	2	3	4	5=1×4+2×3×4	6	7	8	9	10=5-6-8-9
购销合同				0.3‰						
加工承揽合同				0.5‰						
建设工程勘察设计合同				0.5‰						
建筑安装工程承包合同				0.3‰						
财产租赁合同				1‰						
货物运输合同				0.5‰						
仓储保管合同				1‰						
借款合同				0.05‰						
财产保险合同				1‰						
技术合同				0.3‰						
产权转移书据				0.5‰						
营业账簿（记载资金的账簿）		—		0.5‰						

续表

应税凭证	计税金额或件数	核定征收		适用税率	本期应纳税额	本期已缴税额	本期减免税额		本期增值税小规模纳税人减征额	本期应补（退）税额
		核定依据	核定比例				减免性质代码	减免税额		
	1	2	3	4	5=1×4 +2×3×4	6	7	8	9	10=5−6 −8−9
营业账簿（其他账簿）		—		5						
权利、许可证照		—		5						
合计	—	—		—						

谨声明：本纳税申报表是根据国家税收法律法规及相关规定填报的，是真实的、可靠的、完整的。

纳税人（签章）：　　　　年　月　日

经办人：
经办人身份证号：
代理机构签章：
代理机构统一社会信用代码：

受理人：
受理税务机关（章）：
受理日期：　年　月　日

第 5 节　契税法①

情境引例

我公司完成购置房屋的交易后，已按规定缴纳了契税，但后来法院判决撤销了房屋所有权证，请问契税是否应退还？

一、契税的认知

（一）契税纳税人的确定

在中华人民共和国境内转移土地、房屋权属，承受的单位和个人为契税的纳税人。土地、房屋权属是指土地使用权和房屋所有权。单位是指企业单位、事业单位、国家机关、军事单位和社会团体以及其他组织。个人是指个体经营者及其他个人，包括中国公民和外籍人员。

【点拨指导】契税由权属的承受人缴纳。这里所说的承受，是指以受让、购买、受赠、互换等方式取得土地、房屋权属的行为。

（二）契税征税范围的确定

契税的征税范围如下：

---

① 本节主要根据 2021 年 9 月 1 日起施行的《中华人民共和国契税法》编写。

（1）土地使用权出让。

（2）土地使用权转让（包括出售、赠与、互换）。

（3）房屋买卖、赠与、互换。

需要注意以下几点：

（1）土地使用权转让，不包括土地承包经营权和土地经营权的转移。

（2）土地、房屋权属的典当、分拆（分割）、出租、抵押等行为，不属于契税的征税范围。

（3）以作价投资（入股）、偿还债务、划转、奖励等方式转移土地、房屋权属的，应当缴纳契税。

【特别提示】土地使用权受让人通过完成土地使用权转让方约定的投资额度或投资特定项目，以此获取低价转让或无偿赠与的土地使用权的，属于契税征收范围，其计税价格由征收机关参照纳税义务发生时当地的市场价格核定。

【点拨指导】公司增资扩股中，对以土地、房屋权属作价入股或作为出资投入企业的，征收契税；企业破产清算期间，对非债权人承受破产企业土地、房屋权属的，征收契税。

【归纳总结】见表 7-7。

表 7-7　房地产销售过程中涉及的税种

税种	卖方	买方	税收优惠
增值税	√		个人将购买 2 年以上（含 2 年）的住房对外销售的，免征（适用于北京市、上海市、广州市和深圳市之外的地区）。个人将购买 2 年以上（含 2 年）的普通住房对外销售的，免征（适用于北京市、上海市、广州市和深圳市）。
城市维护建设税	√		
教育费附加、地方教育附加	√		
土地增值税	√		对个人销售住房暂免征收土地增值税。
契税		√	婚姻关系存续期间夫妻之间变更土地、房屋权属，免征契税；法定继承人通过继承承受土地、房屋权属，免征契税。
印花税	√	√	
企业所得税（企业缴纳）	√		
个人所得税（个人缴纳）	√		个人转让自用达 5 年以上，并且是唯一的家庭生活用房取得的所得免征个人所得税。

【实务答疑】我将个人拥有的房地产投入自己投资的个人独资企业，请问是否需要缴纳契税？

答：不需要缴纳契税。《财政部 国家税务总局关于企业事业单位改制重组契税政策的通知》（财税〔2012〕4 号）规定，同一投资主体内部所属企业之间土地、房屋权属的划转，包括母公司与其全资子公司之间，同一公司所属全资子公司之间，同一自然人与其设立的个人独资企业、一人有限公司之间，土地、房屋权属的划转，免征契税。

【情境引例解析】

根据《国家税务总局关于无效产权转移征收契税的批复》（国税函〔2008〕438号）的规定，对经法院判决的无效产权转移行为不征收契税。即只有法院判决该房屋产权交易行为始终无效的情况，才不征收契税，已缴契税可以退还。但若法院仅判决撤销房屋所有权证，并不代表该交易行为必然为无效产权转移行为，在这种情况下，不能作为退还契税的政策依据。

二、契税的计算

（一）契税计税依据的确定

1. 只有一个价格的情况下契税的计税依据

土地使用权出让、出售，房屋买卖，契税的计税依据为土地、房屋权属转移合同确定的成交价格，包括应交付的货币以及实物、其他经济利益对应的价款。

【点拨指导】营改增后计征契税的成交价格不含增值税。免征增值税的，确定计税依据时，成交价格不扣减增值税税额。

【知识链接】财税〔2016〕43号文对营改增后契税、房产税、土地增值税、个人所得税计税依据有关问题明确如下：

（1）计征契税的成交价格不含增值税。

（2）房产出租的，计征房产税的租金收入不含增值税。

（3）土地增值税纳税人转让房地产取得的收入为不含增值税收入。《中华人民共和国土地增值税暂行条例》等规定的土地增值税扣除项目涉及的增值税进项税额，允许在销项税额中计算抵扣的，不计入扣除项目；不允许在销项税额中计算抵扣的，可以计入扣除项目。

（4）个人转让房屋的个人所得税应税收入不含增值税，其取得房屋时所支付价款中包含的增值税计入财产原值，计算转让所得时可扣除的税费不包括本次转让缴纳的增值税。

个人出租房屋的个人所得税应税收入不含增值税，计算房屋出租所得可扣除的税费不包括本次出租缴纳的增值税。

个人转租房屋的，其向房屋出租方支付的租金及增值税税额，在计算转租所得时予以扣除。

（5）免征增值税的，确定计税依据时，成交价格、租金收入、转让房地产取得的收入不扣减增值税税额。

（6）在计征上述税种时，税务机关核定的计税价格或收入不含增值税。

2. 有两个价格的情况下契税的计税依据

土地使用权互换、房屋互换，契税的计税依据为所互换土地使用权、房屋的价格差额。互换价格不相等的，由多交付货币的一方缴纳契税；互换价格相等的，免征契税。

3. 无价格的情况下契税的计税依据

土地使用权赠与、房屋赠与以及其他没有价格的转移土地、房屋权属行为，契税的计税依据为税务机关参照土地使用权出售、房屋买卖的市场价格依法核定的价格。

【点拨指导】纳税人申报的成交价格、互换价格差额明显偏低且无正当理由的，由税务机关依照《中华人民共和国税收征收管理法》的规定核定。

4. 补缴契税的情况下契税的计税依据

以划拨方式取得的土地使用权，经批准转让房地产时，契税的计税依据为补缴的土地使用权出让费用或者土地收益。

【点拨指导】以划拨方式取得土地使用权，经批准转让房地产时，由房地产转让者补缴契税，其计税依据为补缴的土地使用权出让费用或者土地收益。

【理论答疑】房地产开发企业以竞标方式取得一处国有土地使用权，请问契税的计税依据该如何确定？

答：根据《国家税务总局关于明确国有土地使用权出让契税计税依据的批复》（国税函〔2009〕603号）的规定，对通过"招、拍、挂"程序承受国有土地使用权的，应按照土地成交总价款计征契税，其中的土地前期开发成本不得扣除。

（二）契税税率的判定

契税采用比例税率，并实行3%～5%的幅度税率。契税的具体适用税率，由省、自治区、直辖市人民政府在上述规定的税率幅度内提出，报同级人民代表大会常务委员会决定，并报全国人民代表大会常务委员会和国务院备案。

（三）契税优惠政策的运用

1. 有下列情形之一的，免征契税

（1）国家机关、事业单位、社会团体、军事单位承受土地、房屋权属用于办公、教学、医疗、科研、军事设施；

（2）非营利性的学校、医疗机构、社会福利机构承受土地、房屋权属用于办公、教学、医疗、科研、养老、救助；

（3）承受荒山、荒地、荒滩土地使用权用于农、林、牧、渔业生产；

（4）婚姻关系存续期间夫妻之间变更土地、房屋权属；

（5）法定继承人通过继承承受土地、房屋权属；

（6）依照法律规定应当予以免税的外国驻华使馆、领事馆和国际组织驻华代表机构承受土地、房屋权属。

根据国民经济和社会发展的需要，国务院对居民住房需求保障、企业改制重组、灾后重建等情形可以规定免征或者减征契税，报全国人民代表大会常务委员会备案。

2. 省、自治区、直辖市可以决定对下列情形免征或者减征契税

（1）因土地、房屋被县级以上人民政府征收、征用，重新承受土地、房屋权属；

（2）因不可抗力灭失住房，重新承受住房权属。

上述规定的免征或者减征契税的具体办法，由省、自治区、直辖市人民政府提出，报同级人民代表大会常务委员会决定，并报全国人民代表大会常务委员会和国务院备案。

【特别提示】纳税人改变有关土地、房屋的用途，或者有其他不再属于上述规定的免征、减征契税情形的，应当缴纳已经免征、减征的税款。

（四）契税应纳税额的计算

契税的应纳税额按照计税依据乘以具体适用税率计算。其计算公式为：

应纳契税＝计税依据×税率

【工作实例7-6】 甲公司本年5月购买一幢办公楼，成交价格为102万元（不含增值税）。当地规定的契税税率为3%。

【工作要求】计算甲公司购买办公楼的应纳契税。

【工作实施】土地使用权出让、出售，房屋买卖，契税的计税依据为土地、房屋权属转移合同确定的成交价格，则

应纳契税＝102×3%＝3.06（万元）

三、契税的征收管理

（一）契税的征收管理要求

1. 契税的纳税义务发生时间

契税的纳税环节是纳税人签订土地、房屋权属转移合同的当日，或者纳税人取得其他具有土地、房屋权属转移合同性质凭证的当日。

2. 契税的纳税期限

纳税人应当在依法办理土地、房屋权属登记手续前申报缴纳契税。纳税人办理纳税事宜后，税务机关应当开具契税完税凭证。纳税人办理土地、房屋权属登记，不动产登记机构应当查验契税完税、减免税凭证或者有关信息。未按照规定缴纳契税的，不动产登记机构不予办理土地、房屋权属登记。

【特别提示】在依法办理土地、房屋权属登记前，权属转移合同、权属转移合同性质凭证不生效、无效、被撤销或者被解除的，纳税人可以向税务机关申请退还已缴纳的税款，税务机关应当依法办理。

【知识链接】纳税人应当在转让房地产合同签订之日起7日内，到房地产所在地主管税务机关办理土地增值税纳税申报。

3. 契税的纳税地点

契税由土地、房屋所在地的税务机关依照《中华人民共和国契税法》和《中华人民共和国税收征收管理法》的规定征收管理。

【特别提示】税务机关应当与相关部门建立契税涉税信息共享和工作配合机制。自然资源、住房城乡建设、民政、公安等相关部门应当及时向税务机关提供与转移土地、房屋权属有关的信息，协助税务机关加强契税征收管理。

税务机关及其工作人员对税收征收管理过程中知悉的纳税人的个人信息，应当依法

予以保密，不得泄露或者非法向他人提供。

（二）契税的纳税申报

纳税人对契税进行纳税申报时，应当填报"契税纳税申报表"（见表7-8）。

表7-8　契税纳税申报表

填表日期：　　年　　月　　日　　　　金额单位：元至角分　　　　　　面积单位：平方米

纳税人识别号：□□□□□□□□□□□□□□□□□□□

承受方信息	名称		□单位　　□个人	
	登记注册类型		所属行业	
	身份证件类型	身份证□　护照□　其他□	身份证件号码	
	联系人		联系方式	
转让方信息	名称		□单位　　□个人	
	纳税人识别号	登记注册类型	所属行业	
	身份证件类型	身份证件号码	联系方式	
土地房屋权属转移信息	合同签订日期	土地房屋坐落地址	权属转移对象	
	权属转移方式	用途	家庭唯一普通住房	□90平方米以上 □90平方米及以下
	权属转移面积	成交价格	成交单价	
税款征收信息	评估价格	计税价格	税率	
	计征税额	减免性质代码	减免税额	应纳税额

以下由纳税人填写：			
纳税人声明	此纳税申报表是根据《中华人民共和国契税暂行条例》和国家有关税收规定填报的，是真实的、可靠的、完整的。		
纳税人签章		代理人签章	代理人身份证号
以下由税务机关填写：			
受理人		受理日期　　年　月　日	受理税务机关签章

本表一式两份，一份纳税人留存，一份税务机关留存。

第6节　烟叶税法

 情境引例

我公司生产烟叶对外销售，请问需要缴纳烟叶税吗？

一、烟叶税的认知

（一）烟叶税纳税人的确定

在中华人民共和国境内，依照《中华人民共和国烟草专卖法》的规定收购烟叶的单位为烟叶税的纳税人。纳税人应当依照《中华人民共和国烟叶税法》的规定缴纳烟叶税。

【情境引例解析】

《烟叶税法》第一条规定，在中华人民共和国境内，依照《中华人民共和国烟草专卖法》的规定收购烟叶的单位为烟叶税的纳税人。纳税人应当依照该法规定缴纳烟叶税。由于你公司是生产烟叶的销售方而非收购方，因此不需要缴纳烟叶税。

（二）烟叶税征税范围的确定

烟叶税的征税范围是烟叶。烟叶是指烤烟叶、晾晒烟叶。

二、烟叶税的计算

（一）烟叶税计税依据的确定

烟叶税的计税依据为纳税人收购烟叶实际支付的价款总额。纳税人收购烟叶实际支付的价款总额包括纳税人支付给烟叶生产销售单位和个人的烟叶收购价款和价外补贴。

【特别提示】价外补贴统一按烟叶收购价款的10%计算。

（二）烟叶税税率的判定

烟叶税实行比例税率，税率为20%。

（三）烟叶税应纳税额的计算

烟叶税的应纳税额按照纳税人收购烟叶实际支付的价款总额乘以税率计算。应纳税额的计算公式为：

$$应纳烟叶税＝纳税人收购烟叶实际支付的价款总额（烟叶收购价款总额）×税率$$
$$＝（烟叶收购价款＋价外补贴）×税率$$
$$＝（烟叶收购价款＋价外补贴）×20\%$$

式中　　价外补贴＝烟叶收购价款×10%

因此　　应纳烟叶税＝烟叶收购价款×（1＋10%）×20%

【知识链接】取得（开具）农产品销售发票或收购发票的，以农产品销售发票或收购发票上注明的农产品买价和扣除率计算进项税额（买价是指纳税人购进农产品在农产品收购发票或者销售发票上注明的价款和按照规定缴纳的烟叶税）。

【工作实例7-7】 甲卷烟厂从烟农手中收购一批烟叶用于生产卷烟，货物已验收入库，收购价款为80 000元，另向烟农支付了价外补贴6 000元。

【工作要求】计算回答下列问题：

（1）计算甲卷烟厂购进烟叶的应纳烟叶税。

（2）计算甲卷烟厂购进烟叶准予抵扣的增值税进项税额。

【工作实施】

（1）纳税人收购烟叶实际支付的价款总额＝80 000×（1＋10%）＝88 000（元）

应纳烟叶税＝88 000×20%＝17 600（元）

（2）取得（开具）农产品销售发票或收购发票的，以农产品销售发票或收购发票上注明的农产品买价和扣除率计算进项税额（买价是指纳税人购进农产品在农产品收购发票或者销售发票上注明的价款和按照规定缴纳的烟叶税）。

自 2019 年 4 月 1 日起，纳税人购进用于生产销售或委托加工 13％税率货物的农产品，按照 10％的扣除率计算进项税额。

购进烟叶准予抵扣的增值税进项税额＝(88 000＋17 600)×10％＝10 560(元)

或　　　　　　　　　　　　　　　　　＝烟叶收购价款×1.1×1.2×扣除率
　　　　　　　　　　　　　　　　　＝80 000×1.1×1.2×10％＝10 560(元)

其中　　购买烟叶时先抵扣增值税进项税额＝(88 000＋17 600)×9％＝9 504(元)

领用烟叶用于生产卷烟时：

再抵扣增值税进项税额＝(88 000＋17 600)×1％＝1 056(元)

三、烟叶税的征收管理

(一)烟叶税的征收管理要求

1. 烟叶税的纳税义务发生时间

烟叶税的纳税义务发生时间为纳税人收购烟叶的当日。

2. 烟叶税的纳税期限

烟叶税按月计征，纳税人应当于纳税义务发生月终了之日起 15 日内申报并缴纳税款。

3. 烟叶税的纳税地点

纳税人应当向烟叶收购地的主管税务机关申报缴纳烟叶税。

(二)烟叶税的纳税申报

纳税人对烟叶税进行纳税申报时，应填报"烟叶税纳税申报表"（见表 7-9）。

表 7-9　烟叶税纳税申报表

税款所属期限：自　年　月　日至　年　月　日　　填表日期：　年　月　日
金额单位：元至角分
纳税人识别号：□□□□□□□□□□□□□□□□□□□

纳税人名称				
烟叶收购价款总额	税率	本期应纳税额	本期已纳税额	本期应补（退）税额
1	2	3＝1×2	4	5＝3－4
合计				

以下由申报人填写：			
谨声明：本表是根据国家税收法律法规及相关规定填报的，是真实的、可靠的、完整的。			
纳税人签章		代理人签章	
以下由税务机关填写：			
受理人		受理日期	受理税务机关（签章）

本表一式两份，一份纳税人留存，一份税务机关留存。

第 7 节　环境保护税法

情境引例

我公司向依法设立的污水集中处理、生活垃圾集中处理场所排放应税污染物，请问是否需要缴纳环境保护税？

一、环境保护税的认知

（一）环境保护税纳税人的确定

环境保护税纳税人是在我国领域和我国管辖的其他海域，直接向环境排放应税污染物的企业事业单位和其他生产经营者。

（二）环境保护税征税范围的确定

应税污染物是指《中华人民共和国环境保护税法》所附《环境保护税税目税额表》《应税污染物和当量值表》规定的大气污染物、水污染物、固体废物和噪声。

依法设立的城乡污水集中处理、生活垃圾集中处理场所超过国家和地方规定的排放标准向环境排放应税污染物的，应当缴纳环境保护税。

【点拨指导】城乡污水集中处理场所是指为社会公众提供生活污水处理服务的场所，不包括为工业园区、开发区等工业聚集区域内的企业事业单位和其他生产经营者提供污水处理服务的场所，以及企业事业单位和其他生产经营者自建自用的污水处理场所。

企业事业单位和其他生产经营者贮存或者处置固体废物不符合国家和地方环境保护标准的，应当缴纳环境保护税。

【点拨指导】达到省级人民政府确定的规模标准并且有污染物排放口的畜禽养殖场，应当依法缴纳环境保护税；依法对畜禽养殖废弃物进行综合利用和无害化处理的，不属于直接向环境排放污染物，不缴纳环境保护税。

【情境引例解析】

根据《环境保护税法》的规定，有下列情形之一的，不属于直接向环境排放污染物，不缴纳相应污染物的环境保护税：（1）企业事业单位和其他生产经营者向依法设立的污水集中处理、生活垃圾集中处理场所排放应税污染物的；（2）企业事业单位和其他生产经营者在符合国家和地方环境保护标准的设施、场所贮存或者处置固体废物的。

因此，你公司向依法设立的污水集中处理、生活垃圾集中处理场所排放应税污染物，不需要缴纳环境保护税。

二、环境保护税的计算

（一）环境保护税计税依据的确定

应税污染物的计税依据按照下列方法确定：

（1）应税大气污染物按照污染物排放量折合的污染当量数确定；

（2）应税水污染物按照污染物排放量折合的污染当量数确定；

（3）应税固体废物按照固体废物的排放量确定；

（4）应税噪声按照超过国家规定标准的分贝数确定。

应税大气污染物、水污染物的污染当量数，以该污染物的排放量除以该污染物的污染当量值计算。每种应税大气污染物、水污染物的具体污染当量值，依照《环境保护税法》所附《应税污染物和当量值表》执行。

每一排放口或者没有排放口的应税大气污染物，按照污染当量数从大到小排序，对前三项污染物征收环境保护税。

每一排放口的应税水污染物，按照《环境保护税法》所附《应税污染物和当量值表》，区分第一类水污染物和其他类水污染物，按照污染当量数从大到小排序，对第一类水污染物按照前五项征收环境保护税，对其他类水污染物按照前三项征收环境保护税。

省、自治区、直辖市人民政府根据本地区污染物减排的特殊需要，可以增加同一排放口征收环境保护税的应税污染物项目数，报同级人民代表大会常务委员会决定，并报全国人民代表大会常务委员会和国务院备案。

应税大气污染物、水污染物、固体废物的排放量和噪声的分贝数，按照下列方法和顺序计算：

（1）纳税人安装使用符合国家规定和监测规范的污染物自动监测设备的，按照污染物自动监测数据计算；

（2）纳税人未安装使用污染物自动监测设备的，按照监测机构出具的符合国家有关规定和监测规范的监测数据计算；

（3）因排放污染物种类多等原因不具备监测条件的，按照国务院生态环境主管部门规定的排污系数、物料衡算方法计算；

（4）不能按照第（1）项至第（3）项规定的方法计算的，按照省、自治区、直辖市人民政府生态环境主管部门规定的抽样测算的方法核定计算。

应税固体废物的计税依据按照固体废物的排放量确定。固体废物的排放量为当期应税固体废物的产生量减去当期应税固体废物的贮存量、处置量、综合利用量的余额。

【点拨指导】 固体废物的贮存量、处置量是指在符合国家和地方环境保护标准的设施、场所贮存或者处置的固体废物数量；固体废物的综合利用量是指按照国家发展和改革委员会、工业和信息化部关于资源综合利用要求以及国家和地方环境保护标准进行综合利用的固体废物数量。

纳税人有下列情形之一的，以其当期应税固体废物的产生量作为固体废物的排放量：

（1）非法倾倒应税固体废物；

（2）进行虚假纳税申报。

应税大气污染物、水污染物的计税依据，按照污染物排放量折合的污染当量数确定。纳税人有下列情形之一的，以其当期应税大气污染物、水污染物的产生量作为污染物的排放量：

（1）未依法安装使用污染物自动监测设备或者未将污染物自动监测设备与生态环境主管部门的监控设备联网；

（2）损毁或者擅自移动、改变污染物自动监测设备；

（3）篡改、伪造污染物监测数据；

（4）通过暗管、渗井、渗坑、灌注或者稀释排放以及不正常运行防治污染设施等方式违法排放应税污染物；

（5）进行虚假纳税申报。

【特别提示】 从两个以上排放口排放应税污染物的，对每一排放口排放的应税污染物分别计算征收环境保护税；纳税人持有排污许可证的，其污染物排放口按照排污许可证载明的污染物排放口确定。

（二）环境保护税税率的判定

环境保护税税目税率表如表7-10所示。

表7-10　环境保护税税目税率表

税目		计税单位	税额	备注
大气污染物		每污染当量	1.2～12元	
水污染物		每污染当量	1.4～14元	
固体废物	煤矸石	每吨	5元	
	尾矿	每吨	15元	
	危险废物	每吨	1 000元	
	冶炼渣、粉煤灰、炉渣、其他固体废物（含半固态、液态废物）	每吨	25元	

续表

税目		计税单位	税额	备注
噪声	工业噪声	超标 1～3 分贝	每月 350 元	1. 一个单位边界上有多处噪声超标，根据最高一处超标声级计算应纳税额；沿边界长度超过 100 米有两处以上噪声超标的，按照两个单位计算应纳税额。 2. 一个单位有不同地点作业场所的，应当分别计算应纳税额，合并计征。 3. 昼、夜均超标的环境噪声，昼、夜分别计算应纳税额，累计计征。 4. 声源一个月内超标不足 15 天的，减半计算应纳税额。 5. 夜间频繁突发和夜间偶然突发厂界超标噪声，按等效声级和峰值噪声两种指标中超标分贝值高的一项计算应纳税额。
		超标 4～6 分贝	每月 700 元	
		超标 7～9 分贝	每月 1 400 元	
		超标 10～12 分贝	每月 2 800 元	
		超标 13～15 分贝	每月 5 600 元	
		超标 16 分贝以上	每月 11 200 元	

（三）环境保护税优惠政策的运用

下列情形，暂予免征环境保护税：

（1）农业生产（不包括规模化养殖）排放应税污染物的；

（2）机动车、铁路机车、非道路移动机械、船舶和航空器等流动污染源排放应税污染物的；

（3）依法设立的城乡污水集中处理、生活垃圾集中处理场所排放相应应税污染物，不超过国家和地方规定的排放标准的；

（4）纳税人综合利用的固体废物，符合国家和地方环境保护标准的；

（5）国务院批准免税的其他情形。

其中，第（5）项免税规定由国务院报全国人民代表大会常务委员会备案。

纳税人排放应税大气污染物或者水污染物的浓度值低于国家和地方规定的污染物排放标准 30％的，减按 75％征收环境保护税。纳税人排放应税大气污染物或者水污染物的浓度值低于国家和地方规定的污染物排放标准 50％的，减按 50％征收环境保护税。

【特别提示】 应税大气污染物或者水污染物的浓度值，是指纳税人安装使用的污染物自动监测设备当月自动监测的应税大气污染物浓度值的小时平均值再平均所得数值或者应税水污染物浓度值的日平均值再平均所得数值，或者监测机构当月监测的应税大气污染物、水污染物浓度值的平均值。

（四）环境保护税应纳税额的计算

环境保护税应纳税额按照下列方法计算。

1. 应税大气污染物应纳税额的计算

应税大气污染物应纳环境保护税＝污染当量数×具体适用税额

2. 应税水污染物应纳税额的计算

应税水污染物应纳环境保护税＝污染当量数×具体适用税额

3. 应税固体废物应纳税额的计算

应税固体废物应纳环境保护税＝固体废物排放量×具体适用税额

4. 应税噪声应纳税额的计算

应税噪声应纳环境保护税＝超过国家规定标准的分贝数对应的具体适用税额

【工作实例7-8】 甲公司本年1月向大气直接排放二氧化硫80千克、氟化物100千克、一氧化碳200千克、氯化氢100千克，假设当地大气污染物每污染当量税额为1.2元。该公司只有一个排放口。二氧化硫的污染当量值为0.95，氟化物的污染当量值为0.87，一氧化碳的污染当量值为16.7，氯化氢的污染当量值为10.75。

【工作要求】 计算甲公司的应纳环境保护税。

【工作实施】 应税大气污染物、水污染物的污染当量数，以该污染物的排放量除以该污染物的污染当量值计算。

二氧化硫污染当量数＝80÷0.95＝84.21

氟化物污染当量数＝100÷0.87＝114.94

一氧化碳污染当量数＝200÷16.7＝11.98

氯化氢污染当量数＝100÷10.75＝9.30

按污染当量数排序：氟化物污染当量数（114.94）＞二氧化硫污染当量数（84.21）＞一氧化碳污染当量数（11.98）＞氯化氢污染当量数（9.30）。该公司只有一个排放口，按照污染当量数从大到小排序，对前三项污染物征收环境保护税，则征收环境保护税的前三项污染物为氟化物、二氧化硫、一氧化碳。

应纳税额＝(114.94＋84.21＋11.98)×1.2＝253.36(元)

三、环境保护税的征收管理

（一）环境保护税的征收管理要求

1. 环境保护税征收管理的基本要求

（1）环境保护税由税务机关依照《税收征收管理法》和《环境保护税法》的有关规定征收管理。生态环境主管部门依照《环境保护税法》和有关环境保护法律法规的规定负责对污染物的监测管理。

（2）县级以上地方人民政府应当建立税务机关、生态环境主管部门和其他相关单位分工协作工作机制，加强环境保护税征收管理，保障税款及时足额入库。

【点拨指导】税务机关依法履行环境保护税纳税申报受理、涉税信息比对、组织税款入库等职责。生态环境主管部门依法负责应税污染物监测管理，制定和完善污染物监测规范。

（3）生态环境主管部门和税务机关应当建立涉税信息共享平台和工作配合机制。

【点拨指导】国务院税务、生态环境主管部门制定涉税信息共享平台技术标准以及数据采集、存储、传输、查询和使用规范。

（4）生态环境主管部门应当将排污单位的排污许可、污染物排放数据、环境违法和受行政处罚情况等环境保护相关信息，定期交送税务机关。

【点拨指导】生态环境主管部门应当通过涉税信息共享平台向税务机关交送在环境保护监督管理中获取的下列信息：

1）排污单位的名称、统一社会信用代码以及污染物排放口、排放污染物种类等基本信息；

2）排污单位的污染物排放数据（包括污染物排放量以及大气污染物、水污染物的浓度值等数据）；

3）排污单位环境违法和受行政处罚情况；

4）对税务机关提请复核的纳税人的纳税申报数据资料异常或者纳税人未按照规定期限办理纳税申报的复核意见。

2. 环境保护税的纳税义务发生时间

环境保护税的纳税义务发生时间为纳税人排放应税污染物的当日。

3. 环境保护税的纳税地点

环境保护税的纳税人应当向应税污染物排放地的税务机关申报缴纳环境保护税。

【点拨指导】应税污染物排放地是指：（1）应税大气污染物、水污染物排放口所在地；（2）应税固体废物产生地；（3）应税噪声产生地。

4. 环境保护税的纳税期限

环境保护税按月计算，按季申报缴纳。不能按固定期限计算缴纳的，可以按次申报缴纳。

纳税人申报缴纳环境保护税时，应当向税务机关报送所排放应税污染物的种类、数量，大气污染物、水污染物的浓度值，以及税务机关根据实际需要要求纳税人报送的其他纳税资料。

纳税人按季申报缴纳的，应当自季度终了之日起 15 日内，向税务机关办理纳税申报并缴纳税款。纳税人按次申报缴纳的，应当自纳税义务发生之日起 15 日内，向税务机关办理纳税申报并缴纳税款。

（二）环境保护税的纳税申报

纳税人对环境保护税进行纳税申报时，应当填报"环境保护税纳税申报表"。"环境保护税纳税申报表"分为 A 类与 B 类。"环境保护税纳税申报表（A 类）"如表 7-11 所示。

表7-11　环境保护税纳税申报表（A类）

税款所属期：自　年　月　日至　年　月　日　　　　　　　　　填表日期：　年　月　日

金额单位：元至角分

*纳税人名称	（公章）				*统一社会信用代码（纳税人识别号）					
税源编号	*排放口名称或噪声源名称	*税目	*污染物名称	*计税依据或超标噪声综合系数	*单位税额	*本期应纳税额	本期减免税额	*本期已缴税额	*本期应补（退）税额	
（1）	（2）	（3）	（4）	（5）	（6）	（7）=（5）×（6）	（8）	（9）	（10）=（7）-（8）-（9）	
合计	—	—	—	—	—					
授权声明	如果你已委托代理人申报，请填写下列资料： 为代理一切税务事宜，现授权（地址）　　　　　（统一社会信用代码）　　为本纳税人的代理申报人，任何与本申报表有关的往来文件，都可寄予此人。 授权人签字：			*申报人声明		本纳税申报表是根据国家税收法律法规及相关规定填写的，是真实的、可靠的、完整的。 声明人签字：				

经办人：　　　　　主管税务机关：　　　　　　　　受理人：　　　　　受理日期：　年　月　日

本表一式两份，一份纳税人留存，一份税务机关留存。

技能训练

1. 甲建筑工程公司本年1月购入7 000元印花税票备用，1月10日与乙单位签订了一份承包金额为8 200 000元的建筑工程承包合同；2月10日将其中3 600 000元的工程项目分包给丙建筑工程公司，并签订了分包合同。要求：（1）计算甲建筑工程公司1月10日签订承包工程合同的应纳印花税；（2）计算甲建筑工程公司2月10日签订分包工程合同的应纳印花税。

2. 甲公司本年拥有机动船3艘，每艘净吨位为30 00吨；拖船1艘，净吨位为1 800吨。机动船舶车船税计税标准为：净吨位201吨～2 000吨的，每吨4元；净吨位2 001吨～10 000吨的，每吨5元。要求：计算甲公司本年的应纳车船税。

3. 甲公司本年5月从一般纳税人乙公司购买一辆汽车自用，支付价款113 000元（含增值税）。要求：计算甲公司的应纳车辆购置税。

4. 周某向谢某借款 60 万元，后因谢某急需资金，周某以一套价值 70 万元的房产抵偿所欠谢某债务，谢某取得该房产产权的同时支付周某差价款 10 万元。已知契税税率为 3%。以上价格均为不含增值税价格。要求：计算上述房屋交易的应纳契税。

5. 甲烟草公司本年 1 月 8 日支付烟叶收购价款 88 万元，另向烟农支付了价外补贴 10 万元。要求：计算该烟草公司本年 1 月收购烟叶应缴纳的烟叶税。

6. 甲餐饮公司通过安装水流量计测得本年 1 月排放污水量为 50 吨，污染当量值为 0.5 吨。假设当地水污染物适用环境保护税税额为每污染当量 2.8 元。要求：计算本年 1 月甲餐饮公司应缴纳的环境保护税。

实战演练

甲企业本年发生部分经营业务如下：

（1）年初将一栋原值为 200 万元的闲置办公楼用于对外投资联营，不承担投资风险，当年取得固定收益 30 万元。

（2）2 月经批准新占用一处耕地 6 000 平方米用于委托施工企业乙建造仓库，当年 7 月办理了仓库验收手续，入账价值为 780 万元。

（3）3 月新占用一处非耕地 1 800 平方米用于委托施工企业丙建造生产车间，当年 8 月办理了生产车间验收手续，入账价值为 400 万元。

当地政府规定计算房产余值的扣除比例为 30%，城镇土地使用税每平方米年税额为 5 元。

任务要求：

（1）计算甲企业本年的应纳房产税。

（2）计算甲企业本年的应纳城镇土地使用税。

第 **8** 章

税务行政法制

能力目标

（1）能明确税务行政处罚的原则、税务行政处罚的主体与管辖、税务行政处罚的执行，能对税务行政处罚进行设定和种类划分，能区分税务行政处罚的简易程序和一般程序。

（2）能明确税务行政复议机构和人员、税务行政复议的受案范围、税务行政复议的机构与管辖、税务行政复议申请人和被申请人、税务行政复议受理、税务行政复议审查和决定、税务行政复议和解与调解，会进行税务行政复议的申请，能收集税务行政复议证据。

（3）能明确税务行政诉讼的原则、税务行政诉讼的管辖、税务行政诉讼的受案范围、税务行政诉讼的受理、税务行政诉讼的审理和判决，会进行税务行政诉讼的起诉。

工作引例

税务行政处罚与税务行政复议

本年 5 月 20 日，A 县税务局查实甲建筑公司 3 月采取虚假的纳税申报方式逃避缴纳税款 36 万元，依法定程序分别下达了税务处理决定书和税务行政处罚事项告知书，决定追缴税款 36 万元，按规定加收滞纳金，处 126 万元的罚款，并于 3 日后下达税务行政处罚事项决定书。甲建筑公司不服，在缴纳 36 万元税款后于 5 月 25 日向市税务局申请行政复议，市税务局于收到复议申请书后的第 8 天以"未缴纳罚款为由"决定不予受理。该纳税人在规定时间内未向人民法院起诉，又不履行。A 县税务局在屡催无效的情况下，申请人民法院扣押、依法拍卖了该企业相当于应纳税款、滞纳金和罚款的财产，以拍卖所得抵缴了税款、滞纳金和罚款。

工作要求

（1）税务机关的处理决定是否正确？

（2）甲建筑公司的行政复议申请是否符合规定？为什么？

（3）A 县税务局、市税务局在案件处理过程中有哪些做法是不符合规定的？

工作引例解析　见本章第 2 节。

第 1 节　税务行政处罚

我公司被税务机关处以 20 000 元的罚款，税务机关在做出处罚决定之前，向我公司送达税务行政处罚事项告知书，告知其已经查明的违法事实、证据、处罚的法律依据和拟给予的处罚，并告知我公司有要求举行听证的权利。我公司于 5 日后向税务机关书面提出听证要求，但税务机关以逾期提出听证要求为由拒绝接受，请问税务机关的做法合法吗？

一、税务行政处罚的认知

税务行政处罚是指公民、法人或者其他组织有违反税收征收管理秩序的违法行为，尚未构成犯罪，依法应当承担行政责任的，由税务机关给予行政处罚。它包括以下几个方面内容：

第一，当事人行为违反了税收法律规范，侵犯的客体是税收征收管理秩序，应当承担税务行政责任。

第二，从当事人主观方面说，并不区分是否具有主观故意或者过失，只要有税务违法行为存在，并有法定依据给予行政处罚，就要承担行政责任，依法给予税务行政处罚。

第三，当事人行为一般是尚未构成犯罪，依法应当给予行政处罚的行为。

第四，给予行政处罚的主体是税务机关。

二、税务行政处罚的原则

（一）法定原则

法定原则包括四个方面的内容：

（1）对公民和组织实施税务行政处罚必须有法定依据，无明文规定不得处罚。

（2）税务行政处罚必须由法定的国家机关在其职权范围内设定。

（3）税务行政处罚必须由法定的税务机关在其职权范围内实施。

（4）税务行政处罚必须由税务机关按照法定程序实施。

（二）公正、公开原则

公正就是要防止偏听偏信，要使当事人了解其违法行为的性质，并给其申辩的机会。公开，一是指税务行政处罚的规定要公开，凡是需要公开的法律规范都要事先公布；二是指处罚程序要公开，如依法举行听证等。

（三）以事实为依据原则

任何法律规范的适用必然基于一定的法律行为和事件，法律事实不清或者脱离了法律事实，法律的适用就不可能准确，法律对各种社会关系的调整功能就不可能有效发挥。因此，税务行政处罚必须以事实为依据，以法律为准绳。

（四）过罚相当原则

过罚相当是指在税务行政处罚的设定和实施方面，都要根据税务违法行为的性质、情节、社会危害性的大小而定，防止畸轻畸重或者"一刀切"的行政处罚现象。

（五）处罚与教育相结合原则

税务行政处罚的目的是纠正违法行为，教育公民自觉守法，处罚只是手段。因此，税务机关在实施行政处罚时，要责令当事人改正或者限期改正违法行为，对情节轻微的违法行为也不一定都实施处罚。

（六）监督、制约原则

对税务机关实施行政处罚实行两方面的监督制约：一是内部的，如对违法行为的调查与处罚决定分开，决定罚款的机关与收缴的机构分离，当场作出的处罚决定向所属行政机关备案等；二是外部的，包括税务系统上下级之间的监督制约和司法监督，具体体现为税务行政复议和诉讼。

三、税务行政处罚的设定和种类

（一）税务行政处罚的设定

税务行政处罚的设定是指由特定的国家机关通过一定形式独立规定公民、法人或者其他组织的行为规范，并规定违反该行为规范的行政制裁措施。我国现行税收法制的原则是税权集中、税法统一，税收的立法权主要集中在中央。

（1）全国人民代表大会及其常务委员会可以通过法律的形式设定各种税务行政处罚。

（2）国务院可以通过行政法规的形式设定除限制人身自由以外的税务行政处罚。

（3）国家税务总局可以通过规章的形式设定警告和罚款。

税务行政规章对非经营活动中的违法行为设定罚款不得超过1 000元。对经营活动中的违法行为，有违法所得的，设定罚款不得超过违法所得的3倍，且最高不得超过3万元；没有违法所得的，设定罚款不得超过1万元。超过限额的，应当报国务院批准。

（二）税务行政处罚的种类

根据税务行政处罚的设定原则，税务行政处罚的种类是可变的，它将随着税收法律、法规、规章设定的变化而变化。根据税法的规定，现行执行的税务行政处罚种类主要有三种：一是罚款；二是没收违法所得；三是停止出口退税权。

四、税务行政处罚的主体与管辖

（一）主体

实施税务行政处罚的主体主要是县级以上税务机关。各级税务机关的内设机构、派出机构不具备处罚主体资格，不得以自己的名义实施税务行政处罚。但是，税务所可以在2 000元以下的范围内行使罚款权。这是《税收征收管理法》对税务所的特别授权。

（二）管辖

根据《行政处罚法》和《税收征收管理法》的规定，税务行政处罚由当事人发生税收违法行为所在地的县级以上税务机关管辖。税务行政处罚的地域管辖原则是行为发生地原则，而不是当事人居住地原则。

五、税务行政处罚的简易程序

税务行政处罚的简易程序是指税务机关及其执法人员对于公民、法人或者其他组织违反税收征收管理秩序的行为，当场作出税务行政处罚决定的行政处罚程序。其基本特征是当场填写税务行政处罚决定书。简易程序的适用条件：一是案情简单、事实清楚、违法后果比较轻微且有法定依据应当给予处罚的违法行为。二是给予的处罚较轻，仅适用于对公民处以50元以下和对法人或者其他组织处以1 000元以下罚款的违法案件。

【特别提示】简易处罚程序的特点是当场作出处罚决定，但不一定当场交罚款。简易处罚程序的金额不可能涉及听证程序，但可以涉及复议、诉讼程序。

六、税务行政处罚的一般程序

除了适用简易程序的税务违法案件外，对于其他违法案件，税务机关在作出处罚决定之前都要经过立案、调查取证（有的案件还要举行听证）、审查、决定、执行程序。适用一般程序的案件一般是情节比较复杂、处罚比较重的案件。

（一）调查与审查

对税务违法案件的调查取证由税务机关内部设立的调查机构（如管理、检查机构）负责。调查机构进行调查取证后，对依法应当给予行政处罚的，应及时提出处罚建议，以税务机关的名义制作税务行政处罚事项告知书并送达当事人，告知当事人作出处罚建议的事实、理由和依据，以及当事人依法享有的陈述申辩或要求听证的权利。调查终结，调查机构应当制作调查报告，并及时将调查报告连同所有案卷材料移交审查机构审查。

（二）听证

听证是指税务机关在对当事人某些违法行为作出处罚决定之前，按照一定形式听取调查人员和当事人意见的程序。

税务行政处罚听证的范围是对公民作出2 000元以上或者对法人和其他组织作出10 000元以上罚款的案件。

凡属听证范围的案件，在作出处罚决定之前，应当首先向当事人送达税务行政处罚事项告知书，并告知当事人已经查明的违法事实、证据、处罚的法律依据和拟给予的处罚，并告知有要求举行听证的权利。

要求听证的当事人，应当在收到税务行政处罚事项告知书后 3 日内向税务机关书面提出听证要求，逾期不提出的，视为放弃听证权利。

税务机关应当在当事人提出听证要求后的 15 日内举行听证，并在举行听证的 7 日前将税务行政处罚听证通知书送达当事人，通知当事人举行听证的时间、地点、主持人的情况。

【情境引例解析】

根据法律规定，要求听证的当事人，应当在收到税务行政处罚事项告知书后 3 日内向税务机关书面提出听证要求，逾期不提出的，视为放弃听证权利。

（三）决定

审查机构作出审查意见并报送税务机关负责人审批后，应当在收到审批意见之日起 3 日内，根据不同情况分别制作不同的处理决定书，再报税务机关负责人签发。

法律、法规、规章规定可以给予行政处罚，当事人首次违反且情节轻微，并在税务机关发现前主动改正的，或者在税务机关责令限期改正的期限内改正的，不予行政处罚。税务机关应当责令当事人改正或者限期改正违法行为的，除法律、法规、规章另有规定外，责令限期改正的期限一般不超过 30 日。

对当事人的同一个税收违法行为不得给予两次以上罚款的行政处罚。当事人同一个税收违法行为违反不同行政处罚规定且均应处以罚款的，应当选择适用处罚较重的条款。

当事人有下列情形之一的，不予行政处罚：

（1）违法行为轻微并及时纠正，没有造成危害后果的；

（2）不满 14 周岁的人有违法行为的；

（3）精神病人在不能辨认或者不能控制自己行为时有违法行为的；

（4）其他法律规定不予行政处罚的。

当事人有下列情形之一的，应当依法从轻或者减轻行政处罚：

（1）主动消除或者减轻违法行为危害后果的；

（2）受他人胁迫有违法行为的；

（3）配合税务机关查处违法行为有立功表现的；

（4）其他依法应当从轻或者减轻行政处罚的。

违反税收法律、行政法规应当给予行政处罚的行为在 5 年内未被发现的，不再给予行政处罚。

行使税务行政处罚裁量权应当依法履行告知义务。在作出行政处罚决定前，应当告知当事人作出行政处罚决定的事实、理由、依据及拟处理结果，并告知当事人依法享有的权利。税务机关行使税务行政处罚裁量权涉及法定回避情形的，应当依法告知当事人享有申请回避的权利。税务人员存在法定回避情形的，应当自行回避或者由税务机关决定回避。当事人有权进行陈述和申辩。税务机关应当充分听取当事人的意见，对其提出的事实、理由或者证据进行复核，陈述申辩事由成立的，税务机关应当采纳；不采纳的，应予说明理由。税务机关不得因当事人的申辩而加重处罚。

税务机关对公民作出 2 000 元以上罚款或者对法人或其他组织作出 1 万元以上罚款的行政处罚决定之前，应当告知当事人有要求举行听证的权利；当事人要求听证的，税务机关应当组织听证。对情节复杂、争议较大、处罚较重、影响较广或者拟减轻处罚等税务行政处罚案件，应当经过集体审议决定。税务机关按照一般程序实施行政处罚，应当在执法文书中对事实认定、法律适用、基准适用等说明理由。省税务机关应当积极探索建立案例指导制度，通过案例指导规范税务行政处罚裁量权。

税务机关作出罚款决定的行政处罚决定书应当载明罚款代收机构的名称、地址和当事人应当缴纳罚款的数额、期限等，并明确当事人逾期缴纳是否加处罚款。

七、税务行政处罚的执行

税务机关作出行政处罚决定后，应当依法送达当事人执行。

税务行政处罚的执行是指履行税务机关依法做出的行政处罚决定的活动。税务机关依法作出行政处罚决定后，当事人应当在行政处罚决定规定的期限内，予以履行。当事人在法定期限内不申请复议又不起诉，并且在规定期限内又不履行的，税务机关可以依法强制执行或者申请法院强制执行。

税务机关对当事人作出罚款行政处罚决定的，当事人应当在收到行政处罚决定书之日起 15 日内缴纳罚款，到期不缴纳的，税务机关可以对当事人每日按罚款数额的 3% 加处罚款。

(一) 税务机关行政执法人员当场收缴罚款

税务机关对当事人当场作出行政处罚决定，具有依法给予 20 元以下罚款或者不当场收缴罚款事后难以执行情形的，税务机关行政执法人员可以当场收缴罚款。

税务机关行政执法人员当场收缴罚款的，必须向当事人出具合法罚款收据，并应当自收缴罚款之日起 2 日内将罚款交至税务机关。税务机关应当在 2 日内将罚款交付指定的银行或者其他金融机构。

(二) 税务行政罚款决定与罚款收缴分离

除了依法可以当场收缴罚款的情形以外，税务机关作出罚款的行政处罚决定的执行，自 1998 年 1 月 1 日起，应当按照国务院制定的《罚款决定与罚款收缴分离实施办法》的规定，实行作出罚款决定的税务机关与收缴罚款的机构分离。

对于税务机关作出的罚款处罚决定，代收罚款的银行或其他金融机构（代收机构）由国家税务总局与财政部、中国人民银行研究确定。各级税务机关的代收机构也可以由各地税务局与当地财政部门、中国人民银行分支机构研究确定。

税务机关应当同代收机构签订代收罚款协议。自代收罚款协议签订之日起 15 日内，税务机关应当将代收罚款协议报上一级税务机关和同级财政部门备案；代收机构应当将代收罚款协议报中国人民银行或其当地分支机构备案。代收机构代收罚款，应当向当事人出具财政部规定的罚款收据。

【工作实例8-1】 甲国有企业因有违反《税收征收管理法》的行为，被税务机关处以10 000元的罚款。假定该企业收到税务行政处罚决定书的时间为本年3月6日，该企业于本年4月10日缴纳罚款。

【工作要求】计算甲企业于本年4月10日缴纳的罚款总额。

【工作实施】

$$缴纳的罚款总额＝10\,000×[(36-15)×3‰+1]＝16\,300(元)$$

第2节　税务行政复议

 情境引例

我公司对税务机关的征税行为不服，提出行政复议申请，请问税务机关会不会因此作出对我公司更加不利的处罚？

一、税务行政复议的认知

税务行政复议是我国行政复议制度的一个重要组成部分。税务行政复议是指当事人（纳税人、扣缴义务人、纳税担保人及其他税务当事人）不服税务机关及其工作人员作出的税务具体行政行为，依法向上一级税务机关（复议机关）提出申请，复议机关经审理对原税务机关具体行政行为依法做出维持、变更、撤销等决定的活动。

我国税务行政复议具有以下特点：

（1）税务行政复议以当事人不服税务机关及其工作人员做出的税务具体行政行为为前提。

（2）税务行政复议因当事人的申请而产生。当事人提出申请是引起税务行政复议的重要条件之一。当事人不申请，就不可能通过行政复议这种形式获得救济。

（3）税务行政复议案件的审理一般由原处理税务机关的上一级税务机关进行。

（4）税务行政复议与行政诉讼相衔接。根据《行政诉讼法》和《行政复议法》的规定，对于大多数行政案件来说，当事人都可以选择行政复议程序解决，当事人对行政复议决定不服的，还可以向法院提起行政诉讼。在此基础上，两个程序的衔接方面，税务行政案件的适用还有其特殊性。根据《税收征收管理法》第八十八条的规定，对于因征税问题引起的争议，税务行政复议是税务行政诉讼的必经前置程序，未经复议不能向法院起诉，经复议仍不服的，才能起诉；对于因处罚、保全措施应强制执行引起的争议，当事人可以选择适用复议或诉讼程序，选择复议程序，对复议决定仍不服的，可以向法院起诉。

二、税务行政复议机构和人员

（1）各级行政复议机关负责法制工作的机构（简称行政复议机构）依法办理行政复议事项，履行下列职责：

1）受理行政复议申请。

2）向有关组织和人员调查取证，查阅文件和资料。

3）审查申请行政复议的具体行政行为是否合法和适当，起草行政复议决定。

4）处理或者转送对《税务行政复议规则》第十五条所列有关规定的审查申请。

5）对被申请人违反《行政复议法》及其实施条例和《税务行政复议规则》规定的行为，依照规定的权限和程序向相关部门提出处理建议。

6）研究行政复议工作中发现的问题，及时向有关机关或者部门提出改进建议，重大问题及时向行政复议机关报告。

7）指导和监督下级税务机关的行政复议工作。

8）办理或者组织办理行政诉讼案件应诉事项。

9）办理行政复议案件的赔偿事项。

10）办理行政复议、诉讼、赔偿等案件的统计、报告、归档工作和重大行政复议决定备案事项。

11）其他与行政复议工作有关的事项。

（2）各级行政复议机关可以成立行政复议委员会，研究重大、疑难案件，提出处理建议。行政复议委员会可以邀请本机关以外的具有相关专业知识的人员参加。

（3）行政复议工作人员应当具备与履行行政复议职责相适应的品行、专业知识和业务能力。税务机关中初次从事行政复议的人员，应当通过国家统一法律职业资格考试取得法律职业资格。

三、税务行政复议的受案范围

税务行政复议的受案范围如表8-1所示。

表8-1　税务行政复议的受案范围

复议种类	限于税务机关作出的税务具体行政行为	
	内容	具体项目
必经复议（先复议，后诉讼）	1. 税务机关作出的征税行为	（1）确认纳税主体、征税对象、征税范围、减税、免税、退税、抵扣税款、适用税率、计税依据、纳税环节、纳税期限、纳税地点和税款征收方式等具体行政行为； （2）征收税款、加收滞纳金； （3）扣缴义务人、受税务机关委托征收的单位作出的代扣代缴、代收代缴行为。

续表

复议种类	限于税务机关作出的税务具体行政行为	
	内容	具体项目
选择复议	2. 行政许可、行政审批	
	3. 发票管理行为	包括发售、收缴、代开发票等。
	4. 税收保全措施、强制执行措施	税收保全措施有： （1）书面通知银行或者其他金融机构冻结纳税人存款； （2）扣押、查封商品、货物或者其他财产。 强制执行措施有： （1）书面通知银行或者其他金融机构从当事人存款中扣缴税款； （2）拍卖所扣押、查封商品、货物或者其他财产以抵缴税款。
	5. 行政处罚行为	（1）罚款； （2）没收财物和违法所得； （3）停止出口退税权。
	6. 不依法履行下列职责的行为	（1）颁发税务登记证； （2）开具、出具完税凭证、外出经营活动税收管理证明； （3）行政赔偿； （4）行政奖励； （5）其他不依法履行职责的行为。
	7. 资格认定行为	
	8. 不依法确认纳税担保行为	
	9. 政府信息公开工作中的具体行政行为	
	10. 纳税信用等级评定行为	
	11. 通知出入境管理机关阻止出境行为	
	12. 其他	

【点拨指导】申请人对复议范围中征税行为不服的，应当先向复议机关申请行政复议，对行政复议决定不服的，可以再向人民法院提起行政诉讼。申请人对复议范围中税务机关作出的征税行为以外的其他具体行政行为不服的，可以申请行政复议，也可以直接向人民法院提起行政诉讼。

【特别提示】申请人按规定申请行政复议的，必须先缴纳或者解缴税款及滞纳金，或者提供相应的担保。

【点拨指导】申请人对税务机关作出的逾期不缴纳罚款加处罚款的决定不服的，应当先缴纳罚款和加处罚款，再申请行政复议。

申请人认为税务机关的具体行政行为所依据的下列规定不合法，对具体行政行为申请行政复议时，可以一并向行政复议机关提出对有关规定的审查申请；申请人对具体行政行为提出行政复议申请时不知道该具体行政行为所依据的规定的，可以在行政复议机关作出行政复议决定以前提出对该规定的审查申请。

（1）国家税务总局和国务院其他部门的规定。

（2）其他各级税务机关的规定。

（3）地方各级人民政府的规定。

（4）地方人民政府工作部门的规定。

此处的规定不包括规章。

四、税务行政复议的机构与管辖

（一）机构和人员

（1）各级行政复议机关负责法制工作的机构依法办理行政复议事项。

（2）各级行政复议机关可以成立行政复议委员会，研究重大、疑难案件，提出处理建议。

（3）行政复议委员会可以邀请本机关以外的具有相关专业知识的人员参加。

（二）管辖

税务行政复议的管辖如表 8-2 所示。

表 8-2　税务行政复议的管辖

具体情况		基本规定
对各级税务局作出的税务具体行政行为不服的		向其上一级税务局申请行政复议。
对国家税务总局作出的具体行政行为不服的		向国家税务总局申请行政复议。 对行政复议决定不服的，申请人可向最高人民法院提起行政诉讼，也可向国务院申请裁决，国务院的裁决为最终裁决。
其他特殊情况	（1）对计划单列市税务局的具体行政行为不服的	向国家税务总局申请行政复议。
	（2）对税务所（分局）、各级税务局的稽查局的具体行政行为不服的	向其所属税务局申请行政复议。
	（3）对两个以上税务机关以共同的名义作出的具体行政行为不服的	向共同上一级税务机关申请行政复议。
	（4）对税务机关与其他行政机关共同作出的具体行政行为不服的	向共同上一级行政机关申请行政复议。
	（5）对被撤销的税务机关在撤销前所作出的具体行政行为不服的	向继续行使其职权的税务机关的上一级税务机关申请行政复议。
	（6）对税务机关作出逾期不缴纳罚款加处罚款的决定不服的	向作出行政处罚决定的税务机关申请行政复议。但是对已处罚款和加处罚款都不服的，一并向作出行政处罚决定的税务机关的上一级税务机关申请行政复议。
申请人向具体行政行为发生地的县级地方人民政府提交行政复议申请的，由接受申请的县级地方人民政府依法予以转送。		

五、税务行政复议申请人和被申请人

（一）税务行政复议的申请人规则

税务行政复议的申请人规则如表8-3所示。

表8-3　税务行政复议的申请人规则

单位性质	申请人或代表
合伙企业申请行政复议	以核准登记的企业为申请人，由执行合伙事务的合伙人代表该企业参加行政复议。
其他合伙组织申请行政复议	由合伙人共同申请行政复议。
合伙组织以外的不具备法人资格的其他组织申请行政复议	该组织的主要负责人代表该组织参加行政复议；没有主要负责人的，由共同推选的其他成员代表该组织参加行政复议。
股份制企业的股东大会、股东代表大会、董事会认为税务具体行政行为侵犯企业合法权益的	可以以企业的名义申请行政复议。
有权申请行政复议的公民死亡的	其近亲属可以申请行政复议。
有权申请行政复议的公民为无行为能力人或者限制行为能力人的	其法定代理人可以代理申请行政复议。
有权申请行政复议的法人或者其他组织发生合并、分立或终止的	承受其权利义务的法人或者其他组织可以申请行政复议。
申请人以外的公民、法人或者其他组织与被审查的税务具体行政行为有利害关系的	可以向行政复议机关申请作为第三人参加行政复议；复议机关可以通知其作为第三人参加行政复议；第三人不参加行政复议，不影响行政复议案件的审理。
非具体行政行为的行政管理相对人，但其权利直接被该具体行政行为剥夺、限制，或者被赋予义务的公民、法人或其他组织，在行政管理相对人没有申请行政复议时	非具体行政行为的行政管理相对人可以单独申请行政复议。

（二）税务行政复议代表与代理的限制规定

税务行政复议代表与代理的限制规定如表8-4所示。

表8-4　税务行政复议代表与代理的限制规定

复议代表的规定	同一行政复议案件申请人超过5人的，应当推选1~5名代表参加行政复议。
复议代理的规定	（1）申请人、第三人可以委托1~2名代理人参加行政复议。 （2）申请人、第三人委托代理人的，应当向行政复议机构提交授权委托书。 （3）授权委托书应当载明委托事项、权限和期限。 （4）公民在特殊情况下无法书面委托的，可以口头委托。口头委托的，行政复议机构应当核实并记录在卷。 （5）申请人、第三人解除或者变更委托的，应当书面告知行政复议机构。

（三）税务行政复议的被申请人规则

税务行政复议的被申请人规则如表8-5所示。

表 8 - 5　税务行政复议的被申请人规则

行政行为的作出	被申请人	代表与代理的限制规定
申请人对具体行政行为不服申请行政复议的	作出该具体行政行为的税务机关为被申请人。	被申请人不得委托本机关以外人员参加行政复议。
申请人对扣缴义务人的扣缴税款行为不服的	主管该扣缴义务人的税务机关为被申请人。	
对税务机关委托的单位和个人的代征行为不服的	委托税务机关为被申请人。	
税务机关与法律、法规授权的组织以共同的名义作出具体行政行为的	税务机关和法律、法规授权的组织为共同被申请人。	
税务机关与其他组织以共同名义作出具体行政行为的	税务机关为被申请人。	
税务机关依照法律、法规和规章规定，经上级税务机关批准作出具体行政行为的	批准机关为被申请人。	
申请人对经重大税务案件审理程序作出的决定不服的	审理委员会所在税务机关为被申请人。	
税务机关设立的派出机构、内设机构或者其他组织，未经法律、法规授权，以自己名义对外作出具体行政行为的	税务机关为被申请人。	

六、税务行政复议申请

（一）税务行政复议的申请期限和方式

税务行政复议的申请期限和方式如表 8 - 6 所示。

表 8 - 6　税务行政复议的申请期限和方式

要点	重要内容解释
税务行政复议申请期限	申请人可以在知道税务机关作出具体行政行为之日起 60 日内提出行政复议申请。
税务行政复议申请方式	书面申请：可以采取当面递交、邮寄或传真等方式。
	口头申请：行政复议机构应依照规定当场制作行政复议申请笔录，交申请人核对或向申请人宣读，并由申请人确认。

（二）税务行政复议的申请期限的计算方式

税务行政复议的申请期限的计算方式如表 8 - 7 所示。

表 8 - 7　税务行政复议申请期限的计算方式

情形	申请期限
当场作出具体行政行为的	自具体行政行为作出之日起计算。
载明具体行政行为的法律文书直接送达的	自受送达人签收之日起计算。
载明具体行政行为的法律文书邮寄送达的	自受送达人在邮件签收单上签收之日起计算；没有邮件签收单的，自受送达人在送达回执上签名之日起计算。
具体行政行为依法通过公告形式告知受送达人的	自公告规定的期限届满之日起计算。

续表

情形	申请期限
税务机关作出具体行政行为，未告知申请人，事后补充告知的	自该申请人收到税务机关补充告知的通知之日起计算。
被申请人能够证明申请人知道具体行政行为的	自证据材料证明其知道具体行政行为之日起计算。
税务机关作出具体行政行为，依法应当向申请人送达法律文书而未送达的	视为该申请人不知道该具体行政行为。
申请人依法申请税务机关履行法定职责，税务机关未履行的	有履行期限规定的，自履行期限届满之日起计算。
	没有履行期限规定的，自税务机关收到申请满60日起计算。

七、税务行政复议受理

税务行政复议受理的情形及条件如表8-8所示。

表8-8　税务行政复议受理

情形	条件
应当受理	(1) 属于《税务行政复议规则》规定的行政复议范围； (2) 在法定申请期限内提出； (3) 有明确的申请人和符合规定的被申请人； (4) 申请人与具体行政行为有利害关系； (5) 有具体的行政复议请求和理由； (6) 属于收到行政复议申请的行政复议机关的职责范围； (7) 其他行政复议机关尚未受理同一行政复议申请，人民法院尚未受理同一主体就同一事实提起的行政诉讼。
停止执行	(1) 被申请人认为需要停止执行的； (2) 行政复议机关认为需要停止执行的； (3) 申请人申请停止执行，行政复议机关认为其要求合理，决定停止执行的； (4) 法律规定停止执行的。
行政复议中止	(1) 作为申请人的公民死亡，其近亲属尚未确定是否参加行政复议的； (2) 作为申请人的公民丧失参加行政复议的能力，尚未确定法定代理人参加行政复议的； (3) 作为申请人的法人或者其他组织终止，尚未确定权利义务承受人的； (4) 作为申请人的公民下落不明或者被宣告失踪的； (5) 申请人、被申请人因不可抗力，不能参加行政复议的； (6) 行政复议机关因不可抗力，暂时不能履行工作职责的； (7) 案件涉及法律适用问题，需要有权机关作出解释或者确认的； (8) 案件审理需要以其他案件的审理结果为依据，而其他案件尚未审结的； (9) 其他需要中止行政复议的情形。
行政复议终止	(1) 申请人要求撤回行政复议申请，行政复议机构准予撤回的； (2) 作为申请人的公民死亡，没有近亲属，或者其近亲属放弃行政复议权利的； (3) 作为申请人的法人或者其他组织终止，其权利义务的承受人放弃行政复议权利的； (4) 申请人与被申请人依照《税务行政复议规则》第八十七条的规定，经行政复议机构准许达成和解的； (5) 行政复议申请受理以后，发现其他行政复议机关已经先于本机关受理，或者人民法院已经受理的。

【工作实例 8-2】　李某的个体餐馆本年 2 月开业，因一直未申报纳税，县税务局几次通知其申报，其拒不申报。本年 10 月 14 日县税务局稽查核定该餐馆欠缴税款 6 万元，于本年 10 月 17 日作出补缴税款和加收滞纳金、处以罚款 12 万元的决定，并送达税务行政处罚事项决定书。李某认为罚款过重，于本年 10 月 27 日仅向税务机关缴纳了税款和滞纳金，并于同年 11 月 14 日以自己的名义邮寄了行政复议申请书。行政复议机关以李某未缴纳罚款为由作出了不予受理决定，并书面通知了李某。

【工作要求】假如李某就以下问题向你咨询，请给予答复。

（1）县税务局的处罚是否正确？说明理由。

（2）李某能否作为申请人申请行政复议？李某申请行政复议，行政复议被申请人、行政复议机关分别是谁？

（3）李某应于多长时间内提出行政复议申请？

（4）行政复议机关不予受理的决定是否符合规定？说明理由。

【工作实施】

（1）县税务局的处罚正确。经税务机关通知申报而拒不申报，构成了偷税。对纳税人偷税的，由税务机关追缴其不缴或者少缴的税款、滞纳金，并处不缴或者少缴的税款 50% 以上 5 倍以下的罚款。所以，本例中税务局的处罚是正确的。

（2）李某可以作为申请人申请行政复议。行政复议被申请人为县税务局；行政复议机关为市税务局。

（3）李某应当在知道县税务局作出具体行政行为之日起 60 日内提出行政复议申请。

（4）行政复议机关不予受理的决定不符合规定。罚款不是必经复议的程序，所以行政复议机关以李某未缴纳罚款为由作出不予受理的决定不符合规定。

八、税务行政复议证据

行政复议证据包括书证，物证，视听资料，证人证言，电子数据，当事人的陈述，鉴定意见，勘验录、现场笔录。

下列证据材料不得作为定案依据：（1）违反法定程序收集的证据材料；（2）以偷拍、偷录和窃听等手段获取的侵害他人合法权益的证据材料；（3）以利诱、欺诈、胁迫和暴力等不正当手段获取的证据材料；（4）无正当事由超出举证期限提供的证据材料；（5）无正当理由拒不提供原件、原物，又无其他证据印证，且对方不予认可的证据的复制件、复制品；（6）无法辨明真伪的证据材料；（7）不能正确表达意志的证人提供的证言；（8）不具备合法性、真实性的其他证据材料。

九、税务行政复议审查和决定

行政复议原则上采用书面审查的办法。行政复议机关应当自受理申请之日起 60 日内作出复议决定。若情况复杂，可适当延期，但最长不超过 30 日。

【情境引例解析】

行政复议机关在申请人的行政复议请求范围内，不得作出对申请人更为不利的行政复议决定，也就是说不用担心行政复议决定会对自己不利。

十、税务行政复议和解与调解

对下列行政复议事项，按照自愿、合法的原则，申请人和被申请人在行政复议机关作出行政复议决定以前可以达成和解，行政复议机关也可以调解。

（1）行使自由裁量权作出的具体行政行为，如行政处罚、核定税额、确定应税所得率等；

（2）行政赔偿；

（3）行政奖励；

（4）存在其他合理性问题的具体行政行为。

【工作引例解析】

（1）税务机关的处罚正确。该建筑企业采取虚假的纳税申报方式造成少缴税款的结果，已经构成了偷税。对纳税人偷税的，由税务机关追缴其不缴或者少缴的税款、滞纳金，并处不缴或者少缴的税款50％以上5倍以下的罚款；构成犯罪的，依法追究刑事责任。126万元的罚款为不缴税款的3.5倍，符合《税收征收管理法》的规定。

（2）甲建筑公司提出的行政复议申请不符合规定。根据《税收征收管理法》的规定，纳税人对税务机关作出的补税、加收滞纳金决定有异议的，应先解缴税款及滞纳金或者提供相应的担保，然后可依法申请行政复议；对税务机关的罚款决定不服可直接依法申请行政复议。故甲建筑公司在缴清税款及滞纳金或提供担保后才可依法申请行政复议，或者单独就行政处罚一事依法申请行政复议。

（3）不符合规定的做法有：

1）市税务局作出的不予受理决定的理由不能成立。根据《税收征收管理法》的规定，纳税人对税务机关的处罚决定不服的，可依法申请行政复议。市税务局以未缴纳罚款作为不予受理复议申请的理由属于适用法律错误。

2）市税务局超出法定期限作出不受理复议申请的决定。根据《税务行政复议规则》的规定，复议机关收到行政复议申请后，应当在5日内进行审查，对不符合规定的行政复议申请，决定不予受理，并书面告知申请人。因此，市税务局于收到复议申请书后的第8天才对复议申请作出不予受理的决定是不符合规定的。

3）县税务局申请强制执行有误。《税收征收管理法》规定，对行政处罚，税务机关可强制执行，也可申请人民法院强制执行。但税款及滞纳金应按《税收征收管理法》的相关规定自行采取强制执行措施，而不应申请人民法院强制执行。

第3节　税务行政诉讼

情境引例

我公司对税务机关作出的征收税款并加收滞纳金的处理不服，请问可以不经过税务行政复议而直接进行税务行政诉讼吗?

一、税务行政诉讼的认知

行政诉讼是人民法院处理行政纠纷、解决行政争议的法律制度,与刑事诉讼、民事诉讼一起,共同构筑起现代国家的诉讼制度。具体来讲,行政诉讼是指公民、法人和其他组织认为行政机关及其工作人员的具体行政行为侵犯其合法权益,依照《行政诉讼法》向人民法院提起诉讼,由人民法院进行审理并作出裁决的诉讼制度和诉讼活动。《行政诉讼法》颁布实施后,人民法院审理行政案件以及公民、法人和其他组织与行政机关进行行政诉讼进入了一个有法可依的阶段。税务行政诉讼作为行政诉讼的一个重要组成部分,也必须遵循《行政诉讼法》所确立的基本原则和普遍程序;同时,税务行政诉讼又不可避免地具有本部门的特点。

税务行政诉讼是指公民、法人和其他组织认为税务机关及其工作人员的具体税务行政行为违法或者不当,侵犯了其合法权益,依法向人民法院提起行政诉讼,由人民法院对具体税务行政行为的合法性和适当性进行审理并作出裁决的司法活动。其目的是保证人民法院正确、及时审理税务行政案件,保护纳税人、扣缴义务人等当事人的合法权益,维护和监督税务机关依法行使行政职权。

税务行政诉讼的被告必须是税务机关或经法律法规授权的行使税务行政管理权的组织,而不是其他行政机关或组织。税务行政诉讼解决的争议发生在税务行政管理过程中,因税款征纳发生的争议,税务行政复议是诉讼的必经前置程序。

【特别提示】抽象行政行为,不是行政诉讼范围;没有侵犯合法权益的行为,也不是行政诉讼范围。

【知识链接】行政行为按照其对象是否特定,分为抽象行政行为和具体行政行为。抽象行政行为是指国家行政机关针对不特定管理对象实施的制定法规、规章和有普遍约束力的决定、命令等行政规则的行为,其行为形式体现为行政法律文件(包括规范文件和非规范文件)。具体行政行为是指国家行政机关、法律法规授权的组织、行政机关委托的组织以及这些组织中的工作人员,在行政管理活动中行使行政职权,针对特定的公民、法人或者其他组织,就特定的具体事项,作出的有关该公民、法人或者其他组织权利义务的单方行为。

二、税务行政诉讼的原则

除共有原则外(如人民法院独立行使审判权,实行合议、回避、公开、辩论、两审、终审等),税务行政诉讼还必须和其他行政诉讼一样,遵循以下几个特有原则:

(1)人民法院特定主管原则。即人民法院对税务行政案件只有部分管辖权。根据《行政诉讼法》第十二条的规定,人民法院只能受理因具体行政行为引起的税务行政争议案。

(2)合法性审查原则。除审查税务机关是否滥用权力、税务行政处罚是否显失公正外，人民法院只对具体税务行为是否合法予以审查。与此相适应，人民法院原则上不直接判决变更。

（3）不适用调解原则。税收行政管理权是国家权力的重要组成部分，税务机关无权依自己的意愿进行处置，因此，人民法院也不能对税务行政诉讼法律关系的双方当事人进行调解。

（4）起诉不停止执行原则。即当事人不能以起诉为理由而停止执行税务机关所作出的具体行政行为，如税收保全措施和税收强制执行措施。

（5）税务机关负举证责任原则。由于税务行政行为是税务机关单方依一定事实和法律作出的，只有税务机关最了解做出该行为的证据。如果税务机关不提供或不能提供证据，就可能败诉。

（6）由税务机关负责赔偿原则。依据《中华人民共和国国家赔偿法》的有关规定，税务机关及其工作人员因执行职务不当，给当事人造成人身及财产损害，应负担赔偿责任。

三、税务行政诉讼的管辖

税务行政诉讼管辖是指人民法院受理第一审税务案件的职权分工。《行政诉讼法》第十四条至第二十四条详细具体地规定了行政诉讼管辖的种类和内容。这对税务行政诉讼当然也是适用的。

具体来讲，税务行政诉讼的管辖分为级别管辖、地域管辖和裁定管辖。

（一）级别管辖

级别管辖是上下级人民法院之间受理第一审税务案件的分工和权限。根据《行政诉讼法》的规定，基层人民法院管辖一般的税务行政诉讼案件；中高级人民法院管辖本辖区内重大、复杂的税务行政诉讼案件；最高人民法院管辖全国范围内重大、复杂的税务行政诉讼案件。

（二）地域管辖

地域管辖是同级人民法院之间受理第一审行政案件的分工和权限，分一般地域管辖和特殊地域管辖两种。

（1）一般地域管辖，是指按照最初作出具体行政行为的机关所在地来确定管辖法院。凡是未经复议直接向人民法院提起诉讼的，或者经过复议，复议裁决维持原具体行政行为，当事人不服向人民法院提起诉讼的，根据《行政诉讼法》第十八条的规定，均由最初作出具体行政行为的税务机关所在地人民法院管辖。

（2）特殊地域管辖，是指根据特殊行政法律关系或特殊行政法律关系所指的对象来确定管辖法院。税务行政案件的特殊地域管辖主要是指：经过复议的案件，复议机关改变原具体行政行为的，由原告选择最初做出具体行政行为的税务机关所在地的人民法院，或者复议机关所在地人民法院管辖。原告可以向任何一个有管辖权的人民法院起诉，最先收到起诉状的人民法院为第一审法院。

（三）裁定管辖

裁定管辖是指人民法院依法自行裁定的管辖，包括移送管辖、指定管辖及管辖权的转移三种情况。

（1）移送管辖是指人民法院将已经受理的案件移送给有管辖权的人民法院审理。根据《行政诉讼法》第二十二条的规定，移送管辖必须具备三个条件：一是移送人民法院已经受理了该案件；二是移送法院发现自己对该案件没有管辖权；三是接受移送的人民法院必须对该案件确有管辖权。

（2）指定管辖是指上级人民法院以裁定的方式，指定下一级人民法院管辖某一案件。根据《行政诉讼法》第二十三条的规定，有管辖权的人民法院因特殊原因不能行使管辖权的，由上级人民法院指定管辖。人民法院对管辖权发生争议，由争议双方协商解决。协商不成的，报它们共同的上级人民法院指定管辖。

（3）管辖权的转移。根据《行政诉讼法》第二十四条的规定，上级人民法院有权审理下级人民法院管辖的第一审税务行政案件；下级人民法院对其管辖的第一审税务行政案件，认为需要由上级人民法院审理或者指定管辖的，可以报请上级人民法院决定。

四、税务行政诉讼的受案范围

（1）税务机关作出的征税行为（复议前置）。

1）征收税款、加收滞纳金。

2）扣缴义务人、受税务机关委托的单位作出代扣代缴、代收代缴行为及代征行为。

（2）税务机关作出的责令纳税人提交纳税保证金或者纳税担保行为。

（3）税务机关作出的行政处罚行为。

1）罚款。

2）没收违法所得。

3）停止出口退税权。

（4）税务机关作出的通知出入境管理机关阻止出境行为。

（5）税务机关作出的税收保全措施。

1）书面通知银行或者其他金融机构冻结存款。

2）扣押、查封商品、货物或者其他财产。

（6）税务机关作出的税收强制执行措施。

1）书面通知银行或者其他金融机构扣缴税款。

2）拍卖所扣押、查封的商品、货物或者其他财产抵缴税款。

（7）认为符合法定条件申请税务机关颁发税务登记证和发售发票，税务机关拒绝颁发、发售或者不予答复的行为。

（8）税务机关的复议行为。

1）复议机关改变了原具体行政行为。

2）期限届满，税务机关不予答复。

五、税务行政诉讼的起诉和受理

（一）税务行政诉讼的起诉

税务行政诉讼起诉是指公民、法人或者其他组织认为自己的合法权益受到税务机关具体行政行为的侵害，而向人民法院提出诉讼请求，要求人民法院行使审判权，依法予以保护的诉讼行为。起诉是法律赋予税务行政管理相对人用以保护其合法权益的权利和手段。在税务行政诉讼等行政诉讼中，起诉权是单向性的权利，税务机关不享有起诉权，只有应诉权，即税务机关只能作为被告；与民事诉讼不同，作为被告的税务机关不能反诉。

纳税人、扣缴义务人等税务管理相对人在提起税务行政诉讼时，必须符合下列条件：

（1）原告是认为具体税务行为侵犯其合法权益的公民、法人或者其他组织。

（2）有明确的被告。

（3）有具体的诉讼请求和事实、法律根据。

（4）属于人民法院的受案范围和受人民法院管辖。

此外，提起税务行政诉讼，还必须符合法定的期限和必经的程序。根据《税收征收管理法》第八十八条及其他相关规定，对税务机关的征税行为提起诉讼，必须先经过复议；对复议决定不服的，可以在接到复议决定书之日起15日内向人民法院起诉。对其他具体行政行为不服的，当事人可以在接到通知或者知道之日起15日内直接向人民法院起诉。

【情境引例解析】

根据法律规定，税务机关作出的征税行为，是必经复议（先复议，后诉讼）的行为。具体包括：（1）确认纳税主体、征税对象、征税范围、减税、免税、退税、抵扣税款、适用税率、计税依据、纳税环节、纳税期限、纳税地点和税款征收方式等具体行政行为。（2）征收税款、加收滞纳金。（3）扣缴义务人、受税务机关委托征收的单位作出的代扣代缴、代收代缴行为。对复议决定不服的，可以在接到复议决定书之日起15日内向人民法院起诉。

税务机关作出具体行政行为时，未告知当事人起诉权和起诉期限，致使当事人逾期向人民法院起诉的，其起诉期限从当事人实际知道起诉权或者起诉期限时计算，但最长不得超过2年。

（二）税务行政诉讼的受理

原告起诉，经人民法院审查，认为符合起诉条件并立案审理的行为，称为受理。对当事人的起诉，人民法院一般从以下几方面进行审查并做出是否受理的决定：一是审查是否属于法定的诉讼受案范围；二是审查是否具备法定的起诉条件；三是审查是否已经受理或者正在受理；四是审查是否有管辖权；五是审查是否符合法定的期限；六是审查是否经过必经复议程序。

根据法律规定，人民法院接到诉状，经过审查，应当在 7 日内立案或者作出裁定不予受理。原告对不予受理的裁定不服的，可以提起上诉。

六、税务行政诉讼的审理和判决

（一）税务行政诉讼的审理

人民法院审理行政案件实行合议、回避、公开审判和两审终审的审判制度。审理的核心是审查被诉具体行政行为是否合法，即作出该行为的税务机关是否依法享有该税务行政管理权；该行为是否依据一定的事实和法律作出；税务机关作出该行为是否遵照必备的程序等。

根据《行政诉讼法》的规定，人民法院审查具体行政行为是否合法，依据法律、行政法规和地方性法规（民族自治地方的自治条例和单行条例），参照部门规章和地方性规章。

（二）税务行政诉讼的判决

人民法院对受理的税务行政案件，经过调查、收集证据、开庭审理之后，分别作出如下判决：

（1）维持判决。适用于具体行政行为证据确凿，适用法律、法规正确，符合法定程序的案件。

（2）撤销判决。被诉的具体行政行为主要证据不足，适用法律、法规错误，违反法定程序，或者超越职权、滥用职权，人民法院应判决撤销或部分撤销，同时可判决税务机关重新作出具体行政行为。

（3）履行判决。税务机关不履行或拖延履行法定职责的，判决其在一定期限内履行。

（4）变更判决。税务行政处罚显失公正的，可以判决变更。

对一审人民法院的判决不服，当事人可以上诉。对发生法律效力的判决，当事人必须执行，否则人民法院有权依对方当事人的申请予以强制执行。

技 能 训 练

某省税务局在 20×8 年 4 月对食品生产企业 20×7 年增值税缴纳情况进行专项稽查，根据计划部署，要求各个相关企业于 20×8 年 4 月底前进行自查，并将自查报告以书面报告形式报所在县（或市）税务稽查局。

20×8 年 4 月 18 日该省某县食品生产企业的财务人员找到信达税务师事务所的执业注册税务师刘强，要求对本食品生产企业的增值税缴纳情况进行代理审查，出具增值税纳税情况鉴证报告，并代为撰写向县税务稽查局的自查报告，同时表示此项业务的报酬可以不通过税务师事务所而直接付给刘强个人。

按照注册税务师执业的有关要求签订协议后，刘强及其辅助人员于 20×8 年 4 月

18—25 日对该食品生产企业 20×7 年增值税纳税情况进行审核，发现该生产企业经常从农民、集贸市场的小商贩处购进农产品，开具了农产品收购发票，抵扣了进项税额。此外，该生产企业还从一家蔬菜批发企业购进蔬菜，由于自 20×2 年 1 月 1 日起蔬菜在批发环节免征增值税，因此该生产企业根据蔬菜批发公司开具的增值税普通发票注明的买价和税法规定的扣除率计算抵扣进项税额。

请回答下列问题：

（1）刘强能否代食品生产企业撰写向县税务稽查局的自查报告？为什么？

（2）此项业务刘强能否个人收款？简述理由。

（3）食品生产企业增值税缴纳中存在哪些问题？

（4）食品生产企业负责人要求刘强在鉴证报告和自查报告中对企业存在的问题不予反映，刘强在执业时应如何处理？

（5）在问题（4）的基础上，如果刘强在代其出具自查报告和鉴证报告时未如实反映上述问题，造成该食品生产企业少缴增值税，双方应当承担何种责任？

实战演练

某市税务局稽查局于本年 4 月 11 日到甲加工企业稽查，发现甲加工企业在本年 1—3 月少缴增值税 300 000 元。稽查局就甲加工企业的行为作出税务处理决定，要求其自接到税务处理决定书之日起 15 日内补缴增值税 300 000 元。稽查局于本年 4 月 20 日将税务处理决定书送达甲加工企业；甲加工企业于本年 5 月 20 日将税款缴纳入库，但由于对税务局决定存在异议，于本年 5 月 21 日向市税务局申请行政复议。市税务局对甲加工企业的行政复议申请进行了审查，作出了不予受理的决定。

任务要求：

（1）市税务局是否应该受理甲加工企业的行政复议申请，并说明理由。

（2）甲加工企业是否可就不予受理行为向法院提起诉讼，并说明理由。

参考文献

[1] 中国注册会计师协会. 会计. 北京：中国财政经济出版社，2020.

[2] 中国注册会计师协会. 税法. 北京：中国财政经济出版社，2020.

[3] 全国税务师职业资格考试教材编写组. 税法（Ⅰ）. 北京：中国税务出版社，2020.

[4] 全国税务师职业资格考试教材编写组. 税法（Ⅱ）. 北京：中国税务出版社，2020.

[5] 东奥会计在线注会网上辅导税法讲义. 2020.

[6] 中华会计网校注会网上辅导税法讲义. 2020.

[7] 财政部会计资格评价中心. 经济法基础. 北京：经济科学出版社，2019.

[8] 梁文涛. 企业纳税筹划方案设计. 北京：中国人民大学出版社，2015.

[9] 梁文涛. 企业纳税方案优化设计 120 例. 北京：中国税务出版社，2014.

[10] 梁文涛. 财税名家手把手教你算税、报税和缴税：实战与操作版. 合肥：中国科学技术大学出版社，2014.

[11] 梁文涛.《税法（第 5 版）》习题集. 北京：中国人民大学出版社，2020.

[12] 梁文涛. 税法（简明版）. 北京：中国人民大学出版社，2020.

[13] 梁文涛. 税务会计. 3 版. 北京：中国人民大学出版社，2020.

[14] 梁文涛. 纳税筹划. 5 版. 北京：中国人民大学出版社，2020.

[15] 梁文涛. 中国税收：税费计算与申报. 4 版. 北京：中国人民大学出版社，2019.

[16] 梁文涛，等. 企业纳税实务. 3 版. 北京：高等教育出版社，2019.

[17] 梁文涛，等. 企业纳税实务习题与实训. 3 版. 北京：高等教育出版社，2019.

[18] 1990—2020 年中华人民共和国相关财经、会计、税收等法律法规文件.

教师教学服务说明

中国人民大学出版社财会出版分社以出版经典、高品质的会计、财务管理、审计等领域各层次教材为宗旨。

为了更好地为一线教师服务，近年来财会出版分社着力建设了一批数字化、立体化的网络教学资源。教师可以通过以下方式获得免费下载教学资源的权限：

在中国人民大学出版社网站 www.crup.com.cn 进行注册，注册后进入"会员中心"，在左侧点击"我的教师认证"，填写相关信息，提交后等待审核。我们将在一个工作日内为您开通相关资源的下载权限。

如您急需教学资源或需要其他帮助，请在工作时间与我们联络：

中国人民大学出版社　财会出版分社

联系电话：010-62515987，62511076

电子邮箱：ckcbfs@crup.com.cn

通讯地址：北京市海淀区中关村大街甲 59 号文化大厦 1501 室（100872）